21世纪高等继续教育精品教材·会计系列

会计电算化应用教程

主　编　张慧德
副主编　王　钊　黄　旭　陈潇怡

中国人民大学出版社
·北京·

总 序

21世纪，科学技术发展日新月异，发明创造层出不穷，知识更新日趋频繁，全民学习、终身学习已经成为适应经济与社会发展的基本途径。近年来，我国高等教育取得了跨越式的发展，毛入学率由1998年的8%迅速增长到2008年的23.3%，已经进入到大众化的发展阶段，这其中高等继续教育发挥了重要的作用。同时，高等继续教育作为“传统学校教育向终身教育发展的一种新型教育制度”，对实现“形成全民学习、终身学习的学习型社会”、“构建终身教育体系”的宏伟目标，发挥着其他教育形式不可替代的作用。

目前，我国高等继续教育的发展规模已占全国高等教育的一半左右，随着我国产业结构的调整、传统产业部门的改造以及新兴产业部门的建立，各种岗位上数以千万计的劳动者，需要通过边工作边学习来调整自己的知识结构、提高自己的知识水平，以适应现代经济与社会发展的要求。可见，我国高等继续教育的发展，既肩负着重大的历史使命又面临着难得的发展机遇。

我国的高等继续教育要抓住机遇发展，完成自己的历史使命，从根本上说就是要全面提高教育教学质量，这涉及多方面的工作，但抓好教材建设是提高教学质量的基础和中心环节。众所周知，高等继续教育的培养对象主要是已经走上各种生产或工作岗位的从业人员，这就决定了高等继续教育的目标是培养能适应新世纪社会发展要求的动手能力强、具有创新能力的应用型人才。因此，高等继续教育教材的编写“要本着学用结合的原则，重视从业人员的知识更新，提高广大从业人员的思想文化素质和职业技能”，体现出高等继续教育的针对性、实用性和职业性特色。

为适应我国高等继续教育发展的新形式、培养应用型人才、满足广大学员的学习需要，中国人民大学出版社邀请了国内知名专家学者对我国高等继续教育的教学改革与教材建设进行专题研讨，成立了教材编审委员会，联合中国人民大学、中国政法大学、东北财经大学、武汉大学、山西财经大学、东北师范大学、华中科技大学、黑龙江大学等30多所高校，共同编撰了“21世纪高等继续教育精品教材”，计划在两三年内陆续推出百种高等继续教育精品系列教材。教材编审委员会对该系列教材的作者进行了严格的遴选，编写教材的专家、教授都有着丰富的继续教育教学经验和较高的专业学术水平。教材的编写严格依据教育部颁布的“全国成人高等教育公共课和经济学、法学、工学主要课程的教学基本要求”；教材内容的选择克服了追求“大而全”的现象，做到了少而精，有针对性，突出了能力的训练和培养；教材体例的安排突出了学习使用的弹性和灵活性，体现“以学为主”的教育理念；教材充分利用现代化的教育手段，形成文字教材和多媒体教材相结合的立体化教材，加强了教师对学生学习过程的指导和帮助，形象生动、灵活方便，易于保存，可反复学习，更能适应学员在职、业余自学，或配合教师讲授时使用，会起到很好的教学效果。

这套“21世纪高等继续教育精品教材”在策划、编写和出版过程中，得到教育部高教司、中国成人教育协会、北京高校成人高教研究会的大力支持和帮助，谨表深切谢意。我们相信，随着我国高等继续教育的发展和教学改革的不断深入，特别是随着教育部“高等学校教学质量和教学改革工程”的实施，这套高等继续教育精品教材必将为促进我国高校教学质量的提高做出贡献。

杨干忠

前　言

随着会计准则的不断完善和信息技术的飞速发展，会计电算化技术日臻成熟，会计电算化理论更加丰富，会计电算化的操作要求也相应提高。会计电算化已经成为企业提高管理水平、推进企业各项工作创新、全面提高企业竞争力的重要手段。会计理论功底扎实、会计电算化操作技术娴熟的应用型人才，逐渐成为会计核算岗位的新宠。为了充分满足社会对会计人员的更高要求，高校会计专业的会计电算化课程教学必须从原来的单纯软件操作或编程模拟向会计电算化理论与实际应用并重转变。

充分吸收现有会计电算化实务的先进经验和理论探索的丰硕成果，为高等继续教育院校编写一本理论系统简明、业务模块突出、操作流程规范、管理理念前瞻、主要操作内容完整、应用技巧丰富的会计电算化教材，成为本课程专业教师的共同心愿。为此，中南财经政法大学、武汉大学、华中师范大学和湖北经济学院的数位老师通力协作，基于自己长期在高校会计电算化一线教学的经验和指导各类型企业会计软件应用的体会，完成了本教材的编写工作。本教材包括下述特点。

一、突出了会计电算化的内部控制功能

本教材在介绍会计电算化基本理论的同时，突出管理实践中对会计信息系统的风险防范与内部控制的需求；摒弃了同类教材单独就核算流程和操作方法进行程式性介绍的一般理念，将会计电算化的操作流程、主要操作内容与企业的管理决策相结合，体现了理论创新、内容新颖、操作规范、实效显著的特点。

二、内容完整、重在应用

本教材突出了会计岗位对会计人员核算能力的要求，选用市场占有率较高的用友 ERP - U8 和金蝶 K/3 软件为范例，对总账系统和报表管理系统进行了详细的实验操作讲解，总结了软件的操作技巧，丰富了各类操作内容。同时，以企业的风险管理为主线，较全面地剖析了会计电算化的操作流程、主要操作内容及应用技巧。

三、把握会计理论的发展动态，及时转化为实务应用

本教材既照顾了目前会计核算中会计准则、企业会计制度和中小企业会计制度等共存共用的现状，又考虑到高校会计教学中以新准则、新制度为主的客观情况，还注意了会计软件版本

的普及情况及各院校会计电算化机房的硬件配置情况，方便了各院校的实际应用。

四、图文并茂的叙述和丰富巧妙的实验内容

为了方便教学，教材中插入了一些图片，在关键之处给予提示，提高了会计软件的操作效率，同时使内容更加翔实、清晰。

本教材适合于以培养应用型技术人才为主的高等继续教育院校使用，各院校可以根据教学情况对教材内容作适当调整。

本教材由中南财经政法大学、武汉大学、华中师范大学和湖北经济学院的4位老师联合编写。由中南财经政法大学的张慧德副教授担任主编，由武汉大学的陈潇怡博士、华中师范大学的王钊副教授和湖北经济学院的黄旭副教授担任副主编。张慧德编写了第一章、第二章、第四章的第一至三节、第五章的第一至八节、第八章、第九章和第十章的第一至六节，陈潇怡编写了第三章，王钊编写了第六章和第七章，黄旭编写了第四章的第四节、第五章的第九节和第十章的第七节，最后由张慧德总纂定稿。

本书在编写过程中，参阅并吸收了许多同人的研究成果，在此一并感谢！

由于作者的水平有限，加之时间仓促，书中不足之处在所难免，希望广大读者批评指正。

编者

2012年夏

目 录

第一章　会计电算化概述

【要点提示】

● 会计电算化　● 会计信息化　● 会计信息系统

● 企业资源计划　● 会计软件

第一节　会计电算化的产生与发展

一、会计电算化的产生

1979年，财政部和第一机械工业部拨款500万元，用于长春第一汽车制造厂从东德购买一台EC计算机进行计算机辅助会计核算的试点工作，由此拉开了我国将现代信息技术应用于会计领域的序幕。1981年8月9日试点成功，在长春第一汽车制造厂现场召开“财务、会计、成本应用电子计算机专题学术讨论会”，参会全体代表倡议成立“会计电算化研究会”，并成立了“会计电算化研究会”筹备组，由此吹响了会计电算化研究的进军号角。在杨纪琬的提议和倡导下，并参照当时国际上通用名词“EDPA（Electronic Data Processing Accounting)”，把“计算机技术在财会工作中的应用”正式命名为“会计电算化”。

从微观层面来看，会计电算化更多的是指企业的会计核算电算化；而从宏观层面来看，它则是指对计算机应用于财会工作的管理。财政部会计司组织编写的《基层单位会计电算化》(1997）一书中明确指出，会计电算化工作的主要内容包括会计核算电算化、会计管理电算化和会计决策电算化三部分。王景新教授（1993）则指出，会计电算化是用电子计算机代替人工记账、算账、报账，以及部分替代人脑完成会计信息的分析、预测、控制、管理、参与决策的过程。

二、手工会计与会计电算化的特点

了解手工会计和会计电算化的特点，有助于我们更好地进行会计电算化工作。

（一）手工会计的特点

1. 数据量大

财会工作以货币作为主要计量单位，对生产经营活动进行系统、连续、全面、综合地核算和监督。会计数据核算详细，存储时间长，数量大，占整个企业管理信息量的60%以上。

2. 数据结构复杂

财会工作必须反映企业整体经济活动的各个方面，主要核算资产、负债、所有者权益、成本费用和损益。这些数据不仅结构层次较多，而且数据处理流程也比较复杂，一项经济业务的发生，可能引起各个方面的变化，数据处理比其他信息处理系统都要错综复杂。

3. 数据加工处理方法要求严格

财会工作对各项经济业务的处理都必须遵守一套严格的准则和方法，如存货计价、成本计算等从内容到范围、方法，在会计法规和财经制度中都做了明确的规定，企业必须严格按规定执行，不得随意更改。

4. 数据的及时性、真实性、准确性、完整性、全面性等要求严格

会计信息的及时性是对经济活动有效核算和监督的基础，会计信息系统应该及时地向有关部门及个人提供数据，及时将有关资金运动、成本消耗的信息反馈给管理部门，以利于管理者能够及时做出正确的决策。只有及时、真实、准确、完整、全面地处理会计数据，才能如实反映企业的经营成果和财务状况，正确处理国家、企业及个人之间的财务关系。

5. 安全可靠性要求高

财会工作的有关资料包含了企业的财务状况和经营成果的全部信息，是重要的历史档案材料，不能随意泄露、破坏和丢失。企业应采取有效措施加强管理，保证系统数据的安全可靠。

（二）会计电算化的特点

会计电算化相对于手工会计来说，主要具有下述几个特征。

1. 及时性与准确性

会计电算化的数据处理更及时、准确。计算机运算速度决定了对会计数据的分类、汇总、计算、传递及报告等处理几乎是在瞬时完成的，并且使用会计软件可以避免手工处理出现的一些错误。计算机可以采用手工条件下不易采用或无法采用的复杂的、精确的计算方法，如材料收发的移动加权平均法等，从而使会计核算工作更细致、更深入，能更好地发挥会计参与管理的职能。

2. 集中化与自动化

会计电算化的各种核算工作由计算机进行集中处理，在网络环境中，信息可以被不同的用户分享，数据处理具有集中化的特点。对于大的系统如大型集团或企业，其规模越大，数据越复杂，数据处理就要求越集中。同时，在会计电算化的处理过程中，人工干预较少，数据由程序按照指令自动进行管理，具有自动化的特点。

3. 人机结合的系统

财会工作人员是会计信息系统的组成部分，不仅要进行日常的业务处理，还要进行计算机软件、硬件故障的排除。会计数据的输入、处理及输出是手工处理和计算机处理两方面的结合。有关原始资料的收集是会计电算化的关键性环节，原始数据必须经过手工收集、审核和处理后才能输入计算机，由计算机按照一定的指令进行数据的加工和处理。

4. 内部控制更加严格

计算机及互联网环境下的会计信息系统，其内部控制制度有了明显的变化，新的内部控制制度更强调手工与计算机结合的控制形式，控制要求更严格，控制内容更广泛。

三、会计电算化的作用

会计电算化对于提高会计核算质量、促进会计职能转变、提高经济效益和加强经济管理等方面都有十分重要的作用。

（一）减轻财会人员的工作强度，提高会计信息的时效性

实现会计电算化后，只要将依据原始凭证信息编制的记账凭证输入到计算机中，大量的数据计算、分类、存储等工作都由计算机来完成。这样不仅可把广大财会人员从繁重的记账、算账、报账中解放出来，而且大大提高了财会工作的效率，使会计信息的提供更加及时有效。

（二）促进财会工作的规范化，提高财会工作的质量

会计电算化对会计数据及处理过程进行的规范化处理，在很大程度上解决了手工操作中的易出错、易遗漏等问题，使财会工作更加标准化、规范化，财会工作的质量得到进一步的提高。

（三）促进会计职能的转变

在手工会计中，会计人员整天忙于记账、算账、报账，重复性核算工作较多。实现会计电算化后，重复性核算等会计业务由计算机完成，从而提高了财会工作效率，使财会人员有时间充分利用会计信息积极参与预测、计划、控制、参与经营决策，从而促进会计职能的转变。

（四）促进财会人员素质的提高

开展会计电算化，要求广大财会人员学习掌握有关会计电算化的新知识，以便适应财会工作要求，从而使广大财会人员知识结构得以更新，能力和素质不断提高。

（五）促进会计自身的不断发展

会计电算化不仅是对会计数据处理手段的变革，而且必将对会计核算的内容、方式、程序及会计核算资料的保存等会计实务和理论产生深远的影响，从而促进会计自身的不断发展。

（六）提高企业管理现代化水平

会计信息占企业管理信息的很大一部分，而且多是综合性的指标。首先，实现会计电算化后，为企业管理手段的现代化奠定了重要基础，可以带动或加速企业管理现代化的实现；其次，行业、地区实现会计电算化，大量的经济信息资源可以得到共享，通过计算机网络可以迅速了解各种经济技术指标，提高经济信息的使用价值。

四、会计电算化的发展

各国会计电算化的发展会有不同，在此只介绍我国会计电算化的发展和国外发达国家的会计电算化发展概况；同时从应用领域介绍会计电算化的发展过程。

（一）我国会计电算化的发展

我国会计电算化工作始于20世纪70年代。概括起来，我国会计电算化的发展大体可分为下

述 4 个阶段。

1. 缓慢发展阶段（1983 年以前）

缓慢发展阶段又称初级阶段、起步阶段，始于 20 世纪 70 年代，是少数企事业单位对单项会计业务进行电算化处理时期。在这个阶段，由于会计电算化人员缺乏，计算机硬件比较昂贵，软件汉化不理想，会计电算化没有得到高度重视，会计电算化发展比较缓慢。因此，计算机技术应用到会计领域的范围十分狭窄，涉及的业务内容单一，最为普遍的是职工薪酬核算的电算化。

2. 自发发展阶段（1983—1987 年）

自发发展阶段又称自发阶段。在该阶段，随着微型计算机的大量出现，全国掀起了计算机应用的热潮，企业也有了开展会计电算化工作的愿望，纷纷组织力量开发财务软件。但是，由于会计电算化工作在宏观上缺乏统一规范、指导和相应的管理制度，开展会计电算化的单位没有建立相应的组织管理制度和控制措施，加之我国计算机在经济管理领域的应用尚处于初级阶段，使得会计电算化工作和会计软件的开发，多是单位各自为政，比较盲目，低水平重复开发现象严重，造成大量的人力、物力和财力的浪费。

3. 稳步发展阶段（1987—1996 年）

在稳步发展阶段，财政部和中国会计学会在全国大力推广会计电算化并加强管理工作。各地区财政部门以及企业管理部门也逐步开始对会计电算工作进行组织和管理，使会计电算化工作走上了有组织、有计划的发展轨道。

这个阶段的主要标志是：商品化会计软件市场已走向成熟，初步形成了会计软件市场和会计软件产业；一部分企事业单位逐步认识到开展会计电算化的重要性，纷纷购买商品化会计软件或自行开发会计软件，实现了会计核算业务的电算化处理；在会计电算化人才培养方面，许多中等或专科院校开设了会计电算化专业，在大学本科教育中，会计学及相关专业也开设了会计电算化课程，在对在职财会人员的培训中，也加大了会计电算化的培训力度；与单位会计电算化工作的开发相配套的各种组织管理制度及控制措施逐步建立和成熟起来；会计电算化的理论研究工作开始取得成效。

4. 竞争提高阶段（1996 年至今）

竞争提高阶段又称成熟发展阶段、规划和普及阶段。在该阶段，随着会计电算化工作的深入开展，特别是在财政部及各省市财政部门的大力推广下，会计软件市场进一步成熟，并出现激烈竞争的势态，各类会计软件在市场竞争中进一步拓展功能，各专业软件公司进一步发展壮大。这一阶段的主要标志是：国外一些优秀的会计软件进入并开始在国内市场立足；国内老牌专业会计软件公司迅速发展壮大；ERP 软件的成功开发及推广应用，进一步拓展了会计软件的功能，提高了计算机在财务会计领域中作用的发挥程度；会计电算化专业人才的培养进一步加快步伐，特别是中高级人才的培养力度加大，使会计电算化研究方向的研究生进一步增加，并开始在会计电算化方向设立博士生。

经过 30 多年的实践、探索，我国会计电算化事业取得了很大的发展。主要表现在 5 个方面：(1) 对会计电算化工作和企业信息化工作有了一个比较全面系统的认识；(2) 加强了会计电算化工作的管理和引导；(3) 会计电算化工作更加普及和规范；(4) 商品化会计软件市场完全形成，软件水平显著提高，基本达到国际水平；(5) 会计电算化应用人才大量涌现。

(二) 国外会计电算化发展概况

1954 年 10 月，美国通用电气公司第一次使用电子计算机计算职工工资，从而引起了“会计工具”的变革，使计算机逐渐成为数据处理的主要工具。国外一些发达工业国家自20世纪50年代开始在会计领域应用计算机，发展至今大致经历了下述三个阶段。

1. 单项会计业务处理阶段（20世纪50年代初—60年代中期）

1954年，美国通用电气公司第一次使用计算机计算职工工资，开创了利用电子数据处理会计业务的新起点。这个时期计算机在会计领域的应用主要是核算业务，电子计算机几乎完成了手工簿记系统的全部业务。目的主要是用计算机代替手工操作，减轻日常烦琐的手工登记与计算，减少差错，提高财会工作效率。

2. 会计业务综合处理阶段（20世纪60年代中期—70年代初）

20世纪60年代中期，会计电算化发展到了建立会计信息系统阶段，在会计处理中，人们开始利用计算机对会计数据从单项处理向综合处理转变，除了完成基本账务处理外，会计信息系统还带有一定的管理和分析功能，为经济分析、经济决策提供会计信息。

3. 管理信息系统阶段（20世纪70年代至今）

到了20世纪70年代，计算机技术迅猛发展，随着计算机网络技术的出现和数据库系统的广泛应用，形成了网络化的电子计算机会计信息系统。由于企业管理中全面应用了计算机，使各个功能系统可以共享储存在计算机中的整个企业生产经营成果数据库，即各功能系统实现了数据共享，从而极大提高了工作效率和管理水平。

在该阶段，微机出现并得到广泛应用，计算机网络和远程通信技术出现，数据库管理系统得到应用。企业管理中全面应用了计算机，会计信息系统能够向各管理层提供各种管理信息，能进行财务计划、分析、预测、辅助决策，并在企业的管理信息系统中占据中心和主导地位。时至今日，美国、日本、德国等西方发达国家的会计信息系统已经发展到了较为完善的程度。

（三）会计电算化应用领域的发展过程

纵观国内外会计电算化发展概况，在应用领域方面从单项业务（岗位级）应用到财务部门（部门级）应用，再到企业内部的各个部门（企业级）应用，直至应用到客户、供应商和政府机构等相关的企业外部实体应用；系统平台从DOS发展到Windows 95/98/NT/2000/XP或者Browser；网络体系结构从文件/服务器（F/S）结构、客户机/服务器（C/S）结构发展到现在的浏览器/服务器（B/S）结构；数据库从小型数据库发展到大型数据库。会计电算化的工作方式从桌面应用走向网络。随着会计软件技术的不断发展，会计电算化咨询服务业正在逐步兴起，咨询服务得到了越来越多用户的接受和认可。会计电算化应用领域的发展过程如表1—1所示。

表1—1　　会计电算化应用领域的发展过程一览表

层　面	发　展
应用层级	岗位级 → 部门级 → 企业级 → 供应链级
业务处理	单项业务 → 全面核算 → 会计管理 →面向决策
操作系统	DOS → Windows 95/98/NT/2000/XP → Browser
网络技术	F/S → C/S → B/S
数据库	文件系统 → 小型数据库 → 大型数据库

五、美国与我国的商品化会计软件模块简介

（一）美国的商品化会计软件模块

美国的商品化会计软件较成熟，在设计上趋于定型。

（1）三个基本模块。具体包括总账（General Ledger）、应收账款（Accounts Receivable）和应付账款（Accounts Payable）等模块，这些模块有可分开与不可分开之分。

（2）较复杂的模块。除上述三个基本模块外，还包括存货（Inventory）、工资（Payroll）、购货（Purchasing）、销售（Sales）、固定资产（Fixed Assets）和报表生成（Report Writer），这些模块都是可分开销售及应用的。

（二）我国的商品化会计软件模块

我国的商品化会计软件较成熟，在设计上趋于定型。

（1）三个基本模块。具体包括账务、报表、工资。

（2）较复杂的模块。除上述三个基本模块外，还包括产成品（销售）、存货核算、应收应付款管理（少量应收应付业务可合并在账务模块中核算）、固定资产核算和成本核算等模块。

六、我国商品化会计软件的开发和销售

我国商品化会计软件的开发和销售主要有六个方面的问题：（1）多由专业的财务软件公司开发和销售。（2）多在微机环境下运行（Windows 版、网络版），也有在小型机上开发的多用户版。（3）从适用范围看，通用软件占多数（全通用和工业、商业等行业通用）。（4）从销售方面看，软件公司自己批发、零售或由代理商零售，各自负责其所售软件的售后服务工作。（5）会计软件的使用培训一般由软件公司负责或由代理商负责。（6）会计软件的价格随行就市。

七、会计电算化的发展趋势

我国的会计电算化事业，面对改革的时代，新技术不断推陈出新，有下述发展趋势。

（一）会计电算化进一步得到普及和推广

国产会计软件的发展为基层单位开展会计电算化工作提供了前提条件。在各级政府的支持和社会各界的努力下，掀起了会计电算化知识培训的热潮，为全面普及会计电算化工作奠定了人才基础。

（二）会计电算化的管理将更加规范化、标准化

为了更好地开展会计电算化工作，应不断完善会计电算化管理制度，运用新的管理手段，进一步组织实施已有的管理办法。财政部已颁布《会计电算化工作规范》、《会计核算软件基本功能规范》等文件，随着这些规章的贯彻实施，会计电算化的管理工作将更加规范。

（三）会计电算化向“管理一体化”、ERP 方向扩展

这里所说的“管理一体化”是指从整个单位的角度开展计算机在管理中的应用工作。会计电算化工作只是整个电算化管理的一个有机组成部分，需要其他部门的配合，同时也给其他部

门提供支持和提出要求。如今许多单位的会计电算化工作已有了一定基础，具备了向其他部门扩展的条件。网络、数据库等计算机技术的发展也在技术上提供了向管理一体化发展的可能。从发展趋势来看，会计电算化工作将逐步与其他业务部门的电算化工作结合起来，由单纯的会计业务工作电算化向建立财务、统计信息综合数据库、综合利用会计信息的方向发展，特别是向将企业内部各个部门的管理利用信息技术整合而连接在一起的 ERP（企业资源计划）方向发展。

（四）会计数据处理的大量化和多维化

要实现会计的预测、计划、控制、管理、分析和参与决策职能，不仅需要企业的内部数据，而且需要企业的外部数据和历史数据，还需要反映企业生产经营活动的会计数据和市场、物价、金融、政策和投资等经济数据，系统数据量明显加大。另外，为了有效支持预测、决策的实施，需要对各项数据进行多维分析与观察。目前新推出的数据仓库、联机分析处理及数据挖掘等技术，为大量数据的处理和存储提供了有力的支持。

（五）会计电算化系统的网络化和智能化

计算机网络技术，特别是局域网已广泛应用于会计电算化系统，这使会计电算化系统实现了各个工作站的并发操作、统一管理和数据共享。随着集团公司的发展和全国各地分支机构的建立，一些企业提出了更高的要求，如中远程数据传输、中远程数据查询、中远程数据维护和合并会计报表的编制等。计算机网络技术的发展，为会计电算化系统满足企业的需求提供了强大的技术支持；同时，随着市场经济的发展，影响经济变化的因素越来越复杂，预测、计划、控制、管理、分析和参与决策的难度也越来越大，除了要不断提高工作人员的信息处理水平，加大数据量的采集和运用以外，还要逐步实现信息系统的智能化，使用人工智能研究成果，采集专家的经验和智慧，用以辅助企业的经营管理决策，所有这些对软件智能化的要求同样是会计电算化软件今后的努力目标。

（六）会计电算化专业人才队伍的形成

会计电算化人才的培养一直是会计电算化的重点工作之一。在财政部门和有关教育部门的领导、支持和大力推动下，目前我国已培养了一部分会计电算化人才，但与满足需求还相差较远；专业的会计电算化人员，特别是具有中高级会计电算化水平的人才仍很匮乏，会计电算化人才的缺失必定会妨碍会计电算化事业的发展。因此，加强对会计电算化专业人才的培养，从而形成和壮大会计电算化专业人才队伍是会计电算化发展的必然趋势。

第二节　会计电算化的基本概念

进行会计电算化工作，应首先明确会计电算化的基本概念。

一、会计数据、会计信息

在财会工作中，从不同来源、不同渠道取得的各种原始会计资料统称为会计数据。如原始凭证（单据）和记账凭证（分录）。会计信息是在会计活动中所获取的数据经过加工的结果，或称为经过加工处理并对会计业务或管理活动产生影响的数据（结果）。从使用层次上看，会计信息可以分为财务信息、管理信息和决策信息。

从形式上看，会计信息也是一种会计数据。二者在一定条件下可以相互转换。会计数据与会计信息的区别为：(1) 从意义上看，会计数据只有经过加工处理成为有用的数据后才能成为会计信息。(2) 从地位上看，会计信息相当于产成品，而会计数据相当于原材料、在产品、半成品。

二、会计信息系统、电算化会计信息系统

会计信息系统（Accounting Information System，AIS）是外来的名词。广义来讲，会计信息系统是专门用于企事业单位收集、存储、传输和加工会计数据，产生会计信息，并向投资者、债权人和政府职能部门提供这些信息的信息系统。具体来说，会计信息系统是由特定的人员、会计数据处理工具和会计数据处理规程组成的有机整体。其中特定的人员主要是指会计人员、电算化会计人员；会计数据处理工具主要是指人工、机械、电子计算机；会计数据处理规程主要是指会计核算办法、制度、法规等。

电算化会计信息系统常称为计算机会计信息系统（CAIS），是用电子计算机技术对会计信息进行管理的人机结合的控制系统。计算机会计信息系统还有其他一些称呼，如会计电算化信息系统、计算机会计信息系统、人机会计信息系统、电子会计信息系统等。

电算化会计信息系统按功能划分（或按系统的层次划分），可分为 3 个子系统：电算化会计核算子系统（是基础，面向大众）、电算化会计管理子系统（面向管理工作）和电算化会计决策支持子系统（又称为会计专家系统，面向企业领导决策层）。

（一）电算化会计核算子系统

工业企业的电算化会计核算子系统目前常细分为账务处理、职工薪酬核算、报表、应收应付款、销售、存货、固定资产、成本等子系统。除报表子系统外的各子系统均以账务处理为核算中心，通常以转账机制凭证为接口，构成一个完整的会计核算子系统。报表子系统主要从账务处理子系统取数，从其他子系统取数较少。

（二）电算化会计管理子系统

电算化会计管理子系统需从电算化会计核算子系统中取数。电算化会计管理子系统的管理内容主要有：资金（筹资、投资）、成本、利润；供应链（进、销、存）；事前预测和计划、事中控制、事后分析。

（三）电算化会计决策支持子系统

电算化会计决策支持子系统是指以计算机为工具，使用会计辅助决策支持软件，利用电算化会计核算子系统和电算化会计管理子系统提供的会计信息以及外部数据，通过数学模型的定量分析，提供多种可供选择的方案来辅助会计决策的信息系统。该系统主要是根据会计预测的结果进行有关决策。

三、会计电算化、网络财务

“会计电算化”是“计算机技术在财会工作中的应用”的简称，是计算机技术和现代会计相

结合的产物。一般说来，实现会计电算化的最基本要求是“甩掉手工账”（简称甩账），即不用人工做账，而用计算机做账，由计算机编制报表。会计电算化在国内外还有其他称呼。国外：EDP 会计（Electronic Data Processing Accounting），即电子数据处理会计；国内：电子计算机会计、电算会计、会计电算化、电子会计、电子化会计等。

网络财务是基于网络计算技术，以整合实现企业电子商务为目标，能够提供互联网环境下财务管理模式、财会工作方式及其各项功能的会计信息系统。网络财务的主要功能有：实现网上询价、网上采购、网上销售、网上服务、网上银行、网上保险、网上证券投资和网上外汇买卖等，支持远程报账、远程查账、远程审计、网上支付、网上催账、网上报税、网上报关等。

四、会计信息化

1999 年 4 月初，在深圳召开的“会计信息化理论专家座谈会”上，与会专家提出了“会计信息化”这一概念。所谓会计信息化，是指将会计信息作为管理信息资源，全面运用以计算机网络和现代通信为主的信息技术对其进行获取、加工、传递、存储、应用等处理，建立计算机技术与会计高度融合的、开放的现代会计信息系统，为企业经营管理、控制决策和经济运行提供充足、实时、全方位的信息。相对于会计电算化而言，会计信息化是一次质的飞跃。

五、财务业务一体化

财务业务一体化通常是指总账系统和购、销、存业务相连。财务业务一体化模块如图 1—1 所示。

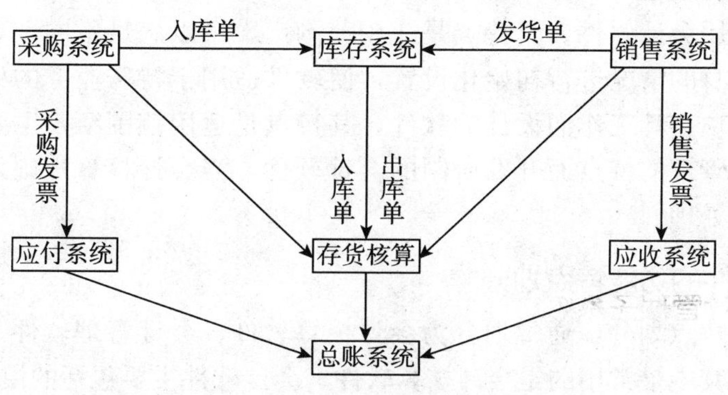

图 1—1　财务业务一体化模块

六、管理信息系统、企业管理信息系统、企业资源计划

管理信息系统（Management Information System，MIS），是指用系统的思想建立的、以计算机为基础的、为管理决策服务的信息系统。

企业管理信息系统（Business Management Information System，BMIS），是指为企业的全部管理活动提供信息、为企业管理提供各种服务的信息系统。传统的企业管理信息系统通常包含 6 个子系统：会计信息子系统、生产管理子系统、技术管理子系统、人事管理子系统、质量管理子系统、经营决策子系统。目前，典型的企业管理信息系统是企业资源计划。

企业资源计划（Enterprise Resource Planning，ERP）是将企业内部各个部门，包括财务、会计、生产、物料管理、品质管理、销售和分销、人力资源、供应链管理等，利用信息技术整合而连接在一起。日常生活中，人们常将ERP称为“三流一体化”或“三流合一”的管理信息系统。其中“三流”是指物流、资金流、信息流。

第三节　电算化会计信息系统的物理结构

从系统的物理组成来看，电算化会计信息系统主要由会计软件、计算机硬件、会计数据、规程和会计电算化人员5部分组成。

一、会计软件

会计软件是用于会计工作的计算机软件的总称，是利用计算机语言编制的一系列指挥计算机完成会计工作的指令代码及其配套的文档资料。根据会计软件的不同性质，会计软件可分为不同的类型，具体划分如下所述。

（一）按会计软件的使用特点划分

按会计软件使用特点的不同，会计软件可分为通用会计软件和专用会计软件。通用会计软件是指在某一范围内普遍适用的会计软件，通常分为适用于各行各业的全通用会计软件和适用于某一行业的行业通用会计软件。其特点是适用范围广，可以满足不同企事业单位的需要。使用单位也可以根据自身的情况进行初始化设置，使软件适用于特殊业务的处理。专用会计软件是指专门为了完成某项会计工作而设计的软件，其特点是适用范围窄，主要是特定企业针对自身的会计核算和会计管理的特点而开发研制的会计软件，当会计核算规则发生变化时，需要专门人员进行技术升级处理。

（二）按会计软件的功能特点划分

会计软件按功能特点划分，通常划分为会计核算软件、会计管理软件（财务管理软件）和会计决策支持软件。其中最常用的是会计核算软件。会计软件主要包括的模块如图1—2所示。

会计核算软件是指专门用来完成会计核算业务的应用软件，如账务处理软件、职工薪酬核算软件、会计报表处理软件等。工业企业的会计核算软件主要包括的模块图如图1—3所示。

大多数软件公司把含有简单的财务分析、账龄分析、存货管理、工资管理等模块的会计软件称为会计管理软件。会计管理软件是会计核算软件的延伸，用来完成会计管理控制工作，它是在全面核算的基础上突出或强化了会计在管理中的监督控制作用的会计软件；同样，大部分软件公司把含量本利分析、简单预测功能的会计软件称为会计决策支持软件。会计决策支持软件是最高层次的应用软件，利用会计核算和管理软件的数据帮助决策者制定科学的经营决策和预测工作。

（三）按会计软件应用的硬件环境划分

按照会计软件应用的硬件环境，会计软件可分为单机版会计软件和网络版会计软件。单机

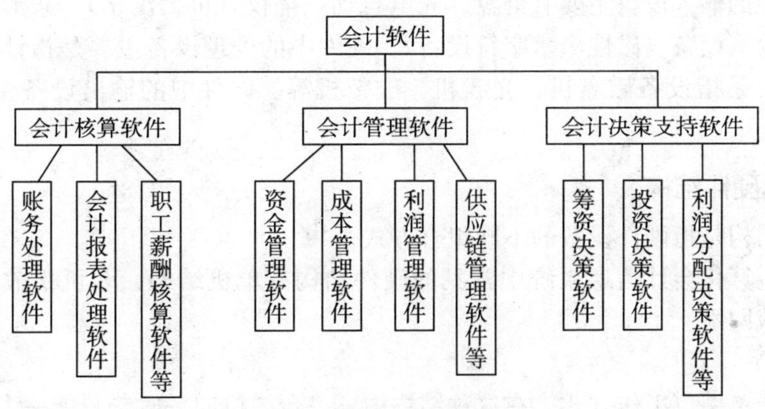

图 1—2 会计软件模块图

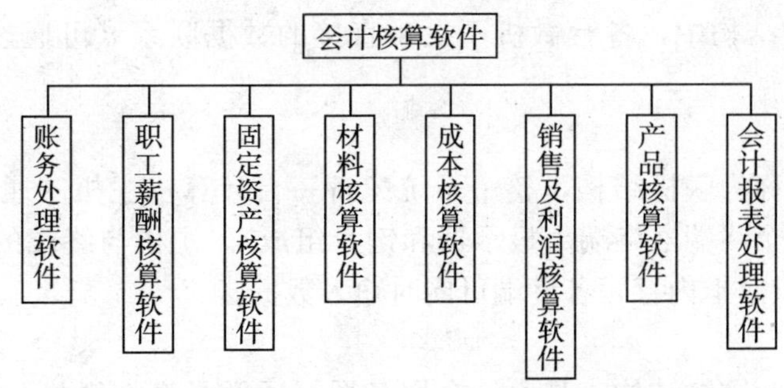

图 1—3 工业企业的会计核算软件模块图

版会计软件是指只需一台计算机即可独立运行的会计软件。一般只能将会计软件安装在一台计算机上，生成的资料储存在该计算机中。网络版会计软件是运行于计算机网络下的会计软件。其操作是将系统安装在服务器端，在局域网中的其他终端机上安装终端程序，数据的处理及存储都在服务器端发生。这样会计人员可以同时处理会计数据，共享会计信息，各用户之间的资料可以共享并具有一致性。

(四) 按会计软件的来源划分

按会计软件的来源，会计软件可分为商品化会计软件和非商品化会计软件。商品化会计软件是专业的软件公司为销售而专门开发的会计软件，一般为通用会计软件，它以商品的形式提供给用户。非商品化会计软件是用户为满足自身业务处理的需要而自行开发、委托或联合开发的会计软件。非商品化会计软件一般为专用会计软件。商品化会计软件一般具有较强的通用性，非商品化会计软件具有较强的适用性。

二、计算机硬件

在此我们只介绍计算机硬件设备的构成和硬件结构。

(一) 计算机硬件设备的构成

计算机硬件设备一般包括输入、处理、存储、输出四大设备及通信设备（网络电缆等）和机房设施。硬件中的输入设备主要有键盘、光电自动扫描仪（可扫汉字）、条形码扫描仪、语音输入设备、手写输入设备（磁性墨水字符设备）。硬件中的处理设备主要是指计算机主机。硬件中的存储设备主要是指设备磁盘机、光盘机、磁带机等。硬件中的输出设备主要是指显示器、打印机、音箱等。

（二）计算机硬件结构

计算机硬件结构是指硬件设备的不同组合方式。

一般说来，电算化会计信息系统中常见的硬件结构有单机结构、多机松散结构、多用户分时系统和微机局域网络。

1. 单机结构

单机结构属于单用户工作方式。在这种结构中，一台微机同一时刻只能一人使用。

2. 多机松散结构

多机松散结构是指有多台微机，每台微机都有相应的输入输出设备，每台微机仍属单机结构的组合方式。在这种结构中，各台微机不发生直接的数据联系（可通过磁盘、光盘、U 盘、移动硬盘等传送数据）。

3. 多用户分时系统

多用户分时系统又称为联机结构，整个系统配备一台计算机主机（通常是中型机，目前也有较高档的微机）和多个终端（终端由显示器和键盘组成）。主机与终端的距离较近（100 米左右）。主机为各终端提供虚拟内存，各终端可同时输入数据。

4. 微机局域网络

微机局域网络又称为网络结构，是由一台服务器（通常是高档微机）将许多中低档微机连接在一起（由网络接口卡、通信电缆连接）的组合方式。在这种结构中，各微机可以相互通信，共享资源，组成一个功能更强的计算机网络系统。微机局域网络的构成如图 1—4 所示。

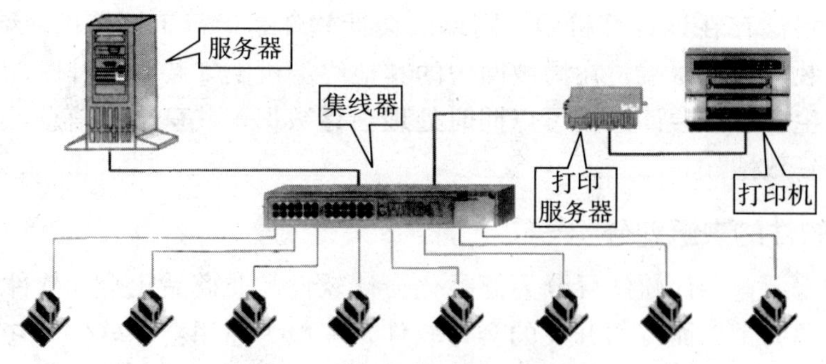

图 1—4　微机局域网络的构成

四种硬件结构的优缺点及适用范围见表 1—2。

表 1—2　　四种硬件结构的优缺点及适用范围

硬件结构	优点	缺点	适用范围
单机结构	数据共享程度高，一致性好	集中输入速度慢	输入量小的企业
多机松散结构	输入输出集中程度高，速度快	数据共享性能差，系统整体效率低	输入量较大的企业
多用户分时系统	分散输入，集中处理	费用较高，应用软件较少	输入量大的企业
微机局域网络	输入、处理的效率高	技术和管理的要求高	大中型企业

三、会计数据

在会计电算化系统中，会计数据的量大、范围广、载体无纸化。这里的会计数据是广义的会计数据，主要是指会计信息、数据库、数据文件、文本文件等。会计电算化系统的一个重要任务是提供会计信息。这些会计信息通常以数据的形式按照一定的存储结构，存放在会计电算化系统的数据库中，随时供系统查询、处理和输出。

尽管一个质量可靠的会计电算化系统为生成真实、完整的会计信息提供了前提条件，但由于技术上、设备上、操作人员水平等方面的原因，容易导致会计资料失真。因此，有关法规要求，实行会计电算化的单位，用计算机生成的会计凭证、会计账簿、财务会计报告和其他会计资料在格式、内容，以及会计资料的真实性和完整性等方面，都必须符合国家统一的会计制度的规定。

四、规程

规程是对会计信息系统进行控制的各种指导意见、规则、规范和规章制度。规程主要包括两大类：一类是法规、政府的指导意见及规范；另一类是基层单位在会计电算化工作中的各项规定。

（一）法规、政府指导意见及规范

法规主要有《中华人民共和国会计法》和《企业会计制度》对会计电算化的相关规定。

在会计电算化方面，政府的指导意见、规范通常由我国财政部发布。主要有《关于大力发展我国会计电算化事业的意见》、《会计电算化管理办法》、《商品化会计核算软件评审规则》、《会计核算软件基本功能规范》和《会计电算化工作规范》。为了进一步促进财务及企业管理软件开发的规范性，1998 年 6 月，由中国软件行业协会财务软件分会发起，在国内多家厂商的大力支持下，我国出台了"中国财务软件数据接口标准"。这些法规、政府指导意见及规范是目前指导我国会计电算化工作最重要的文件。

（二）基层单位在会计电算化工作中的各项规定

会计电算化系统要正常运行，必须按照人们预先制定的各项规定进行管理。对系统运行控制的各种规定包括系统操作制度、机房管理制度、系统操作使用说明书、内部控制制度、会计档案管理制度等。

五、会计电算化人员

会计电算化人员一般是指直接从事会计电算化有关工作的人员。

（一）全面的会计电算化人员

全面的会计电算化人员包括直接从事系统研制、开发、使用和维护的人员，一般分为三类：系统开发、设计人员；系统使用、维护人员；系统管理人员。

（二）进行日常会计电算化工作的人员

日常的会计电算化工作一般只需要三个方面的人员，即系统使用人员、系统维护人员和系统管理人员。根据财会字〔1996〕17 号文件《会计电算化工作规范》的规定，系统使用人员、系统维护人员和系统管理人员又细分为电算主管、软件操作员、审核记账员、电算维护员、电算审查员、数据分析员六类。因此，在软件和硬件的准备工作做好后，日常的电算化账务处理工作只需要这六类人员。各单位可根据自己的实际情况安排相应岗位人员，然后进行规程准备工作。

第四节　各单位开展会计电算化工作的基本内容

各单位开展会计电算化工作主要包括七个方面的基本内容：各单位会计电算化机构的设置、会计电算化工作规划、会计信息系统的建立、会计信息系统的管理、会计电算化人才培训、会计制度的建立、计算机审计。

一、各单位会计电算化机构的设置

会计电算化机构的设置主要是指电算化后单位组织机构的调整，以及各项职能、职责的重新划分。会计电算化机构的设置通常分为集中管理式、分散管理式和集中管理下的分散组织三种。相关内容详见第二章第二节。

二、会计电算化工作规划

在会计电算化的具体实施过程中，必须制定一个详细的实施计划，对在一定时期内要完成的工作有一个具体的安排。各单位的财会部门是会计工作的主要承担者，负责拟定本单位会计电算化的具体实施计划和方案。在拟定会计电算化工作规划时，应从本单位的具体情况出发，按照循序渐进、分步实施的原则进行，有计划、有步骤地安排实施机构及人员的配置，计算机设备的购置，软件开发及购置以及其他相关费用的预算安排等，使单位能从整体上合理安排人力、物力和财力，协调单位内各部门共同搞好会计电算化工作。

三、会计信息系统的建立

组织人力、物力、财力建立会计信息系统，是会计电算化工作规划与实施计划的具体落实。会计信息系统建立后，主要完成的工作包括四个方面：软件的取得、硬件的购置、系统软件的配置、新旧系统的转换。前三个方面在其他章节中已有专门介绍，在此仅介绍新旧系统的转换。新旧系统的转换亦即新旧会计信息系统的转换，是指会计业务手工处理方式或独立会计核算系统向会计信息系统的过渡。新旧系统转换的主要工作包括数据转换、新旧系统并行和系统评价三部分的内容。

数据转换主要包括四个方面的内容：（1）整理手工会计业务数据。重新核对各类凭证和账簿，做到账证、账账、账表、账实相符；整理各账户余额；清理往来账户等。（2）建立会计账目体系。会计账目体系按会计科目体系设置，会计账目体系是会计核算的基础，必须按要求建立会计科目体系并进行科学的编码。（3）统一账、证、表的格式。要全面考虑各类会计资料的规范性格式，分清必须修改与必须保留的内容，使重新确认的会计账、证、表的格式更适合于计算机处理。(4) 规定操作过程和核算方法。会计核算过程自动化程度很高，要求预先确定同一模块内和不同模块间数据传递的次序；重新确定各种会计核算办法，以充分体现计算机的优点。

新旧系统并行是指在系统转换过程中，新系统与旧系统同时进行会计业务处理的过程。主要有三大任务：检验两种方式下核算结果的一致性；检查新系统是否充分满足要求；完善各项电算化管理制度。新旧系统并行的起始时间应放在年初或季初等特殊会计时期，并行时间至少为3个月。在新旧系统并行阶段，通过两种方式下的数据对比，主要检查各种核算方法的正确性，检验会计科目体系的正确性和完整性，考查相关人员的操作熟练程度，纠正业务处理流程错误。新旧系统并行期间，应以手工方式的会计档案为主，会计电算化的会计档案为辅。如果电算化与手工核算结果不一致，要查明原因，纠正错误。

系统评价主要包括新旧系统并行期间的评价、计算机替代手工记账的确认和实施。

四、会计信息系统的管理

会计信息系统的管理主要包括五个方面，即人员管理、使用管理、维护管理、档案管理、财务管理。相关内容详见第二章。

五、会计电算化人才培训

就各单位开展会计电算化工作的基本内容来说，这里介绍的会计电算化人才培训主要是指系统使用、维护人员和系统管理人员的培训。其主要方法是在参与系统的开发、测试、试运行等过程中培训有关人员。

六、会计制度的建立

就各单位开展会计电算化工作的基本内容来说，建立的会计制度主要包括：会计电算化岗位责任制，会计电算化内部管理制度，会计电算化操作管理制度，会计电算化硬件、软件和数据管理制度，会计电算化的会计档案管理制度。

七、计算机审计

计算机审计是与传统手工审计相对的概念。传统的手工审计是指在手工操作下对手工会计信息系统所进行的审计；计算机审计则是随着电子计算机的产生及在审计中的应用以及数据处理电算化的发展而出现的。计算机审计与传统的手工审计相比，其目的与职能没有改变，同样是执行经济监督的职能。计算机审计包括下列两方面的内容：(1) 对包括会计电算化在内的信息系统的设计进行审计，以及对包括会计电算化在内的信息系统的数据处理过程和处理结果进行审计。(2) 审计人员利用计算机辅助审计，把计算机作为工具，将计算机及网络技术等各种手段引入审计工作，建立审计信息系统，帮助审计人员完成部分审计工作，实现审计工作的办公自动化。

会计电算化改变了审计线索、内部控制、审计的内容。计算机审计的基本方法可归纳为三种：绕过计算机审计、通过计算机审计和利用计算机审计。计算机审计通常包含五个方面的内容：内部控制系统审计、系统开发审计、应用程序审计、数据文件审计、会计电算化系统安全性审计。

第五节 常用的商品化会计软件简介

商品化会计软件是指由专业软件公司开发、专门用于对外销售的会计软件。商品化会计软件众多，在本书中，进口软件主要介绍SAP，国产软件主要介绍用友、金蝶、速达、浪潮、远方、金算盘、新中大、管家婆。

一、SAP软件简介

SAP既是公司名称，又是其产品——“企业管理解决方案”的软件名称。其全称是Systems Applications and Products in data processing。SAP创立于1972年的德国，公司总部位于德国沃尔多夫。SAP公司从20世纪80年代开始同中国的国有企业合作。1995年，在北京正式成立SAP中国公司，并陆续建立了上海、广州、大连分公司。SAP的核心业务是销售其研发的商业软件解决方案及其服务的用户许可证。SAP解决方案包括标准商业软件及技术以及行业特定应用，主要用途是帮助企业建立或改进其业务流程，使之更为高效灵活。

（一）SAP的功能

SAP的功能分类有：（1）FI模块：应收、应付、总账、合并、投资、基金、现金等；（2）CO模块：利润中心、成本中心、产品成本、项目会计、获利能力分析等；（3）AM模块：固定资产、技术资产、投资控制等；（4）SD模块：销售计划、询价报价、订单管理、运输发货、发票等；（5）MM模块：采购、库房管理、库存管理、MRP、供应商评价等；（6）PP模块：工厂数据、生产计划、MRP、能力计划、成本核算等；（7）QM模块：质量计划、质量检测、质量控制、质量文档等；（8）PM模块：维护及检测计划、单据处理、历史数据、报告分析等；（9）HR模块：薪资、差旅、工时、招聘、发展计划、人事成本等；（10）PS模块：项目计划、预算、能力计划、资源管理、结果分析等；（11）WF模块：工作定义、流程管理、电子邮件、信息传送自动化等；（12）PI模块：SAP与其他系统的集成；（13）IS模块：针对不同行业提供特殊应用；（14）BW模块：数据仓库；（15）基础部分：R/3系统内核、数据库、支持各类平台的接口、ABAP/4工具语言等。

（二）SAP的费用

用户使用SAP一般要支付三部分费用：第一部分是License费用（SAP以License作为基本的报价单位，比如一个License 8 000美元），数量越多，总额越大；第二部分是升级费用，也叫服务费用，按照合同确定的软件产品总额的一定比例收取，只要用户还在使用SAP软件，就要支付这个费用；第三部分是实施费用，一般由SAP的合作伙伴获得。

服务费是一笔较大的支出。1992年，SAP尚未进入中国之前，上海机床厂就在世界银行的支持下花费200万美元购买了SAP软件，按照当时17%的服务费率，每年上海机床厂要交纳30

多万美元的服务费。

国内一家SAP合作伙伴的资深ERP实施顾问说，一般软件与实施的费用比例至少在1∶1，高的可达1∶4。除了实施费用，还有定制开发费用、培训费用等。如果用户购买的是国外咨询公司的服务，费用又要比国内公司的价格高2～3倍。实施复杂，与SAP本身产品的复杂性不无关系。SAP的My SAP产品通过复杂的参数表、层层定义来实现各种功能。系统可以通过6 000个“开关”设置，调整软件的业务流程。SAP的参数设置实际上包括了软件的底层数据结构，功能较强，但实施非常复杂，不够灵活。如果企业的业务需要调整，就会涉及非常多的底层数据设置、参数和规则的调整，甚至可能影响已有的业务数据。

二、用友软件简介

用友软件股份有限公司（以下简称用友）成立于1988年，致力于用信息技术推动商业和社会进步，提供具有自主知识产权的企业管理ERP软件、行业解决方案和服务，是中国最大的管理软件、ERP软件、集团管理软件、财政管理软件、人力资源管理软件、财务管理软件、客户关系管理软件及小型企业管理软件提供商。

用友软件有NC、U8、“通”三条产品和业务线，分别面向大、中、小型企业，为其提供软件和服务。用友的产品已全面覆盖企业从创业、成长到成熟的完整生命周期，能够为各类企业提供适用的信息化解决方案，满足不同规模企业在不同发展阶段的管理需求，并可实现平滑升级。用友拥有丰富的企业应用软件产品线，覆盖了企业ERP（企业资源计划）、SCM（供应链管理）、CRM（客户关系管理）、HR（人力资源管理）、EAM（企业资产管理）、OA（办公自动化）等业务领域，可以为客户提供完整的企业应用软件产品和解决方案。

三、金蝶软件简介

金蝶国际软件集团有限公司（以下简称金蝶）总部位于中国深圳，始创于1993年8月8日。金蝶是会计软件供应商、ERP管理软件供应商、PLM供应商、BI供应商。

金蝶目前有三种ERP产品，分别为面向中小型企业的K/3和KIS，以及面向大中型企业的EAS，内容涵盖企业财务管理、供应链管理、客户关系管理、人力资源管理、知识管理、商业智能等，并能实现企业间的商务协作和电子商务的应用集成。

金蝶主要针对行业应用的产品，针对性较强，但实际应用中兼容接口太少。

四、其他会计软件简介

（一）速达软件简介

速达软件技术（广州）有限公司由IDG、美国OZ对冲基金、鼎晖（中国）等多家跨国投资集团共同投资组建。速达产品有多种系列：速达1000系列；速达3000系列；速达5000系列；速达7000系列；速达财务系列；速达ERP系列；速达E5系列；速达初期产品系列。

（二）浪潮软件简介

浪潮齐鲁软件产业股份有限公司是我国软件行业的骨干企业之一，拥有总资产5.7亿元人民币、员工 2 200 余人。公司定位于行业信息化综合解决方案提供商，在电子政务、通信、分行业 ERP、金融、烟草等行业或领域拥有自主版权的解决方案或应用软件 30 余种。

该公司的主营业务：通信及计算机软硬件技术开发、生产、销售；通信及计算机网络工程技术咨询、技术培训；资格证书许可范围内的进出口业务。

浪潮财务管理软件全面覆盖企业管理的各个层面，集成度较高，功能模块化，可根据企业需求逐步开展，可操作性强。产品定位：大中型企业集团用户。产品缺点：产品的用户操作界面不如其他的软件友好，对企业各项业务都非常熟悉的人，才能较快地进入状态。

（三）远方软件简介

远方软件有限公司（以下简称远方）于 1991 年 3 月由国有供电局信息中心转制而来，是中国资深的民族软件企业之一。2002 年 3 月，远方被指定为国家电力体制改革发电资产重组唯一专业咨询商，为国家电力体制改革发电资产重组这一关系国计民生的重大课题建立优选方案。远方的产品主要有：远方企业管理软件 6.0 系列；远方企业引擎 V6 系统；远方 V6 企业引擎平台。

（四）金算盘软件简介

金算盘软件有限公司创立于 1992 年 12 月，总部设于中国重庆市。该公司的主要产品有：旭日；正阳；VPS Pro；VPS HRP；通过互联网和移动通信网向用户提供集 ERP 功能和电子商务功能于一体的全程电子商务服务。

（五）新中大软件简介

新中大软件股份有限公司的主要产品有：新中大 URP 软件 i6 系统、新中大国际 ERP 软件 A3、新中大协同工作套件 W3、新中大联盟体互动中心软件 UIC、新中大简约型 ERP 软件银色快车 SE、新中大公共财政管理软件 Gsoft、新中大工程项目管理软件 Psoft、新中大电力运营管理软件 EPO 八大产品系列。

（六）管家婆软件简介

成都任我行软件股份有限公司长期专注于中小企业信息化，旗下拥有“管家婆”、“任我行”、“千方百剂”等品牌，产品涵盖进销存、财务、ERP、CRM、OA、电子商务和移动商务等领域。

管家婆辉煌系列产品是中小企业进销存、财务管理一体化的典范软件。该系列产品充分考虑到中小企业规模不大、缺乏专职会计、企业经理喜欢亲自管账等实际情况，采用独特的“傻瓜财务”设计理念，恰到好处地解决了中小企业财务管理中许多现实的问题，从而帮助中小企业实现经营信息的全程把控、传递、记录和分析。该产品的核心功能为：进货管理、销售管理、存货管理、商品账、资金账、往来账、收入账、查询与分析等。产品特点为：实用——将钱流账与物流账结合在一起，实现企业资金、应收、应付、库存、利润的一体化，提供进销存、成本、往来、账务等各种报表以及便捷的报表查询功能，即时反映企业的财务状况和进销存状况。易用——“傻瓜化”操作更符合中小企业日常业务处理习惯，操作者只需录入通俗易懂的原始业务凭证，系统就自动编制记账凭证，并进行分类、汇总，从而实现全面查询和分析库存、资金、往来、费用、收入、成本等功能。每笔业务录入后，都能够自动生成当前的损益表、资产负债表，清晰明了。

思考题

1. 简述会计电算化的作用。
2. 简述会计电算化的发展阶段与发展趋势。
3. 会计软件的发展趋势是什么？
4. 简述电算化会计信息系统的物理结构。
5. 简述各单位开展会计电算化工作的基本内容。

第二章 会计电算化的管理与实施

【要点提示】

● 会计电算化的组织机构　● 权限设置　● 日常运行管理
● 会计电算化的实施　● 档案管理

第一节 会计电算化的相关法规制度

一、《会计法》对会计电算化的规定

《会计法》第十三条第二款规定：使用电子计算机进行会计核算的，其软件及其生成的会计凭证、会计账簿、财务会计报告和其他会计资料，必须符合国家统一的会计制度的规定。

《会计法》第十五条第三款规定：使用电子计算机进行会计核算的，其会计账簿的登记、更正，应当符合国家统一的会计制度的规定。

二、《企业会计制度》对会计电算化的规定

《企业会计制度——会计科目和会计报表》中规定：本制度统一规定会计科目的编号，以便于编制会计凭证，登记账簿，查阅账目，实行会计电算化。企业不应当随意打乱重编。某些会计科目之间留有空号，供增设会计科目之用。在《小企业会计制度》中也有相同的规定。

三、财政部对会计电算化的规范

按照《会计法》规定，财政部制定并发布了《会计电算化管理办法》、《会计核算软件基本功能规范》、《会计电算化工作规范》、《会计基础工作规范》和《会计档案管理办法》，以及“关于大力发展我国会计电算化事业的意见”和“商品化会计核算软件评审规则”等一系列相关文件。对各单位使用会计软件、软件生成的会计资料、采用电子计算机替代手工记账、会计电算化档案保管等会计电算化工作作出了具体规范。会计软件的基本要求分为四个方面：会计软件

设计、应用、维护的基本要求；会计数据输入功能的基本要求；会计数据处理功能的基本要求；会计数据输出功能的基本要求。

（一）会计软件设计、应用、维护的基本要求

根据《会计法》和国家统一的会计制度规定，会计软件设计、应用、维护应当符合以下九项基本要求：

（1）会计软件的使用应当符合我国法律、法规、规章的规定，保证会计数据合法、真实、准确、完整，有利于提高会计核算工作效率；

（2）会计软件应当按照国家统一的会计制度的规定划分会计期间，分期结算账目和编制会计报表；

（3）会计软件中的文字输入、屏幕提示和打印输出必须采用中文，可以同时提供少数民族文字或者外国文字对照；

（4）会计软件必须提供人员岗位及操作权限设置的功能；

（5）会计软件应当符合 GB/T19581—2004《信息技术　会计核算软件数据接口》国家标准的要求；

（6）会计软件在设计性能允许使用范围内，不得出现由于自身原因造成死机或者非正常退出等情况；

（7）会计软件应当具有在机内会计数据被破坏的情况下，利用现有数据恢复到最近状态的功能；

（8）单位修改、升级正在使用的会计软件，改变会计软件运行环境，应当建立相应的审批手续；

（9）会计软件开发销售单位必须为使用单位提供会计软件操作人员培训、会计核算软件维护、版本更新等方面的服务。

（二）会计数据输入功能的基本要求

对会计数据输入功能的基本要求分为对初始数据输入的基本要求、对记账凭证数据输入的基本要求、对记账凭证控制的基本要求和对原始凭证数据输入的基本要求四个方面。

1. 对初始数据输入的基本要求

对初始数据输入的基本要求包括：（1）输入会计核算所必需的期初数据及有关资料；（2）输入需要在本期进行对账的未达账项；（3）选择会计核算方法；（4）定义自动转账凭证（包括会计制度允许的自动冲回凭证等）；（5）输入操作人员岗位分工情况。这些初始化功能也可以在程序中加以固定。

2. 对记账凭证数据输入的基本要求

会计软件应当提供输入记账凭证的功能，输入项目包括：填制凭证日期、凭证编号、经济业务内容摘要、会计科目或编号、金额等。输入的记账凭证的格式和种类应当符合国家统一会计制度的规定。记账凭证的编号可以手工输入，也可以由会计软件自动产生。会计软件应当对记账凭证编号的连续性进行控制。

3. 对记账凭证控制的基本要求

对记账凭证控制的基本要求包括：（1）正在输入的记账凭证编号与已输入的机内记账凭证编号重复的，应予以提示并拒绝保存；（2）以编号形式输入会计科目的，应自动显示该编号所对应的会计科目名称；（3）正在输入的记账凭证中的会计科目借贷双方金额不平衡，或没有输

入金额的，应予提示并拒绝保存；（4）正在输入的记账凭证有借方会计科目而无贷方会计科目或者有贷方会计科目而无借方会计科目的，应予提示并拒绝保存；（5）正在输入的收款凭证借方科目不是“库存现金”或“银行存款”科目、付款凭证贷方科目不是“库存现金”或“银行存款”科目的，应予提示并拒绝保存；（6）会计软件应提供对已经输入但尚未记账的记账凭证进行修改和审核的功能；（7）对同一张记账凭证，会计软件应当分别提供对审核功能与输入、修改功能的使用权限控制；（8）发现已经输入并审核通过或者记账的记账凭证有错误的，可以采用红字冲销法或者补充凭证法进行更正，记账凭证输入时，红字可用“—”号或者其他标记表示。

4. 对原始凭证数据输入的基本要求

对原始凭证数据输入的基本要求包括：（1）输入记账凭证的同时，输入相应原始凭证；若输入的有关原始凭证汇总金额与输入的记账凭证相应金额不等，软件应当给予提示并拒绝通过；在对已经输入的记账凭证进行审核的同时，应对输入的所附原始凭证进行审核；输入的记账凭证通过审核或记账后，对输入的相应原始凭证不能直接进行修改。（2）记账凭证未输入前，直接输入原始凭证，由会计软件自动生成记账凭证；会计核算软件应当提供对已经输入但未予审核的原始凭证进行修改和审核的功能，审核通过后，即可生成相应的记账凭证；记账凭证审核通过或者记账后，对输入的相应原始凭证不能直接进行修改。（3）在已经输入的原始凭证审核通过或者相应记账凭证审核通过或者记账后，若原始凭证确需修改，会计软件在留有痕迹的前提下，可以提供修改和对修改后的机内原始凭证与相应记账凭证是否相符进行校验的功能。

（三）会计数据处理功能的基本要求

对会计数据处理功能的基本要求如下：

（1）会计软件应当提供登记账簿的功能，并在记账时计算出各会计科目的发生额和余额。

（2）会计软件应当提供自动进行银行对账的功能，根据机内银行存款日记账与输入的银行对账单，同时进行适当的手工辅助，自动生成银行存款余额调节表。

（3）会计软件应当提供机内会计数据按照规定的会计期间进行结账的功能。

（4）会计软件应当提供符合国家统一会计制度规定的自动编制会计报表的功能，通用会计软件应当提供会计报表的自定义功能，包括定义会计报表的格式、项目、各项目的数据来源、表内和表间的数据运算和核对关系等。

（5）会计软件应当采取加密存储、用户身份验证等多种手段确保会计数据安全，防止对数据的未授权访问、复制、篡改、删除。

（四）会计数据输出功能的基本要求

1. 屏幕查询的基本要求

会计软件应提供屏幕查询功能，可查询的项目包括：（1）各类会计科目的名称、编号、年初余额、期初余额、累计发生额、本期发生额和当前余额等项目；（2）本期已经输入的记账凭证、原始凭证；（3）本期和以前各期的总账和明细账；（4）往来项目的结算情况；（5）到期票据的结算情况；（6）屏幕显示已经结账并给予提示；（7）本期和以前各期的会计报表。

2. 打印输出的基本要求

打印输出的基本要求包括：（1）会计软件应当提供原始凭证、记账凭证、日记账、明细账、总账、会计报表的打印输出功能，其格式和内容应当符合国家统一会计制度的规定；（2）会计软件应当提供三栏账、多栏账、数量金额账等各种会计账簿的打印输出功能；（3）在机内总账和明细账的直接记账依据完全相同的情况下，总分类账可以用总分类账户本期发生额对照表替代；（4）在保证会计账簿清晰的条件下，计算机打印输出的会计账簿中的表格线条可以适当减少；（5）会计软件可以提供机内会计账簿的满页打印输出功能；（6）打印输出的机内会计账簿、会计报表，如果是根据已结账数据生成的，则应当在打印输出的会计账簿、会计报表上打印一个特殊标记，以示区别；（7）会计年度终了进行结账时，应提供可移动磁盘的强制备份功能。

第二节　会计电算化的组织管理

本节重点介绍会计电算化的组织机构与职责划分、岗位及其权限设置。

一、会计电算化的组织机构与职责划分

会计电算化部门如何组织，应根据各单位的实际情况综合考虑。大中型企事业单位，一般都有 ERP 中心、信息中心或计算中心。因此，在进行会计电算化工作的组织时要统一考虑。组织过程中要注意两个问题：一是怎样处理与信息中心的关系，二是怎样处理财务部门内部之间的关系。一般说来，实行会计电算化后，财务部门有下述几种组织机构可供选择。

（一）集中管理式

在集中管理式组织机构下，企业设有独立的信息中心，财务部门也设有会计电算化组。管理、开发、使用、维护和与其他系统的协调等由企业信息中心负责；财务部门配合信息中心的工作并定期按规定提供核算和管理所需的数据和信息。这种组织机构有三大优点：（1）有利于培养复合型人才；（2）有利于会计电算化工作的组织协调；（3）有利于提高人、财、物的利用。集中管理式是一种较好的模式，凡大中型企事业单位和有条件的单位都应过渡到这种形式。

（二）分散管理式

在分散管理式组织机构下，信息中心与财务部门都是独立的部门，在行政上是同级的。企业信息化的管理、开发、增值开发、维护和与其他系统的协调都由信息中心负责，一般财务部门设有微机和终端，只负责会计软件的使用及简单的日常维护。这种组织机构的优点是有利于企业信息化的统一规划和管理；缺点主要是由两个部门负责，工作上需要协调，容易受两个单位关系的影响。

（三）集中管理下的分散组织

在集中管理下的分散组织机构下，企业没有独立的信息中心，一般是在财务部门配有专职的维护人员、操作员、录入员运行会计信息系统，提供会计信息。这类单位一般是采用商品化会计软件来实现会计电算化，对于一些小型企事业单位，可以采用这种组织形式。在一些会计人员很少的单位一般采用一人兼数职的方式。

会计电算化工作的组织机构，不仅与会计电算化的发展程度有关，同时还要考虑每一个单位的特殊情况。所以，各单位应根据每一个阶段的需要，建立相应的机构来组织会计电算化工作，做到既满足会计电算化工作需要，又节省人力、物力、财力。

二、会计电算化的岗位及其权限设置

在进行会计电算化的岗位及其权限设置时，要采用岗位责任制。岗位责任制是将责权利落实到具体的岗位，进行监督和考核的一种管理制度。它有利于明确各岗位的责权利，提高工作成效。会计电算化建立后，企业必须针对计算机环境下会计工作模式的特点以及内部控制的要求，对会计工作岗位加以调整和划分，建立岗位责任制。原有手工会计模式下的会计岗位，有的与计算机模式下的会计岗位互有交叉，例如财务部门主管可以同时兼任会计电算主管；而有的只是工作方式有了改变，岗位的性质没有变化，例如原有岗位设置中的会计核算岗、审核岗、档案管理岗等。岗位责任制中要分别明确系统管理员、会计档案管理员、财务管理人员和企业会计电算化的岗位及其权限设置。企业实行会计电算化后的工作岗位主要有：系统管理员、数据输入员、数据审核员、会计软件应用维护员、数据分析员、会计档案管理员和财务管理人员。

（一）系统管理员

系统管理员的职责包括：

（1）负责会计信息系统的日常管理工作，监督并保证系统的有效、安全、正常运行，在系统发生故障时，应及时到场，监督与组织有关人员恢复系统的正常运行。

（2）协调系统各类人员之间的工作关系。

（3）负责组织和监督系统运行环境的建立，以及系统建立时的各项初始化工作。

（4）负责系统各有关资源（包括设备、软件、数据以及文档资料等）的调用、修改和更新的审批。

（5）负责系统操作运行的安全性、正确性、及时性的检查。

（6）负责计算机输出的账表、凭证数据正确性和及时性的检查和审批。

（7）负责做好系统运行情况的总结，提出更新软件或修改软件的需求报告。

（8）负责规定系统内各使用人员的权限等级。

（9）负责系统内各类人员的工作质量考评，以及提出任免意见。

（二）数据输入员

数据输入员负责输入记账凭证和原始凭证等会计数据，输出记账凭证、会计账簿、报表，以及进行部分会计数据处理工作。数据输入员应具备会计、会计软件操作知识，并经过会计电算化初级知识培训。数据输入员通常可由会计人员兼任。各单位应鼓励基本会计岗位的会计人员兼任软件操作岗位的工作。所有单位都需要设立数据输入员岗位。

（三）数据审核员

数据审核员负责对输入计算机的会计数据（记账凭证和原始凭证等）进行审核，操作会计软件登记机内账簿，对打印输出的账簿和报表等会计信息进行确认。数据审核员应具备中级会计知识和计算机应用知识。数据审核员通常可由主管会计兼任。

（四）会计软件应用维护员

会计软件应用维护员应保证计算机硬件、会计软件的正常运行，负责对会计软件操作的维护工作；管理机内会计数据。此岗位的人员要具备计算机和会计知识，经过会计电算化中级知识培训。采用大型、小型计算机和计算机网络会计软件进行核算的单位，应设立此岗位，此岗位在大中型企业中应由专职人员担任。

（五）数据分析员

数据分析员负责对计算机内的会计数据进行分析，要求具备计算机和会计知识，并经过会计电算化中级知识培训。采用大型、小型计算机和计算机网络会计软件进行核算的单位，可设立此岗位，由主管会计兼任。

（六）会计档案管理员

会计档案管理员负责对数据磁盘、程序磁盘，以及打印输出的凭证、账簿、报表等各种会计档案资料的保管及保密工作。会计档案管理员要求具备常用的计算机和会计知识。采用大型、小型计算机和计算机网络会计软件进行核算的单位，可设立此岗位，由一般会计人员兼任。

（七）财务管理人员

财务管理人员的主要职责是进行会计信息的分析和整理、参与决策和进行财务管理等。

对于自行开发软件的大中型企事业单位，应还有软件开发维护人员（不一定要求隶属于财务部门，可独立设置计算机应用部门）。另外还有以下基本岗位：(1) 系统分析员。负责系统开发的分析、设计和总体测试工作，以及运行维护中软件修改的分析、设计和总体测试工作。(2) 程序设计维护员。根据系统分析员的开发方案或修改方案，分工完成程序设计、修改和测试工作。(3) 硬件维护员。负责计算机系统设备的安装、调试和日常检修维护工作。

第三节　会计电算化的实施

一般来讲，会计电算化的实施有广义和狭义之分。从广义上讲，会计电算化的实施是指从项目立项开始到新系统最终上线运行为止的所有阶段的工作。从狭义上讲，会计电算化的实施是指会计软件的实施，包括系统测试和验收，计算机软硬件设备的购置、安装和调试，人员培训，将手工账务系统的数据转入会计电算化信息系统以及理顺业务流程等任务。

一、会计电算化实施必须具备的基本条件

会计电算化的实施必须具备四个基本条件：正确的思想认识、良好的手工财会工作基础、相应的人员、经费保证。

（一）正确的思想认识

单位领导、会计人员、计算机应用人员都应有正确的思想认识，积极支持和参与会计电算化的实施工作。只有有关人员对会计电算化有了正确的认识，会计电算化的实施工作才能顺利健康地进行；只有单位领导对会计电算化的含义、必要性有了正确的认识，他们才会积极主动地支持和参与这项工作，正确地领导这项工作的开展。正确的思想认识是开展会计电算化工作的前提。

单位领导对会计电算化的重视和支持，是会计电算化实施成功的关键。在会计电算化的实施过程中，要调集相应的物资和人力资源，开展的初期会出现这样或者那样的问题，如果没有

领导的支持，往往会半路搁浅、无功而返。

（二）良好的手工财会工作基础

良好的手工财会工作基础是指手工财会工作的规范化、标准化、合法化。对手工财会工作基础较差的单位应先进行基础工作的整改，同时，会计电算化的实施也会促进会计基础工作的加强，推进财会工作的规范化和制度化。

1. 11 项手工财会工作基础

对会计电算化的实施来说，良好的手工财会工作基础一般表现在以下方面：

（1）健全的岗位责任制和内部稽核制度。

（2）会计人员的业务素质与其工作相适应。

（3）主要原材料、能源消耗和工时有定额，费用开支有标准或预算，并且相关人员能认真执行。

（4）各种原始记录的格式、内容、填制方法、签章、传递、汇集、反馈有统一的要求和规范，做到真实、完整、正确、清晰、及时。

（5）物资入库经过计量、检验，手续齐备。

（6）发生的经济业务都取得或填制合法的原始凭证。

（7）记账凭证的填制符合会计制度的规定和要求，并经有关责任人员签章。

（8）会计科目和核算内容符合会计制度规定的内容和要求，并经有关责任人员签章。

（9）固定资产归口分级管理，做到账、卡、物相符，固定资产及其折旧核算正确。

（10）成本、销售、材料、产成品等的核算符合国家有关规定，核算正确。

（11）制定财产清查制度，并严格执行。

2. 其他财会工作基础

除以上 11 项手工财会工作基础外，实施会计电算化还应做好以下四方面的工作：

（1）会计科目、往来单位、人员、部门、产成品、原材料等应有编码。编码应规范、齐全、标准，便于计算机处理。在手工会计核算状态下，主要使用各项目名称，不太注重编码；实现会计电算化后，处理信息、查询信息主要通过编码进行，所以编码工作就显得特别重要。

（2）应改变“师傅教徒弟”的核算办法，严格按照标准会计制度进行各项会计核算工作。

（3）应按照财政部颁发的统一的会计制度设计本单位的内部财务制度。

（4）各种账簿的设置应规范，以方便计算机处理。

（三）相应的人员

会计电算化所需的基本人员包括系统管理人员、操作人员、数据维护人员、软件维护人员等。各单位应根据自己的具体需要和实现会计电算化的方式来确定所需的人员。单位不同，对人员的需求也不一样。实现会计电算化的方式不同，对人员的需求也不同。这里仅介绍选用商品化会计软件实现会计电算化的单位所需的人员。由于商品化会计软件厂家对客户提供的服务较多，我国的会计软件比较成熟，选用商品化会计软件实现会计电算化的单位，其对相应的人员要求并不高，一般只需会计电算主管、软件操作员、审核记账员和数据分析员。

（四）经费保证

开展任何一项工作都需要一定的经费，开展会计电算化工作也不例外。开展会计电算化工作所需的经费主要有硬件费用、软件费用、准备费用和运行维护费用。具体如表 2—1 所示。

表 2—1　开展会计电算化工作所需的经费

经费类型	项目	备注
硬件费用	主机	网络服务器、微机等
	终端机	工作站或其他兼容机
	外围设备	打印机、UPS、HUB 等
	环境成本	房屋、地毯、空调等
软件费用	软件成本	系统软件、会计软件（开发或购置）
准备费用	机房建设、改造	装修、建设等
	安装及调试成本	主机、空调、电源、UPS、软件
	培训费用	开发与使用人员的培训
运行维护费用	维护费用	维护人员的工资、所用工具、材料等
	使用成本	操作人员的工资、消耗的材料等

应注意，单位规模不同，开展会计电算化工作对经费的需求也会不同；实现会计电算化的方式不同，对经费的需求也不同；开展会计电算化的项目多少不同，对经费的需求也不同。

二、会计电算化的实施内容

本部分主要介绍会计软件的实施、会计电算化的实施途径、从手工会计到基于计算机的会计信息系统的转换三个方面的内容。

（一）会计软件的实施

会计软件的实施与其取得方式有关。会计软件取得方式不同，其实施过程和内容是不同的。例如，采用自主开发或联合开发或委托开发的会计软件时，实施过程则是将软件的设计文档转换成计算机程序并调试，再对程序系统进行测试和验收。而购买商品化会计软件则没有编写程序和测试的工作，会计软件的实施仅指软件的安装、培训、用户化、二次开发和初始化等阶段性工作。

1. 会计软件的取得方式

会计软件的取得方式常用的有自主开发、委托开发、联合开发和购买商品化会计软件四种。

（1）自主开发。自主开发是指企业内部能组织若干名具有一定计算机知识和熟悉财会业务的人员，他们能够较好地把财务和计算机应用知识结合起来，根据自身的业务需求独立完成会计软件系统的需求分析、系统设计、程序代码编写、测试、系统运行维护和升级等阶段的工作。如果企业自身的计算机人员实力比较强大，企业可以自行开发会计软件。这种取得方式的特点是更有针对性，成本较低，系统适用性较强，能满足企业管理者的个性化需求，企业对开发的会计软件拥有全部版权，日后的软件修改及维护也较方便。这种取得方式的缺点主要是：由于不是专业开发机构的专业人员开发软件，开发人员熟悉财会业务需经历一个较长的过程，从而使系统开发周期延长。同时，软件的稳定性、兼容性往往得不到保障，因此在使用过程中，应做好数据的备份工作，以防止出现意外，造成数据的丢失。自主开发取得方式在电算化会计信息系统发展的早期较为流行，比较适合于有一定开发和维护实力的企业。

（2）委托开发。委托开发会计软件是指企业委托专业的软件公司，开发适合企业自身业务特点的会计软件。在这种取得方式下，开发实力可以得到保障，开发出的会计软件适用性强，具有较强的稳定性与兼容性。这类软件一般属于专用会计软件。这种取得方式的缺点是：成本一般比较高，纯粹依靠外部力量进行开发，在系统交付使用后，系统运行维护的任务直接落到企业的头上，企业如果没有运行维护的专业人员，使用系统将会有很大的困难。使用这类软件时应注意版权归属问题，委托开发的软件版权一般来讲应归委托企业所有，但一般软件公司会要求拥有版权，而约定企业只具有使用权。企业应就日后软件升级、维护与软件公司达成协议，避免日后发生纠纷，给企业造成损失。如果企业的业务特殊，而企业自身的计算机人员实力又比较弱，则可以采用委托开发的方式取得会计软件。

(3) 联合开发。联合开发是指由企业和软件公司共同开发会计软件。联合开发的会计软件由于有软件公司的参与，因此这类软件一般兼具自主开发会计软件与委托开发会计软件的特点，既具有较强的稳定性、兼容性，又具有较强的适用性，是使用效果最好的一种软件。由于是联合开发，所以企业的会计人员后期无须培训即能使用软件。但这类软件的成本一般也比较高。因为是联合开发，也存在版权问题及日后的使用维护问题。因此企业事先应就此问题与软件公司达成协议，避免日后纠纷。

上述三种会计软件的取得方式，其优点都是具有较强的适用性，但其缺点也是非常明显的，最主要的是开发周期较长、费用较高。

(4) 购买商品化会计软件。购买商品化会计软件是指企业在市场上选购适合或基本适合本企业需要的会计软件，经过适应性改造（即二次开发）后建立本企业的电算化会计信息系统。大型商品化会计软件由于考虑通用性，产品较为复杂，实施工作一般由供应方或第三方（如咨询公司）完成。商品化会计软件的版权归软件公司所有。因此如果企业急需会计软件，或是业务没有特殊性，则应首选商品化会计软件。因为商品化会计软件是软件公司按照软件开发的标准运作方式生产出来的，因此具有很强的稳定性与兼容性；同时，因为是批量生产，所以软件成本相对较低；因为用户数量庞大，软件公司对软件的日后维护修改都会及时进行。使用这类软件时，应注意经常关注软件公司的一些公告信息，及时地进行补丁安装，避免带来损失。

以上是常见的一些会计软件取得方式，各种取得方式均有自身的优缺点，企业可以根据自身的特点选取。但是不管采用哪种取得方式，都应注意一点，那就是会计软件业务处理的合法性及行业或政府对会计软件的一些特殊规定，例如，有些企业需要对口上报一些统计数据资料，选取会计软件时就应充分考虑这一需求。

2. 商品化会计软件的选择标准

商品化会计软件的选择标准有以下七项：

(1) 软件的功能要具备适用性，同时要考虑可扩展性。商品化会计软件功能模块很多，适用范围较广，这就需要企业根据自身的情况和特点选择不同的功能模块。软件功能应满足企业当前和今后的发展需要，多余的功能只会造成使用和维护的复杂性。另外要考虑系统的开放性，预留各种接口。

(2) 开发工具的简单易学性。任何商品化会计软件都不能完全满足企业的需求，都或多或少地需要进行用户化和二次开发工作。所以，商品化会计软件应提供必要的开发工具，并同时保证该开发工具简单易学、使用方便。

(3) 软件文档齐全。商品化会计软件必须配备齐全的文档，如用户使用手册、不同层次的培训教材（如会计软件设计开发的工具培训手册、数据库开发及维护培训手册、产品功能培训手册等）、产品实施指南等。文档的全面详细程度应达到用户能够自学使用。

（4）强有力的售后服务与支持。售后服务与支持非常重要，关系到系统应用的成败。售后服务工作包括各种培训、项目管理、实施指导、二次开发及用户化等。可以由会计软件开发商或委托专业的咨询公司承担。

（5）软件供应商的信誉和稳定性。选择会计软件时要考虑供应商的实力和信誉。软件供应商应当有长期的经营战略，能够跟踪技术的发展和客户的要求，不断对软件进行版本的更新和维护，否则，软件供应商一旦倒闭或者产品转型，系统的维护与升级就成了大问题。

（6）价格因素。价格方面要考虑会计软件的功能、技术平台、质量、售后服务与支持等。另外也要做投资收益分析，包括资金利润率、投资回收期。要考虑实施周期及难度，避免造成实施时间过长而影响效益。软件的投资一般分为软件费用、服务支持费用、二次开发费用和因实施延误而损失的收益，应全面考虑。

（7）企业原有资源的保护。企业原有资源不仅指硬件资源，还包括已有的数据资源。这样在选择会计软件时，就要考虑软件产品对硬件平台的要求是否过高，原有的硬件设备是否可用，原有的数据资源能否平滑地移入到新系统中。

（二）会计电算化的实施途径

会计电算化的实施主要有自行实施和聘请管理咨询公司或软件公司帮助实施两种途径。不论采用何种实施方式都有一个共同的原则，那就是需要在规定的时间和预算内，合理安排拥有的资源，经过有效的控制和风险防范，最终完成既定的实施目标。

1. 自行实施

自行实施方式适用于项目规模不大、业务流程不是很复杂、具备自行实施条件的企业。例如，有上级领导的支持，企业的管理人员和财务人员能够从管理的角度理解新系统的业务流程和功能，同时有具备信息系统技术的人员来负责具体的实施工作。自行实施能够比较好地满足企业现有的需要，同时花费也比较少；但实施过程中会遇到各种问题和矛盾，企业各有关部门需要协调，因此需要有魄力的、既懂业务又懂信息系统技术的领导的支持。

2. 聘请管理咨询公司或软件公司帮助实施

如果项目规模较大，涉及的业务系统较多，地区较广，或者企业没有既懂经营管理、财务会计又懂信息系统技术的专业人才，可聘请管理咨询公司或软件公司帮助其实施会计电算化。例如，一个企业集团在不同地区和不同行业均有子公司，企业自己做软件开发和软件选择的困难较大，不妨聘请有关专业咨询公司或软件公司帮助其进行系统实施工作。一般来讲，咨询公司地位比较独立，提出咨询意见相对较为公正、客观。当然，聘请咨询公司需要花费一定的费用。

（三）从手工会计到基于计算机的会计信息系统的转换

会计工作从手工核算系统转换到会计信息系统之前，实施单位要做出总体实施方案，包括整理手工会计业务数据、建立会计科目体系并确定编码方案，规定各类账、证、表的格式和会计核算方法，建立电算化会计的岗位及其责权利，以及会计信息系统的初始化等；要组织有关人员对实施方案进行充分讨论、修改和完善，准备实施的系统应能解决手工条件下会计核算难以完成的工作。在计算机和手工并行的过程中，会计人员的工作强度比较大，需要合理安排财务部门的工作，提高工作效率。

1. 整理手工会计业务数据

会计数据输入前的准备工作，包括整理基础会计业务数据，清理往来账户和银行账户等。

必要时还应与单位其他部门协调，在存货管理和销售、采购等方面取得有关部门的配合。具体工作包括：(1) 重新核对各类凭证和账簿，做到账证、账账、账实相符；(2) 整理各账户余额；(3) 清理往来账户和银行账户。

2. 会计信息系统的初始化

会计信息系统的初始化是确定会计软件的核算规则和输入基础数据的过程，通过对会计软件进行具体的限定以及输入基础数据，来完成将通用会计软件转化为适合本单位实际需要的应用系统。例如，账务处理初始化的主要内容包括：系统参数设置（设置核算单位、启用日期、编码规则等），设置凭证类别，设置会计科目，输入期初余额，设置自动转账分录，其他初始设置等。账务处理初始化应充分考虑会计信息系统获取有关数据的需要。系统初始化工作由会计人员通过操作会计软件提供的系统初始化模块完成，是非常重要和细致的工作，一般要先进行培训。

3. 会计信息系统与手工会计并行

会计信息系统和手工会计并行是指会计信息系统使用的最初阶段，人工和计算机同时进行会计处理的过程，也称试运行。在试运行阶段，会计人员要进行双重劳动，这是十分必要的。试运行的时间，应放在年初、年末、季初、季末等特殊的会计时期，这样才能最全面地比较人机数据，预先估计可能出现的问题。一旦出现问题，要及时采取措施，进行防错纠错。

在并行工作期间，可以采用计算机打印输出的记账凭证替代手工填制的记账凭证，原始凭证应附于相关记账凭证的背面，根据有关规定审核并装订成册，作为会计档案保存，并据以登记手工账簿。如果计算机与手工核算结果不一致，要由专人查明原因并向本单位领导书面报告。在试运行阶段，手工与计算机数据对比时要进行如下工作：(1) 检验各种核算方法。(2) 检查会计科目体系的正确性和完整性。(3) 考察系统的正确性。并行实施一个月后，开始建立各项管理制度，并根据实际运行中出现的问题，不断改进完善。尤其对上岗操作人员的权限分配，应在完全替代手工记账前都按规定设置完毕，进入正常工作状态。对替代手工记账后会计人员的岗位职责也应有明确的要求和岗位考核。

4. 会计信息系统投入实际运行

在手工会计与电算化会计信息系统并行了 3～6 个月，试运行阶段的结果通过验收合格后，要进行系统运行的初次评价，确定系统的优缺点，确定已解决的问题，编写“系统运行评价报告”。该报告是会计电算化实施工作完成的标志性文件，由软件公司与用户签字认可。之后，会计电算化转入实际运行阶段。

随着会计电算化运行的进程，需要对软件系统的运行进行审查和评价，具体内容包括：(1) 年度审查。主要帮助用户充分使用正在运行的软件，并了解软件在功能和技术上的最新发展，帮助用户了解如何使用应用软件系统功能以适应变化了的业务需求，同时指出当前系统应用中的不足之处，还要帮助用户掌握更新以前的文档。(2) 技术审查。审查内容主要包括操作流程（如夜间运行、数据备份与恢复、升级管理和安全管理）、系统运行指标、数据维护、系统维护人员的知识更新和改进版本的技术特性等。(3) 应用审查。主要了解系统运行情况，指出系统运行或业务处理过程中的不足之处，审阅报表需求以及帮助用户提高业务处理能力。

在会计电算化实际运行阶段，根据审查和评价的结果，应编写“系统运行审查报告”，内容包括系统运行状况审查、实施业绩审查、管理规范审查、业务处理过程存在的问题、变化的业务需求分析以及提高业务处理能力的咨询意见等。

第四节　会计电算化的日常运行管理

本节的内容是会计电算化的日常运行管理，主要介绍业务执行程序管理制度、操作管理制度、系统安全管理制度和维护制度。

一、业务执行程序管理制度

按会计电算化的要求，业务执行程序管理制度应规范会计部门与其他相关业务部门的数据处理和传递关系。它包括两个方面：一是会计部门对数据源部门有关数据的产生时间、内容、传递方式的规定；二是会计部门对会计业务处理程序，以及对其他部门的信息支持和服务等方面的规定。这里重点介绍会计业务处理程序管理和机房管理制度。

（一）会计业务处理程序管理制度

会计业务处理程序管理制度的内容包括：

（1）要按照《会计基础工作规范》的要求处理会计业务。

（2）防止已输入计算机的原始凭证和记账凭证等会计数据未经审核而登记机内账簿，保证会计数据的正确合法。

（3）现金和银行存款日记账必须日清月结。

（4）要保证会计记账凭证连续编号。

（5）要按规定程序编制转账凭证。

（6）期末要按规定及时结账。

（7）期末应及时生成和打印输出会计报表，打印输出会计报表时应防止本期还有未记账凭证，检查报表定义完整性，并根据领导及财务管理需要，自定义输出其他分析报表。

（8）上报会计报表的格式必须符合统一的要求。期末生成上报数据文件，该数据与打印输出的会计报表必须一致。会计报表按规定由有关人员签字盖章，在指定的期限内上报。

（9）每年年末必须将全部账簿打印输出，装订成册，作为会计档案保管。

（二）机房管理制度

建立机房管理制度主要有两个目的：一是保证计算机设备有一个良好的运行环境，使计算机设备能稳定地运行；二是防止各种非法人员进入机房，保护机内的程序与数据的安全。对于办公条件较好的单位，一般是将服务器等重要设备放置在机房，终端设备放置在办公室，以便于日常工作。具体管理是通过制定与贯彻执行机房管理制度来实施的。

二、操作管理制度

操作管理是指通过对系统日常运行的管理，完成会计核算工作，保证会计电算化的安全与正常运行。如果操作管理制度不健全或实施不得力，一方面会给各种非法舞弊行为以可乘之机；另一方面，当系统出现故障时会由于没有规范的应对措施而造成处理失当，进而影响系统的正常运行。会计电算化操作管理制度主要包括系统使用管理制度、上机人员操作管理制度两方面。

（一）系统使用管理制度

系统使用管理制度旨在为会计电算化的运行创造一个良好的运行环境，保证计算机设备、系统程序与会计数据的安全，防止各种非指定人员进入系统，非法对系统进行操作。系统使用管理制度主要内容有以下六个方面：

（1）对各个使用人员，本着既分工合作又相互牵制的原则，仔细划分操作权限。

（2）会计电算化的服务器、客户机等应专机专用，杜绝无关人员使用计算机做其他工作。

（3）使用不间断电源，避免因断电破坏会计数据。

（4）系统管理员必须做好日常检查监督工作，发现不规范使用应及时制止，并采取措施避免同样情况再次发生。

（5）防止计算机病毒传播。严禁来历不明的磁盘和各种非法拷贝的软件在财务专用的服务器和终端机上运行。

（6）需存档或备份的数据，由系统管理员按规定指派专人负责复制、核对，并交会计档案管理员保管。各种备份的数据均要标明日期、时间、类型、备份人等，以便查找、恢复和明确责任。

（二）上机人员操作管理制度

上机人员操作管理是通过建立与实施各项操作管理制度来完成的，例如，要求会计人员按规定录入原始数据、记账凭证，操作各功能模块，输出各类信息，做好系统内有关数据的备份，严禁越权操作、非法操作会计软件，确保会计电算化信息系统安全、有效、正常地运行。上机人员操作管理制度主要包括上机操作的规定，操作人员的职责、权限与操作流程等方面的内容。

三、系统安全管理制度

系统安全可通过建立计算机硬件、软件、网络安全管理和数据管理制度并严格实施来保障。系统安全管理制度的主要内容包括：（1）保证机房设备安全、网络安全和计算机正常运行是进行会计电算化的前提条件，要经常对有关设备进行保养，保持机房和设备的整洁，防止意外事故的发生。（2）确保会计数据和会计软件的安全保密，防止对数据和软件的非法修改和删除；对磁性介质存放的数据要双备份。（3）会计软件的修改、通用会计软件的升级和计算机硬件设备及网络设备的更换等工作，要履行一定的审批手续，并要有专人监督，以保证会计数据的连续和安全。（4）健全计算机硬件、网络设备和软件出现故障时进行排除的管理措施，保证会计数据的完整。（5）健全必要的防治计算机病毒的措施。

四、维护制度

维护制度是为了保证系统安全、可靠、正确地运行而采取的相应措施。会计电算化的维护是指保证系统正常运行而开展的各项工作，主要通过制度建设和技术保障体系两个方面来实现。系统维护主要包括数据维护、硬件维护和软件维护三方面的内容。

（一）数据维护

数据维护主要是指对会计数据库中的数据进行维护，通常通过会计软件的维护模块来实现。

系统的数据维护内容很多，主要包括数据备份维护、操作权限维护、数据查错维护、数据交换维护、编码和参数维护、系统日志维护等。

1. 数据备份维护

数据备份维护包括数据备份和数据恢复，实质是进行数据保护性维护操作。进行数据备份维护需要注意：(1) 备份数据要频繁，恢复数据则要特别谨慎。不到必要时，绝不轻易进行数据恢复操作。(2) 数据恢复前一定要确认待恢复数据的日期和状态，以免因操作错误覆盖原数据，反而造成数据的损失。

2. 操作权限维护

操作权限维护包括操作员权限维护和操作员口令维护，这两种维护操作要配合使用。操作权限维护只能由系统管理员或账套主管完成，操作员口令维护只能由操作员自己完成，以最大限度地减少非法操作或越权操作的发生概率。

3. 数据查错维护

数据查错维护是为了防范系统万一出现的数据错误，软件本身向用户提供的一种全面的、有效的、可以迅速查明错误会计数据并进行纠正的手段。例如自动清除错误数据、重建索引文件和撤销错误操作等。数据查错维护的方便性和有效性，是会计软件设计水平高低的一个标志。

4. 数据交换维护

会计电算化信息系统经常需要向外界提供数据，或者将外界的数据导入系统内部，以扩展系统的使用功能。例如，导入银行对账单，或导出总账数据等。当用户需要进行导入或导出数据时，必须通过系统提供的功能模块来操作。

5. 编码和参数维护

编码是系统进行数据处理的参照系数，系统参数是系统运行的参照系数，它们都是控制程序运行的重要数据。因此，编码和参数维护是会计电算化数据维护中非常关键的内容，它包括系统中各类编码的维护，例如科目编码、往来编码、存货编码和其他编码等。在系统日常运行过程中会不时地根据核算需要发生编码或参数的变动，因此需要经常维护，以保证系统正确、稳定地运行。编码和参数的维护是在会计软件的维护模块中完成的。由于编码和参数对系统运行的结果有重要影响，因此在软件设计时，能用程序自动控制的维护一般都不需用户维护。必须交给用户维护的编码和参数，应该含义明确，同时程序要提供正确性维护措施。

6. 系统日志维护

系统日志详实地记录了系统的运行情况，是监控系统活动的重要文档资料。系统管理员要经常检查系统日志，分析系统状态，尽早发现问题并加以解决，做到防患于未然。当系统出现故障或者错误时，应通过近期的系统日志寻找原因，并确认相关的操作人员，为系统修复和责任追究提供参考。

(二) 硬件维护

硬件维护是对会计电算化的计算机硬件系统和网络硬件的维护，主要包括日常保养和故障检修两方面的内容。

1. 日常保养

单位应定期对计算机设备及网络硬件进行检测，对运行不稳定以及不满足使用需求的部件应及时更换。计算机硬件和网络硬件及其外围设备的耗材，如网线、墨粉、硒鼓、色带、打印纸、U盘、移动硬盘等，在节约使用的前提下及时补充，购买和更换时要登记备案。

2. 故障检修

由于计算机及网络硬件的维修比较专业，要求会计电算化的维护人员完全承担所有的故障检修是不现实的。一般要求系统维护人员能够查找处理常见的、发生频率较高的一般故障。当发生的故障比较复杂，无法解决时，应该找专业人员进行维修，切不可盲目处理，以免故障扩大。在确认系统遇到硬件故障且无法修复时，应按照计算机设备及网络硬件的管理制度更换发生故障的部件。

（三）软件维护

软件维护根据维护的目的，可以分为保护性维护、完善性维护和适应性维护三种。

1. 保护性维护

保护性维护是针对由于计算机病毒侵害或者计算机硬件故障造成的系统软件损坏而采取的措施。为保证这一工作的顺利进行，单位应事先做好备份工作，一旦确认因病毒感染或计算机故障造成了会计软件损坏和数据丢失，首先要清除病毒或排除故障，然后用备份文件恢复系统。

2. 完善性维护

电算化会计信息系统建立以后，还要接受实际运行的检验。结合系统运行情况，对系统进行不断的完善是提高软件功能，更好地完成会计工作的重要步骤。具体来讲，可能有以下四个方面的原因造成系统需要进行完善性维护：（1）系统软件尚存在缺陷，这些缺陷在系统开发、测试和试运行时都没有暴露出来，需要在日常运行维护中随时发现、随时纠正；（2）在对系统进行需求分析时考虑不周到，系统交付使用后，发现还有功能遗漏，因此可能提出功能改进要求；（3）系统运行环境的改变可能会使软件系统产生不兼容现象；（4）会计核算制度的变化，也可能要求系统必须作相应的修改。

完善性维护需要企业会计部门和系统开发单位密切配合才能进行，因此系统开发应尽量和规模比较大、开发过程规范的软件企业合作，才能保证在一个较长的时期内能够较快速地进行系统完善性维护。

3. 适应性维护

随着 ERP 软件、硬件技术的飞速发展，会计软件也必须定期地升级换代，才能适应并满足不断发展的功能使用要求。适应性维护的主要方法是升级服务，升级服务的目标必须是继承系统的原有数据，大幅度提高会计软件的使用功能。要注意的是，会计软件升级不能忽视，但是也不能过于频繁。在没有明显功能提高的情况下，频繁进行细微的升级，既浪费资金，操作人员也要不断适应新的改动，得不偿失。

第五节　会计电算化的档案管理

会计电算化信息系统的会计档案和传统档案具有很大的不同，前者具有电子化和不可见的特点。因此建立会计档案管理制度，必须充分考虑这些特点，对传统的会计档案管理制度作较大的改进。

一、会计电算化档案的管理要求

会计电算化档案管理是重要的会计基础工作，其基本管理要求如下：

（1）要严格按照财政部有关规定对会计档案进行管理，并由专人负责。

（2）对会计电算化档案管理要做好防磁、防火、防潮和防尘工作，重要会计档案应准备双份，存放在不同的地点。

（3）对采用磁性介质保存的会计档案，要定期进行检查，定期进行复制，防止由于磁性介质损坏而使会计档案丢失。

（4）会计电算化档案的保存期限按照《会计档案管理办法》的规定执行。

二、会计电算化档案的内容

会计电算化档案，包括存储在计算机硬盘中的会计数据，以及其他磁性介质存储的会计数据和计算机打印出来的书面等形式的会计数据。这里的会计数据是指记账凭证、会计账簿、会计报表（包括报表格式和计算公式）等数据，以及会计电算化的全套开发文档资料。通用会计软件、定点开发会计软件、通用与定点开发相结合会计软件的全套文档资料以及会计软件程序，视同会计档案保管，保管期截至该软件停止使用或有重大更改之后的五年。

三、会计账簿、报表档案的生成与管理

对会计账簿、报表档案的生成与管理的要求如下：

（1）现金日记账和银行存款日记账要每天登记并打印输出，做到日清月结。

（2）科目汇总表、总分类账和各种明细账按会计制度要求打印。一般账簿可以根据实际情况和工作需要按月或按季、按年打印。发生业务少的账簿，可以满页后打印。每年年末必须将打印输出的账簿装订成册，作为会计档案保存。

（3）在确保凭证、账簿清晰的条件下，打印输出的凭证、账簿中的表格线可适当减少。

（4）由原始凭证直接录入系统并打印输出的机制记账凭证上应有操作员（或制单人）、审核员、记账员、会计主管的签名和盖章。收付款记账凭证还应有出纳员的签名和盖章。打印生成的记账凭证视同手工填制的记账凭证，按《会计人员工作规则》、《会计档案管理办法》的有关规定立卷归档保管。

（5）对于先用手工编制记账凭证，然后再录入到会计软件进行处理的情况，保存手工记账凭证或打印出的机制凭证均可。

（6）会计报表、分析表等应按管理要求及时打印输出，经有关人员审核无误并签字盖章后方可生效。

（7）每年形成的会计档案，都应按照归档的要求，整理成卷或装订成册。对会计档案必须进行科学管理，做到存放有序，查找方便。当年的会计档案，在会计年度终了后，可暂由财务部门保管一年，期满后，原则上应移交企业档案部门保管。

（8）采用磁带、磁盘、光盘、缩微胶片等磁性介质存储会计账簿、报表，作为会计档案保存的单位，征得同级财政部门的同意，可以不再定期打印会计账簿。磁性介质的会计档案要科学编号，建立好索引文件，便于查阅。

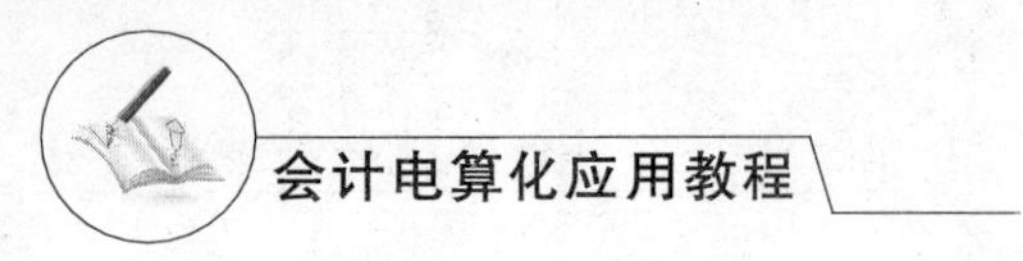

四、数据备份管理

由于会计数据的重要性，必须建立数据备份制度，以避免意外和人为错误造成数据的丢失。发生会计数据丢失时，必须及时用备份数据进行恢复。数据备份可以采用磁盘阵列或双机热备，也可通过数据备份模块定期（一般在会计期末）导入到移动硬盘上，对于一些核心的机构或部门的数据还可采用异地备份。

五、安全保密措施

会计电算化档案的安全保密措施包括：

（1）对存档的会计资料要检查记账凭证上是否有操作员、审核员、记账员、会计主管的签名和盖章。

（2）对会计档案的管理要做好防磁、防火、防潮、防尘、防虫蛀、防霉烂、防鼠咬等工作。重要的会计档案数据应至少在两处以上的地点保存，且两处地点最好不在同一座建筑物内，有一定的空间距离。

（3）采用磁性介质保存的会计资料，要定期进行检查，定期进行复制，防止由于磁性介质损坏使会计档案丢失。

（4）大中型企业应采用磁带、硬盘、光盘、缩微胶片等介质存储会计数据。

（5）存有会计信息的介质，在未打印成书面文件前，应妥善保存并留有副本。

（6）严格执行安全和保密制度，会计档案不得随意堆放，严防毁损、散失和泄密。

（7）各种会计资料，未经主管领导同意，不得外借和拿出单位。

（8）经领导同意借阅的会计资料，应该履行相应的借阅手续，经手人必须签字。借阅存放在磁性介质上的会计资料时，严禁借阅者对数据进行修改。归还时，应该认真检查有无计算机病毒，防止病毒感染。

思考题

1. 会计电算化的相关法规制度主要有哪些？
2. 会计电算化主要有哪几种组织机构？
3. 会计电算化的日常运行管理主要有哪些制度？
4. 会计电算化档案管理的要求及主要内容有哪些？
5. 会计电算化的实施途径主要有哪些？

第三章　会计信息系统的风险与内部控制

【要点提示】

● 会计信息系统风险　● 内部控制　● 企业内部控制规范

● 一般控制　● 应用控制

第一节　会计信息系统的风险

一、会计信息系统风险的概念

风险至今没有一个统一且严格的定义。一般来说，风险是指未来的不确定性。由于人们更关注对未来损失的影响，也有将风险定义为“遭受损失或伤害的可能性”。信息系统的风险有其特殊性。我国财政部等五部委颁布的《企业内部控制应用指引第 18 号——信息系统》第二条对信息系统的定义是：“本指引所称信息系统，是指企业利用计算机和通信技术，对内部控制进行集成、转化和提升所形成的信息化管理平台。”第三条规定：“企业利用信息系统实施内部控制至少应当关注下列风险：（一）信息系统缺乏或规划不合理，可能造成信息孤岛或重复建设，导致企业经营管理效率低下。（二）系统开发不符合内部控制要求，授权管理不当，可能导致无法利用信息技术实施有效控制。（三）系统运行维护和安全措施不到位，可能导致信息泄漏或毁损，系统无法正常运行。”《企业内部控制应用指引第 18 号——信息系统》第二章“信息系统的开发”以及第三章“信息系统的运行与维护”分别从信息系统开发和运行维护的角度对如何控制信息系统风险进行了指导。

作为企业信息化管理平台的一个有机组成部件，会计信息系统也具有上述三方面的风险。具体来说，会计信息系统风险是指在会计信息系统的分析、设计、实施、运行、维护整个生命周期过程中所面临的风险。这些风险将导致会计信息系统无法达到预定目标。对会计信息系统的风险进行管理，需要对会计信息系统的开发和运行维护的整个过程进行风险识别、风险评估、风险控制与风险监督，可以参照我国《企业内部控制具体规范——计算机信息系统》（征求意见稿）以及相应的《企业内部控制应用指引第 18 号——信息系统》对会计信息系统的风险进行控制和管理。

二、会计信息系统风险分析

会计信息系统在开发和运行维护过程中，受到技术因素、自然因素以及组织、管理、人员等各种环境因素的影响和威胁，可能导致各种风险。

（一）技术因素导致的风险

信息系统有其自身脆弱的一面，即信息系统存在不可避免的硬件、软件、网络通信等技术故障。例如，硬件配置不正确，程序有错误而没被检测出来，软件安装不正确，等等。针对由于技术因素可能导致的各种风险，可以采用相应的措施进行防范。对于软件系统留下的安全隐患一般不易被察觉，需要对软件的研发和运行维护全过程进行严格的管理和控制。

（二）自然因素导致的风险

基于计算机的信息系统会受到地震、洪水、火灾、停电等自然灾害的影响和威胁而造成损失，保存在磁性介质上的会计数据也会受到潮湿等环境因素影响而损坏。对于自然因素带来的风险可以通过组织管理以及采取相应的控制措施来应对。

（三）信息系统运行中安全管理的漏洞

信息系统运行时的安全管理是通过授权、职责分离、密码管理等访问控制和安全管理措施实现的。操作人员只要获得授权文件或注册系统的密码即可获得某种权限或运行特定程序进行业务处理。密码一旦被他人掌握，或未及时修改或注销，权限就会失控，从而造成损失；数据库、服务器之间的访问没有严格的控制也极易被犯罪分子攻击，存储在计算机中的电子数据将受到破坏、伪造或滥用。

（四）组织管理漏洞与内部员工犯罪

信息系统在运行过程中，其安全威胁不仅来自于企业外部，同时还来自于企业内部。由于员工熟悉内部工作流程与组织管理的漏洞，内部员工的计算机犯罪造成的损失会远远超过外部的威胁。例如，如果企业对信息系统或数据库进行管理与维护的制度不健全，员工就有可能从数据库中盗取机密的客户信息或修改账户数据；或者系统管理（维护）员和操作员合伙作案，以牟取非法收益等。

（五）恶意软件与网络黑客的攻击

恶意软件包括计算机病毒软件、间谍软件等。这些恶意软件的目标是侵入信息系统，破坏系统的数据和程序，甚至硬件；传播病毒程序；消耗信息系统的资源使其不能正常运行等。恶意软件的隐蔽性强、传播范围广并且破坏力大，对信息系统的安全构成了极大的威胁。网络黑客是指未经授权侵入计算机信息系统有犯罪意图的人。他们利用系统安全保护的漏洞未经授权进入系统，实现偷盗信息、篡改信息或破坏系统等非法目的。

第二节　内部控制概述

一、内部控制的概念

内部控制是从内部牵制发展而来，对内部控制界定影响较大的是COSO委员会，该委员会是由美国注册会计师协会（AICPA）、美国会计学会（AAA）、财务经理人协会（FEI）、国际内部审计师协会（IIA）和管理会计师协会（IMA）组成的。COSO委员会在《内部控制—整体框架》报告中对内部控制进行了这样的定义：内部控制是由公司董事会、管理层和其他员工实施的，为保护公司的资产、保证运营的效率和效果、保证财务报告的可靠性以及法律法规的遵循性等目标的达成而提供合理保证的过程。

我国由财政部等五部委联合发起成立的企业内部控制标准委员会在《企业内部控制规范——基本规范》的第四条中对内部控制的定义如下："本规范所称内部控制，是指由企业董事会（或者由企业章程规定的经理、厂长办公会等类似的决策、治理机构，以下简称董事会）、管理层和全体员工共同实施的、旨在合理保证实现以下基本目标的一系列控制活动：（一）企业战略；（二）经营的效率和效果；（三）财务报告及管理信息的真实、可靠和完整；（四）资产的安全完整；（五）遵循国家法律法规和有关监管要求。有义务对外提供财务报告的企业，应当确保财务报告及管理信息的真实、可靠和完整，具备条件的，还应同时实现其他控制目标。"

由以上给出的内部控制定义可以看出：内部控制是一个管理和控制的过程；它涵盖企业经营管理的各个层级、各个方面和各项业务环节；它在企业中的有效执行必须有企业董事会、经营管理者和其他员工的共同参与。

二、内部控制的发展历程

现代意义上的内部控制理论始于20世纪初西方国家的产业革命，主要是在美国，大致经历了内部牵制、内部会计控制与内部管理控制、内部控制结构、内部控制—整体框架、企业风险管理—整体框架五个阶段。

（一）内部牵制

内部牵制是指以提供有效的组织和经营，并防止错误和其他非法业务发生的业务流程设计。该理论的提出是基于以下两个基本假设：第一，两个或两个以上的人或部门无意识地犯同样错误的机会很小；第二，两个或两个以上的人或部门有意识地合伙舞弊的可能性大大低于单独一个人或部门舞弊的可能性。

（二）内部会计控制与内部管理控制

1949年，美国注册会计师协会出版了第一本关于内部控制的研究专著《内部控制——协作体系的要素及其对于管理层和独立公共会计师的重要性》，第一次提出了内部控制的定义。由于这个定义不便于指导独立会计师在进行财务报表审计时应在多大程度上关注被审计企业的内部控制，1958年美国注册会计师协会的审计程序委员会发布了《审计程序公告第29号》，将内部控制明确分为内部会计控制和内部管理控制。前者包括所有与保护资产安全、保证财务记录可靠性直接相关的方法和程序，后者主要包括所有与提高效率、贯彻管理政策直接相关的方法和程序。后来在1963年《审计程序公告第33号》以及1973年《审计准则公告第1号》中又进一步明确了管理控制和会计控制的定义，并且指明独立会计师主要考虑与会计有关的控制。

（三）内部控制结构

1988年美国注册会计师协会发表的《审计准则公告第55号》，以《在财务报表审计中对内部控制结构的考虑》为题，用“内部控制结构”取代原有的“内部会计控制”和“内部管理控制”的概念，并指出企业的内部控制结构包括为合理保证企业特定目标的实现而建立的各种政策和程序，并明确了内部控制结构的三个要素——控制环境、会计系统、控制程序。“内部控制结构”最主要的特点是将会计控制和管理控制相融合，从企业管理的角度对内部控制加以研究；第一次赋予了内部控制具体的要素，将控制环境纳入内部控制的范畴，明确了管理层、董事会等企业相关人员和部门在内部控制中的影响、职责和作用等。

（四）内部控制—整体框架

1992年，COSO委员会在广泛征求人们对内部控制的看法的基础上，发布了《内部控制—整体框架》报告，并于1994年对其进行了增补。1996年，美国注册会计师协会发布《审计准则公告第78号》，全面接受了COSO报告的内容，世界上许多企业采用“内部控制—整体框架”作为构建和评价内部控制有效性的标准，将内部控制理论和实务推进到一个新的高度。《内部控制—整体框架》的理论创新主要体现在：（1）明确了内部控制贯穿于企业的经营活动过程中，是企业管理不可或缺的组成部分，是对企业进行的动态控制；（2）突出强调了“人”对内部控制的影响和作用；(3) 把“风险评估”和“信息与沟通”引入到内部控制的要素中，强调风险意识以及信息与沟通在内部控制中的作用；（4）内部控制是为三类目标实现提供的合理保证(而非绝对保证)。

（五）企业风险管理—整体框架

20世纪90年代，随着全球经济一体化的深入和信息技术的迅猛发展，金融衍生工具不断推出，企业面临越来越多的经营风险。COSO委员会开始将对内部控制的关注重点由财务报告转向风险管理，2004年在《内部控制—整体框架》报告的基础上，结合《萨班斯—奥克斯利法案》推出了《企业风险管理—整体框架》(以下简称ERM框架)。同时，美国国会以法规的形式要求企业高层管理者对企业内部控制的有效性承担责任，使内部控制的理论和实务步入法制化的新阶段。ERM框架的创新与发展主要体现在以下几个方面：(1) 对内部控制的概念和内涵进行了创新和扩展。增加了一类控制目标——战略目标，并扩大了报告目标的范畴；突出了控制的重点——企业风险，并且针对风险管理提出了“风险组合观”，以及“风险偏好”和“风险容忍度”的概念；在五个要素基础上增加了三个风险管理要素：目标设定、事项识别和风险应对。(2)“管理导向”取代“审计导向”。COSO委员会希望新的ERM框架能够成为企业董事会和管理者的一个有力工具，用来衡量企业管理团队处理风险的能力，以及作为评价企业风险管理有效性的标准。ERM框架将企业内部控制和风险管理融为一体，是企业管理的重要组成部分。ERM框架很少带有制定主体（COSO委员会）的立场偏见和利益取向，而更好地体现了为企业管理层服务的观念。(3) 控制方式从间接的财务报告约束到直接的风险管理：长期以来，内部控制理论把关注重点放在对外公开的财务报告上，防止财务报告舞弊案的发生。然而，对外的财务报告是企业过去的经营成果的被动反映，这样，只能通过财务报告的约束作用间接作用于企业经营活动。然而，企业面临的潜在风险更多的不是直接来自于财务活动，而是来自于经济社会、竞争格局，内部的组织人事、质量、业务等方面，这些风险积累到一定程度并发生损失后才会在财务数据上有所体现。ERM 框架明确将企业风险管理作为内部控制重点，在战略的制定和实施过程中直接管理风险，将事后的反映控制改为事前分析控制，将企业经营风险控制在企业所能接受的程度。

三、内部控制的组成要素

COSO 委员会发布的《内部控制—整体框架》中提出了有效进行内部控制的相互关联的五个组成要素：控制环境、风险评估、控制活动、信息与沟通、监督；在其后发布的 ERM 框架中增加了三个风险控制要素：目标设定、事项识别和风险应对。COSO 委员会对每一个要素都进行了定义和解释。企业在制定控制目标时，必须对这些要素加以整体考虑，要将这些要素与企业管理过程相结合。目前，五要素框架相对较成熟稳定，美国证监会等推荐、参照的就是五要素框架。

（一）控制环境

控制环境确定了一个组织如何看待和描述风险的基调，并影响管理层和员工的控制意识。控制环境要素是内部控制其他组成部分的基础。其内容包括：管理层的正直品质和道德价值观；管理层的管理哲学和经营风格；管理层评定业绩的方法；组织结构；员工的职业道德及胜任能力；董事会和审计委员会的参与程度；人力资源管理政策及实务；责任分配和授权的程序。

（二）风险评估

风险评估是指对组织所面临的风险进行分析、确认和管理，是提高内部控制效率和效果的关键。企业必须设立相关的风险评估机制，通过对风险的分析和识别，管理层决定应该如何管理这些风险。

（三）控制活动

控制活动是指管理层为了降低与组织目标有关的风险而采取的一系列适当的政策和程序，它贯穿于企业内部的各个层次和各职能部门。包括交易授权、职责划分、业务流程与操作规程、信息处理控制等手段。控制活动按其用途可以分成三类：预防性控制、检查性控制、纠正性控制。

（四）信息与沟通

信息与沟通是指一个有效运行的内部控制系统必须在组织内充分地交流、沟通各种信息。各个层次的员工应该了解他们面临的风险和可以降低风险的控制，了解内部控制的各个角色及责任，以及他们的日常工作是如何实现内部控制目标的。

（五）监督

监督是对一个组织内部控制的整体框架及运行情况的跟踪、监测和调节，是维护一个组织良好内部控制系统的重要部分。监督可以通过日常的监控活动来完成，也可以通过执行独立监督（内部审计）或内部审计与外部审计二者结合来实现。

四、我国企业内部控制规范体系的发展进程

我国是一个发展中的新型的经济体国家。为了引导企业进一步加强内部控制，1999 年修订的《会计法》，第一次以法律的形式对建立健全企业内部控制提出原则要求，财政部随即连续制定发布了《内部会计控制规范——基本规范》等 7 项内部会计控制规范；审计署、国务院国有资产监督管理委员会、中国证券监督委员会、中国银行业监督管理委员会、中国保险监督委员会以及上海证券交易所、深圳证券交易所等也从不同角度对加强内部控制提出了明确要求。但是，随着市场经济的发展和企业环境的变化，单纯依赖内部控制已难以应对企业面对的市场风险，内部控制必须向风险控制发展；同时，企业各部门之间的内部控制要求也有待进一步协调，以便为进行内部控制自我评估和外部评价提供统一标准。2006 年 7 月 15 日，财政部、国资委、证监会、审计署、银监会、保监会联合发起成立企业内部控制标准委员会，许多监管部门、大型企业、行业组织、中介机构、科研院所的领导和专家学者积极参与，为构建我国企业内部控制标准体系提供了组织和机制保障。

2008 年，财政部等五部委联合发布了《企业内部控制规范——基本规范》和 17 项具体规范，并于 2009 年 7 月在上市公司范围内执行，这标志着中国版萨班斯法案的正式启动。2010 年 4 月，由财政部等五部委联合制定的《企业内部控制规范》出版发行；同时，由财政部牵头的五部委还联合发布了《企业内部控制配套指引》。该配套指引由《企业内部控制应用指引》、《企业内部控制评价指引》和《企业内部控制签证指引》组成，并规定自 2011 年 1 月 1 日起在境内外同时上市的公司执行，2012 年 1 月 1 日起在上交所、深交所主板上市公司执行，并且鼓励非上市大中型企业提前执行。“规范”和“指引”，标志着适合我国企业的内部控制规范体系已基本建成。内部控制基本规范在形式上借鉴了 COSO 报告五要素框架，同时在内容上体现了风险管理八要素框架的实质，并根据我国国情进行了较大调整和改进。借鉴国际上较为成熟的内部控制框架，能够使我们一开始就站在一个较高的起点上，并为我国境外上市公司，特别是在美国上市的公司符合上市地内部控制监管要求提供有益参考。

第三节　会计信息系统内部控制的目标及其控制要求、特点和分类

一、会计信息系统内部控制的目标及其控制要求

会计信息系统内部控制是指为了保护会计信息系统资产的安全性、可靠性、效率性，以及保证会计资料和信息的准确性、完整性和可靠性，利用各种手段和技术，对会计信息系统实施管理和控制的过程。会计信息系统内部控制的主要对象是会计信息系统，该系统由计算机软硬件、会计软件、会计数据、会计规程和会计电算化人员组成。

（一）会计信息系统内部控制的目标

会计信息系统内部控制的目的是在对会计信息系统风险分析的基础上，消除或降低风险的危害。其控制目标主要有：（1）及时提供正确、完整、可靠、有用的会计信息，为建立有

效的信息与沟通机制提供支持保障；（2）保证会计业务处理符合会计法规、会计准则、会计政策的要求，无论是系统开发阶段还是运行维护阶段都必须建立内部控制体系，确保系统及其处理的经济业务合规合法；（3）保护会计信息系统资产和资源，增强系统的安全性、可靠性；（4）提高系统的效率和效益，辅助管理者提升管理决策的正确性，提高企业现代化管理水平。

（二）会计信息系统内部控制目标的控制要求

《企业内部控制具体规范——计算机信息系统》（征求意见稿）第一章第三条针对信息系统的内部控制目标给出了明确的控制要求："企业在建立并实施计算机信息系统内部控制制度中，至少应当强化对以下关键方面或者关键环节的风险控制，并采取相应的控制措施：（一）权责分配和职责分工应当明确，重大信息系统事项应履行审批程序；（二）信息系统开发、变更和维护流程应当清晰，授权审批程序应当明确；（三）信息系统应当建立访问安全制度，操作权限、信息使用、信息管理应当有明确规定；（四）硬件管理事项和审批程序应当科学合理；（五）会计电算化流程应当规范，会计电算化操作管理、硬件、软件和数据管理、会计电算化档案管理和会计电算化账务处理等制度应当完善。"

二、会计信息系统内部控制的特点

实行会计电算化后，会计信息系统内部控制发生了变化，主要特点如下所述。

（一）系统开发阶段的控制是其他控制有效发挥作用的前提

系统开发是系统运行的前期，系统开发阶段的错误是会往后扩散的。如果设计出来的系统不能满足用户的要求或设计有错误，那么，即使以后的各项控制制度是严格完善的，也会给企业带来巨大的损失，而且一旦系统投入使用，要修改将是非常困难并要耗费巨额资金的。因此，系统开发阶段必须实行强有力的控制，及时发现和修正错误，并注意留下审计线索或嵌入审计程序，以保证开发出来的系统能满足用户需求以及今后审计的需要。

（二）控制的重点发生了变化

在手工会计系统中，每一项经济业务活动都可划分为授权、核准、执行、记录和复核等步骤，并把这些步骤分别交给不同的部门或人员来办理。但在基于计算机的会计信息系统中，会计人员主要负责原始数据的输入、审核，以及分析处理计算机输出的报告，因此，控制的重点之一在输入和输出这两个人机交互环节。而原始数据一经输入就由计算机自动处理，大量的工作都集中到电子数据处理部门，数据及其安全可靠的责任也都高度集中于电子数据处理部门，因此，电子数据处理部门成为控制的重点。

（三）控制的手段和方式发生变化，部分控制自动化、程序化

在手工会计系统中，一般用职责分离、平行登账、对账等控制措施来防止正常工作过程中发生的人为错误或舞弊。在基于计算机的会计信息系统中，可以将某些控制措施编写成计算机程序，由信息系统进行自动控制。例如，会计凭证输入后，计算机可自动检查会计科目的编码是否正确，凭证编号是否重复，是否借贷平衡，制单与审核是否为同一人等。

（四）控制的要求更为严格，控制的内容更加广泛

会计信息系统数据处理比手工会计系统具有更大的风险，要求更为严格，同时控制的内容

更加广泛。例如，需要严格操作管理制度，以管理和保护各种机器设备、机房设施以及大量的计算机文件，否则，一旦发生人为错误或舞弊，就会造成比手工会计系统更大的危害。

三、会计信息系统内部控制的分类

可以从不同的角度对会计信息系统内部控制进行分类。例如，依据控制的预定意图，可以分为预防性控制、检查性控制和纠正性控制三类。按信息系统的发展阶段，可以分为规划控制、系统分析控制、设计控制、实施控制、运行与维护控制。依据控制所采取的工具或手段，可将内部控制分为手工控制和程序控制两类。手工控制是指控制的实施由人工进行；而程序控制是指由计算机程序自动完成的控制。依据控制作用范围的不同，可将控制分为一般控制和应用控制两类。一般控制是应用控制的基础，它为数据处理提供了良好的环境；应用控制是一般控制的深化，可以在一般控制的基础上，直接深入具体的业务数据处理过程，为数据处理的准确性、完整性和可靠性提供保证。这两类控制是会计信息系统中对内部控制常用的分类方法，以下主要基于这种分类方法对内部控制进行介绍。

第四节　会计信息系统的一般控制

一般控制是指对信息系统的构成要素（人、机器、文件等）及组织、开发、安全、操作等运行环境的控制，一般控制主要以制定和落实执行规章制度的形式体现。有两个主要特点：一是一般控制的制度和措施普遍适应于某个单位的所有信息系统；二是能为一个信息系统的正常运行提供相对安全的环境。以下主要介绍系统开发控制、组织控制和系统安全控制。

一、系统开发控制

系统开发控制是指对系统开发期间所进行的控制。一个典型的系统开发过程一般包括可行性研究、系统开发和系统验收三个阶段，与此相对应，各个阶段都要采取一定的控制措施。

（一）可行性研究控制

可行性研究包括技术、经济和社会环境的可行性研究，关系到系统开发方案是否可以实施，以及系统开发后能否为企业带来效益，因此必须把好这一关。从控制上讲，首先是要对系统需求方案作实事求是的分析，避免不切实际或过于浪费的技术要求，同时还要对系统应用前景和应用价值做出量化的分析，只有经济效益（包括直接效益和间接效益）大于成本时，系统才具有开发的价值。

（二）系统开发控制

为了使系统开发按照开发方案按时保质完成，且贴近会计部门的应用需求，在进行系统开发控制时，需要注意以下两个方面：一是系统开发控制要控制好系统开发的日程和开发费用，避免系统开发的无序化，严格控制项目经费；二是在设计开发过程中，应有会计部门的代表参加，保证系统的开发方向与应用需求不脱节。

（三）系统验收控制

系统验收控制主要是对开发完毕的信息系统作最后的功能测试，发现错误或遗漏绝不能姑息，因为验收后系统将投入实际运行，而修改运行中的系统远比修改测试阶段的系统复杂得多。系统验收完成后，要将开发过程中的文档资料统一归档，作为会计档案妥善保管。

二、组织控制

组织控制是将组织作为控制的对象和手段，控制的目的主要是减少会计部门发生错误和犯罪行为的可能性。组织控制的基本原则是做到职责分离和职责牵制，即通过人事组织机制，把人员无意和故意发生错误的可能性降低，提高会计电算化后会计活动组织的严密性。

（一）职责分离

会计电算化后，会计部门应进行适当的职责分工，以遏制不法人员的越权活动。职责分离的一般原则是将四种基本职能，即业务授权、操作、数据管理和系统管理予以分开。为了有效地实施控制，应由不同的工作人员行使不相容的职责，如操作员进行日常的输入处理和打印工作，资料保管员保管系统的一切文档数据，包括磁性和非磁性介质的文件资料。但考虑到控制成本和效益的关系，在单位较小或会计信息系统较为简单的情况下，实行完全的职责分离可能导致人员冗余，因此也可加强人事控制，如通过人员招聘、在职教育、定期评价、轮换岗位和加强监督等办法来避免因职责未能分离而带来的风险。

（二）职责牵制

各种不同职责的人员实行职责分离后，并不能完全排除个人失误和犯罪的可能性。因此，还必须使相互联系的人员之间形成职责牵制，进一步降低风险。例如，系统管理员对数据进行修改和恢复时，必须要求负责该数据日常操作的人员在场监督。

三、系统安全控制

系统安全控制是指为防止影响系统安全的因素危及系统的安全而制定的检测并排除系统安全问题，使系统保持正常运行的安全措施。系统安全控制的内容和措施很多，主要措施有访问控制、数据资源控制、系统软硬件控制和网络安全控制四种。

（一）访问控制

访问控制是通过控制接触以限制非法接触系统的硬件、软件和数据文件的控制方法。其控制方法有很多，比如对计算机加开机锁；上机人员分配不同的密码和权限以限制其访问系统的范围；只有经过批准并按规定的手续才能取得有关文件等。除上述措施外，还包括计算机操作岗位的轮换、严格的操作规程和严密的检查、通过控制台记录每个上机者的用机时间及所做处理等。

（二）数据资源控制

数据资源控制采用的是实时后备控制，以避免系统遭受有意或无意损坏，并在系统万一遭到损坏时能迅速复原而采取的控制措施。数据资源控制的内容包括：一切系统文档都应备份，备份文件应放在两个以上的地方；计算机房要求有防水、防火、防尘及应急后备电源等设施，有灾难的补救计划；对系统运行连续性要求很高的信息系统，可以采用双机热备份的方法实时备份，工作机遇到故障实时切换到备份机，还可以建立异地计算机数据中心，进行异地备份。

（三）系统软硬件控制

系统软硬件控制是指计算机厂商提供的、已建立在软件或硬件中的控制。在软件方面，应充分利用系统软件与应用软件提供的内部控制功能；在硬件方面，可以安装硬盘锁，IC卡身份验证等设备。例如，系统在实现资源共享的同时，一般都设置了密码检测点，防止非法使用设备、程序与数据文件；不少会计软件对数据文件的修改都会留有痕迹，能自动记录执行修改的操作员口令及时间、修改内容等；还有些软件在每次业务处理结束时都强制操作员作数据备份，并提醒把备份盘放置在安全的地方等。

（四）网络安全控制

网络安全控制主要包括物理隔离、软件隔离和病毒防杀。黑客的恶意攻击与电脑病毒的泛滥，使得网络安全面临着严峻的挑战。对于存有极其重要的会计数据的主机及数据备份机，必须与Internet物理隔离，系统中的其他客户端计算机如果是系统需要其与Internet相连，则必须安装防火墙软件，防止病毒入侵。系统中的所有计算机都应安装防病毒软件，由于不断有新的计算机病毒出现，因此防病毒软件必须及时升级。随着计算机网络的飞速发展，网络安全必然成为整个系统安全的重要部分。

第五节　会计信息系统的应用控制

会计信息系统的应用控制是指为适合各种会计数据处理的特殊控制要求，保证数据处理完整、正确而建立的计算机程序控制。其控制措施多由计算机硬件和软件自动执行。计算机数据处理过程分为输入、处理和输出三个基本阶段，相应的应用控制也分为输入控制、处理控制和输出控制三部分。

一、输入控制

输入控制是为了防止和发现进入信息系统的数据错误而施加的计算机程序控制，是防止垃圾数据进入会计信息系统的关键环节。如果在数据输入以后才发现错误，修改起来就比较复杂。输入控制常见的控制措施包括下述五个方面。

（一）业务的审批

一切业务在进入会计信息系统以前必须经过恰当的审批，而数据输入人员无权审批业务，也不能擅自修改业务数据。审批包括审查业务的合法性、有效性，凭证是否足够，数据分类及所属会计期间是否恰当等。

（二）输入安全控制

经审批的业务数据要经过授权的操作人员按规定的程序输入，通过操作员密码识别合法输入者，以防止未经授权的人员私自输入数据。

（三）输入核对控制

输入核对控制是为了及早发现输入的错误而采取的控制方法，通常采用屏幕显示输出审查法（如审核员调出记账凭证进行审核）、两次输入程序核对法和输入即打印法。

（四）计算机检验控制

计算机检验控制是指计算机程序对输入数据进行的逻辑正确性校验。常用的校验方法有：借贷平衡校验、科目代码有效性检验、业务数据记录数与控制总数核对、数据的完整性和合理性检验、凭证编号的正确性检验及科目对应关系检验等。

（五）错误的检查改正及重新提交控制

会计信息系统应把计算机发现的错误或拒绝接受的业务自动记入一个错误日志文件中，以便对它们的改正与重新提交进行检查。错误日志中需要记录发生错误的日期、业务代码性质、原始凭证号、业务的发生日期、改正与重新提交情况等内容。会计部门主管或系统管理人员应定期查看错误日志文件，分析错误的原因，发现差错及犯罪企图，并监督错误业务的改正和重新提交情况。

二、处理控制

处理控制是为了保证在合法的权限内，能按照预先设定的程序对数据正确进行加工处理而实施的控制。作为动态的处理控制，其目的是保证已输入的数据能完整准确地存储和处理。为此，常用到下述六种处理控制措施。

（一）双重存储控制

双重存储控制是将同一数据存于机内两处，可以采用双磁盘阵列保存同一数据，也可以采用不同文件保存。如将应收账款的总账余额和明细账余额分别存储于两个文件中，期末通过将明细账之和与总账余额相核对来判断处理是否正确。

（二）数据合理性检测

数据合理性检测可以用来发现超出预料结果的处理错误。例如，采用账结法计算本年利润时，损益类账户期末应无余额，如果期末处理时检测出有余额，这就表明处理过程可能发生错误，应予以提醒。

（三）范围控制

范围控制是指在程序中为数据处理的结果确定一个范围，如果数据处理结果超出该范围，可能表示输入数据有误或处理错误。

（四）顺序处理检测

顺序处理检测是指将业务数据进行顺序编码和记录，保证处理连续进行，既不丢失也不重复。例如，凭证编号的唯一性控制。

（五）数据转换控制

数据转换控制是指使用密码技术将数据转换成不易读的代码存储，保证在处理过程中数据不会泄露。为了保证磁盘文件的安全，还要把它们单独存放。

（六）交叉汇总检验

交叉汇总检验包括传统的数字表格中横行与竖列数字的汇总验证，还包括其他任何具有内在平衡关系但属于不同来源渠道数字的汇总验证。

除上述采用的具体处理控制措施以外，实现系统的处理控制还应满足以下几点要求：第一是保留审计线索，在系统运行速度与存储空间允许的范围内，尽量避免对数据不留痕迹的修改和对数据文件的直接更新。第二是确保处理的一次性，防止重复处理造成对数据文件不可修复的破坏。有些会计业务，如过账、固定资产折旧的计提等每月只能处理一次，必须设定各种控制点，禁止重复处理的发生。第三是采用断点技术，即把需要一段较长时间的操作，用若干控制点断开。程序运行时，在这些断点上可以采用外部干预（如提示操作者是否继续）或监督程序控制（如与预期目标比较）的方法终止操作，以便于检查运行结果，及时修正错误。

三、输出控制

对输出进行控制的主要目的，一是要验证输出结果的正确性，二是要保证输出结果能够及时地传送到有权接收结果的人员手中。输出有三种基本形式：存入计算机文件、打印成书面文件和屏幕显示。其中打印出的书面文件往往具有法律效力，因而构成输出控制的重点。

（一）输出信息控制

输出信息控制的具体设计应从两方面考虑：一方面，输出数据时，需要在输出文件分发前对其形式和内容加以审核，对正常报告与例外报告均要进行认真检查。审核与检查采用的主要手段之一是核对，即利用计算机进行控制总数核对、勾稽关系检验等。另一方面，使用输出数据时，也要对收到的文件从形式和内容两方面进行检查。在检查过程中，要将收到的计算机输出清单与自己保存的原始凭证逐一核对，以确定输出文件内容的完整性；要将人工计算的控制总数与计算机计算输出的控制总数相核对，以便发现输出文件有无重复、遗漏或篡改的内容；要将输出文件中有关的数字与误差核对，进行合理性分析，研究输出文件中是否存在问题。

（二）输出权限控制

输出控制的第二项任务，就是确保输出文件的传送安全正确。为此，必须进行输出权限控制，建立输出文件分发传送规程，设置专人负责此项工作。在日常工作中，输出并分送文件要建立登记簿，编制文件分送清单。对于屏幕形式的输出也应有一定的权限控制。企业的经营中经常有一些信息只允许少数特定人员了解，因此，需要设计一些控制措施以限制对屏幕输出信息的接触，接触机密内容的人员在使用屏幕输出时也应该注意保密。

输入、处理、输出是计算机数据处理过程中有着内在联系的三个环节，从控制的角度看，一个环节上的控制会影响到另外两个环节的控制作用，因此，控制的有效性是从整体着眼，从具体的控制手段着手。如果一个会计信息系统的应用控制有较大的弱点，就会直接影响到系统所作的各项业务处理的完整准确，直接关系到会计记录和财务报表的准确可靠。因此，应根据控制的成本和效益设置适合企业会计信息系统的各种控制。

思考题

1. 对企业会计信息系统风险重点要关注哪些方面?

2. 何谓会计信息系统风险?导致会计信息系统风险的因素有哪些?

3. 何谓内部控制?内部控制的组成要素主要包括哪五个方面?

4. 会计信息系统内部控制的目标和特点表现在哪些方面?

5. 我国《企业内部控制具体规范——计算机信息系统》(征求意见稿)对信息系统提出了哪些控制措施?

6. 何谓会计信息系统的一般控制?有何特点?主要包括哪些方面?

7. 何谓会计信息系统的应用控制?有何特点?主要包括哪些方面?

第四章 会计软件的安装、系统管理及基础设置

【要点提示】

● 系统管理　　● 账套管理　　● 年度账管理

● 账套引入　　● 账套输出

第一节 会计软件的安装使用概述

一、会计软件的运行环境

会计软件的运行环境是指会计软件运行所需要的硬件环境和软件环境。硬件环境是会计电算化信息系统的物质前提。会计软件的运行要求配备合适的电子计算机及附属设备（主机、键盘、显示器、打印机、硬盘、光驱等）。会计软件的运行不仅需要有相应的计算机硬件支持，还要有与之相应的系统软件支持。软件环境是保证系统正常运行、实现系统目标的必备条件。会计软件的安装运行要求配备合适的操作系统（Windows 2000、Windows XP、Windows NT 等）和较充裕的硬盘空间。一般用户从两方面构建会计软件的运行环境，一方面要配置较好的硬件条件，如高配置计算机、打印机等；另一方面要有相应的软件环境，如操作系统和数据库。

下面以"用友 ERP－U8（V8.52)"① 为例说明会计软件对运行环境的要求。

用户的硬件环境和软件环境直接影响到用友 ERP－U8（V8.52）系统的运行效率与稳定性，建议用户在准备运行环境的过程中应遵循相关标准进行建设。用友 ERP－U8（V8.52）系统的运行环境如表 4—1 所示。

① "用友 ERP－U8（V8.52)"是管理软件，本教材只介绍该管理软件中的会计软件部分。

表 4—1　　　　　用友 ERP - U8（V8.52）系统的运行环境

环境类别	项目	最低配置	推荐配置
硬件环境	客户端	内存 256MB 以上；CPU 500MHz 以上；磁盘空间 2GB 以上	内存 512MB 以上；CPU 1GHz 以上；磁盘空间 4GB 以上
	数据服务器	内存 1GB 以上；CPU 1GHz 以上；磁盘空间 10GB 以上	内存 1GB 以上；CPU 1GHz 以上，多 CPU；磁盘空间 20GB 以上
	应用服务器	内存 1GB 以上；CPU 1GHz 以上；磁盘空间 10GB 以上	内存 1GB 以上；CPU 1GHz 以上，多 CPU；磁盘空间 10GB 以上
	网络宽带	广域网	局域网
		56KBPS 以上	10MBPS 以上
软件环境	操作系统	Windows 98，Windows NT 4.0，Windows 2000，Windows XP（简体中/英文版），建议使用 Windows 2000，Windows XP	
	数据库	MS SQL Server 2000，MSDE 2000	
	网络协议	TCP/IP，Named Pipe	

二、会计软件的安装与卸载

使用会计软件前，必须正确安装会计软件。如果会计软件安装有误，或者使用过程中会计软件损坏，应正确卸载。

（一）会计软件安装前的准备

对新购的计算机而言，在选购时考虑其硬件环境和软件环境即可。而对已使用一段时间的计算机而言，安装前应检查硬盘空间是否够用、查看所安装计算机的机器名是否满足要求、查杀计算机病毒（预防、检查和治理）、关闭杀毒软件、校准系统日期和时间。

1. 检查硬盘空间是否够用

无论会计软件应用程序安装在哪个路径下，程序安装后总要占用操作系统所在磁盘 200MB 的空间。安装前应检查操作系统所在磁盘的硬盘空间是否够用，检查最简单的方法是查看该磁盘“属性”中的“可用空间”。如果不够用，则应清理该磁盘。通常在“资源管理器”界面中，用“文件”菜单中的“删除”功能删除文件，用移动文件的方法备份文件，或用“编辑”菜单中的“剪切”、“复制”等功能备份文件。在“开始”菜单中，将鼠标依次指向“程序”、“附件”、“系统工具”，单击“磁盘空间管理”或“磁盘碎片整理程序”整理磁盘。

2. 查看所安装计算机的机器名是否满足要求

用友 ERP - U8（V8.52）软件安装的机器名中不能带“—”，不能是中文字符。如果所安装软件的计算机的机器名不能满足要求，应在“我的电脑”属性中更改“计算机名”。

3. 查杀计算机病毒

查杀计算机病毒是为了保证系统和磁盘的“干净”，以方便会计信息系统的正常运行。

4. 关闭杀毒软件

安装会计软件前建议关闭所有杀毒软件，否则有些文件可能无法写入。

5. 校准系统日期和时间

会计软件在处理会计数据和输出会计信息时，通常需考虑具体的日期或会计期间，否则会影响处理或输出结果的正确性。如实际工作中，账务处理是分会计期间进行的，日期有误会影响账务处理的结果。同时对教学用会计软件而言，日期不对甚至不能运行。因此，在安装会计软件前最好校准系统日期。根据系统管理和软件运行管理的需要，在校准系统日期后，还需要校准系统时间。校准系统日期和时间最快捷的方法是：双击桌面上右下角的时间，系统会在桌面上弹出“日期/时间”界面，在该界面中调整时间和日期后，单击〖确定〗按钮。

(二) 会计软件的安装方法

各公司在 Windows 操作系统下开发的会计软件，一般是将其安装程序存放在光盘的根目录下，安装程序名常定为“setup. exe”。在安装用友 ERP－U8（V8. 52）软件前，需要先安装 MS SQL Server 2000 或 MSDE 2000。

1. 安装 MS SQL Server 2000 或 MSDE 2000

用友 ERP－U8（V8. 52）软件的后台数据库是 MS SQL Server 2000。该数据库是微软公司开发的，是现在比较流行的数据库之一，在安装用友软件前需要先安装它。如果所用计算机上已安装 MS SQL Server 2000，则可直接安装用友软件，无须再安装其他数据库。

使用单机版的用友软件时，所用计算机上需先安装 MS SQL Server 2000；使用网络版用友软件时，只需要在服务器上安装 MS QL Server 2000，各客户端计算机上不用安装。

如果所用计算机上尚未安装 SQL Server 2000，最好安装“用友 ERP－U8（V8. 52）”光盘上自带的 MSDE 2000。安装 MSDE 2000 的方法和步骤如下：

(1) 运行“MS”文件夹下的“MSDE 2000”文件夹下的“MSDE Stp2000. exe”运行文件，系统会弹出如下对话框（见图 4—1）：

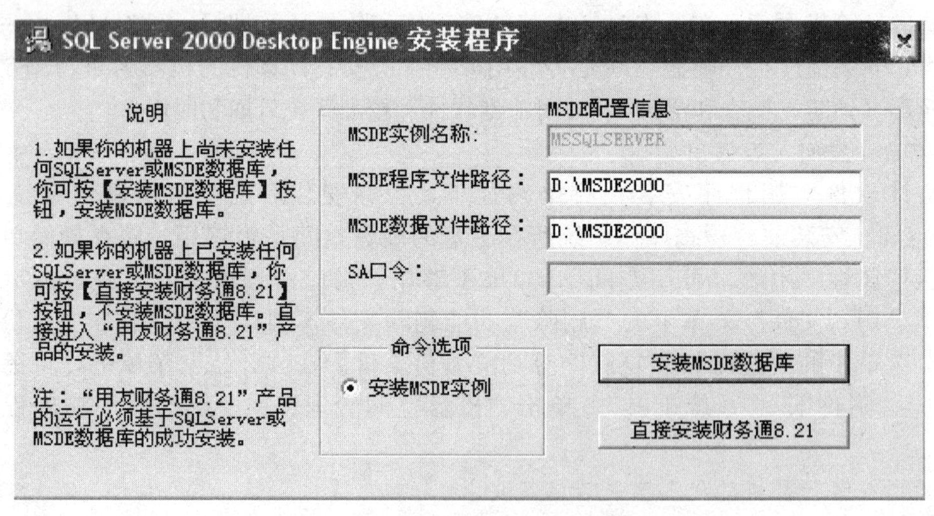

图 4—1 SQL Server 2000 安装程序对话框

(2) 可确认 D 盘为“MSDE 程序文件路径”和“MSDE 数据文件路径”，再单击〖安装 MSDE 数据库〗按钮；也可先更改“MSDE 程序文件路径”和“MSDE 数据文件路径”，再单击〖安装 MSDE 数据库〗按钮。

(3) 系统弹出自动安装配置窗口。

(4) 安装完毕，自动返回。

2. 安装用友 ERP-U（V8.52）软件

（1）运行安装盘下的“Setup.exe”文件。

（2）在安装欢迎界面中选择“下一步”。

（3）同意许可协议，选择“是”。

（4）输入用户和公司名称。

（5）默认或选择安装的目的文件夹。

（6）在安装类型界面中选择所要的安装类型，用户应选择“标准版安装”（见图 4—2）。

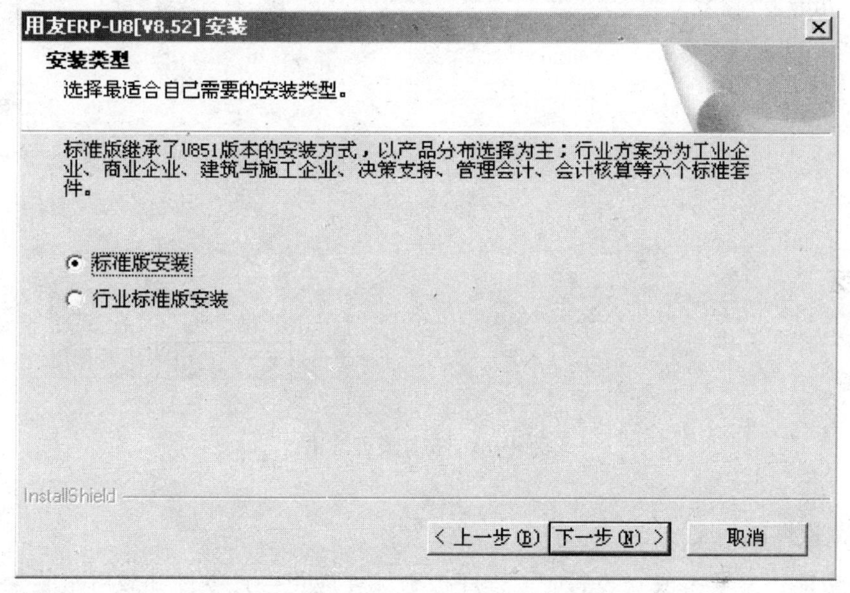

图 4—2　用友 ERP-U8（V8.52）安装界面

【注意】 如果选择“行业标准版安装”，则出现行业选择的界面。用友 ERP-U8 中包括了六种预制的行业方案，分别是：商业企业标准套件，工业企业标准套件，建筑与施工企业标准套件，财务核算标准套件，管理会计标准套件，决策支持标准套件。在每一种方案中都包含客户端、应用服务器和数据服务器的安装，在部分行业方案中用户还可以选择是否安装演示账套。用户可以根据需要和购买时的许可分别安装。其中管理会计标准套件和决策支持标准套件不能够单独安装，部分行业套件有互斥属性，不能够同时安装。用户的选择如果和预制的安装规则不符合，安装程序会提示重新选择。

（7）选择“标准版安装”后，在安装类型界面中（见图 4—3）选择所需的安装类型（安装全部产品、单机版安装、服务器安装、数据服务器安装、应用服务器安装、应用客户端、自定义安装）。单机用户应选择“单机版安装”。

【注意】 选择了“单机版安装”后，默认的选择不包括 B/S 类型的服务端产品及专家财务分析，数据服务器部分不包括商业智能数据服务和专家财务数据服务，以及企业应用集成。

（8）选择安装的组件。

（9）等待各产品文件的安装过程完毕。

（10）在安装完成对话框中选择重启计算机。

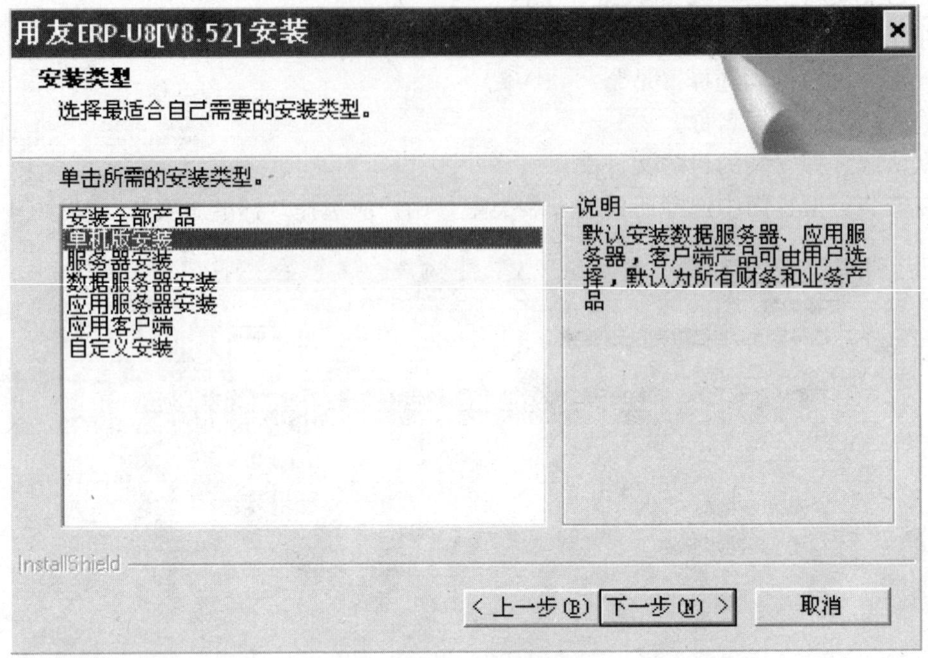

图 4—3 安装类型界面

(三) 会计软件的卸载

会计软件未能正常安装或安装后应用程序被破坏，应将会计软件卸载后重装。

用友 ERP－U8（V8.52）软件安装完成后，没有生成卸载该软件的功能菜单。卸载该软件通常采用的方法是使用 Windows 系统的“控制面板”中的“添加或删除程序”卸载。如果 MS SQL Server 2000 或 MSDE 2000 未能正常安装或安装后应用程序被破坏，也应使用 Windows 系统的“控制面板”中的“添加或删除程序”卸载。

三、会计软件的启动与退出

只有启用会计软件后，才能使用会计软件处理会计业务。会计软件使用完毕，应正常退出，以保证会计数据的正确性、安全性。

(一) 会计软件的启动

会计软件的首次启用与子系统的启用有所差别。

1. *会计软件安装完毕，首次启用用友 ERP－U8 系统的方法和步骤*

(1) 软件安装完成后必须重启计算机，重启后在电脑桌面的右下角能看到用友 ERP－U8 服务的图标（见图 4—4）。图标 表示用友 ERP－U8 系统服务器已启动，图标 表示数据库服务器已启动。

图 4—4 用友 ERP－U8 服务的图标

（2）计算机启动完成后，用友 ERP－U8 服务管理器会自动运行。

（3）根据应用需要配置用友 ERP－U8 服务，即设置数据库服务器等。

（4）配置完数据库后，系统将提示是否启用相关联的预警服务，如果企业不用预警功能，则可以不启用，启用预警服务对业务没有负面影响。

2. 启动用友 ERP－U8“系统管理”的方法和步骤

（1）进入“用友 ERP－U8〖系统管理〗”界面。

在“桌面”上单击〖开始〗按钮，依次指向“程序”→“用友 ERP－U8”→“系统服务”，然后单击“系统管理”子菜单。系统弹出“用友 ERP－U8〖系统管理〗”界面（如图 4—5 所示）。也可先将“系统管理”子菜单“发送到”“桌面快捷方式”，在“桌面”上双击“系统管理”图标，即可进入“用友 ERP－U8〖系统管理〗”界面。

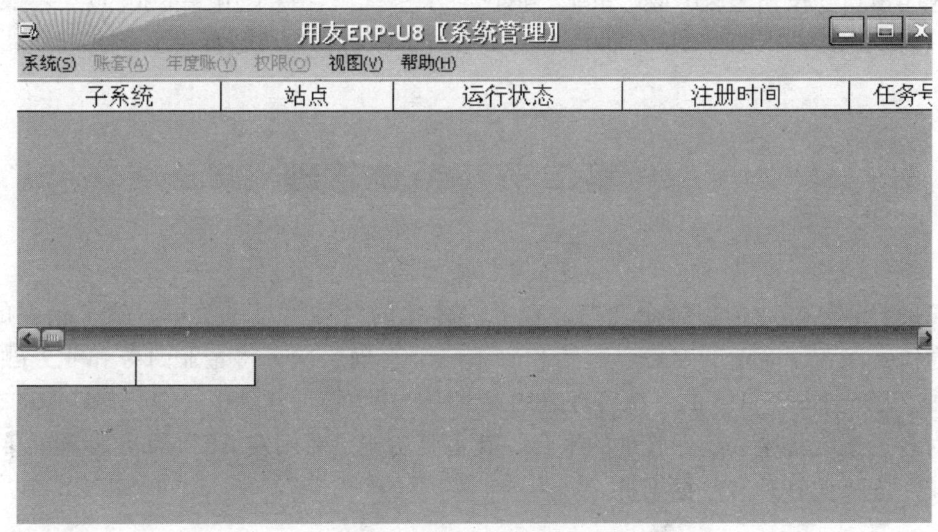

图 4—5 “用友 ERP－U8〖系统管理〗”界面

（2）在用友“ERP－U8〖系统管理〗”界面，单击“系统”下拉菜单中的“注册”。

（3）在“操作员”栏目中输入系统管理员的名称“Admin”或账套主管的名称。

（4）在“密码”栏目中输入正确的密码（初始密码为空）。

（5）选中“改密码”选项，单击〖确定〗按钮。

（6）输入新口令，确认新口令。

（7）单击〖确认〗按钮，即可为系统管理员或账套主管设置新的密码。

3. 启动用友 ERP－U8“企业门户”的方法和步骤

应由账套主管或具有权限的系统操作员（或称软件操作员等）进入“企业门户”，具体操作如下：

（1）在“桌面”上单击〖开始〗按钮，鼠标依次指向“程序”→“用友 ERP－U8”→“企业门户”，再单击“企业门户”；系统弹出“注册〖企业门户〗”界面。也可首先将“企业门户”子菜单“发送到”“桌面快捷方式”，再在“桌面”上双击“企业门户”图标。

（2）在“操作员”栏目中输入账套主管的名称或具有权限的系统操作员。

（3）在“密码”栏目中输入该操作员的密码。

(4) 如果需要修改该操作员的密码，其操作步骤为：选中“改密码”选项，单击〖确定〗按钮；输入新口令，确认新口令；单击〖确认〗按钮，即可为该操作员设置新的密码。

(5) 单击“账套”栏目中的〖▼〗按钮选定账套。

(6) 在“操作日期”栏目中选择或输入合适的操作日期。

(7) 单击〖确定〗按钮，即可进入“用友 ERP－U8－［企业应用标准套件］”界面。

(二) 会计软件的退出

会计软件使用完毕，应按照进入的逆顺序逐级退出。一般来说，应先退出各子系统当前的使用状态，再退出使用的各子系统。其一般方法是：在各子系统中依次选择“文件”→“退出”命令（单击〖退出〗按钮），便可退出该子系统；也可以在各子系统的主界面上，单击主界面右上角的“关闭窗口”按钮☒退出该子系统。退出各子系统后，再退出“企业门户”，最后退出系统管理。只有退出用友 ERP－U8 软件后才能关机，否则将会造成数据丢失。

第二节　系统管理

现阶段的管理软件通常包括企业财务业务一体化的会计信息系统，囊括了企业的资金流、物流和信息流，覆盖了企业的财务、购销和决策三个管理层次，将企业财务和业务融为一体进行统一管理。用友 ERP－U8 的系统管理是用友 ERP－U8 管理软件中一个非常特殊的组成部分，它提供了对各子系统集中、统一管理的平台，其主要功能是对用友 ERP－U8 管理软件的各个子系统进行统一的操作管理和数据维护。

一、系统管理的主要功能

系统管理的主要功能有账套管理、年度账管理、系统操作员及操作权限管理、统一安全机制的视图管理。

(一) 账套管理

账套是指一组相关联的数据，每一个企业或每一个核算部门的数据在系统内部都体现为一个账套。一个账套相当于我们日常生活中所说的一套账。

在用友 ERP－U8 系统中，可以为多个企业或企业内部的多个独立核算的部门分别建立账套，且各账套之间相互独立，数据互不影响，使软件得到最大程度的利用。用友 ERP－U8 管理软件最多允许建立 999 个账套。账套管理包括账套的建立、修改、删除、引入和输出等内容。

(二) 年度账管理

每个账套中一般存放不同年度的数据，为方便管理，不同年度的数据存放在不同的数据表中，称其为年度账。这里所称的年度账与我们日常生活中所说的××年的账的含义基本相同。在用友 ERP－U8 系统中，每个账套都存有企业或企业内部某个独立核算部门的不同年度的数据（称为年度账）。这样，对不同核算单位、不同时期的数据就可以更加方便地进行操作管理。

年度账管理包括年度账的建立、清空、引入、输出和结转上年数据等内容。

（三）系统操作员及操作权限管理

为了保证系统及数据的安全，系统管理模块提供了系统操作员及操作权限的集中管理功能，一方面可以避免与业务无关的人员进入系统，另一方面可以对系统所包含的各个子系统的操作进行协调，以保证相关人员各负其责、系统运行正常、流程顺畅。系统操作员管理包括操作员的增加、修改、删除等操作。操作员权限管理（即财务人员的工作分配）包括操作员权限的增加、修改、删除等操作。

（四）统一安全机制的视图管理

对企业来说，会计软件系统运行安全和数据安全是十分重要的，用友 ERP－U8 系统设立了安全保障机制。在系统管理模块中，可以监控并记录整个系统的运行过程，设置数据自动备份、清除系统运行过程中的异常任务、清除单据锁定、上机日志等功能。

二、系统管理的操作流程

首次使用用友 ERP－U8 系统，其操作流程与平时不同，应特别注意。

（一）新用户操作流程

首次使用用友 ERP－U8 系统的操作流程见图 4—6。

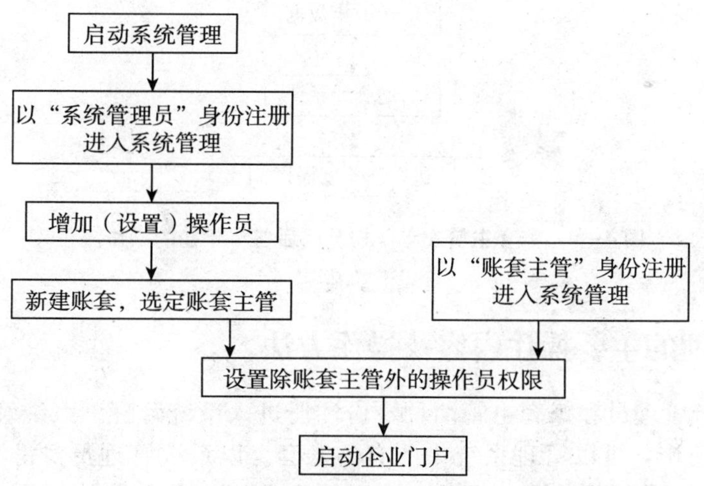

图 4—6　首次使用用友 ERP－U8 系统的操作流程

（二）老用户操作流程

1. 系统管理员的操作流程

系统管理员的操作流程如图 4—7 所示。

2. 账套主管平时的操作流程

账套主管平时的操作流程如图 4—8 所示。

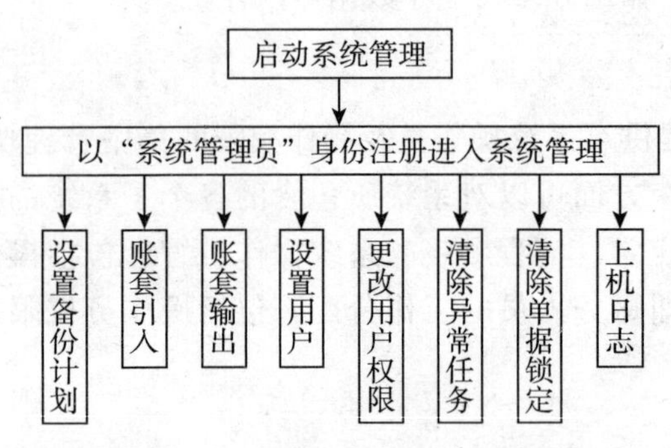

图 4—7　系统管理员的操作流程

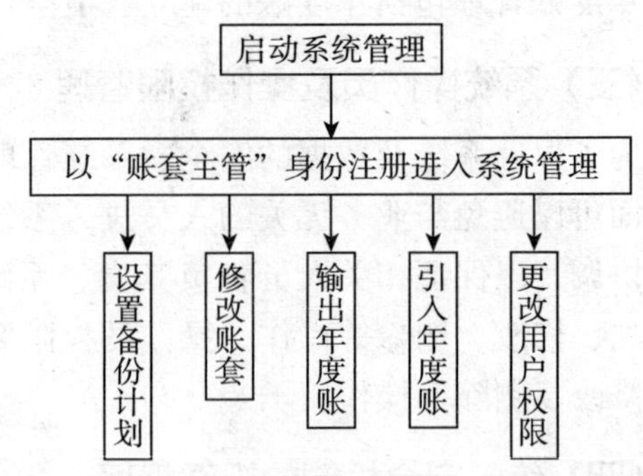

图 4—8　账套主管平时的操作流程

3. 账套主管次年年初及以后各年年初的操作流程

账套主管次年年初及以后各年年初的操作流程如图 4—9 所示。

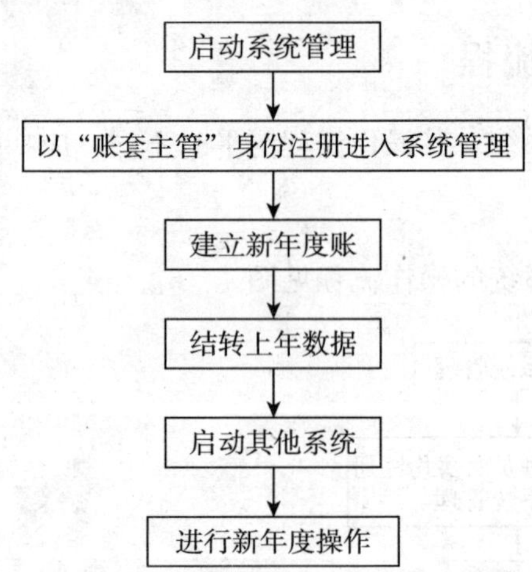

图 4—9　账套主管次年年初及以后各年年初的操作流程

三、系统管理的主要操作内容及操作方法

系统允许以系统管理员和账套主管两种身份注册进入系统管理。系统管理员负责整个系统的总体控制和维护工作，可以管理系统中所有的账套。以系统管理员身份注册进入系统管理，可以进行账套管理和操作员设置及权限管理。以账套主管身份注册进入系统管理，可以对所选账套进行修改、对年度账管理以及设置该账套操作员权限等。

（一）系统操作员管理

系统操作员管理即定义操作员，其内容与方法包括下述几方面。

1. 设置内容

设置操作员，即增加操作员或定义操作员。

2. 使用系统管理功能模块的人员

使用系统管理功能模块的人员为系统管理员。

3. 使用系统管理功能模块的时间

(1) 在设置账套后，首次使用时。

(2) 新增会计人员时。

4. 操作员设置上机操作的主要内容

(1) 增加操作员。

在进行增加操作员设置时，最好先定义一名账套主管。该操作适用于系统安装后首次进行操作员设置和会计人员增加的情形。

1) 单击功能菜单中的〖增加〗按钮，系统弹出一个增加操作员的界面；

2) 在给定界面的相应位置输入操作员编号、操作员姓名、口令、确认口令、所属部门；

3) 在给定界面中单击〖增加〗按钮，表示确认增加一个操作员；

4) 增加下一个操作员则重复以上 2)、3) 的操作步骤；

5) 增加完毕，单击〖退出〗按钮退出。

(2) 删除操作员。

删除操作员的操作适用于会计人员减少或已确认的增加操作员错误的更正。

1) 在“操作员管理”界面中单击欲删除的操作员；

2) 单击功能菜单中的〖删除〗按钮即可删除该操作员。

(3) 修改操作员信息。

在增加操作员时如果发现设置操作员的有些内容错误，移动光标到相应位置，便可进行相应的修改。

对操作员已确认的输入错误，其修改的操作步骤是：

1) 在“操作员管理”界面中单击欲修改的操作员；

2) 双击鼠标将该操作员信息置于修改状态；

3) 可进行姓名、口令、所属部门的修改；

4) 修改完毕，单击〖退出〗按钮退出。

(4) 刷新操作员信息。

只要使用了“操作员设置”功能对操作员进行了增加、修改、删除等操作，就必须进行“刷新”操作，以保证系统管理中操作员设置内容的正确无误。此功能在用友 ERP－U8 软件中尤为重要。其操作很简单，只需在“操作员设置”界面中单击〖刷新〗按钮即可。

(二) 账套管理

账套通常是指采用会计软件为本单位建立的一套账簿文件。会计软件提供多套账使用功能时需要进行账套管理。账套管理包括账套的建立、修改、删除、输出和引入等内容。

1. 建立新账套

建立新账套也称设置新账套、创建新账套、建立账套或建立核算单位。建立新账套常常简称为设一套账或建一套账。每一个会计核算单位都应单独设一套账。如果所使用的会计软件只提供一套账，就只能供一个会计核算单位使用，则该步骤无须操作，使用该软件的单位可以（也只能）使用会计软件提供的那套账。如果所使用的会计软件具有提供多套账的功能，则该步骤必不可少。例如：某企业下设分厂单独核算、下设服务公司单独核算，那么该企业应单独设一套账、各分厂应单独设一套账、服务公司应单独设一套账。

(1) 设置内容。具体包括账套号、账套名称（即核算单位名称）、启用会计期、单位信息、核算类型等基础参数。

(2) 使用系统管理功能模块的人员。该人员由软件设计者指定，通常是系统管理员。

(3) 使用系统管理功能模块的时间。正常使用该功能模块的时间是会计信息系统初始化的第一项工作。如果已设账套既不能满足当前需要，又无修改的价值，则应设置新账套，也可以先删除无用的已设账套，再设置新账套。

(4) 主要的上机操作步骤。具体如下：

第一步：进入建立账套的功能模块。

1) 以系统管理员 Admin 的身份注册进入“系统管理”，系统进入系统管理界面；

2) 在系统管理界面的“账套”菜单下单击“建立”，系统弹出“创建账套—账套信息”界面（见图 4—10）。

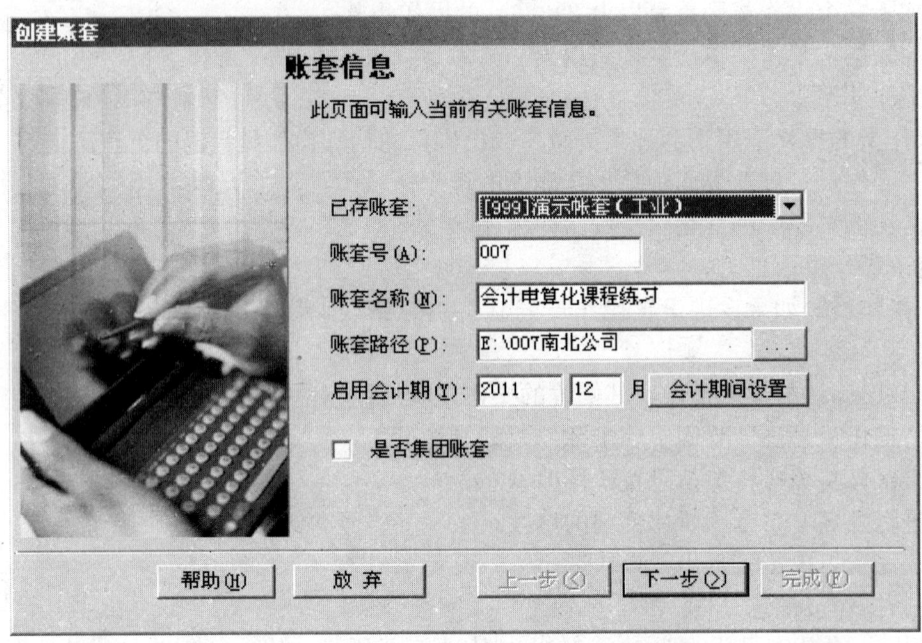

图 4—10　“创建账套—账套信息”界面

【注意】(1) 已存账套：系统将已经存在的账套以下拉列表框形式在此栏目中显示，用户只能参照，而不能输入或修改，其作用是明晰已经存在的账套，避免在新建账套时重复建立。

(2) 账套号：每个账套用一个 3 位数字代码表示，称为账套号。账套号不能重复，取值范围是 001～999。

(3) 账套名称：用来输入新建账套的名称，用户必须输入。本例输入“会计电算化课程练习”。

(4) 账套路径：用来输入新建账套所要保存的路径，可以不做修改，系统默认的路径为“C：\U8soft\Admin”，用户可以直接修改，还可以单击后面的按钮选择路径。

(5) 启用会计期：用来输入新建账套启用的时间，用户必须输入，系统默认为计算机系统日期，也可直接输入，但不能超过系统时间。单击〖会计期间设置〗按钮，可设置账套的启用年度和月度。

(6) 是否集团账套：不是“集团账”这项不选择。

第二步：输入账套名称和启用会计期。

在“创建账套—账套信息”界面的“账套号”选项中确认系统所分配新建账套的编号，在“账套名称”选项中输入新建账套的名称（通常用核算单位名称），在“启用会计期”选项中默认启用该账套的年与月（应与系统时间一致）。

第三步：输入单位信息。

1）在“创建账套—账套信息”界面中单击〖下一步〗按钮，进入“单位信息”界面；

2）在“单位信息”界面中输入单位名称、单位简称、单位地址、法人代表、邮政编码、联系电话、传真、电子邮件、税号、备注一和备注二。

第四步：输入核算类型。

1）在“单位信息”界面中单击〖下一步〗按钮，进入“核算类型”界面（见图4—11）；

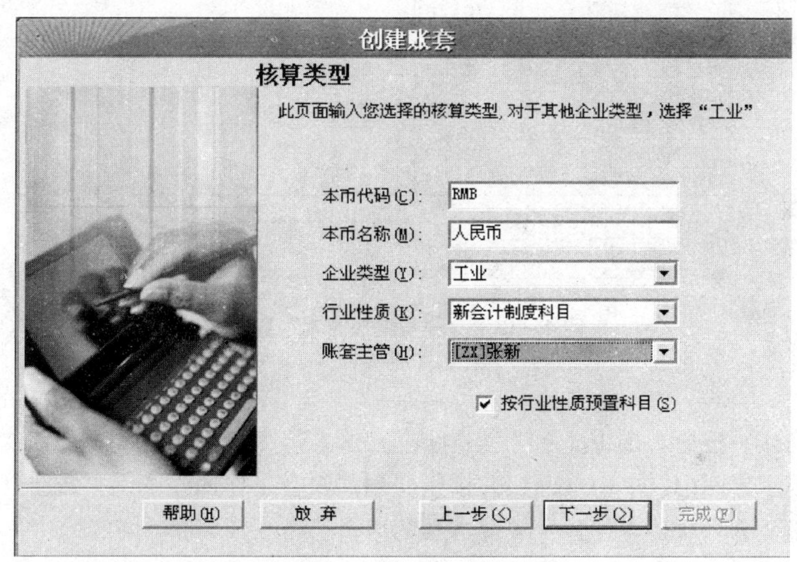

图4—11 “核算类型”界面

2）确认本币代码、本币名称，选择企业类型、行业性质和账套主管；

3）在“核算类型”界面中单击选中“按行业性质预置科目”选项。

第五步：输入基础信息。

1）在“核算类型”界面中单击〖下一步〗按钮，进入“基础信息”界面。

2）选择“存货是否分类”、“客户是否分类”、“供应商是否分类”和“是否有外币核算”，单击〖完成〗按钮。

3）在系统提示“可以创建账套了吗?”的提示框中，单击〖是〗按钮，即可完成建立新账套的操作。同时，系统弹出“分类编码方案”界面（见图4—12）。

4）在“分类编码方案”界面，系统显示所有编码的系统默认值，比如科目编码级次设为4-2-2-2。对分类编码方案的系统默认值可不作修改，直接采用；如果本单位有特殊要求，也可修改系统默认值。设置完成后，单击〖保存〗按钮，系统确认分类编码方案后，弹出“数据精度定义”界面。

5）在“数据精度定义”界面，系统显示所有数据精度的系统默认值，比如存货数量小数位为2。对数据精度的系统默认值可不作修改，直接采用；如果本单位有特殊要求，也可修改系统

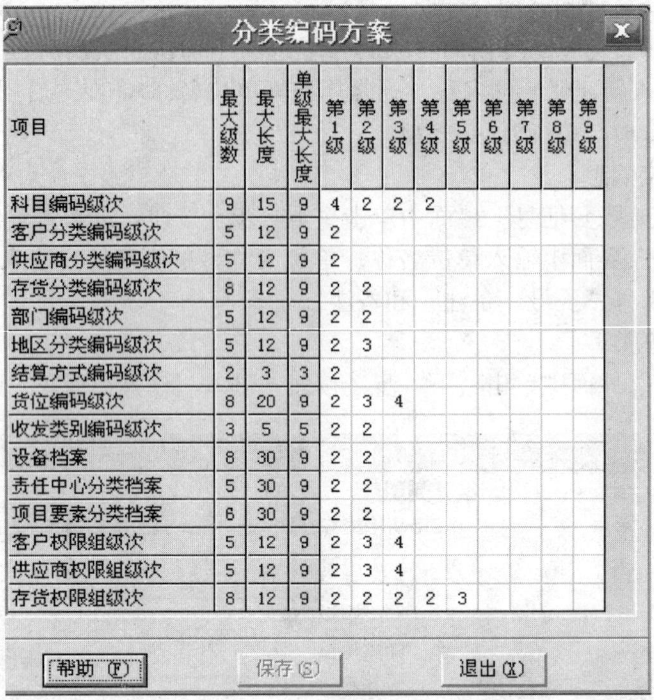

分类编码方案

项目	最大级数	最大长度	单级最大长度	第1级	第2级	第3级	第4级	第5级	第6级	第7级	第8级	第9级
科目编码级次	9	15	9	4	2	2	2					
客户分类编码级次	5	12	9	2								
供应商分类编码级次	5	12	9	2								
存货分类编码级次	8	12	9	2	2							
部门编码级次	5	12	9	2	2							
地区分类编码级次	5	12	9	2	3							
结算方式编码级次	2	3	3	2								
货位编码级次	8	20	9	2	3	4						
收发类别编码级次	3	5	5	2	2							
设备档案	8	30	9	2	2							
责任中心分类档案	5	30	9	2	2							
项目要素分类档案	6	30	9	2	2							
客户权限组级次	5	12	9	2	3	4						
供应商权限组级次	5	12	9	2	3	4						
存货权限组级次	8	12	9	2	2	2	2	3				

帮助(F)　保存(S)　退出(X)

图 4—12　“分类编码方案”界面

默认值。

6）单击〖确认〗按钮，系统显示“创建账套｛××××××｝成功”界面。

7）在系统提示界面中，单击〖确认〗按钮。创建账套工作即告圆满完成。

【注意】不同的会计软件，操作步骤会有所不同。

2. 修改账套

系统运行一段时间后，如果发现账套的某些信息需要修改或补充，以便使信息更加真实准确地反映企业的实际情况，可以通过修改账套功能来完成，还可通过此功能查看账套信息。

系统要求只有账套主管才有权利使用修改账套功能，系统管理员无权修改账套。因此，如果要修改某一账套信息，首先应在启动系统管理后，以账套主管的身份登录注册系统管理，然后选择要修改的账套并进行相应修改。

【注意】并非账套的所有信息都能修改，只有部分数据可以修改。例如：在“创建账套—账套信息”界面只能修改“账套名称”，其他信息未使用时才可以修改。

3. 删除账套

如果已设账套既不能满足当前需要，又无修改的价值，则应删除该账套。

系统未单独设立“删除账套”菜单，而是将此功能放在“输出账套”菜单下。为避免误删除，系统要求先输出账套数据，再删除账套，并且要求再次确认。

4. 输出账套

输出账套又称数据备份或备份账套数据，是将用友 ERP - U8 应用系统所产生的账套数据备份到硬盘、U 盘、移动硬盘或光盘中保存起来。其目的是长期保存，防备意外事故造成的硬盘数据丢失、非法篡改和破坏；能够利用备份数据，使系统数据得到尽快恢复以保证业务正常进行。输出账套功能不仅可以完成数据的备份操作，而且还可以完成账套的删除操作。

输出账套主要的上机操作步骤如下：

(1) 以系统管理员 (Admin) 的身份注册进入“系统管理”窗口。选择“账套”→“输出”命令，打开“账套输出”对话框，单击“账套号”右侧的下拉列表按钮，选择“[007] 会计电算化课程练习”，如图 4—13 所示。

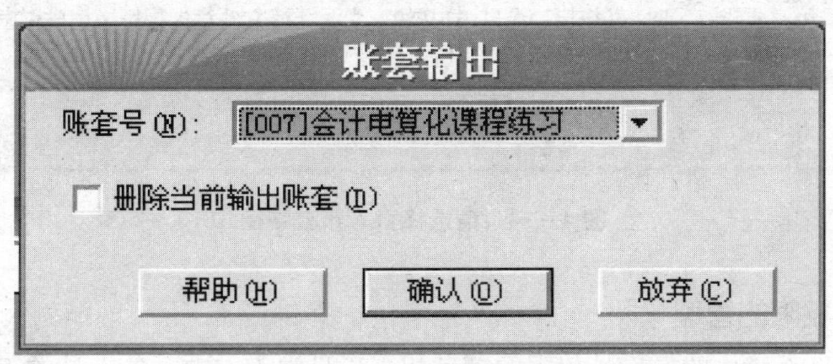

图 4—13　“账套输出”对话框

(2) 单击〖确认〗按钮，经过拷贝备份数据文件和压缩进程，系统进入“选择账套备份路径”对话框，选择相应的路径（最好选择为账套数据建立的文件夹）。单击〖确定〗按钮，系统弹出“硬盘备份完毕”对话框。

(3) 单击〖确定〗按钮，结束账套输出操作。

【注意】(1) 只有系统管理员 (Admin) 有权限进行账套输出操作。

(2) 在输出或删除账套时，必须关闭该账套的所有系统模块。

(3) 在输出账套数据前，最好专门为账套数据建立一个文件夹。

5. 引入账套

引入账套又称数据恢复或恢复账套数据，是指将系统外的硬盘、U 盘、移动硬盘或光盘上备份的某账套数据引入系统中。引入账套的目的是：当系统数据被破坏时，将硬盘、U 盘、移动硬盘或光盘上的最新备份数据恢复到系统中。系统还允许将系统外某账套数据引入本系统中，从而有利于集团公司的操作，子公司的账套数据可以定期被引入母公司系统中，以便进行有关账套数据的分析和合并工作。为此，集团公司的管理人员应在建立账套之前就预先做好规划，为每个子公司分配不同的账套号，以避免引入子公司数据时因账套号相同而被覆盖。

引入账套的主要操作步骤如下：

(1) 以系统管理员 (Admin) 的身份注册进入“系统管理”窗口，选择“账套”→“引入”命令，进入“引入账套数据”对话框。

(2) 选择需引入的账套数据，单击〖打开〗按钮，系统提示“重新指定账套路径吗?”，如图 4—14 所示。单击〖否〗按钮，可以将账套引入到默认路径中；单击〖是〗按钮，可重新设置引入账套目录的账套存放路径。

(3) 系统经过一段恢复过程，最后系统弹出“账套 [007] 引入成功”对话框。单击〖确定〗按钮，完成引入账套操作。

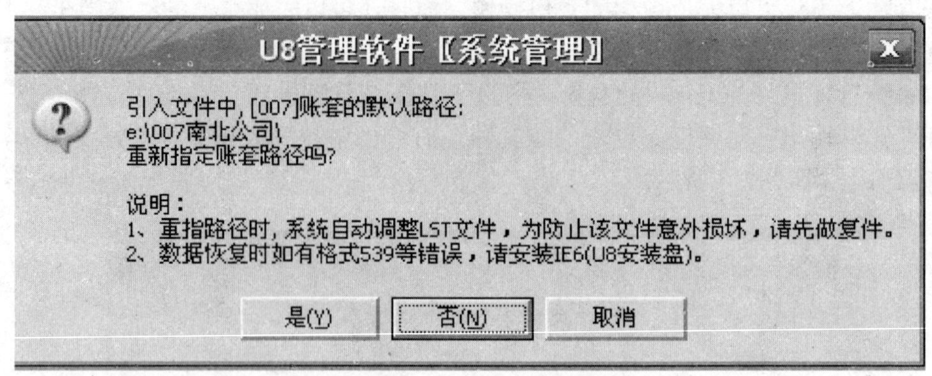

图 4—14　请选择引入账套路径

（三）操作员权限的管理

用友 ERP－U8 系统中的操作员权限的管理相当于日常工作中财务人员的工作分配。对系统操作员权限实行统一管理，一方面可以避免与业务无关的人员对系统进行操作，另一方面可以对系统所包含的各个子系统的操作进行协调，以保证系统及其数据的安全性和保密性。操作员权限的集中管理包括定义角色、设置用户和设置功能权限等。功能权限的分配在“系统管理”中进行设置，只有系统管理员和账套主管有权进行权限设置，但两者的权限又有所区别。系统管理员可以指定某账套的账套主管，还可以对各个账套的操作员进行权限设置。而账套主管只能对所管辖账套的操作员进行权限设置。

1. 使用操作员权限管理功能模块的具体操作方法的共用步骤

使用操作员权限管理功能模块的具体操作方法的共用步骤即为进入操作员权限设置界面的步骤：以系统管理员或账套主管的身份登录后，单击功能菜单“权限”下的“权限”选项，系统将弹出“操作员权限”设置界面。

2. 设置或取消账套主管的具体操作步骤

设置或取消账套主管的操作只能由系统管理员进行。一个账套中最好只设一个账套主管。具体操作步骤为：

（1）在“操作员权限”界面中选取欲设置或取消账套主管的操作员所在行；

（2）在“操作员权限”界面中单击选中右上方“账套主管”选项小方框（即在该小方框中打上“√”标记），确定该操作员具有账套主管权限。如果需取消账套主管，可单击“账套主管”选项小方框，将“√”标记去掉。

3. 赋予操作员权限的具体操作步骤

系统默认账套主管自动拥有全部权限，因此无须给账套主管赋权限。首次使用账套时，需给除账套主管之外的所有系统操作员赋权限；会计人员内部工作调整时需增加权限。系统管理员或账套主管可以为其他系统操作员赋权限。具体操作步骤为：

（1）在“操作员权限”界面中单击选中需赋权限的操作员；

（2）单击〖修改〗按钮，系统弹出“增加和调整权限—［用户：××］”界面；

（3）在该界面的“产品分类—权限选择”项目中，单击“GL 总账”前的小方框，表示赋予该操作员“GL 总账”的全部权限；

（4）如果只赋“GL 总账”的部分权限，需找出“GL 总账”下的各功能菜单，再单击某功能菜单前的小方框，即表示为“GL 总账”的某部分功能赋权限；

（5）单击〖确定〗按钮确认返回。

4. 权限赋错修改的具体操作步骤

权限赋错的修改与给操作员赋权的具体操作步骤相同。单击某功能菜单前的小方框，原有的小方框中的标记“√”消失，即表示取消了“GL 总账”的某部分功能权限。

5. 删除操作员权限的具体操作步骤

系统管理员或账套主管可以对其他系统操作员拥有的权限进行删除。具体操作步骤为：

（1）在“操作员权限”界面中单击选中需删除权限的操作员；

（2）在右侧的权限显示区中，点取需删除的权限，也可按住 Shift 键，同时移动鼠标，选取一批权限；

（3）单击〖删除〗按钮，在系统弹出的“删除权限：［×××］吗?”提示框中，单击〖是〗按钮，即可删除权限。

6. 刷新的具体操作步骤

刷新的操作为：在“操作员权限”界面单击〖刷新〗按钮。

7. 退出操作员权限管理的具体操作步骤

退出操作员权限管理的操作为：在“操作员权限”界面单击〖退出〗按钮。

（四）统一安全机制的视图管理

视图管理功能包括刷新、清除异常任务、清除单据锁定和上机日志。

1. 刷新

系统管理的一个很重要的用途是对系统运行进行实时监控。以系统管理员身份进入系统管理后，可以看到系统管理的功能列表分为上下两个部分：上半部分列示的是正登录到系统管理的子系统，下半部分列示的是登录的操作员在子系统中正在执行的功能。这两个部分的功能均是动态的，都会根据系统的执行情况而自动变化。如果想看到最新的情况，就需要使用“刷新”功能来实时刷新功能列表的内容。

2. 清除异常任务

清除异常任务主要是针对网络环境下使用会计软件的情况。系统管理对每一个登录系统的子系统定时检查，如果发现死机、网络阻断等异常情况，就在子系统相对应的任务栏的“运行状态”框内显示“异常”。此时，单击“系统管理”对话框“视图”菜单的“清除异常任务”命令，系统就会把这些异常任务所申请的系统资源予以释放，并恢复可能被破坏的系统数据库和用户数据库。同时，“运行状态”框内也将清除这些异常任务。

3. 清除单据锁定

在系统使用过程中，由于不可预见的原因造成单据锁定时，有关的操作不能正常进行，此时单击“系统管理”对话框“视图”菜单的“清除单据锁定”命令，即可恢复正常功能的使用。

4. 上机日志

上机日志是系统安全的组成部分。为了保证系统的安全运行，系统随时对各个产品或模块的每个操作员的上下机时间、操作的具体功能等情况进行登记，形成上机日志，以便对所有的操作都有记录，有迹可寻。

用户可以对上机日志进行一般查询、过滤查询、删除、刷新、排序、输出等操作。

上机日志功能的操作注意事项：

（1）只有系统管理员才能使用上机日志功能。

（2）上机日志是由系统自动记录的，只可查看和删除，不能修改。

（3）对上机日志的删除操作，可以与过滤功能结合起来使用，即可以先过滤，然后再对过滤出来的内容执行删除操作。

（4）上机日志是动态的，它随着系统的使用情况不断发生变化。如果想要查看最新的上机日志，就要实时执行刷新功能。

第三节　基础设置

在系统管理中，按照预先设定的参数建立的新账套是空的，并无数据。因此需要根据企业的实际情况对新账套进行基础设置，即进行账套的初始化工作。

借助计算机强大的信息平台，可实现系统内各子系统间的数据的高度共享。为实现系统内各子系统间的数据的高度共享，就应对很多基础信息进行统一设定。基础信息是系统运行的基础。在启用新账套之前，应根据企业的实际情况，事先做好基础数据的设置工作。

一、基本信息

基本信息设置主要包括系统启用、编码方案和数据精度三项操作，这些均已在系统管理中介绍过了，此处不再详述。

二、基础档案

基础档案的内容较多，用户可以在软件的“设置”部分加以统一设置，也可以在进入各子系统后分别进行设置。设置基础档案之前首先确定基础档案的分类编码方案，基础档案的设置必须遵循分类编码方案中的级次和各级编码长度的设定。

（一）机构设置

机构设置中包括部门档案和职员档案两大部分内容。应先设置部门档案，在部门档案设好的基础上再设置职员档案，每个职员都应有归属部门。

1. 部门档案

在会计核算中，下一级常常需要向业务上有隶属关系的上一级报送数据。建立部门档案的目的就是为了按部门分类、汇总和管理。在系统初始化时，应先确定核算单位的中间机构层次。一个企业一般有唯一的机构模型。如南北联合股份有限公司的机构设置如图 4—15 所示。

在系统中设置部门档案时应注意：部门编号应符合编码级次原则；部门编号和名称必须录入，必须唯一；负责人先不输入，暂时为空；部门属性可以是管理部门、技术部门、销售部门、生产部门等，可以为空；电话、地址和备注栏可以为空。

（1）建立部门档案。

建立部门档案的操作步骤如下：

1）在“企业门户”的“设置”选项中，选择“基础档案”→“机构设置”→“部门档案”

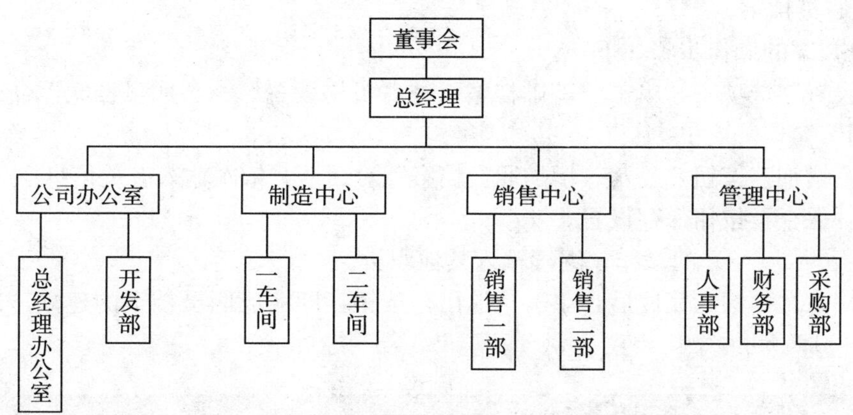

图 4—15　南北联合股份有限公司的机构设置

命令，打开“部门档案”窗口。

2）单击〖增加〗按钮，按编码规则输入“部门编码”和真实的“部门名称”，单击〖保存〗按钮。

3）按步骤 2）的方法依次输入其他部门档案，系统会自动显示已录入的部门档案，如图 4—16 所示。

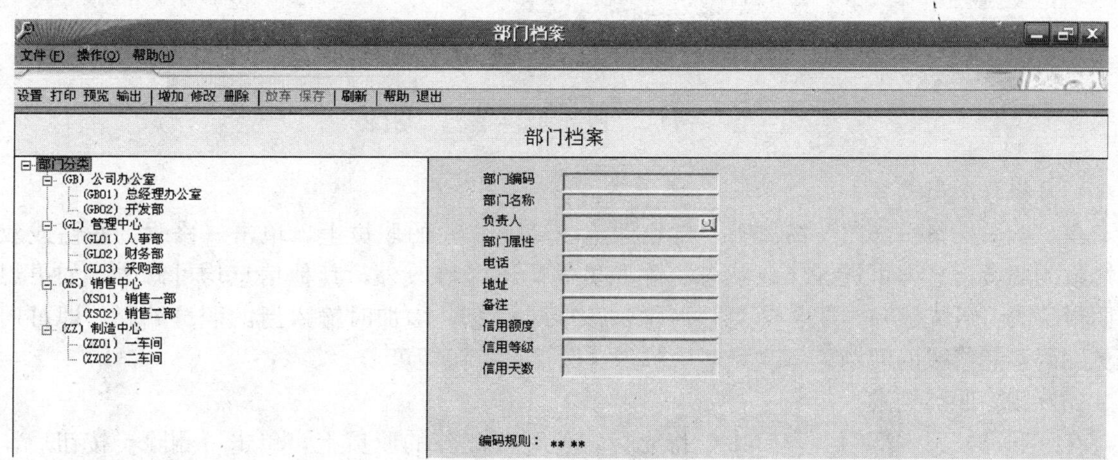

图 4—16　设置部门档案

4）部门档案全部输入完成后，单击〖退出〗按钮，即完成部门档案的建立。

（2）修改部门档案。

首先将光标定位到要修改的部门上，单击〖修改〗按钮，除部门编号不能修改外，其他信息均可修改。修改完毕后，单击〖保存〗按钮即可。

（3）删除部门档案。

首先将光标定位到要删除的部门上，单击〖删除〗按钮，在弹出的系统提示对话框中单击〖是〗按钮即可删除该部门。若部门被其他对象引用则不能删除。

2. 职员档案

设置职员档案主要是录入公司管理人员的信息资料，以方便地进行个人往来核算和管理。

(1) 建立职员档案。

建立职员档案的操作步骤如下：

1) 在“设置”选项中，单击“基础档案”→“机构设置”→“职员档案”命令，打开“职员档案—部门”窗口。

2) 单击〖增加〗按钮，显示“增加职员档案”对话框，依次输入有关信息。

3) 单击〖保存〗按钮保存设置。

4) 重复步骤 2)、3) 的操作，继续输入其他职员。

5) 职员档案全部输入完成后，单击〖退出〗按钮，即完成职员档案的建立。建立职员档案的内容如图 4—17 所示。

职员档案－部门

文件(F) 操作(O) 帮助(H)

设置 打印 预览 输出 | 增加 修改 删除 | 过滤 定位 刷新 | 帮助 退出

职员档案

部门
(GB) 公司办公室
(GB01) 总经理办公室
(GB02) 开发部
(GL) 管理中心
(GL01) 人事部
(GL02) 财务部
(GL03) 采购部
(XS) 销售中心
(XS01) 销售一部
(XS02) 销售二部
(ZZ) 制造中心
(ZZ01) 一车间
(ZZ02) 二车间

序号	职员编码	职员名称	部门名称	职员属性	Email地址	手机号	信用额度	信用天数	信用等级
1	HLY	胡丽莹	开发部	技术开发					
2	LJ	李佳	采购部	管理部门					
3	LM	李明	财务部	管理部门					
4	LP	李平	销售一部	销售部门					
5	WDL	王大力	一车间	生产部门					
6	WL	王丽	销售二部	销售部门					
7	WP	王平	财务部	管理部门					
8	ZBC	郑百成	二车间	生产部门					
9	ZJ	张娟	采购部	管理部门					
10	ZWM	张伟民	总经理办公室	管理部门					
11	ZX	张新	财务部	管理部门					
12	ZYY	张燕燕	人事部	管理部门					

图 4—17 “职员档案—部门”窗口

(2) 修改职员档案。

在“职员档案—部门”窗口中，将光标定位到要修改的职员上，单击〖修改〗按钮或双击要修改的职员信息即可进入修改状态。除职员编码不能修改外，其他信息均可修改。如果想修改职员编码，可先删除本职员信息，再增加该职员信息。增加时输入新的职员编码，即可回避职员编码不能修改的问题。修改完毕后单击〖保存〗按钮即可。

(3) 删除职员档案。

在“职员档案—部门”窗口中，将光标定位到要删除的职员上，单击〖删除〗按钮后，在弹出的系统提示对话框中单击〖是〗按钮即可删除该职员档案。

【注意】 职员档案资料一旦被使用将不能修改或删除。

(二) 往来单位设置

企业的往来单位通常是客户和供应商。如果企业的往来单位较多，查找不便，就应对客户和供应商进行分类管理，在分类的基础上再进行客户和供应商的档案管理。建立客户及供应商分类后，必须将客户及供应商设置在最末级的客户及供应商分类之下。如果对客户及供应商没有进行分类管理的要求，则在建账时无须也不能设置客户及供应商分类，可直接建立客户及供应商档案；若在建账时选择了客户及供应商分类，就必须先建立客户及供应商分类，再增加客户及供应商档案。

1. 客户分类

客户分类的方法有多种，如何分类应依据管理的要求。例如可以按客户的性质进行如下分类：批发（PF）、零售（LS）、代销（DX）、专柜（ZG）。

客户分类的操作步骤如下：

（1）在“企业门户”的“设置”选项中，选择“基础档案”→“往来单位”→“客户分类”命令，打开“客户分类”窗口。

（2）在“客户分类”窗口中，单击〖增加〗按钮，并在“类别编码”框中输入“PF”，在“类别名称”框中输入“批发”。

（3）单击〖保存〗按钮。

（4）重复步骤（2）、（3）的操作，设置其他客户分类，完成后单击〖退出〗按钮。

【注意】已被引用的客户分类不能删除。

2. 客户档案

客户档案主要用于设置往来客户的信息，便于对客户及业务数据进行统计和分析。

建立客户档案的操作步骤如下：

（1）在“企业门户”的“设置”选项中，选择“基础档案”→“往来单位”→“客户档案”命令，打开“客户档案”窗口。

（2）在“客户档案”窗口中，将光标定位于客户的某一分类。

（3）单击〖增加〗按钮，打开“增加客户档案”对话框。

（4）单击“基本”选项卡，输入客户基本信息。

（5）单击“联系”选项卡，输入地址、邮政编码、联系人、电话等信息。

（6）单击“信用”选项卡，选择价格级别，输入信用等级、额度等信息。

（7）单击“其他”选项卡，输入分管部门、专营业务员、发展日期、停用日期等信息。

（8）输入完各项内容后，单击〖保存〗按钮。设置完成的客户档案如图4—18所示。

客户档案—客户分类

文件(F) 操作(O) 帮助(H)

设置 打印 预览 输出 | 增加 修改 删除 | 过滤 定位 刷新 | 栏目 信用 并户 批改 | 帮助 退出

客户档案

客户分类
- (DX) 代销
- (LS) 零售
- (PF) 批发
- (ZG) 专柜

序号	客户编码	客户名称	地区名称	发展日期	联系人	电话	专营业务员名称	分管部门名称
1	CXMYGS	昌新贸易公司		2009-3-30				
2	HHGS	华宏公司		2009-3-30				
3	JYGS	精益公司		2009-3-30				
4	LSGS	利氏公司		2009-3-30				

图4—18 “客户档案—客户分类”窗口

（9）重复步骤（3）～（8）输入其他客户档案，输入完毕后，单击〖退出〗按钮。

【注意】在客户档案中，除“客户编码”、“客户简称”和“所属分类”是必输信息外，其他内容可选择输入。

3. 供应商分类

供应商分类的方法有多种，如何分类应依据管理的要求。例如，可以按供应商的性质进行如下分类：原料供应商（YL）、成品供应商（CP）。

供应商分类的操作步骤如下：

（1）在“企业门户”的“设置”选项中，单击“基础档案”→“往来单位”→“供应商分类”命令，打开“供应商分类”窗口。

（2）在“供应商分类”窗口中，单击〖增加〗按钮，并在“类别编码”框中输入“YL”，在“类别名称”框中输入“原料供应商”。

（3）单击〖保存〗按钮。

（4）重复步骤（2）、（3）的操作，继续设置其他供应商。完成后单击〖退出〗按钮。

【注意】已被引用的供应商分类不能删除。

4. 供应商档案

企业经营过程中涉及的供应商较多，如果需要进行往来管理，那么必须将企业中供应商的详细信息录入到供应商档案中。建立供应商档案直接关系到对供应商数据的统计、汇总和查询等分类处理。

供应商档案建立方法与客户档案建立方法类似，此处不再详述，设置完成的供应商档案如图4—19所示。

供应商档案－供应商分类

文件(F) 操作(O) 帮助(H)

设置 打印 预览 输出 | 增加 修改 删除 | 过滤 定位 刷新 | 栏目 信用 并户 批改 | 帮助 退出

供应商档案

供应商分类
- (CP) 成品供应商
- (YL) 原料供应商

序号	供应商编码	供应商名称	地区名称	发展日期	电话	联系人	专营业务员名称	分管部门名称
1	ADGS	艾德公司		2009-3-30				
2	FMSH	泛美商行		2009-3-30				
3	JCGS	建昌公司		2009-3-30				
4	XHGS	兴华公司		2009-3-30				

图4—19 “供应商档案—供应商分类”窗口

设置供应商档案时需要注意以下内容：

（1）单价是否含税。这是指所购货物的单价中是否含有税金，可以是含税价格也可以是不含税价格。

（2）对应条形码。当对存货进行条形码管理时，若存货条形码中有供应商信息，则需要在对应供应商中输入对应编码信息。

5. 地区分类

企业可根据自身管理要求决定是否对客户、供应商的所属地区进行相应的分类。如果企业需要对客户和供应商按地区进行统计，就需要建立地区分类体系，以便于对业务数据按地区进行统计、分析。在采购管理、销售管理、库存管理和应收应付款管理系统中，设置客户和供应商档案时，应填写所属地区栏目。

三、数据权限

为满足经济管理和会计内部控制的需要，除在“系统管理”中设置功能权限分配外，还应设置数据权限分配和金额级权限分配。数据权限通常包括三个部分：数据权限控制设置、数据权限设置和金额权限分配。

（一）数据权限控制设置

数据权限控制设置分记录级和字段级两级控制，设置在账套中需要对哪些业务对象进行数据权限控制。

数据权限控制设置的操作步骤如下：

（1）在“企业门户”的“设置”选项中，选择“数据权限”→“数据权限控制设置”。

（2）双击“数据权限控制设置”，打开“数据权限控制设置”对话框。

（3）针对16个记录级业务对象和105个字段级业务对象，选择是否需要进行控制，若需要，在该数据前面的“是否控制”复选框内打上“√”。如图4—20所示。

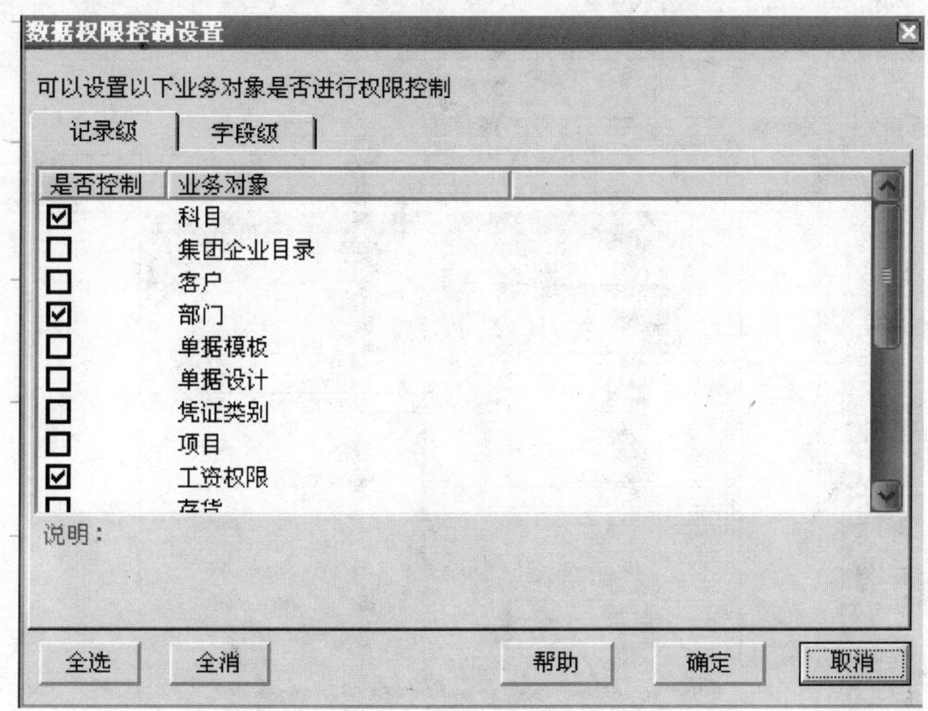

图4—20　数据权限控制设置

【注意】只有进行数据权限控制设置后，才能进行后续的数据权限设置和金额权限分配。

（二）数据权限设置

1. 数据权限设置的前提

进行数据权限设置的前提是：在“系统管理”中已设置角色和用户，且已进行功能权限分配，在“企业门户”中已进行数据权限控制设置。

2. 数据权限设置的作用

数据权限设置的作用是：设置了用户、用户组所能操作的档案、单据的数据权限，用于控制后续业务处理允许编辑、查看的数据范围。

3. 数据权限设置的分类

数据权限设置包括记录权限分配和字段权限分配两种。

记录权限分配是指对具体业务对象进行权限分配。使用前提为：在“数据权限控制设置”中选择控制至少一个记录级业务对象。

字段权限分配是对单据中包含的字段进行权限分配，该功能主要从安全保密性考虑。使用前提为：在“数据权限控制设置”中选择控制至少一个字段级业务对象。

4. 数据权限的设置方法及操作步骤

记录权限和字段权限的分配设置方法及操作步骤基本相似，这里以记录级权限分配为例说明数据权限设置的操作步骤。应注意，账套主管不参加数据权限分配。

（1）在“企业门户”的“设置”选项中，选择“数据权限”→“数据权限设置”。

（2）双击“数据权限设置”选项，打开“权限浏览”窗口，如图 4—21 所示。

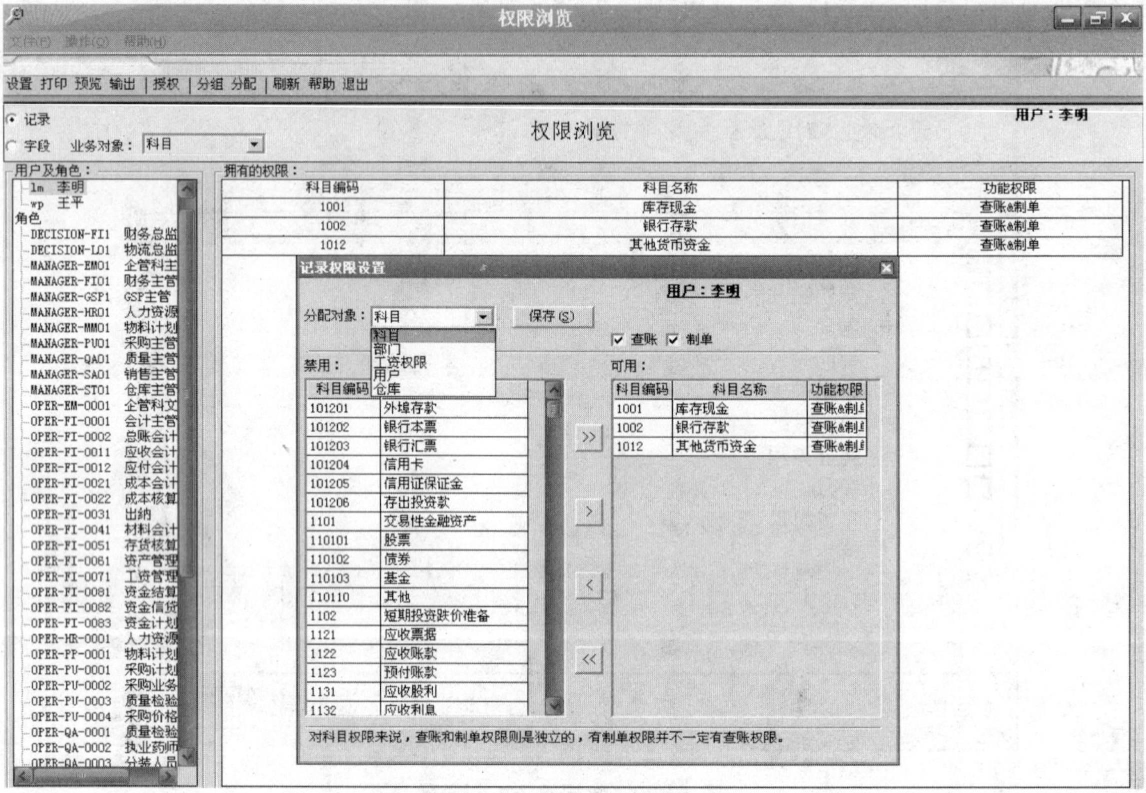

图 4—21 “权限浏览”窗口

（3）在“权限浏览”窗口中，选中“记录”前面的单选按钮，再从业务对象下拉列表框中选择要进行记录级权限分配的对象（科目、部门、工资权限、用户、仓库）。

（4）选择要分配权限的用户或角色。

（5）单击〖授权〗按钮，显示“记录权限设置”对话框。

（6）根据当前所选的用户或角色及业务对象进行明细的数据权限分配工作。

（7）选择该用户，设置分配对象的“查账”、“制单”权限。

（8）单击〖保存〗按钮，保存设置，返回到“权限浏览”窗口，显示设置结果。

（三）金额权限分配

金额权限分配功能用于分配用户可使用的金额级别，对业务对象提供金额权限控制。在进行金额权限设置前应先进行金额级别设置。

1. 金额级别设置的操作步骤

金额级别设置的操作步骤如下：

（1）在“企业门户”的“设置”选项中，选择“数据权限”→“金额权限分配”；

(2) 在“金额权限设置”窗口（如图4—22所示），单击〖级别〗按钮；

(3) 依次进行某一科目的级别一、级别二直至级别六的设置；

(4) 单击〖保存〗按钮，保存设置。

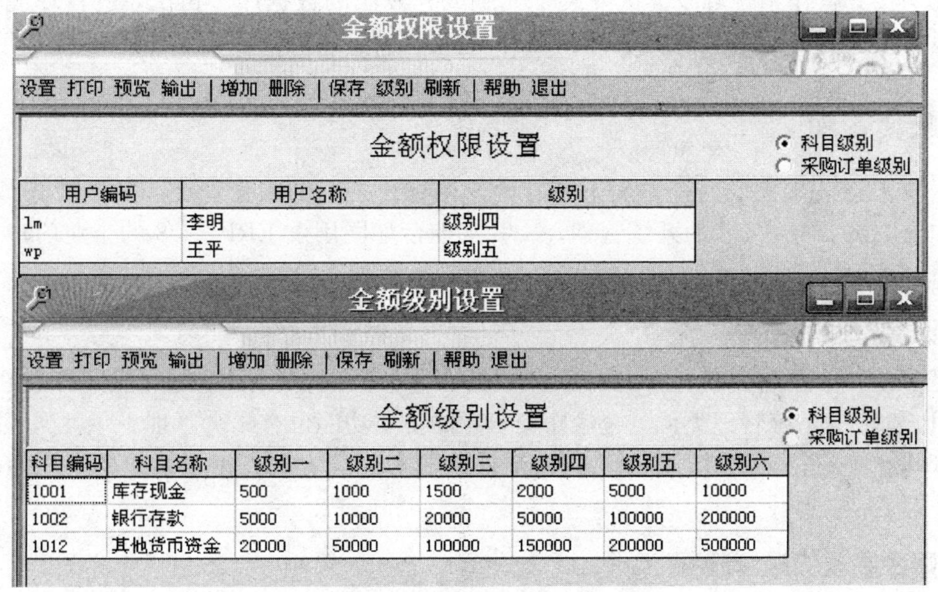

图4—22　“金额权限设置”窗口

2. 金额权限设置的操作步骤

金额权限设置主要是制定用户的金额权限级别。其操作步骤如下：

(1) 在“金额权限设置”窗口，单击〖增加〗按钮；

(2) 依次指定某一用户的金额权限控制级别；

(3) 单击〖保存〗按钮，保存设置。

第四节　金蝶软件的安装、账套管理及系统初始化简介

金蝶软件公司与用友软件公司都是国内的大型软件商，在国内都有较大的市场占有率，金蝶K/3与用友ERP-U8一样，也都是ERP系统软件，在操作原理上两者是相似的。下面以金蝶K/3标准财务版为例，介绍金蝶财务软件的操作与使用。

一、金蝶软件的安装概述

金蝶软件基于三层结构，根据分布式计算原理，将应用分为数据库端、中间层、客户端三个层次。数据库端即数据库服务器；中间层包含了封装商业规则的计算组件；客户端为用户界面。

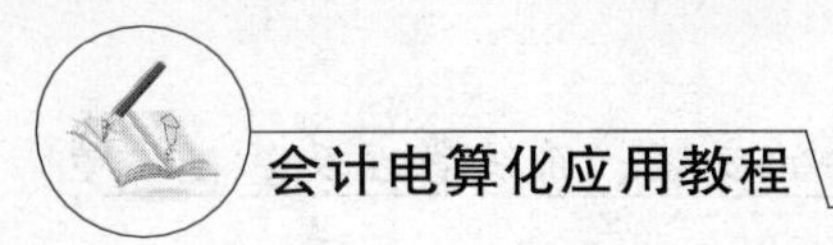

首先，准备中间层服务器的操作系统，一般为 Windows 2000，客户端或演示可以尝试使用其他操作系统。其次，在安装金蝶 K/3 系统之前需要安装数据库服务器，即需要安装 Microsoft SQL Server 2000。如果用户是 Windows 2000 操作系统可以安装标准版或企业版的数据库，如果是 Windows XP 操作系统可以尝试安装个人版或开发版的数据库。再次，进行环境检测，安装支持金蝶 K/3 系统运行的第三方软件。最后，安装金蝶 K/3 系统。

二、账套管理

金蝶 K/3 系统安装完成后，桌面上将有两个图标，一个是账套管理，一个是 K/3 主控台。账套管理如同用友 ERP－U8 的系统管理，K/3 主控台如同用友 ERP－U8 的企业门户或企业应用平台。

（一）账套管理的主要功能

账套是存放各种数据的载体，各种账务数据、业务数据都依据一定的规则存放在账套中。与用友 ERP－U8 的系统管理类似，金蝶账套管理的主要功能也有账套管理、年度账管理、用户及其权限管理、统一安全机制的视图管理。金蝶的账套管理为其各个子系统的集成运行提供一个公共的管理平台。

（二）账套管理的操作流程

如前所述，账套本身其实就是一个数据库文件，一个账套对应一个企业一套完整的账务业务体系，如果是第一次使用金蝶 K/3 系统，那么首先需要启用账套管理，然后新建账套→增加用户组→增加用户（操作员）→设置用户权限。如果是老用户，则可以直接启用账套管理，选取相应的企业账套即可。为了便于对多个账套进行管理，用户可以按照组织机构对各种账套进行分类管理。

（三）账套管理的主要操作内容及操作方法

账套管理包括账套的建立、修改、删除、账套备份与恢复、用户管理等内容。这里简要介绍其中几项。

1. 账套的建立

初次使用金蝶 K/3 系统时，应首先启用账套管理，以系统管理员 Admin 的身份（无密码）登录账套管理，建立相关的组织机构与账套。账套的建立包含的信息有：账套号、账套名、账套类型、数据实体（系统自动给出，不需客户命名）、数据库文件路径、数据库日志路径、系统账号（SQL Server 身份验证，系统用户名默认为“sa”，无密码）等。主要操作是：点击“开始”→“程序”→“金蝶 K/3”→“中间层服务器部件”→“账套管理”，初次使用时用户名为 Admin，无密码。然后，建立账套、设置账套属性等。

应注意，金蝶软件与用友软件对账套号的输入要求不一样，金蝶软件的账套号输入较随意，中间也可以用小数点隔开，但要记住所输的号码。

如果发现已设置的账套不能满足需要，同用友软件一样，也可以对金蝶 K/3 系统的账套进行删除或修改。

2. 账套备份与恢复

为了保证软件使用过程中财务数据的安全性，需要对账套定期做数据备份。主要操作为：在“账套管理”中选中待备份账套，点击〖备份〗按钮，选择备份路径，点击〖确定〗按钮即可，备份后系统将生成＊.bak和＊.dbb文件。建议经常做账套备份工作，每月至少要做一次。当原账套数据受到损坏，导致无法再使用时，可以用“恢复”功能将原账套的备份数据以账套的形式解开进行使用。其主要操作是：在“账套管理”中，点击〖恢复〗按钮，“选择数据库服务器”应与当时新建账套时的系统账号一致，点出〖确定〗按钮后，选择原备份的路径，并选中＊.dbb文件，修改账套编号和账套名，点出〖确定〗按钮即可。一般情况下，建议选择“完全备份”方式，每次备份时覆盖前一次的备份即可；在初始化阶段或特殊阶段，也可以选择修改文件名称不覆盖前一次备份的方式，而保存关键阶段的备份数据。

3. 用户管理

与用友软件中的操作员管理不同，金蝶软件里的用户管理中不仅有用户，还设有用户组。用户组的作用主要是方便对多个用户进行集中授权。如果对权限相同的用户逐个授权，将会比较麻烦，在这里只要对某个用户组进行一次授权，则该用户组中的所有用户都可以承接该用户组的权限信息。如果某些用户除了拥有该组的权限之外还需要某个特定的权限时，则可以再单独对其另行授权。如果企业的员工较少，也可以不分组，直接建立用户并进行授权即可；如果需要用户组的设置，则应先设置用户组，再设置用户，操作时注意这一先后顺序。

三、系统初始化

系统初始化是指企业账务与物流业务的基础设置以及启用账套会计期间的期初数据。总账系统的初始化工作是金蝶K/3系统的开始，所以设置工作极其重要。

（一）基础设置

基础设置是系统初始化的重要工作，它的设置关系到所有财务业务和流程的处理，因而在设置前要认真考虑。启用账套管理并进行相应的设置后，就可以启用K/3主控台，进行金蝶K/3的基础设置工作。主要操作为：点击“开始”→“程序”→“K/3主控台”，选择“组织机构”、“账套名”，并以命名用户的身份登录K/3客户端，也可以使用内设的系统管理员Admin登录。用户在实际运用时应使用在账套中已经设好的企业中的实际操作人员登录。与用友ERP-U8类似，金蝶K/3的基础设置工作包括两大部分：系统参数设置、公共资料设置。其中，公共资料分为两大类：一类包括会计科目、币别、凭证字、计量单位、结算方式、客户和供应商等基本公共资料；另一类是核算项目。对于基本公共资料，这里有分组与不分组之分，类似于用友软件中的分类，其设置的顺序是先分组，再设置下属的资料。核算项目与会计科目连用，其功能类似明细会计科目，但弥补了明细会计科目设置过多不利于系统运行的缺点。核算项目还是K/3子系统的各种单据的内容，为系统的各项操作提供了基础资料的查询与获取功能。其主要操作有：点击“系统设置”→“基础资料”→“公共资料”。

（二）初始数据录入与试算平衡

当各项基础资料输入完毕后，即需进行期初数据的录入与试算平衡。主要操作是：点击“系统设置”→“初始化”→“总账”→“初始数据录入”。在金蝶K/3系统初始数据录入中有三点需要注意：（1）期初余额的录入分两种情况：一种情况是账套的启用时间是会计年度的第一个会计期间即1月，只需录入各个会计科目的初始余额；另一种情况是账套的启用时间是非会计年度的第一个会计期间即2～12月，此时需录入截止到账套启用期间的各个会计科目的本年累计借贷方发生额、损益的实际发生额、各科目的初始余额。（2）“银行存款”科目下如设多个明细科目进行多币别的核算，则“银行存款”科目必须选择“综合本位币”才能看到银行存款的总额。(3) 往来科目下设有核算项目的，必须按“客户”和“供应商”明细录入，不能直接录入。

初始数据录入后，需进行试算平衡的检测，在有外币业务的情况下，必须切换到综合本位币状态下再试算平衡，试算平衡后可结束初始化工作。

(三) 结束初始化与反初始化

在完成初始数据的录入并且试算平衡的基础上，结束初始化开始日常业务的处理工作。与用友 ERP－U8 系统不同的是，在金蝶 K/3 系统里，需要专门进行结束初始化的操作：点击“系统设置”→“初始化”→“总账”→“结束初始化”。如果初始数据录入有问题需要修改，在第一个会计期间可以点击“反初始化”取消初始化，待修改数据后再重新结束初始化。

思考题

1. 会计软件运行需要什么样的环境？
2. 会计软件安装前应做好哪些工作？
3. 如何安装与卸载用友财务软件？
4. 请绘制新用户使用用友 ERP－U8 系统的操作流程图。
5. 请绘制账套主管平时的操作流程。
6. 请绘制账套主管次年年初及以后各年年初的操作流程。
7. 如何建立账套及设置账套参数？
8. 如何输出和引入账套数据？

第五章 账务处理系统

【要点提示】

- 总账系统
- 系统初始化
- 账务处理
- 科目代码
- 出纳管理

在手工会计核算中，没有单纯的“账务处理”这一概念。在会计电算化中，习惯上把设置账户、复式记账、填制和审核会计凭证、登记账簿这四种会计核算方法简称为账务处理。作为进行会计账务处理的子系统，通常简称为账务处理子系统，或直接简称为账务处理系统。这样确定的目的是为了加强各种会计核算间的联系，方便实现会计电算化。

英文将账务处理系统称为总账系统。用友 ERP - U8 系统使用的就是“总账系统”这一概念。该“总账系统”中的“总账”与我国的总分类账（简称总账）的含义不同，前者是指所有账，包括总分类账、明细分类账、日记账、多栏账、辅助账等。

第一节 会计电算化账务处理与手工账务处理的比较

会计电算化账务处理和手工账务处理是从会计数据的处理技术来区分的。通常将使用电子计算机来处理会计数据的方式称为会计电算化账务处理；而将使用算盘、纸、笔、计算器等来处理会计数据的方式称为手工账务处理。国外的会计数据处理还经过了机械处理阶段，我国则跳过了这一阶段。由于采用机械技术只是计算技术的进步，它并未改变会计核算的基本格局，所以，习惯上仍将机械会计数据处理归为传统的手工账务处理模式。

我国的会计电算化账务处理是在手工账务处理的基础上直接采用计算机处理会计数据后形成的，因此，两者之间具有一定的相同点；但是，与手工账务处理相比，会计电算化账务处理又具有自身的特点，两者之间还存在着较大的差异。

一、会计电算化账务处理与手工账务处理的相同点

无论是采用会计电算化进行账务处理，还是采用传统的手工方式进行账务处理，二者都有

下述相同点。

(一)会计目标一致

无论是手工账务处理还是会计电算化账务处理，其会计目标均是为信息使用者提供对其经济决策有用的会计信息。

(二)遵循统一的会计法规和会计准则

会计法规是进行会计工作的法律依据，会计准则是用来规范企业会计行为的统一会计标准，会计准则作为一种“制度安排”，已经成为协调不同利益团体之间经济利益分配格局的制度基础。会计电算化账务处理仍应严格执行统一的会计法规和会计准则，从措施上、技术上杜绝可能的失误。

(三)遵循相同的会计理论和会计方法

会计电算化虽然会引起会计理论和会计方法的变化，但其变化是渐进性的，而非突变性的，不会动摇基本的会计理论和基本的会计方法。例如：复式借贷记账的基本原理，设置账户、复式记账、填制和审核会计凭证、登记账簿等基本会计核算方法不会动摇，仍需遵循。

(四)处理相同的经济业务

无论是手工账务处理还是会计电算化账务处理，对同一企业而言，都应处理相同的经济业务。处理的经济业务不会因会计数据处理的技术和方法而改变。

(五)编制财务会计报告、保存会计档案的要求相同

无论是手工账务处理还是会计电算化账务处理，都应依据《企业财务会计报告条例》的规定：企业应当根据真实的交易、事项以及完整、准确的账簿记录等资料，并按照国家统一的会计制度规定的编制基础、编制依据、编制原则和方法，编制财务会计报告。

会计档案是会计核算的重要历史资料，必须按规定妥善保管。有关制度规定，实现会计电算化的单位，会计档案的保管要求比照手工核算进行。实现会计电算化后，虽然存储介质发生了一些变化，部分会计数据和会计信息的格式发生了一些变化，但会计档案仍需保存。

二、会计电算化账务处理与手工账务处理的不同点

采用会计电算化进行账务处理与采用传统的手工方式进行账务处理，由于处理方式发生了变化，二者产生了以下不同点（见表5—1）。

表5—1　会计电算化账务处理与手工账务处理的不同点

比较的项目	手工举例说明	电算化举例说明
处理工具不同	算盘、纸、笔、计算器	电子计算机
账务处理程序（会计核算形式）趋于简化	记账凭证核算形式、科目汇总表核算形式、汇总记账凭证核算形式、日记总账核算形式等	科目汇总表核算形式、汇总记账凭证核算形式
会计数据和会计信息的载体不同，其保管形式也有差异	纸张；防霉、防潮	纸张，软盘、硬盘、光盘等；防霉、防潮、防磁化

续前表

比较的项目	手工举例说明	电算化举例说明
会计工作的岗位设置不同	按会计事务的不同性质设置工作岗位，如按业务核算，可分为工资、材料等岗位	按数据的不同形态设置工作岗位，如数据准备组、系统运行组等
内部控制方式不同	账证、账账、账表、账实核对（签字、盖章）	可通过会计软件的有关功能实现（姓名、权限、口令）
会计人员的知识结构不同	会计专业知识；骨干：会计师	会计专业知识、计算机基础知识、会计电算化基础知识；骨干：中高级会计电算化人才
会计管理职能上的不同，提供的会计信息的质量也不同	记账、算账、报账；主要采用货币量度，部分辅助量度	除记账、算账、报账外，可参与计划、分析、预测、决策等；提供的会计信息更详细，可采用各种辅助量度

第二节　账务处理系统的初始化

账务处理系统的初始化又称为账务处理系统的初始设置，它是应用账务处理系统的最基础的工作，在此结合企业本身的实际情况，建立适合于企业自己的应用账务处理系统的应用环境，将一个通用的账务处理系统改造为适合本企业核算要求的“专用账务处理系统”。系统初始化的含义有广义和狭义之分。广义的系统初始化是指各系统的初始化，如 ERP 系统初始化、账套初始化、账务处理系统初始化等。使用 ERP 系统时，ERP 系统初始化、账套初始化、账务处理系统初始化等各子系统初始化之间，应该是依次包含关系。如果只是使用 ERP 系统中的总账和报表系统，也可以将各初始化合并在账务处理系统初始化中一并进行。在讲解某一子系统时，其初始化采用的是狭义含义，即指本系统的初始化。例如，在讲解账务处理系统时，其系统初始化讲的就是账务处理系统的初始化。

在会计电算化系统中，账务处理系统的初始化有两重含义：(1) 电算化会计软件初次使用时的初始设置；(2) 正常使用会计软件过程中的周期性初始化（如账务处理的年初）。

一、账务处理系统初始化前的准备工作

账务处理系统初始化前的准备工作，对未建立账簿体系的新建企业和已建有账簿体系的企业有所不同。

(一) 新建企业使用会计软件前的手工准备工作

新建企业使用会计软件前的手工准备工作包括：

(1) 根据本单位的经济业务情况设置会计科目。

(2) 确定各科目的期初余额，保证符合以下三个等式：

期初借方余额＝期初贷方余额

总账科目余额＝有关明细科目余额之和

上级科目余额＝下级科目余额之和

对以上两项工作最好列表进行手工准备作业（见表5—2）。

表5—2　设置会计科目及期初余额表

科目代码	科目名称	期初余额	数量单位	辅助核算	账页格式

（3）准备系统初始化所需的其他原始资料。其他原始资料主要包括凭证类型、银行结算方式、会计核算形式、结账日期等内容。

（4）明确使用会计软件的财务人员的工作分工。

（二）已建有账簿体系的企业使用会计软件前的手工准备工作

已建有账簿体系的企业使用会计软件前的手工准备工作包括：

（1）整理本单位所用的全部会计科目。

（2）清理各个会计科目的期初余额。

（3）确认凭证类型、银行结算方式、往来单位、下属单位、各部门的名称。

（4）列出记账凭证的常用标准摘要及其代码，列出常用的记账凭证。

（5）列出期末未结转费用、成本、利润等业务的各种结转记账凭证及凭证中科目的金额来源与结转顺序、结转时间。

（6）初次编制银行存款余额调节表所需的企业未达账、银行未达账及两者的期末余额。

（7）确认本单位涉及的外币业务所用的币种与汇率。

（8）确认会计电算化后账务处理的财务人员的工作分工及操作要求。

二、账务处理系统与其他系统之间的数据传递关系

账务处理系统（即总账系统）是会计核算子系统的核心。一般来说，工业企业的会计核算子系统通常分为总账、职工薪酬管理、报表管理、固定资产、原材料、产成品、成本核算、销售、应收款、应付款等核算子系统。各核算子系统之间以总账系统为核心，除报表管理系统外，其他核算子系统均以机制转账凭证为接口，向总账系统传送各核算子系统核算生成的机制转账凭证，即除报表管理系统外，其他核算子系统均通过机制转账凭证向总账系统传送核算信息，而报表管理系统是从总账系统自动提取账簿数据生成各种会计报表。许多单位通常会选用总账、职工薪酬管理和报表管理三大基本子系统。其中，总账系统可以独立运行。

账务处理系统与其他系统之间的数据传递关系如图5—1所示。

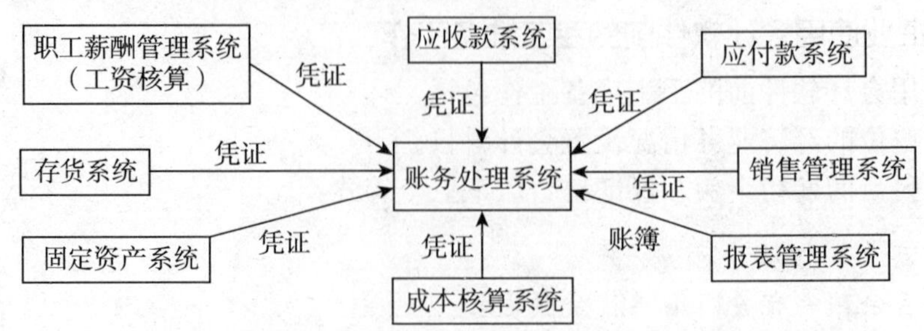

图5—1　账务处理系统与其他系统之间的数据传递关系

三、会计科目代码的设置

会计科目代码设置是整个账务处理系统初始化极为重要的工作，它对账务处理过程和结果会产生很大影响。

（一）设置会计科目代码的意义

在手工账务处理中，会计科目均用文字表示。但在会计电算化账务处理中，文字形式的会计科目存在着三个明显的缺点：一是占用存储空间大；二是不便于计算机处理；三是影响凭证录入速度。由此可以看出，使用会计科目代码意义重大。

首先，使用会计科目代码可节省内外存的存储空间，提高计算机的处理效率；其次，使用会计科目代码便于反映会计科目间的逻辑关系，便于分类与汇总；最后，会计科目代码便于计算机识别，有利于输入输出的处理，可以大大减少凭证中汉字的输入量。

（二）电算化方式下使用会计科目代码的目的

1. 保证会计科目唯一性

一个会计科目代码唯一地标识一个会计科目，可以避免二义性，保证会计科目的唯一性。

2. 简化会计数据表现形式

文字形式的会计科目（汉字科目）名称较长，有些二级科目、三级科目直接使用可能不易识别。使用会计科目代码，既可表示会计科目，又能判断会计科目的属性（如资产、负债、所有者权益等）和级别（如一级、二级、三级等）。使用会计科目代码，可以简化会计科目的表现形式，有利于会计数据的输入、处理、存储和传输。

3. 方便对会计数据的加工处理

计算机识别会计科目代码的速度要比文字快得多，可以更方便地对会计数据进行加工处理，特别是便于分类与汇总、记账、输入、输出，其运行的效率和精度都会大大提高。

（三）会计科目的编码要求

1. 单义性

单义性，又称唯一性、单一性。一个代码只能代表一个会计科目。

2. 适用性

适用性是指代码要能反映会计科目间的层次关系，便于计算机识别和进行分类汇总处理。

3. 通用性

通用性，又称统一性、标准化或行业化。各级会计科目的编码原则与标准应是统一的，便于信息共享。例如，一级会计科目代码应采用财政部在行业会计制度中规定的代码。

4. 简明性

会计科目代码应尽量简短，尽量选择最小值代码。做到既节约存储空间，又便于人工输入及计算机处理。

5. 稳定性

会计科目代码一经确定，应尽量保持稳定（例如 3～5 年不变），以便于有关人员熟练使用，减少差错。

6. 扩展性

扩展性是指对会计科目进行编码时，对各类、各级科目都应留下部分空位，以便于新增。

(四) 会计信息系统进行代码设计的主要方法

代码设计的方法较多，会计信息系统主要采用顺序码、组码、群码和助记码四种代码设计方法。

1. 顺序码

顺序码又称序码，是用连续的自然数来表示编码的对象。顺序码比较直观，是最简单的一种编码方法。如用1、2、3、4……来表示记账凭证的编号。

2. 组码

组码又称区间码，是将编码对象按类分成若干组，每组分配一定的数字序列，表示一个特定的含义。例如：用"1001～1999"表示资产类科目，用"2001～2999"表示负债类科目。组码的扩充性好，但处理时比较麻烦。

3. 群码

群码又称位别码、位码，是将所编代码按位数分成若干段，某一段由某一位或某几位组成，每一段均有特定的含义。使用群码能方便地进行排序、分类、合并和校验处理，方便添加数据；但群码占用位数较多，不便于记忆。会计科目在进行多级分类编码时，常采用群码的编码方法。

例如：科目编码"10020101"，表示三级明细会计科目"银行存款——工行存款——人民币存款"。将该代码按位别排列就能很清楚地看出群码的编码方法。

1002	01	01
银行存款	工行存款	人民币存款
(一级科目)	(二级科目)	(三级科目)

4. 助记码

助记码是指把编码对象的名称的英文或拼音的缩写作为代码，以便于记忆和调用。例如：凭证的摘要"提取现金"，可用助记码表示为"TQXJ"。

(五) 会计科目的编码方法

会计科目通常采用群码编码方法。

第一段为4位，表示一级科目代码，这也是财政部在《企业会计制度》中的规定；第二段的位数，各单位可以根据本单位最多的一个科目的二级科目的位数确定，同时适当考虑当前发展状况，通常选2位，可为3位，也可以选1位；第三段表示三级科目代码，通常选2位，可为3位，也可以选1位；第四段表示四级科目代码，以此类推。自二级科目代码起，其代码的位数应根据本单位的实际情况及当前发展状况设置。

1. 科目代码的级长

科目代码的级长又称科目代码的结构，是指科目代码共分几段，每段各有几位。

科目代码常用的结构是4-2-2，它表示科目代码共分3段，第一段为4位，表示一级科目代码；第二段为2位，表示二级科目代码；第三段为2位，表示三级科目代码。这种结构的科目代码的级长是8位。

2. 科目代码的结构限制

科目代码的结构限制了会计软件核算的深度和某级总账科目所属的明细科目的个数。例如科目代码为4-2-2结构，最多只能核算到三级，当各级会计科目都采用阿拉伯数字编码时，每一级明细科目最多只能设99个，即某一个一级科目最多只能下设99个二级明细科目，同一个二级科目最多只能下设99个三级明细科目。因此，可以说科目代码的结构对整个会计软件的核算能力产生至关重要的影响。

目前，绝大多数通用会计软件都提供代码结构的定义功能，由用户自己确定本单位的会计科目分几段以及每一级的科目采用几位代码。

3. 设置科目代码的方法

设置科目代码时，先对一级科目编码，然后再对明细科目编码。明细科目的编码应由上级科目编码加上明细科目自身的编码组成。其中，明细科目自身的编码常采用按数字顺序编号的方式。如科目代码“1121”表示“应收票据”，“112101”表示“应收票据——商业承兑汇票”；又如科目代码“5101”表示“制造费用”，“510102”表示“制造费用——二车间”，“51010203”表示“制造费用——二车间——修理费”。

4. 会计软件还需设置的代码

实际使用会计软件时，除应设置会计科目代码外，还应设置：各使用人员的口令（密码）、往来单位（客户、供应商）代码、往来个人（内部职工）代码、记账凭证摘要代码（常采用汉字操作系统的词组代码方式）、常用记账凭证代码。

四、账务处理系统初始化的操作流程

账务处理系统初始化是正常进行账务处理的前提条件。要想做好这项工作，必须清楚账务处理系统初始化的操作流程。账务处理系统初始化的操作流程依据所使用 ERP 系统的模块的多少而有所区别。

（一）单独的账务处理系统初始化操作流程

在 ERP 系统已进行初始化、并且账套也进行初始化后，账务处理系统初始化的操作流程如图 5—2 所示。

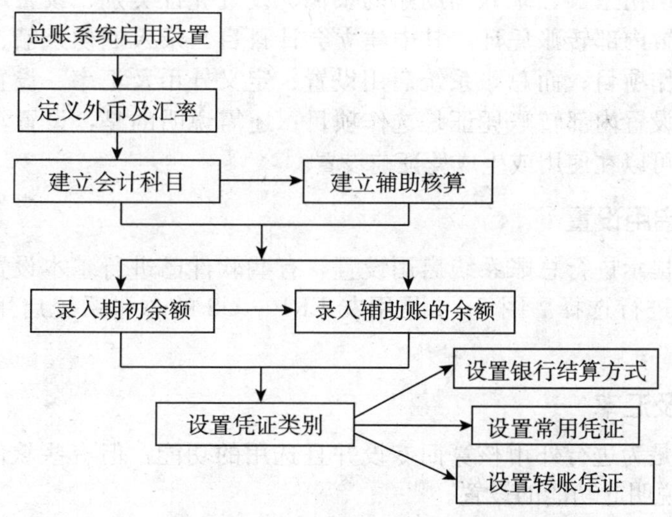

图 5—2 单独的账务处理系统初始化操作流程

（二）综合的账务处理系统初始化操作流程

如果只是使用 ERP 系统中的总账和报表管理系统，也可以将各初始化合并在账务处理系统初始化中一并进行。综合的账务处理系统初始化操作流程如图 5—3 所示。

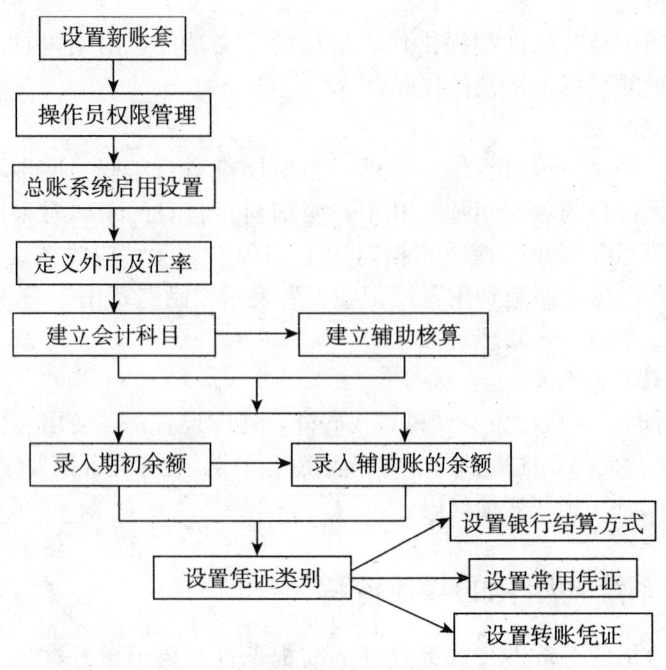

图 5—3 综合的账务处理系统初始化操作流程

五、账务处理系统初始化的工作内容及方法

账务处理系统初始化的工作内容较多，主要包括：总账系统启用设置、定义外币及汇率、建立会计科目、录入期初余额、录入辅助账的余额、设置凭证类别、设置结算方式、设置常用摘要和常用凭证、设置内部转账凭证。其中建立会计科目、录入期初余额、录入辅助账的余额和设置凭证类别是必作项目；而总账系统启用设置、定义外币及汇率、设置结算方式、设置常用摘要和常用凭证及设置内部转账凭证是选作项目；还需说明的是，设置常用摘要和常用凭证及设置内部转账凭证可以在使用或生成凭证前设置。

（一）总账系统启用设置

有些软件会自动提示进行总账系统启用设置，有些软件已进行基本设置，有此软件无此功能。用户可依据需要进行选择。图 5—4 是用友 ERP - U8 的总账系统启用设置中的凭证设置选项。

（二）定义外币及汇率

定义外币及汇率是为进行外币核算而专设并且选用的功能，但有些软件无此功能。以下以用友 ERP - U8 为例说明此功能的设置。

1. 增加外币

（1）在“企业门户”的“设置”选项中，点击“基础档案”→“财务”→“外币设置”命令，打开“外币设置”窗口（见图 5—5）。

（2）单击〖增加〗按钮，选择汇率，输入外币名称、外币符号等信息。

2. 删除外币

将光标移到要删除的外币上，用鼠标单击〖删除〗，即可删除当前外币。应注意，已经使用

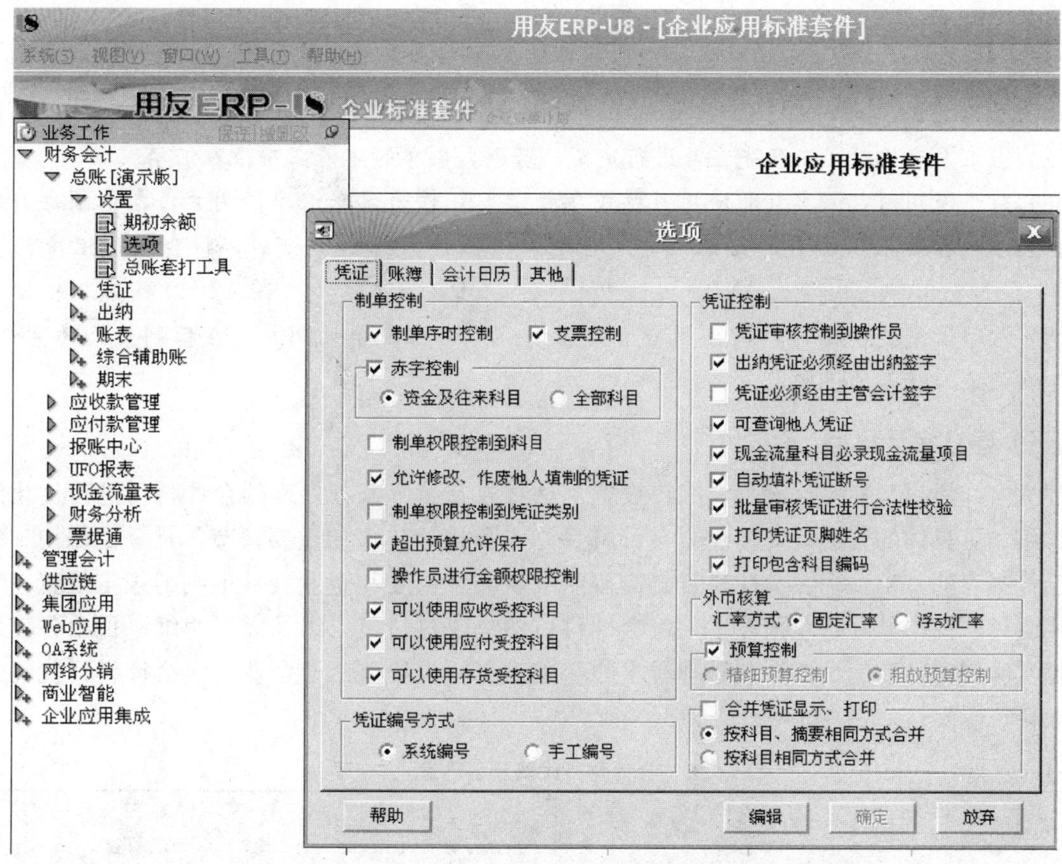

图 5—4　用友 ERP－U8 的总账系统启用设置中的凭证设置选项

外币设置

文件(F) 编辑(E) 工具(T)

打印 预览 输出 | 增加 删除 | 帮助 退出

外币设置

美元
欧元
英镑
澳洲元
港币

固定汇率
浮动汇率
2011.12

月份	记账汇率	调整汇率

币符
币名
汇率小数位 5
最大误差 0.00001
折算方式
外币 * 汇率 = 本位币
外币 / 汇率 = 本位币
确认

图 5—5　“外币设置”窗口

的外币不能删除。

【注意】(1) 在“填制凭证”中所用的汇率应先在此进行定义，以便制单时调用，减少录入汇率的次数和差错。

(2) 当汇率变化时，应预先在此进行定义，否则，制单时不能正确录入汇率。

(3) 对于使用固定汇率（即使用月初或年初汇率）作为记账汇率的用户，在填制每月的凭证前，应预先在此录入该月的记账汇率，否则在填制该月外币凭证时，将会出现汇率为零的错误。

(4) 对于使用变动汇率（即使用当日汇率）作为记账汇率的用户，在填制某天的凭证前，应预先在此录入该天的记账汇率。

（三）建立会计科目

建立会计科目又称科目设置、账户设置，是对原有手工账务处理的会计科目进行优化组合及更详细、更具体的分类设置。建立会计科目是企业初始建账的重要环节，是登记账簿、编制财务会计报表的基础。一级会计科目必需按照最新会计制度和企业会计准则的规定设置，大部分通用会计软件中已分行业预设了一级会计科目即总账科目，二级及以下明细科目由各使用单位根据实际情况，在满足核算和管理要求的基础上自行设置。工业企业一级会计科目代码及名称见表 5—3。

表 5—3　　会计科目代码及名称表

顺序号	科目代码	科目名称	顺序号	科目代码	科目名称
		一、资产类	49	2211	应付职工薪酬
1	1001	库存现金	50	2221	应交税费
2	1002	银行存款	51	2231	应付利息
3	1012	其他货币资金	52	2232	应付股利
4	1101	交易性金融资产	53	2241	其他应付款
5	1121	应收票据	54	2314	代理业务负债
6	1122	应收账款	55	2401	递延收益
7	1123	预付账款	56	2501	长期借款
8	1131	应收股利	57	2502	应付债券
9	1132	应收利息	58	2701	长期应付款
10	1221	其他应收款	59	2702	未确认融资费用
11	1231	坏账准备	60	2801	预计负债
12	1321	代理业务资产	61	2901	递延所得税负债

续前表

顺序号	科目代码	科目名称
13	1401	材料采购
14	1402	在途物资
15	1403	原材料
16	1404	材料成本差异
17	1405	库存商品
18	1406	发出商品
19	1407	商品进销差价
20	1408	委托加工物资
21	1411	周转材料
22	1471	存货跌价准备
23	1501	持有至到期投资
24	1502	持有至到期投资减值准备
25	1503	可供出售金融资产
26	1511	长期股权投资
27	1512	长期股权投资减值准备
28	1521	投资性房地产
29	1531	长期应收款
30	1532	未实现融资收益
31	1601	固定资产
32	1602	累计折旧
33	1603	固定资产减值准备
34	1604	在建工程
35	1605	工程物资
36	1606	固定资产清理
37	1701	无形资产
38	1702	累计摊销
39	1703	无形资产减值准备
40	1711	商誉
41	1801	长期待摊费用
42	1811	递延所得税资产
43	1901	待处理财产损溢
		二、负债类
44	2001	短期借款
45	2101	交易性金融负债
46	2201	应付票据
47	2202	应付账款
48	2203	预收账款
		三、共同类
62	3101	衍生工具
63	3201	套期工具
64	3202	被套期项目
		四、所有者权益类
65	4001	实收资本
66	4002	资本公积
67	4101	盈余公积
68	4103	本年利润
69	4104	利润分配
70	4201	库存股
		五、成本类
71	5001	生产成本
72	5101	制造费用
73	5201	劳务成本
74	5301	研发支出
		六、损益类
75	6001	主营业务收入
76	6051	其他业务收入
77	6101	公允价值变动损益
78	6111	投资收益
79	6301	营业外收入
80	6401	主营业务成本
81	6402	其他业务成本
82	6403	营业税金及附加
83	6601	销售费用
84	6602	管理费用
85	6603	财务费用
86	6604	勘探费用
87	6701	资产减值损失
88	6711	营业外支出
89	6801	所得税费用
90	6901	以前年度损益调整

1. 建立会计科目的内容

建立会计科目的内容包括确定各级会计科目的科目编码、科目名称、科目用途、科目类型、账页格式、辅助核算等项目。

(1) 会计科目编码。设计会计科目编码首先从一级科目开始，逐级向下设置明细科目。一级科目编码按财政部规定设置；明细科目编码依据使用单位核算和管理的要求，按照参数设置中对科目编码级次和级长的规定进行设置。常用的方法是同级科目按顺序排列，以序号作为本级科目编码，再加上上级科目编码，组成本级科目全部编码。设计编码时必须注意科目级长，如设定为两位，如果十位为空，第1个明细科目应以"01"表示。

(2) 会计科目名称。会计科目名称是指会计科目的汉字名称，是证、账、表上显示和打印的标志，是企业与外部交流信息所使用的标志。因此在定义时，一级科目必须严格按照会计制度规定的科目名称输入，做到规范化、标准化。

(3) 会计科目类型。工业企业的会计科目在2007年前分为五大类，即资产、负债、所有者权益、成本、损益；2007年后增加了共同类科目。如果单位无须使用共同类科目，仍可使用原有的五大类会计科目。

(4) 账页格式。规定每个科目的会计账页格式，账页格式一般有金额式（亦即三栏式）、外币金额式、数量金额式和数量外币式等种类。

(5) 辅助核算。辅助核算又称辅助账设置。辅助核算的标识一般要求设在最底层的科目上，但为了查询方便，其上级科目也可以设置辅助核算。辅助账一经定义并使用，则不要进行随意修改，以免造成账簿数据的混乱。

2. 使用建立会计科目功能模块的人员

一般的会计软件规定，只要赋有"建立会计科目"权限的软件操作员都可使用建立会计科目功能模块；也有些会计软件规定使用该功能模块的人员是账套主管。

3. 使用建立会计科目功能模块的时间

使用建立会计科目功能模块的时间通常为：(1) 首次使用系统时；(2) 上年结账后的下年年初；(3) 平时允许增加同级科目。

4. 建立会计科目的上机操作

(1) 增加会计科目。增加的会计科目编码要符合编码规则，编码不能重复，不能越级；科目一经使用，例如已输入余额、输入凭证等，已使用末级的会计科目不能再增加下级科目，即不允许做科目升级处理，只能增加同级科目。增加会计科目的操作方法为：在"企业门户"的"设置"选项中，选择"基础档案"→"财务"→"会计科目"命令，打开"会计科目"窗口（见图5—6）；单击〖增加〗按钮，打开"会计科目—新增"对话框，输入待增加的会计科目的相关信息，如增加"银行存款——工行存款——结算户"科目，如图5—6所示，输入完成后，单击〖确定〗按钮。

(2) 复制一个会计科目。为提高会计科目的输入速度，有些会计软件提供了"复制一个会计科目"的功能。如果新增会计科目与某一已设置好的会计科目相似，可以使用科目复制功能复制增加新科目，如果有不同之处，在新科目上略作修改即可，不用重新输入该科目设置的所有内容。复制一个会计科目的操作方法为：在"会计科目"窗口，找到被复制的科目，点击"编辑"菜单下的"复制"，增加一个新会计科目，在新增界面修改不同之处，点击〖保存〗即可。

(3) 成批复制会计科目。在新增会计科目过程中可能会遇到新增会计科目的下级科目与一

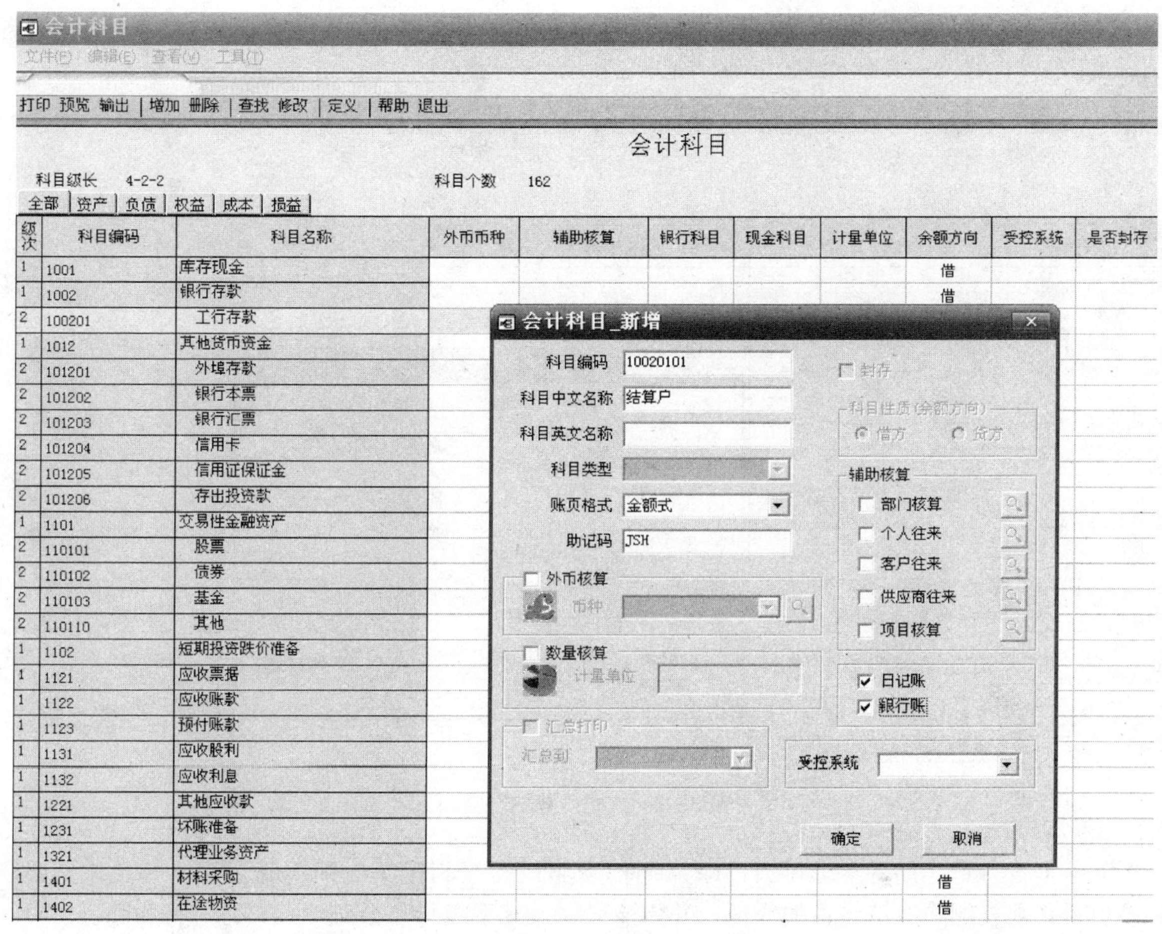

图 5—6　“会计科目”窗口

个已设置好的科目的下级明细科目类似，可以将本账套或其他账套中的相似的下级科目复制给某一科目，减少重复设置的工作量，并提高正确率和一致性。

在本账套内成批复制会计科目的操作方法为：选择“编辑”菜单下的“成批复制”选项，显示“成批复制”窗口（见图 5—7）。例如原材料的明细科目与材料采购的明细科目相同，可采用如图 5—7 所示的操作方法。

（4）修改会计科目。会计科目依据使用情况，可进行部分内容或全部内容的修改。非末级科目及已使用的末级科目不能再修改科目编码。修改会计科目应遵循“自下而上”的原则，即先修改下一级科目，然后再修改本级科目。如果本级科目已被使用（制过单、已录入期初余额、定义过转账凭证或常用凭证），则不能修改该科目。如要修改该科目必须先删除已使用记录，再进行修改，修改完毕后要将余额及凭证补上。修改会计科目的操作方法为：在“企业门户”的“设置”选项中，选择“基础档案”→“财务”→“会计科目”选项，打开“会计科目”窗口；将光标移至要修改的会计科目处，双击该科目或单击〖修改〗按钮进入“会计科目—修改”窗口；单击〖修改〗按钮，进入修改状态；进行相应项目的修改；修改完毕后，单击〖确定〗按钮；继续修改要修改的科目，直至将所有科目修改完毕为止。

（5）删除会计科目。删除会计科目应遵循“自下而上”的原则，即先删除下一级科目，然

图 5—7 “成批复制”窗口

后再删除本级科目。如果本级科目已录入期初余额或已被制过单，则不能删除该科目。如要删除该科目必须先删除有该科目的凭证，并将该科目及其下级科目余额清零，再进行删除。

删除会计科目的操作方法为：在“会计科目”窗口，选中要删除的会计科目，单击〖删除〗按钮，再单击〖确定〗按钮即可删除，若要取消该操作，单击〖取消〗按钮。

（6）指定现金总账、银行存款总账科目。指定现金总账和银行存款总账科目的目的是供出纳管理使用。使用“出纳签字”功能、“银行对账”功能，查询现金和银行存款日记账前，必须指定现金总账、银行存款总账科目。

指定现金总账、银行存款总账科目的操作方法为：单击“编辑”菜单下的“指定科目”选项，系统弹出“指定科目”窗口（见图 5—8），用户在此用〖>〗按钮选择现金、银行存款的总账科目，选择完毕后，用鼠标单击〖确认〗按钮即可。

（四）录入期初余额

1. 使用录入期初余额功能模块的人员

一般的会计软件规定，只要赋有“录入期初余额”权限的软件操作员都可使用录入期初余额功能模块，也有些会计软件规定使用该功能模块的人员是账套主管。

2. 使用录入期初余额功能模块的时间

使用录入期初余额功能模块的时间通常为：

（1）首次使用系统录入会计科目后；

（2）上年结账后的下年年初，在使用“结转上年余额”功能后调整期初余额。

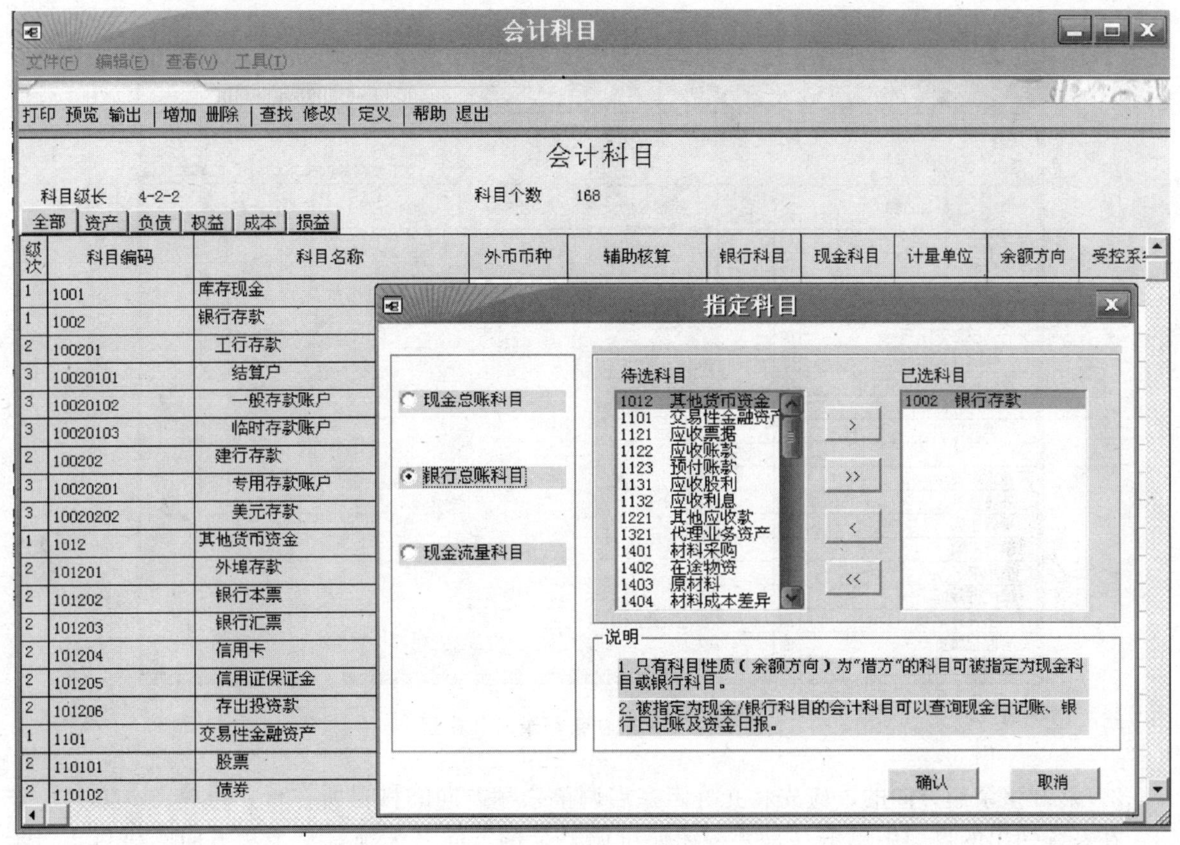

图 5—8 “指定科目”窗口

3. 录入期初余额的方法

(1) 年初建账，只需录入年初余额。有些会计软件只需录入最末级科目的余额，其他上级科目余额由软件自动计算填列，例如用友 ERP - U8 系统。有些会计软件需录入最末级科目余额和一级科目余额，中间级科目余额由软件自动计算填列，并核对一级科目余额和最末级科目余额之和是否相等。

(2) 非年初建账是指 2～12 月的月初建账，其录入期初余额的方法有五种：第一，录入年初余额和开始使用月份的月初余额；第二，录入年初余额和 1 月至使用软件前各月的发生额；第三，录入年初和 1 月至使用软件前各月的累计发生额；第四，录入年初余额和开始使用月份的月初余额及 1 月至使用软件前各月的发生额；第五，录入月初余额和 1 月至使用软件前各月的累计发生额，年初余额由会计软件计算填列（用友 ERP - U8 系统采用该方法）。

4. 录入期初余额的操作步骤

不同的会计软件，录入期初余额的操作步骤会有所不同。用友 ERP - U8 系统录入期初余额的操作步骤为：

(1) 年初建账只需输入年初余额；2～12 月的月初建账，录入月初余额和 1 月至使用软件前各月的累计发生额，年初余额由软件计算填列。具体操作方法为：

1) 在“总账系统”界面，单击“设置”菜单下的“期初余额”选项，系统会显示“期初余额录入”界面（见图 5—9）。

期初余额录入

设置 打印 预览 输出 | 方向 | 刷新 | 试算 查找 | 对账 清零 | 帮助 退出

期初余额

期初：2011年12月

□末级科目 □非末级科目 □辅助科目

科目名称	方向	币别/计量	年初余额	累计借方	累计贷方	期初余额
库存现金	借					
银行存款	借					
工行存款	借					
结算户	借					
一般存款账户	借					
临时存款账户	借					
建行存款	借					
专用存款账户	借					
美元存款	借					
	借	美元				
其他货币资金	借					
外埠存款	借					
银行本票	借					
银行汇票	借					
信用卡	借					
信用证保证金	借					
存出投资款	借					
交易性金融资产	借					
股票	借					

图 5—9 “期初余额录入”界面

2）需调整余额方向的，应先将光标定在需调整余额方向的科目所在行，再单击〖方向〗按钮，在系统弹出的界面中单击〖是〗按钮便可调整余额方向（无须调整余额方向的科目，该步骤可省去）。

3）将光标定在需录入余额的有关栏，如“累计借方”、“累计贷方”、“期初余额”的某一栏，直接输入该科目的有关余额数据即可。

【注意】 需要特别注意以下几点：

（1）若年初启用账套，系统只要求录入最末级科目的期初余额（亦即年初余额），上级科目的余额由系统根据上下级科目的平衡关系自动计算得出；若年中启用账套，则只要录入末级科目的期初余额及累计借方发生额、累计贷方发生额，上级科目的余额及累计借贷方发生额和年初余额由系统自动计算得出。

（2）如果某科目已定义为数量、外币核算，必须先录入本位币余额，再录入期初数量、外币余额。

（3）若期初余额有外币，则必须有本位币余额。

重复 2）、3）两个步骤可将所有科目的期初余额都输入计算机。

（2）刷新。在“期初余额录入”界面单击〖刷新〗按钮即可刷新数据。

（3）试算平衡。在“期初余额录入”界面单击〖试算〗按钮，可查看期初余额试算平衡表，检查期初余额是否平衡。一般说来，应进行“资产＝负债＋所有者权益”的试算平衡。用友 ERP-U8 系统的“期初余额试算平衡表”显示的是“资产＋成本＝负债＋权益＋损益”。如果试算平衡而且正确无误，可单击〖退出〗按钮，返回“总账系统”界面，进行下一步操作；如果试算不平衡，就应采用输入期初余额的方法修改，修改完毕，再进行刷新、试算平衡操作。

（4）对账。在“期初余额录入”界面单击〖对账〗按钮，系统显示“对账”界面；在“对账”界面中单击〖开始〗按钮，对当前期初余额进行对账；如果对账后没有发现错误，则单击〖退出〗按钮，如果对账后发现错误，可先单击〖显示对账错误〗按钮，让系统把对账中发现的问题列出来，然后再按〖退出〗按钮退出对账状态，进行相应修改后再执行对账操作。

（五）录入辅助账的余额

若在建立会计科目时没有定义任何辅助核算，则该步骤无须进行。录入辅助账余额的方法有以下两种：

（1）输入期初余额时随同输入辅助账余额（见图5—10）；

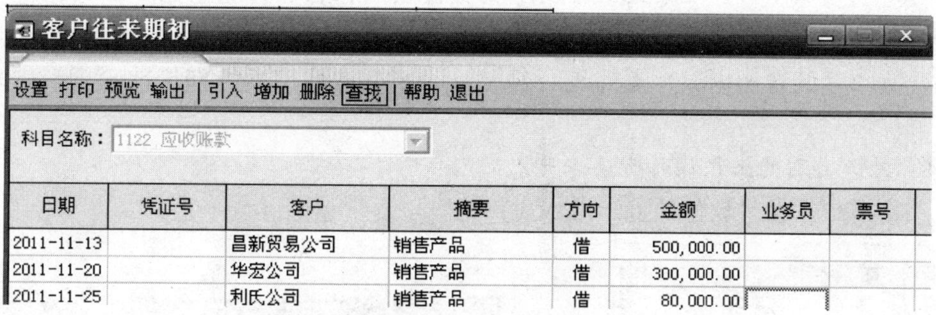

客户往来期初

设置 打印 预览 输出 | 引入 增加 删除 查找 | 帮助 退出

科目名称：1122 应收账款

日期	凭证号	客户	摘要	方向	金额	业务员	票号
2011-11-13		昌新贸易公司	销售产品	借	500,000.00		
2011-11-20		华宏公司	销售产品	借	300,000.00		
2011-11-25		利氏公司	销售产品	借	80,000.00		

图5—10　客户往来期初录入

（2）单独输入辅助账余额。

【注意】（1）无论往来核算在总账系统还是在应收应付款管理系统，有往来辅助核算的科目都要按明细数据录入。

（2）在录入辅助核算期初余额之前，必须先设置各辅助核算目录。

（六）设置凭证类别

为便于凭证管理、查询凭证、记账、汇总和查账，大多数单位对记账凭证进行分类编制，但分类方法不尽相同。用友ERP－U8总账系统提供了凭证分类功能，核算单位可根据自己的实际情况自行设置凭证类别。设置凭证类别的内容主要包括凭证类别代码和凭证类别名称及相应的限制科目。

1. 使用设置凭证类别功能模块的人员

一般的会计软件规定，只要赋有“设置凭证类别”权限的软件操作员都可使用设置凭证类别功能模块，也有些会计软件规定使用该功能模块的人员是账套主管。

2. 使用设置凭证类别功能模块的时间

使用设置凭证类别功能模块的时间为：（1）首次使用系统时；（2）上年结账后的下年年初；（3）年中需要增设凭证类别时。

3. 凭证分类方式

在实际工作中，凭证有以下四种常用的分类方式，使用单位可根据需要进行选择：（1）记账凭证。（2）收款凭证、付款凭证、转账凭证。（3）现金凭证、银行凭证、转账凭证。（4）现金收款凭证、现金付款凭证、银行收款凭证、银行付款凭证、转账凭证。凭证分类并不影响记账结果。

4. 凭证分类对科目的限制要求

某些类别的凭证在制单时对科目有一定限制。会计软件在定义凭证类别时，同时对凭证中

“必有”或“必无”科目进行设定，用来控制填制凭证时使用凭证分类的正确性，即在填制凭证时如果使用的凭证类别与此处限定不符，系统会提示（提醒）修改凭证类别。

用友 ERP－U8 系统有五种限制类型供使用单位选择：

（1）借方必有：制单时，此类凭证借方至少有一个限制科目发生。

（2）贷方必有：制单时，此类凭证贷方至少有一个限制科目发生。

（3）凭证必有：制单时，此类凭证无论借方还是贷方至少有一个限制科目发生。

（4）凭证必无：制单时，此类凭证无论借方还是贷方均不能有一个限制科目发生。

（5）无限制：制单时，此类凭证可使用所有合法的科目，科目由用户输入，可以是任意级次，科目之间用逗号分隔，数量不限，也可参照输入，但不能重复录入。

凭证类别定义并使用以后，不能进行修改，否则会造成不同时期凭证类别的混乱，影响查询和打印。

5. 设置凭证类别的上机操作方法和步骤

凭证类别可根据会计软件的提示选择或进行自定义（见图 5—11）。

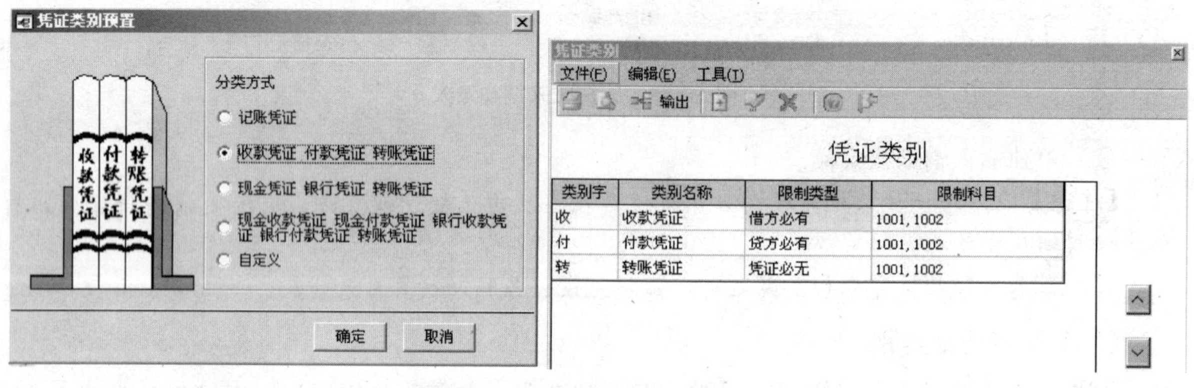

图 5—11　凭证类别选择或自定义

（七）设置结算方式

为了便于资金结算管理和提高银行自动对账的效率，用友 ERP－U8 系统提供了设置与管理银行结算方式的功能，用来建立和管理用户在经营活动中所涉及的结算方式。它与财务结算方式一致，如现金结算、支票结算等。

结算方式设置的主要内容包括：结算方式编码、结算方式名称、票据管理标志等。结算方式编码用于标识某结算方式，用户必须按照结算方式编码级次的先后顺序进行输入，输入值必须唯一。结算方式名称是汉字名称，用于显示输出。票据管理是账务处理系统为辅助银行出纳对银行结算票据的管理而设置的功能，类似于手工系统中的支票登记簿的管理方式。结算方式一旦被引用，便不能进行修改和删除的操作。结算方式最多可以分为两级。结算方式编码级次的设定在“账套初始设置”中进行。

1. 国内外使用的结算方式

根据中国人民银行颁发的《银行结算办法》的规定，企事业单位的各项经济事项往来，除了按照国家现金管理规定的范围使用现金外，其余均应通过银行办理转账结算。国内银行结算方式主要有银行汇票、商业汇票、银行本票、支票、汇兑、委托收款、托收承付、信用卡等；常见的国际结算方式主要有汇款、托收、信用证和跟单信用证。

2. 使用设置结算方式功能模块的人员

一般的会计软件规定，只要赋有有关权限的软件操作员都可使用设置结算方式功能模块，也有些会计软件规定使用该功能模块的人员是账套主管。

3. 使用设置结算方式功能模块的时间

使用设置结算方式功能模块的时间通常为：（1）首次使用系统时；（2）平时需要增加、修改和删除时。

4. 设置结算方式的操作步骤

设置结算方式的具体操作步骤如下：

(1) 在“企业门户”的“设置”选项中，选择“基础档案”→“收付结算”→“结算方式”命令，进入“结算方式”窗口。

(2) 单击工具栏上的〖增加〗按钮，依次输入结算方式编码和结算方式名称，如有票据管理要求，则选中〖是否票据管理〗复选框，单击〖保存〗按钮，该结算方式即在左侧列表框中显示（见图5—12）。

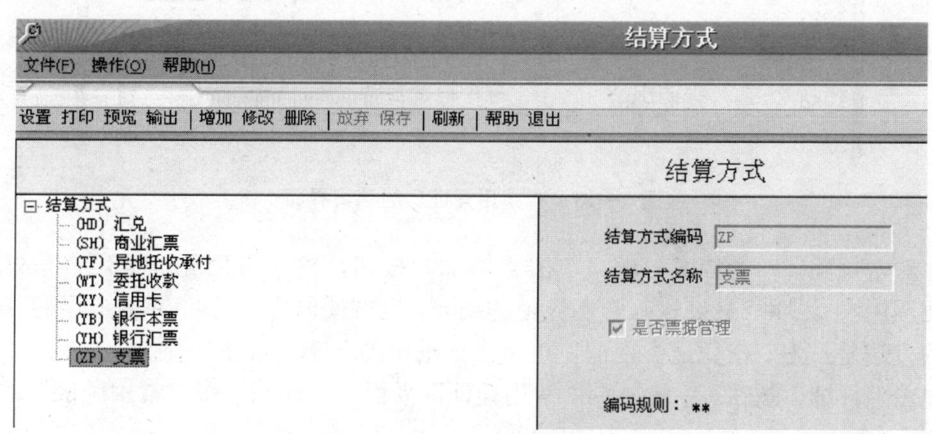

图5—12　“结算方式”窗口

(3) 单击〖退出〗按钮，结束结算方式设置，返回总账系统窗口。

(八) 设置常用摘要和常用凭证

为提高记账凭证的输入速度，可先设置好常用摘要、常用凭证，以备填制凭证时调用。

1. 使用设置常用摘要和常用凭证功能模块的人员

一般的会计软件规定，只要赋有有关权限的软件操作员都可使用设置常用摘要、常用凭证功能模块，但最好由填制凭证的操作员来设置，以充分满足填制凭证的需要。

2. 使用设置常用摘要和常用凭证功能模块的时间

使用设置常用摘要和常用凭证功能模块的时间通常为：（1）首次使用系统时；（2）调用常用摘要、常用凭证前；（3）平时需要增加、修改和删除时。

3. 设置常用摘要的操作步骤

(1) 在“企业门户”的“设置”选项中，选择“基础档案”→“其他”→“常用摘要”选项，系统显示“常用摘要”界面。

(2) 在“常用摘要”界面，单击〖增加〗按钮，输入摘要编码（最好设为助记码，以方便调用)、摘要内容，相关科目栏可输可不输。如果在某条常用摘要后输有相关科目，在填制凭证调用该常用摘要时，就可以同时调用该相关科目，可提高凭证录入的效率。

(3) 重复第 (2) 步骤，可定义其他常用摘要。

(4) 定义完毕，单击〖退出〗按钮，退回到“总账系统”界面。

4. 设置常用凭证的操作步骤

(1) 在“总账系统”界面，单击“凭证”菜单下的“常用凭证”选项，系统显示“常用凭证”界面一（即“常用凭证”的档案界面，见图 5—13)。

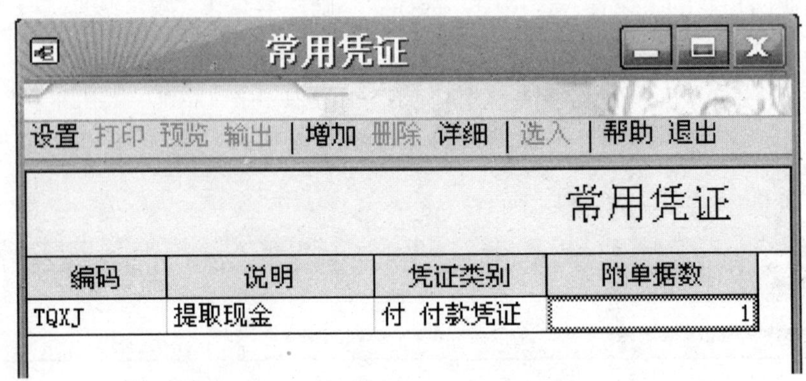

图 5—13 “常用凭证”的档案界面

(2) 在“常用凭证”的档案界面，单击〖增加〗按钮，输入常用凭证编码（最好设置助记码，以方便调用)、说明（最好输入常用凭证的摘要，以方便调用)，输入或选择凭证类别。选择凭证类别的方法是：先双击凭证类别框，再单击该框中的〖▼〗按钮选择。

(3) 单击〖详细〗按钮，系统显示“常用凭证”界面二（即某一张“常用凭证”的具体内容界面，见图 5—14)。

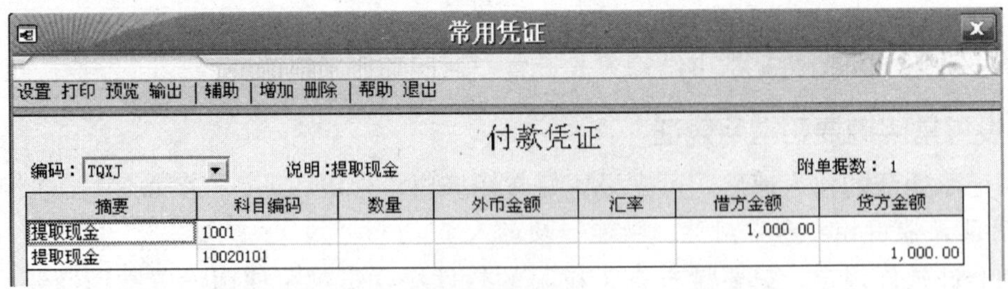

图 5—14 某一张“常用凭证”的具体内容界面

(4) 单击〖增加〗按钮，输入该张常用凭证的摘要、科目编码。

(5) 该张常用凭证各科目借贷方金额能确定的，可在此输入；不能确定的，在此可为空（即不输入)。

(6) 单击〖退出〗按钮，退回“常用凭证”界面一。

(7) 重复步骤 (2) ～ (4)，可定义其他常用凭证。

(8) 定义完毕，单击〖退出〗按钮，退回到“总账系统”界面。

（九）设置内部转账凭证

一般的会计软件常将转账凭证分为外部转账凭证和内部转账凭证两种：外部转账凭证是指将其他专项核算子系统生成的凭证转入总账系统中；内部转账凭证是指在总账系统内部把某个或某几个会计科目中的余额或本期发生额结转到一个或多个会计科目中。

1. 设置内部转账凭证的内容

不同会计软件的总账系统，设置内部转账凭证的功能会有所差别，有些软件无该功能。用友 ERP－U8 的总账系统中，设置的内部转账凭证有六种：自定义转账、对应结转、销售成本结转、售价（计划价）销售成本结转、汇兑损益、期间损益结转。

2. 使用设置内部转账凭证功能模块的人员

一般的会计软件规定，只要赋有有关权限的软件操作员都可使用设置内部转账凭证功能模块，但最好由处理账务期末业务的系统操作员来设置，以充分满足期末账务处理的需要。

3. 使用设置内部转账凭证功能模块的时间

使用设置内部转账凭证功能模块的时间通常为：(1) 首次使用系统时；(2) 使用自动生成转账凭证功能前；(3) 平时需要增加、修改和删除时。具体操作方法参见本章第七节“期末处理”。

第三节　日常账务处理

总账系统初始设置完成后，便可进行日常账务处理了。日常账务处理的任务是将根据原始凭证编制的记账凭证或其他系统的记账凭证输入到账务处理系统中，经审核后，完成记账工作；根据记账数据进行查询和打印输出各种账表，同时对部门、往来等辅助账进行管理。

账务处理系统的日常处理流程一般为：单→证→账。流程中的“单”是单据的简称，也是会计原理中所讲的原始凭证；“证”是记账凭证的简称；“账”是账簿的简称。

用友 ERP－U8 总账系统的日常账务处理的主要功能与流程如图 5—15 所示。

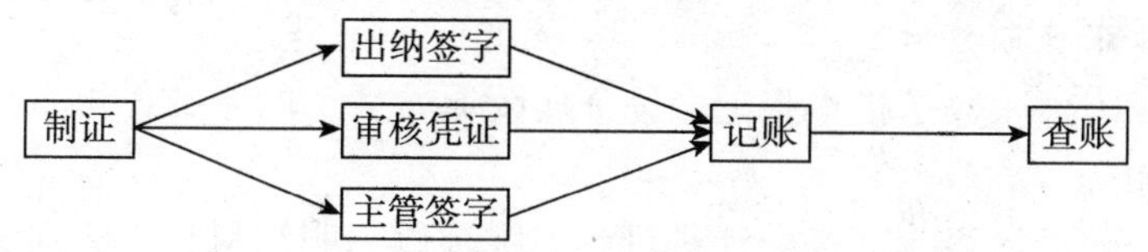

图 5—15　日常账务处理的主要功能与流程

一、填制凭证

填制凭证是填制记账凭证的统称，简称为制单或制证；在理论界常称为编制会计分录或简称为编分录、做分录；在会计电算化中还称为输入凭证、录入凭证、凭证录入等。在日常账务处理中，工作量最大的是填制记账凭证。会计电算化后的账务处理工作除记账凭证需人工处理外，其他工作基本上可以由会计软件自动进行处理。可以说，填制凭证是日常账务处理的关键内容，电子账簿数据的真实性、准确性完全依赖于记账凭证，所以，必须确保准确完整地输入凭证。否则，输入的是“垃圾”，输出的必定是“垃圾”。

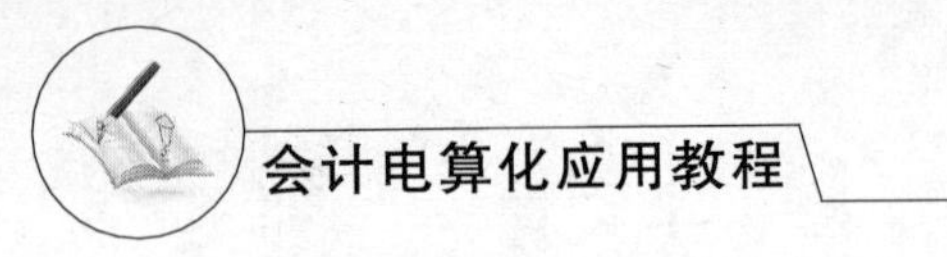

在会计电算化账务处理工作中，用户可以直接在会计软件中根据审核无误的原始凭证填制记账凭证（即常说的前台处理），也可以先由人工制单后再集中输入计算机（即常说的后台处理）。一般来说，凭证量不多、会计基础及会计电算化基础较好或使用网络版的用户可采用前台处理方式；而在第一年使用或人机并行阶段，则比较适合采用后台处理方式。

（一）输入凭证时需要考虑的问题

记账凭证的内容一般包括两至三个部分：一是凭证头；二是凭证的正文；三是辅助核算内容。如果输入的会计科目定义有辅助核算要求，则应输入辅助核算内容，否则无须输入。

1. 凭证头部分

凭证头部分，包括凭证类别、凭证编号、凭证日期和附件张数等。需要说明的是，设置超过一类的凭证才需填制凭证类别。

（1）凭证类别。选择系统初始化时设置的凭证类别或名称。

（2）凭证编号。会计电算化后的凭证编号分为自动编号和手工编号，在“选项”中进行设置。自动编号即凭证编号由系统自动生成，无重号及漏号现象。有些软件允许删除未审核的凭证，但在删除后，系统会对删除后的凭证重新编号，使每类凭证仍保持连续编号。凭证编号由凭证类别编号（或类别名）和凭证顺序号组成，如“收 0001”、“收 0002”等。手工条件下，各单位的记账凭证常分为不同的种类，每月对每类凭证从 1 号开始连续编号，并且各类凭证具有不同的颜色和格式。会计电算化后，可以不必考虑各凭证的类型、颜色和格式。目前，一般的商品化会计软件通常采用的方法是：允许用户根据需要设置凭证类型，但所有凭证类型一般采用相同的颜色和统一的凭证格式，每月对每类凭证自动从 1 号开始连续编号。

（3）凭证日期。凭证日期包括年、月、日。凭证日期应随凭证号的递增而递增。采用序时控制时，凭证日期应大于等于系统启用日期，但不能超过日历日期。正常情况下，通常是以软件操作员进入系统时确认的系统日期作为凭证日期。但当业务日期与系统日期不一致时，可修改系统日期。需注意的是，下一张凭证的日期不能在上一张凭证的日期之前。应注意，有些会计软件提示的凭证日期为“年—月—日”的形式，有些会计软件默认为当年，只提示“月—日”的凭证日期。凭证日期无须连续。

【注意】首次使用账务处理系统填制凭证时，填制的第一张凭证的日期必须与系统日期、建账日期一致，或在建账日期之后。

（4）附件张数。附件张数是指本张记账凭证所附原始凭证的张数，可直接录入。

2. 凭证正文部分

凭证的正文部分包括摘要、一级会计科目和二级及以下明细科目、方向、金额等。

（1）摘要。凭证摘要是记账凭证所反映的经济业务内容的简要说明。手工条件下，如果凭证只有一个摘要，就在该凭证的第一个账户（科目）前写上摘要即可。但在登账时，该凭证涉及的每一个账户（科目）的账簿中都需填写该摘要。在账务处理系统中，一般不是将一张凭证作为一条记录，而是将每一个账户（科目）作为一条记录。因此，填制凭证时，每一个账户（科目）前都需填写摘要（即要求每行都要有摘要内容）。有些会计软件除第一个账户（科目）前需输入摘要外，其他账户（科目）前的摘要可自动复制，而另一些会计软件未提供自动复制功能，但可人工复制。如果凭证有多个摘要（即同一张凭证中不同行的摘要内容可以不同），可输入或修改。每行的摘要将随该行会计科目在明细账、日记账中出现。为录入方便、提高录入速度，最好对摘要内容进行相应的规范，并设置常用摘要，供填制凭证时调用，以提高输入速度。

（2）科目。在“科目名称”栏下无须直接输入汉字科目名称，最快捷的方法是输入助记码，或是输入科目编码，由计算机自动转换为科目名称。助记码必须在建立科目时已经定义，输入的科目编码应是最底层的科目编码。在“科目名称”栏下输入科目时，还可以采用会计软件提供的参照方法。

（3）方向。每一科目的发生额均应有方向，即借方或贷方。

（4）金额。金额不能为“0”；红字以“－”号表示；每张凭证的会计科目借贷双方的金额必须平衡。有些会计软件将“方向”和“金额”合并称为“借方金额”、“贷方金额”。

3. 辅助核算的内容

如果在科目设置时定义了相应的辅助账，则在输入每张凭证涉及辅助核算的科目时，系统会弹出相应辅助核算的窗口，要求同时输入辅助核算的内容，如科目有部门核算要求时，要求输入对应的部门名称。

【注意】（1）在凭证的“合计”栏处系统会显示自动计算出每笔记账凭证的借方发生额和贷方发生额。

（2）制单人签字。由系统根据进入填制凭证功能时输入的操作员姓名自动进行制单人签字。

（3）跨期输入凭证。跨期输入凭证是指本期未结账而直接输入下期凭证的功能（只允许输入凭证、审核凭证，不允许记账）。它能保证当月凭证当月记账，尤其是在年终决算的编制过程中可方便、灵活地使用。跨期输入凭证实质上与我们常说的“日清月结”不矛盾。

（二）记账凭证输入时的正确性控制

记账凭证输入时发生的错误一般分为逻辑性错误和非逻辑性错误两类。

1. 逻辑性错误

逻辑性错误是指实际情况下不可能出现的数据被输入。比如：数据越界（月份超过 12，2 月的日超过 28、29，大月的日期超过 31 等）；数据类型不匹配（金额中输入字母）；凭证有借无贷，借贷不等；转账凭证中出现“库存现金”、“银行存款”科目等。这类错误在账务处理系统设计时基本都会有考虑，可通过逻辑检测检测出来。

2. 非逻辑性错误

非逻辑性错误是指逻辑上完全正确而与实际情况不符的错误。比如：将“库存现金”科目输成了“银行存款”，将“500”输成了“5 000”等。这类错误在账务处理系统设计时无法考虑，也不能通过逻辑检测检测出来，只能由审核员发现或操作员自己检查。

（三）增加一张新凭证

1. 增加一张新凭证的操作方法

（1）在“总账系统”中，选择“凭证”→“填制凭证”命令，进入“填制凭证”窗口。

（2）在“填制凭证”窗口中单击〖增加〗按钮，增加一张新凭证，系统会给出如图 5—16 所示的一张“记账凭证”格式。

（3）输入凭证头部分。具体操作为：1）直接输入或参照选择凭证类别。根据填制凭证的需要，在光标位于的左上角“________字”处，直接输入类别字或参照选择已设置的凭证类别。2）选择或输入制单日期，即选择或输入本张记账凭证的日期。如果系统初始化后第一次输入账务处理系统的第一张凭证，可人工输入该张凭证的制单日期，并且该制单日期应与建账日期一致或在建账日期之后。平时，系统会自动将进入账务处理系统前输入的业务日期取为记账凭证

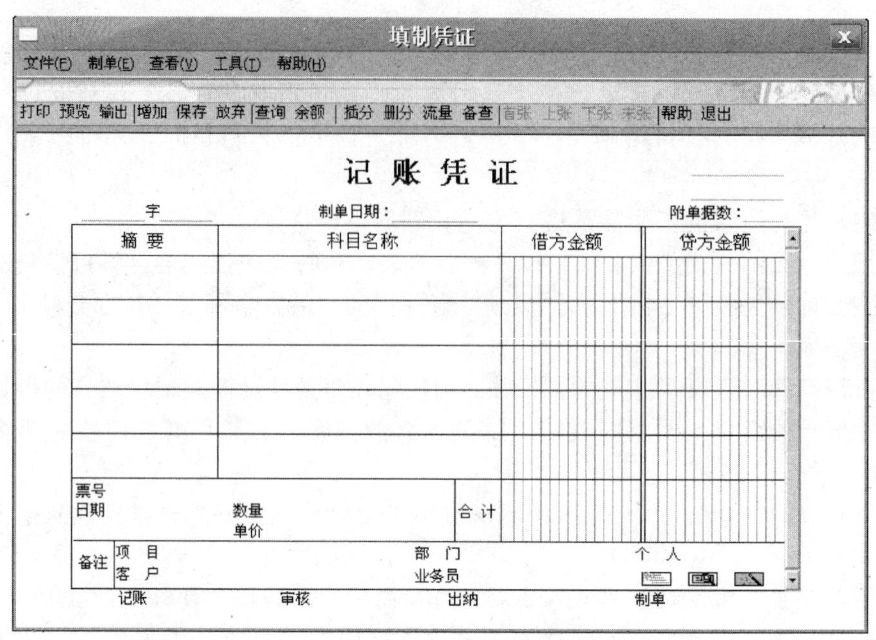

图 5—16 “记账凭证”格式

填制的日期，如果日期与实际不符，用户可加以修改。应特别注意，每月内的凭证日期不能倒流。例如，如果前一张凭证的日期是 1 月 2 日，则本张凭证的日期不能是 1 月 1 日。3）输入附单据数，即输入该记账凭证所附原始凭证的张数，输入阿拉伯数字后按回车键确定。如果本张凭证没有原始凭证，可以直接按回车键。

【注意】凭证号无须输入，系统会根据有关规定自动分配一个凭证号。

（4）输入凭证正文部分。在此我们所讲的凭证正文部分包括摘要、各级科目和借贷方金额。具体操作为：1）输入摘要或调用常用摘要。凭证摘要属必输内容，不能为空，记账时每个科目前的摘要都将随相应的会计科目在其总账、明细账、日记账中出现。凭证正文中不同科目前的摘要可以相同（即同一张凭证只有一个摘要），也可以不同（即同一张凭证中每个科目都有自己的摘要）。实际操作中，在第一个科目的金额输入完毕后按回车键，系统会将摘要自动复制到下一个科目前（即下一行的“摘要”栏），如果该科目的摘要与上一个科目的摘要不同，可进行修改。2）在“科目名称”栏输入或选择科目。最简便的方法是输入应输科目的助记码，或是输入应输科目的最低级明细科目代码，也可以参照选择最低级明细科目；而总账科目及非最低级明细科目，由系统根据后面输入的明细科目自动生成，无须人工录入。如果输入科目名称，当所输入科目名称出现同名现象时，系统会自动在会计科目库中提取处于最前面位置的会计科目。如果采用参照方法选择明细科目，应单击选择框，然后再根据提示选择科目类型（资产、负债等）、最末级明细科目。如果所输科目无辅助核算要求，则输入该科目的发生额（借方金额或贷方金额）即可；否则，应先输入辅助核算内容，然后再输入该科目的发生额。3）输入“借方金额”。在“借方金额”栏输入具体的金额，红字金额以负数形式输入。若该科目为贷方金额，应在“贷方金额”栏输入。如果借贷方金额输错位置，可用空格键移到另一方向。4）重复以上操作步骤，输入下一个科目的凭证内容。

【注意】借方金额和贷方金额不能同时为零。

如果最后一个科目前的各科目金额输入正确，最后一个科目的金额可以按“＝”键由系统自动填列。如果提示的输入行已满，凭证内容仍未输入完毕，可单击〖增行〗按钮增加输入行。当记账凭证为复合凭证时常会出现此种情况。

（5）输入辅助核算内容。凡在填制凭证正文内容时用到的会计科目有辅助核算要求的，都应在输入该会计科目后的相应选项中输入辅助核算内容。在此，我们以会计业务“提取现金1 000元”中的会计科目“银行存款——工行存款——结算户”（科目代码为10020101）为例，介绍输入辅助核算内容的方法。

在输入科目代码10020101后，系统会弹出“辅助项”对话框（见图5—17）。

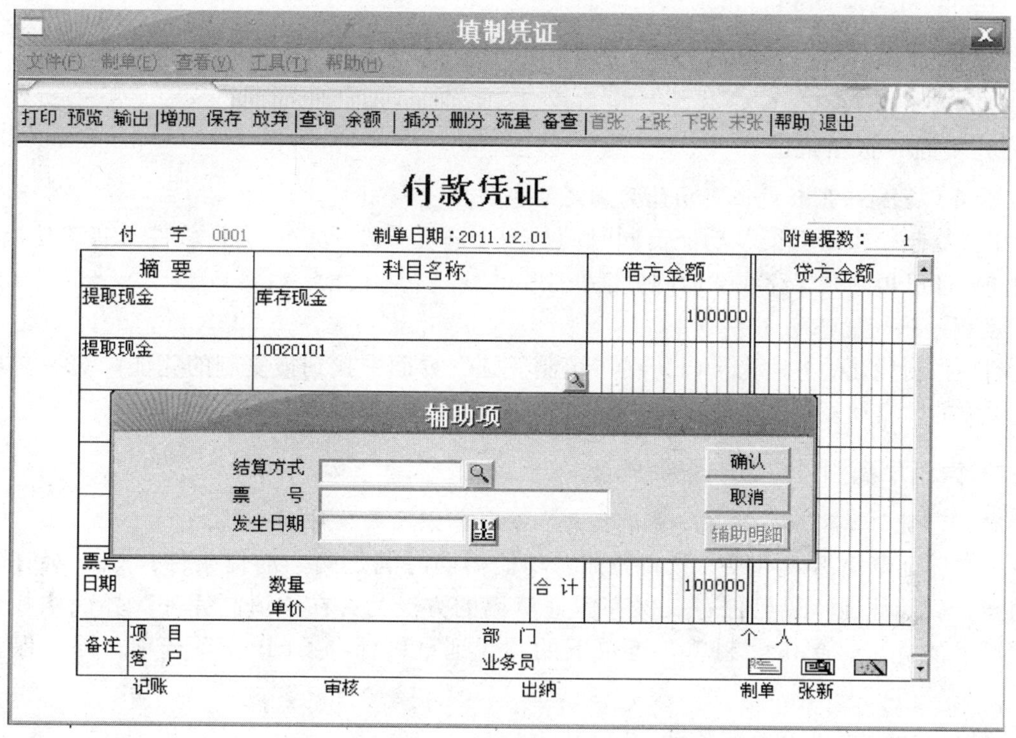

图5—17　“辅助项”对话框

填写辅助项目：参照选择结算方式：支票；输入现金支票号：xj2011；参照选择发生日期：2011.12.01；单击〖确认〗按钮，从辅助项输入返回到输入凭证正文界面；输入贷方金额“1 000”。

（6）保存凭证。保存凭证功能是指将输入的凭证存入计算机硬盘的一个操作步骤。如果该张凭证输入完毕并且准确无误，应单击〖保存〗按钮保存。

2. 填制凭证（输入）过程中错误的更正

输入过程中发现错误的类型不同，其更正方法也有所不同。

（1）字符输入错误的更正。在输入时，错将某字符输为另一字符，可以先将光标移动到位，在“改写”状态下直接输入正确的字符；多输的字符，可将光标移动到位，按Delete键删除；漏输的字符，可将光标移动到位，在“插入”状态下插入漏输的字符。

（2）多输会计科目：放弃或删除。

（3）漏输会计科目：插入。

(4) 某一科目的辅助核算内容漏输或错输：补充或修改。

(5) 整张凭证输错：凭证未保存前可放弃或修改为正确的凭证；凭证已保存，如果无修改价值或因凭证类别不同无法修改，可删除凭证。

(四) 生成常用凭证

1. 使用"生成常用凭证"功能需满足的条件

使用"生成常用凭证"功能需同时满足两个前提条件：(1) 会计软件具有该功能；(2) 需生成的凭证已填制完毕。

2. 生成常用凭证的方法

在"填制凭证"窗口，单击"制单"菜单的下拉菜单"生成常用凭证"，就可将该张凭证生成常用凭证保存起来，以备再填类似凭证时调用。

(五) 复制一张新凭证

1. 使用"复制一张新凭证"功能需满足的条件

使用"复制一张新凭证"功能需同时满足两个前提条件：(1) 会计软件具有该功能；(2) 被复制的凭证已填制并保存在"填制凭证"中。

2. 复制一张新凭证的方法

复制一张新凭证的方法为：(1) 在"填制凭证"界面中找到被复制的凭证；(2) 单击"制单"菜单下的"自动复制 Ctrl＋F"选项，即可直接复制。

(六) 凭证草稿引入生成一张新凭证

1. 使用"凭证草稿引入生成一张新凭证"功能需满足的条件

使用"凭证草稿引入生成一张新凭证"功能需同时满足两个前提条件：(1) 会计软件具有该功能；(2) 凭证草稿已保存。保存凭证草稿的方法为：在"填制凭证"界面中找到需保存凭证草稿的凭证，单击"制单"菜单下的"凭证草稿保存 Ctrl＋E"选项，即可保存凭证草稿。

【注意】外部凭证草稿不能保存。

2. 从凭证草稿引入生成一张新凭证的方法

在"填制凭证"界面中单击"制单"菜单下的"凭证草稿引入 Ctrl＋H"项，即可从凭证草稿引入生成一张新凭证。

(七) 调用常用凭证

1. 使用"调用常用凭证"功能需满足的条件

使用"调用常用凭证"功能需同时满足两个前提条件：(1) 会计软件具有该功能；(2) 已设置常用凭证。

2. 调用常用凭证的方法

(1) 在"填制凭证"界面中，单击"制单"菜单的下拉菜单"调用常用凭证 F4"，系统会弹出"调用常用凭证"窗口（见图 5—18）；

(2) 在"调用常用凭证"窗口输入或参照选择所需的一张常用凭证，系统即可调出该张常用凭证；

(3) 依据需要直接保存或稍作修改再保存凭证。

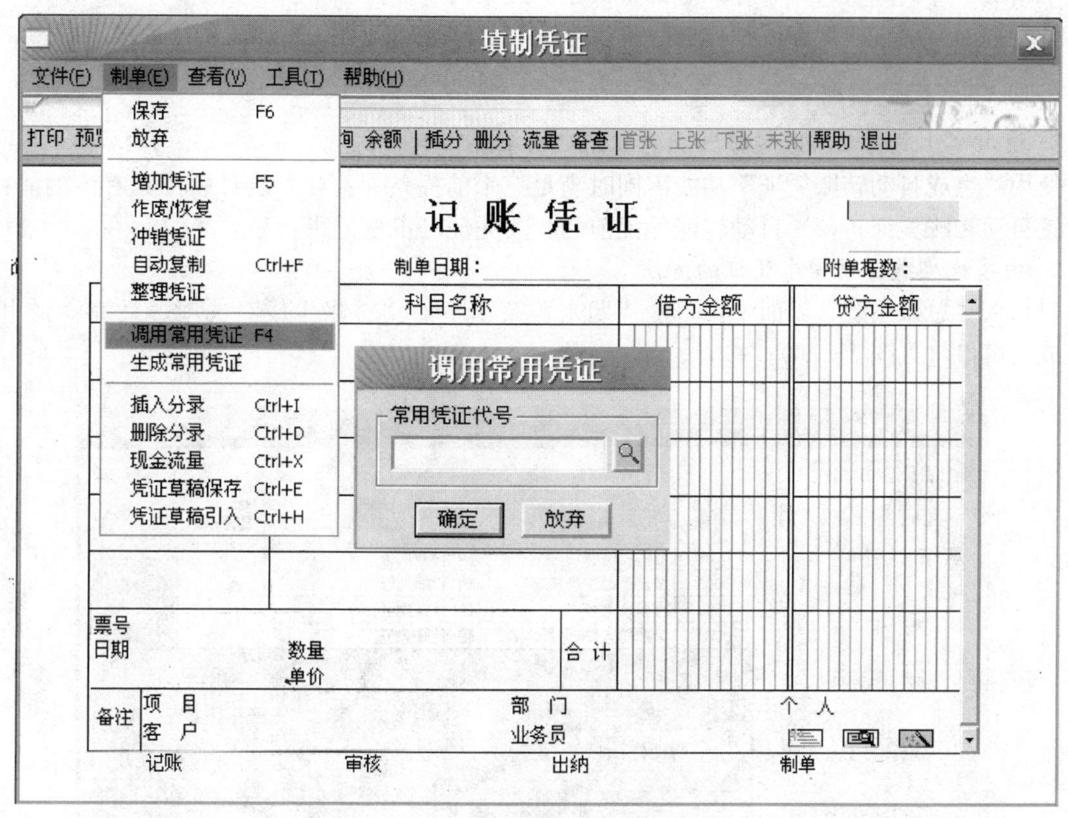

图 5—18　“调用常用凭证”窗口

(八) 红字冲销凭证

1. 使用“红字冲销凭证”功能需满足的条件

使用“红字冲销凭证”功能需同时满足两个前提条件：(1) 会计软件具有该功能；(2) 需冲销凭证已经记账。

2. 由系统自动生成红字冲销凭证的方法

(1) 在“填制凭证”界面中单击“制单”菜单下的“冲销凭证”，系统会弹出“冲销凭证”窗口（见图 5—19）；

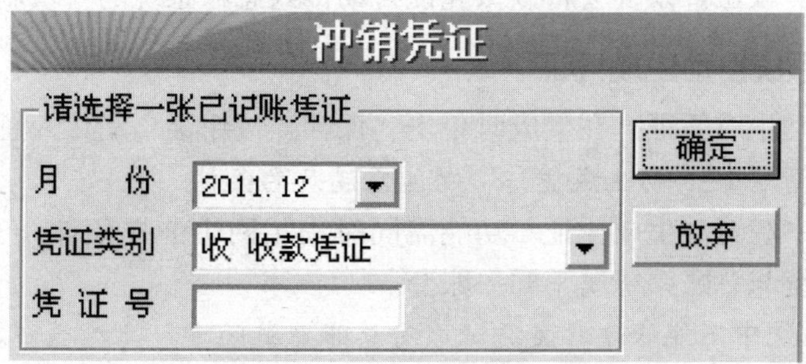

图 5—19　“冲销凭证”窗口

(2) 在“冲销凭证”窗口，选择输入一张已记账的凭证，系统即可调出该张凭证，在原有摘要中增加“冲销×××”字样，全部金额是“红字”；

(3) 根据需要直接保存或稍作修改再保存这张红字冲销凭证。

(九) 生成自动转账凭证

1. 使用“生成自动转账凭证”功能需满足的条件

使用“生成自动转账凭证”功能需同时满足三个前提条件：(1) 会计软件具有该功能；(2) 已设置自动转账凭证；(3) 自动转账凭证前的相关凭证已审核记账。

2. 由系统生成自动转账凭证的方法

(1) 在“总账系统”界面中，单击“期末”菜单下的“转账生成”选项，系统会弹出“转账生成”窗口（见图5—20）；

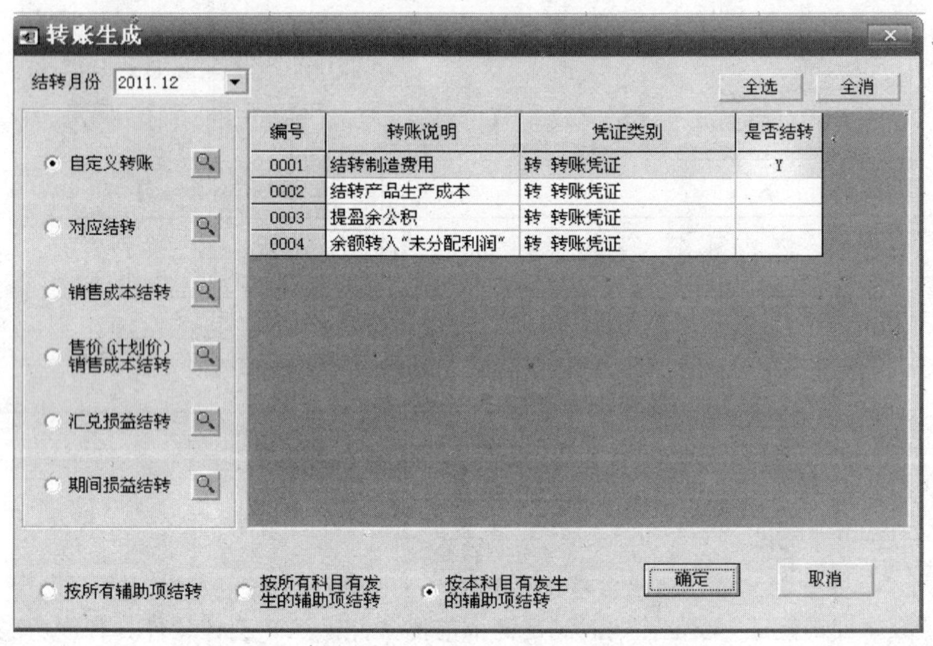

图5—20 “转账生成”窗口

(2) 在“转账生成”窗口，根据需要选择有关项目后，单击〖确定〗按钮，系统会生成一张选定的“自动转账凭证”；

(3) 单击〖保存〗按钮，系统会将该张凭证自动传入总账系统的“填制凭证”处并保存。

(十) 由其他子系统自动生成凭证

由其他子系统自动生成凭证，在生成时单击〖保存〗按钮会自动传入总账系统。

1. 使用“由其他子系统自动生成凭证”功能需满足的条件

使用“由其他子系统自动生成凭证”功能需同时满足两个前提条件：(1) 会计软件具有该功能；(2) 其他子系统与总账系统属于同一账套。

【注意】在总账系统中不能修改此类凭证（对总账系统而言，此类凭证属外部凭证）。

2. 由其他子系统自动生成凭证的方法

其他子系统生成凭证时，单击〖保存〗按钮，其他子系统会将该张凭证自动传入总账系统的“填制凭证”处并保存。

二、审核凭证

实行会计电算化后的审核凭证，不仅包括了手工审核的内容，而且还强调手工编制的凭证与计算机中输入的凭证的一致性检查。有些会计软件的审核凭证功能中还包括收款凭证、付款凭证的出纳签字内容。出纳人员可通过“出纳签字”功能对凭证中的“库存现金”、“银行存款”科目的金额进行检查核对，对于认为错误或有异议的记账凭证，应交由制单人修改后再审核。“出纳签字”功能是为加强各单位的现金、银行存款的收支管理而设置的。

（一）更换操作员

此处的更换操作员是指在填制凭证后，应更换另一位有审核权限的操作员来审核凭证。实际操作时，经常会因为操作权限的限制、会计制度的规定或财务分工的不同，随后的操作应由其他人员进行。例如系统遵照会计内部控制规定，限定“制单和审核不能是同一人”，因此制单和审核时需要更换操作员。更换操作员的操作步骤为：（1）在“文件”菜单中，单击其下拉菜单“重新注册”，系统弹出“注册〖企业门户〗”界面；（2）在“注册〖企业门户〗”界面，更换操作员（例如将填制凭证的操作员更换为审核员）；（3）输入更换后的操作员密码；（4）单击〖确认〗按钮。

（二）审核当月所有凭证

审核当月所有凭证时，以审核凭证人员且非制单人注册进入总账系统。审核凭证的操作步骤为：

（1）在“凭证”菜单中，单击其下拉菜单“审核凭证”，系统弹出“凭证审核”选项（见图5—21）。

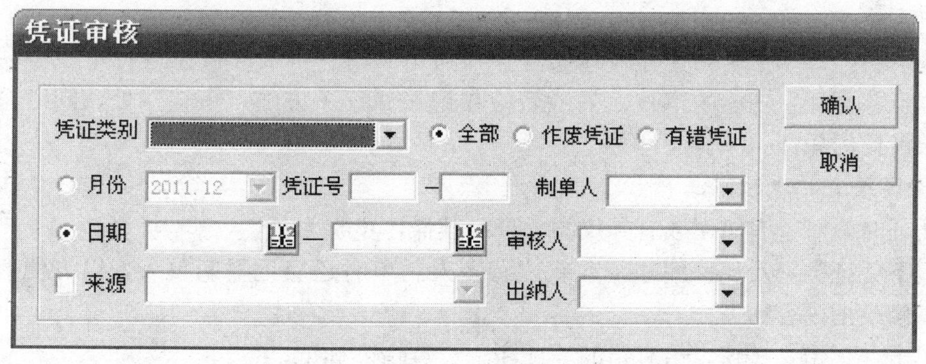

图5—21　“凭证审核”选项

（2）在“凭证审核”选项中单击〖确认〗按钮，系统弹出“凭证审核”对话框（见图5—22）。

（3）在“凭证审核”对话框中单击〖确定〗按钮，系统给出第一张待审核凭证。

（4）确认该凭证正确无误后，单击〖审核〗按钮，在凭证底部的“审核”处，系统将自动签上该审核操作员的姓名，并提供下一张待审核的凭证。如果发现该凭证有错，可单击〖标错〗按钮给有错的凭证注上“有错”标记，并单击〖下张〗按钮，审核下一张待审核的凭证。

（5）审核完毕，单击〖退出〗按钮，返回主菜单。

凭证审核

凭证共 59 张　已审核 0 张　未审核 59 张

制单日期	凭证编号	摘要	借方金额合计	贷方金额合计	制单人	审
2011.12.01	收 - 0001	用汇票支付材料款	1,170,000.00	1,170,000.00	张新	
2011.12.01	收 - 0002	卖股票	165,000.00	165,000.00	张新	
2011.12.11	收 - 0003	清理收入	8,000.00	8,000.00	张新	
2011.12.12	收 - 0004	向银行借款	10,000,000.00	10,000,000.00	张新	
2011.12.13	收 - 0005	销售产品	8,190,000.00	8,190,000.00	张新	
2011.12.14	收 - 0006	到期汇票	2,000,000.00	2,000,000.00	张新	
2011.12.15	收 - 0007	售设备款	3,000,000.00	3,000,000.00	张新	
2011.12.24	收 - 0008	收到账款	510,000.00	510,000.00	张新	
2011.12.29	收 - 0009	汇票贴现	2,925,000.00	2,925,000.00	张新	
2011.12.01	付 - 0001	支付汇票	1,000,000.00	1,000,000.00	张新	
2011.12.01	付 - 0002	现购材料	1,755,000.00	1,755,000.00	张新	
2011.12.07	付 - 0003	购买设备	1,010,000.00	1,010,000.00	张新	

对照式审核　取消审核　确定　退出

图 5—22　“凭证审核”对话框

除以上逐张审核凭证的方法外，有些会计软件还提供成批审核凭证的功能。在用友 ERP-U8 系统中，单击“审核”菜单下的“成批审核凭证”选项，系统自动对当前范围内的所有未审核凭证进行审核。

（三）对审核结果的处理

对不同的审核结果应使用不同的处理方法。

1. 正确的凭证

审核凭证时，对于正确的凭证，其操作步骤为：单击〖审核〗按钮进行审核签字，系统自动将进入“审核凭证”功能的审核人的姓名签在记账凭证下方的“审核”处，同时系统自动给出下一张未审核的凭证。

2. 有错误或有异议的凭证

审核凭证时，对于有错误或有异议的凭证，其操作步骤为：

（1）记下凭证类别及凭证编号，本单位有多人制单时还应记下制单人，以方便修改人员快速查找到需修改的内容；

（2）单击〖标错〗按钮，给有错的凭证注上“有错”标记；

（3）单击〖下张〗按钮翻过此张凭证，进行下一张凭证的审核。

3. 审核时发现有错误、但已签字的凭证

常言道：解铃还须系铃人。为分清责任，一般的会计软件都规定，审核签字只能由审核人自己取消。其操作步骤为：

（1）单击〖上张〗、〖下张〗等按钮找到应取消签字的凭证；

（2）单击〖取消〗按钮取消签字，此时凭证下方“审核”处的姓名会消失。

需要说明的是，对审核签字后发现有错误的凭证，除使用以上逐张凭证取消审核签字的功能外，有些会计软件还提供成批取消审核的功能。单击“审核”菜单下的“成批取消审核”选项，系统自动对当前范围内的所有已审核凭证执行取消审核命令。

(四) 审核凭证时应注意的问题

(1) 凭证一经审核签字，便不能进行修改、删除。如果想修改或删除已审核签字的凭证，必须先取消审核。

(2) 取消审核只能由审核人自已进行。

(3) 采用手工制单的用户，在手工制单审核完成后还需要对录入计算机中的凭证进行审核，以保证机内记账凭证与手写的一致。

(4) 手工签名难于模仿、伪造，修改时也很容易留下痕迹，它是手工会计识别会计人员工作责任的有效方法之一。会计软件中的“签章”不留笔迹，它是在进入软件系统时，当审核人员身份（姓名、权限、密码）确认之后，执行审核签字功能后由系统自动生成的。因此必须注意密码的保密性。

三、主管签字

有些单位为加强对会计人员填制凭证的管理，会采用所有凭证必须由主管会计签字后才有效的管理模式，或者凭证的发生额超过一定限额必须由主管会计签字后才有效的管理模式。会计软件有该功能时才能使用主管签字。

(一) 所有凭证必须由主管会计签字后才有效的管理模式

采用所有凭证必须由主管会计签字后才有效的管理模式，在会计软件中应设定其他会计人员制作的凭证必须经主管会计签字才能记账。

1. 在总账系统中设置凭证必须由主管会计签字

在“企业门户”的“总账系统”中，选择“设置”→“选项”菜单，选择“凭证”选项卡，在“凭证控制”下方的“凭证必须由主管会计签字”前的选项小方框内，单击鼠标加上“√”标记。

2. 所有凭证必须由主管会计签字

在所有凭证必须由主管会计签字后才有效的管理模式下，主管会计必须在凭证上签字；主管会计没签字的凭证不能记账。

进行主管会计签字的操作方法为：

(1) 在“企业门户”的“总账系统”中，选择“凭证”→“主管签字”菜单，系统会弹出“主管签字”窗口；

(2) 在“主管签字”窗口，直接单击〖确认〗按钮，选择当月所有凭证供主管签字，也可以选择本月的部分凭证供主管签字；

(3) 在“主管签字凭证列表”中双击某行或按〖确定〗按钮显示该张凭证；

(4) 确认无误后，点击〖签字〗按钮，凭证右上方显示当前操作员姓名加红色框，表示这张凭证主管已签字。

如果要取消签字，只需点击〖取消〗按钮，凭证上的签字标志消失，表示当前凭证取消主管签字。取消签字只能由签字人执行。

点击〖查询〗按钮，可重新设置查询条件。

(二) 设定凭证限额必须由主管会计签字后才有效的管理模式

为加强对会计人员填制凭证的管理，各单位在进行内部控制的设定时，可以设定当凭证的发生额超过一定限额（比如10万元、20万元、50万元等）必须由主管会计签字后才有效。这种管理模式，系统不能直接控制，即主管会计不签字的凭证也可以记账。

1. 不能在总账系统设置凭证必须由主管会计签字

因为只有超过限额的部分凭证才需要主管会计签字，所以系统不能设置凭证必须由主管会计签字。如果已在“凭证控制”下方的“凭证必须由主管会计签字”前的选项小方框内加上了“√”标记，应取消，即将“凭证必须由主管会计签字”前的选项小方框中的“√”标记去掉。

2. 挑选超过限额的部分凭证由主管会计签字

签字方法与上述方法相同。需注意的是，哪些凭证需由主管会计签字，系统无法控制，全由主管会计自己根据本单位的内部控制要求确定。即使漏掉主管会计签字或者所有凭证均由主管会计签字，系统均可记账。

（三）主管会计不能签字的情况

主管会计不能签字的情况包括以下几种：

（1）已签字凭证不能再签字；

（2）未经授权的凭证不能签字；

（3）取消签字必须由签字人本人取消；

（4）签字人与制单人不能是同一人，未签字凭证不能再取消签字；

（5）签字前先对凭证进行合法性检查（有错凭证不能签字），未通过合法性检查的凭证不能签字。

四、出纳签字

为加强对现金日记账和银行存款日记账的管理，保证现金日记账和银行存款日记账的账簿记录正确无误，系统设置了出纳签字功能。使用出纳签字功能，出纳人员需根据原始凭证，对凭证中涉及企业现金的收入与支出、银行存款的收入与支出的金额进行审核，审核认为记录正确的进行出纳签字；审核认为记录错误或有异议的凭证，应交给填制人员修改后再核对。此处系统所称的“出纳凭证”是指涉及企业现金的收入与支出、银行存款的收入与支出的凭证。

（一）出纳签字功能的选用设置

单位可根据实际需要决定是否要对出纳凭证进行出纳签字管理。

1. 选用“出纳凭证必须经由出纳签字”功能

在“企业门户”的“总账系统”中，选择“设置”→“选项”菜单，选择“凭证”选项卡，在“凭证控制”下方的“出纳凭证必须经由出纳签字”前的选项小方框，加上“√”标记。选用了“出纳凭证必须经由出纳签字”功能，记账前系统会检查出纳凭证是否已经由出纳签字。如果没选用“出纳凭证必须经由出纳签字”功能，出纳凭证可由出纳签字，也可不签字。

2. 指定现金总账、银行存款总账科目

如果在系统初始化时已指定科目，在此无须再指定现金总账、银行存款总账科目。此处的“指定科目”的目的是让系统确认涉及现金总账、银行存款总账科目的凭证是出纳凭证，亦即指定出纳凭证。

（二）出纳签字的操作步骤

出纳签字分为单张凭证出纳签字和成批出纳签字两种情况。

1. 单张凭证出纳签字

(1) 在“总账系统”界面，选择“凭证”→“出纳签字”命令，进入“出纳签字”对话框；

(2) 输入条件后，单击〖确认〗按钮，显示符合条件的凭证一览表；

(3) 单击〖确定〗按钮调出第一张凭证，或双击某张待签字的凭证以调出该张凭证；

(4) 出纳人员在确认该张凭证的“库存现金”或“银行存款”科目的金额记录正确后，单击〖签字〗按钮，系统会在凭证底部的“出纳”处自动签上出纳人员姓名，若想对已签字的凭证取消签字，可单击〖取消〗按钮；

(5) 单击〖下张〗按钮，调出第二张需要签字的凭证，单击〖签字〗按钮，第二张凭证底部的“出纳”处又自动签上出纳人员姓名，重复此操作直至所有凭证都签完为止；

(6) 单击〖退出〗按钮，完成出纳签字操作。

2. 成批出纳签字

为了提高工作效率，系统提供对已审核的凭证进行成批出纳签字的功能。具体操作步骤为：在“出纳签字”窗口中选择“出纳”→“成批出纳签字”命令，系统自动对当前范围内的所有未签字凭证执行签字。选择“出纳”→“成批取消签字”命令，系统自动对当前范围内的所有已签字凭证执行取消签字。

3. 补充录入结算方式和票据号功能

如果在录入凭证时没有录入结算方式和票据号，可在出纳签字时补充录入。选择横向菜单“出纳”下的“票据结算”选项，系统列示所有需要进行填写结算方式、票据号、票据日期的分录，包括已填写的分录；填写结算方式和票号时，需要针对票据的结算方式进行相应支票登记判断。

【注意】(1) 已签字的凭证，不能填写票据，只能取消签字后才能进行。

(2) 凭证一经签字，就不能被修改、删除，只有取消签字后才可以进行修改或删除。取消签字只能由出纳自己执行。

(3) 凭证在合并状态下可以进行出纳签字，但不能填补结算方式和票号。

五、修改凭证

为保证账簿数据的正确性，进而保证提供会计信息的正确性，无论何时发现凭证有错误，都需要修改凭证以更正错误。需要说明的是，更正完错误的凭证仍需审核、记账。

(一) 在凭证审核时发现凭证错误的修改

在凭证审核时发现凭证的错误通常有四种：凭证内容输错、漏输凭证、多输凭证、非法凭证。不同的凭证错误，其修改方法有所不同。

1. 在审核时发现凭证内容输错的修改方法

在审核时发现凭证内容输错，返回“填制凭证”界面直接修改该凭证的错误内容。

2. 在审核时发现漏输凭证的修改方法

在审核时发现漏输凭证，只能执行追加操作。如果按照会计业务的处理要求，必需插入凭证，但系统一般不提供插入凭证功能，要想满足会计业务的处理要求，可将插入凭证后面的凭证删除，然后输入该凭证，再补上已删除的凭证。为提高凭证录入速度，删除凭证前可生成常用凭证。

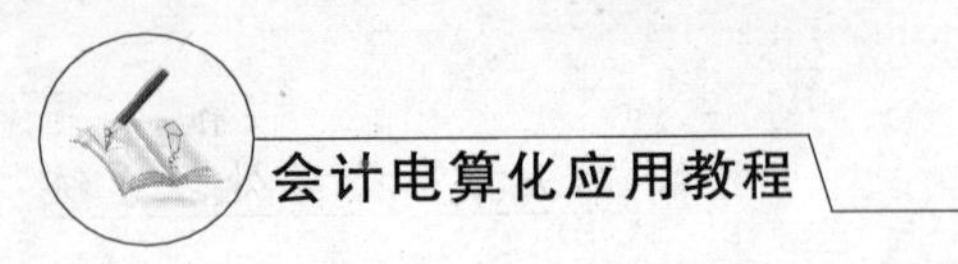

3. 在审核时发现多输凭证、非法凭证的修改方法

在审核时发现多输凭证、非法凭证，有两种修改方法：修改成其他凭证或删除。

删除凭证注意事项：无效的未签字的多余凭证可以删除，但系统未提供直接删除功能。必须先将其作废，再删除；整理凭证就是将作废的凭证删除，并提示是否进行断号整理。其操作步骤为：

(1) 在“总账系统”界面，选择“凭证”→“填制凭证”命令，进入“填制凭证”窗口，查找到需删除的凭证。

(2) 单击“制单”下的“作废/恢复”命令，凭证左上角显示“作废”字样，表示已将该凭证作废。

(3) 有些作废凭证不想保留，可以通过凭证整理功能将这些凭证彻底删除，并利用留下的空号对未记账凭证重新编号。操作步骤如下：单击菜单“制单”下的“整理凭证”选项；选择要整理的月份，按〖确定〗按钮后，显示作废凭证整理列表；选择要删除的作废凭证，按〖确定〗按钮，系统将这些凭证从数据库中删除，并对剩下凭证重新排号。

(二) 凭证审核签字后、记账前发现凭证错误的修改

凭证审核签字后、记账前发现凭证错误的修改方法有不留修改痕迹的修改和留有修改痕迹的修改。

1. 不留修改痕迹的修改方法

不留修改痕迹的修改方法为：先由审核人取消审核签字，再由制单人直接修改凭证。

2. 留有修改痕迹的修改方法

当不能由审核人取消审核签字、或不能由出纳取消出纳签字、或不能由主管取消主管签字时，不能采用不留修改痕迹的修改方法，可采用填制红字冲销凭证、蓝字补充凭证的修改方法，再经过审核签字、记账等操作来更正错误记账凭证影响的账簿数据错误。

(三) 记账后发现凭证错误的修改

记账后发现凭证有错误，通常可采用两种修改方法：不留修改痕迹的修改、留有修改痕迹的修改。

1. 不留修改痕迹的修改方法

记账后发现较多凭证有错误，可采用不留修改痕迹的修改方法。

(1) 不留修改痕迹的修改方法示意图（见图 5—23）。

(2) 不留修改痕迹的修改步骤为：恢复到记账前状态；取消凭证审核签字、取消出纳签字、取消主管签字；由制单人直接修改凭证，如果系统已设置“允许修改、作废他人填制的凭证”，也可以由非制单人直接修改凭证；审核、出纳签字、主管签字；记账。

2. 留有修改痕迹的修改方法

记账后发现少量凭证错误，通常采用留有修改痕迹的修改方法。针对不同的错误内容，其具体的修改方法也会有所不同。

(1) 凭证摘要、科目、辅助核算等内容正确，而金额多计错误，采用红字冲销法（也称负数更正法）更正。具体做法是：填制一张科目与原凭证科目相同，而金额为“‘—’多记金额”的凭证。

(2) 凭证摘要、科目、辅助核算等内容正确，而金额少计错误，采用蓝字补充法（也称补充更正法）更正。具体做法是：填制一张科目与原凭证科目相同，而金额为“少记金额”的凭证。

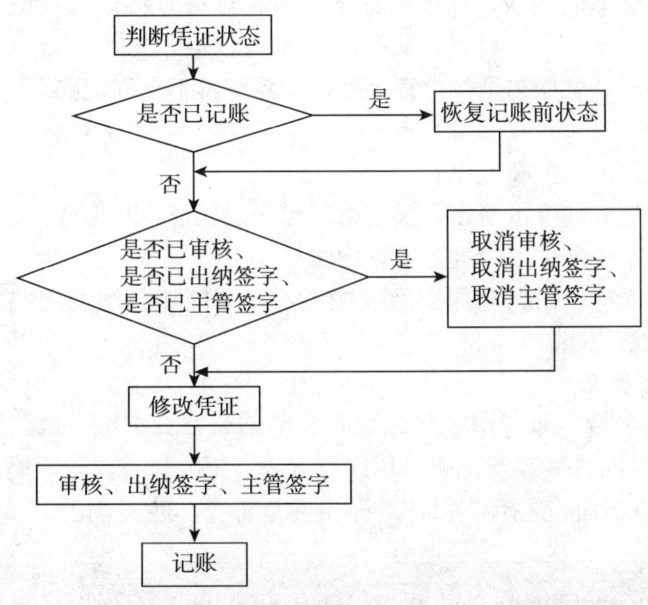

图 5—23　不留修改痕迹的修改方法示意图

(3) 非金额错误的凭证，采用红字冲销法（即负数更正法）更正。具体做法是：先填制一张科目与原凭证科目相同，而金额为"'—'金额"的凭证，再填制一张正确的凭证。

六、记账

记账又称登账、过账或凭证入账。在计算机中，记账有模拟记账和正式记账之分。

(一) 模拟记账

模拟记账是指虽未正式记账，但在查询时能查到记账状态的账簿数据。用友 ERP－U8 系统的做法是查询时选择"包括未记账凭证"选项，有的会计软件专设有"模拟记账"功能，菜单中有"模拟记账"选项或按钮中有"模拟记账"功能。

(二) 正式记账

正式记账从表面看来相当于传统记账，通常的做法是在已审核的凭证库的记账字段作已记账标记（"Y"、"T"或"√"）。

1. 为保证正常记账，防止断电或不正常中断的策略

(1) 安装不间断电源（UPS），从硬件上解决。

(2) 记账前先用备份功能将凭证数据备份到硬盘或 U 盘上，一旦发生故障，再由硬盘或 U 盘恢复，采用人工方式解决。

(3) 由计算机记账模块在记账前自动做一次强制备份，把记账前的数据备份到其他硬盘上。如果记账不成功，计算机会自动恢复到记账前的状态，再重新记账。该方法是软件自动解决的方法。

上述三种方法以第三种为最优。

2. 不能记账的情形

(1) 上月未结账，本月不能记账。

(2) 存在未审核凭证不能记账；作废凭证不需审核即可直接记账，但不作数据处理，相当于一张空凭证。

(3) 在第一次记账时，若期初余额试算不平衡，系统将不允许记账。

3. 记账时的注意事项

(1) 在记账过程中，不得中断退出。

(2) 所选范围内的凭证如有不平衡，系统将列出错误凭证，并重选记账范围。

(3) 记账之前非正常中断，可以选择重新记账。

(4) 记账过程一旦断电或由其他原因造成中断后，系统将自动调用“恢复记账前状态”功能恢复数据，然后再重新记账。

4. 正式记账的操作步骤

记账凭证经审核签字后，即可用来登记总账和明细账、日记账、部门账、往来账、项目账以及备查账等。用友 ERP－U8 系统记账采用向导方式，记账过程比较明确。

(1) 在“总账系统”界面，选择“凭证”→“记账”命令，进入“记账”对话框(见图 5—24)。

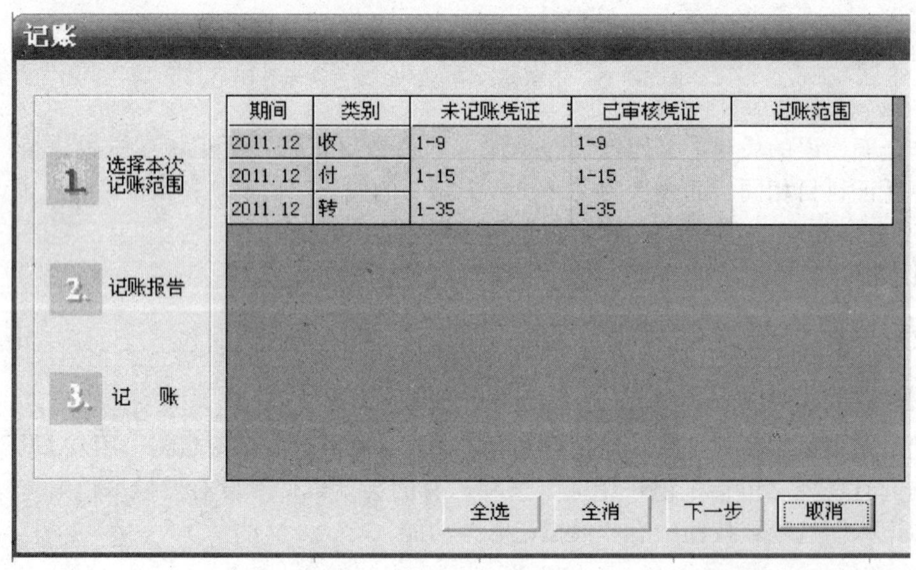

图 5—24 “记账”对话框

(2) 选择本次记账范围。系统默认“全选”，可单击〖全选〗按钮或直接单击〖下一步〗按钮；也可输入连续编号范围，例如“1—4”表示 1 号至 4 号凭证；也可输入不连续编号，例如“5，6，9”表示第 5 号、6 号、9 号凭证为此次要记账的凭证。

(3) 显示记账报告，是经过合法性检验后的提示信息，例如，此次要记账的凭证中有些凭证没有审核或未经出纳签字，属于不能记账的凭证，可根据提示修改，再记账。

(4) 记账。当以上工作都确认无误后，单击〖记账〗按钮，系统开始登录有关账簿，包括：总账、明细账；数量总账与明细账；外币总账与明细账；项目总账与明细账；部门总账与明细账；个人往来总账与明细账；银行往来账等有关账簿。

5. 恢复到记账前状态

恢复到记账前状态，亦称取消记账、反记账。

(1) 发生以下情况应恢复记账前状态：记账时发生不正常中断；记账过程中一旦断电或由

其他原因造成中断后，系统将自动调用“恢复记账前状态”功能恢复数据，然后再重新记账；记账后发现凭证错误较多，全部使用“填制凭证”功能进行修改，工作量太大。

（2）恢复记账前状态的方法。恢复记账前状态，在实际工作中有三种方法：使用会计软件的“恢复到记账前状态”的功能；用硬盘备份的数据恢复到记账前状态；用U盘备份的数据恢复到记账前状态。

（3）恢复记账前状态的操作。恢复记账前状态，既可以使用会计软件具有的自动恢复功能，又可以使用“恢复数据”功能。

方法一：使用会计软件具有的自动恢复功能恢复记账前状态。具体操作步骤为：1）在“期末对账”界面，按下Ctrl＋H键，显示“凭证”菜单中的“恢复记账前状态”功能，再次按下Ctrl＋H键隐藏此菜单。2）在“总账系统”界面，单击“凭证”菜单中的“恢复记账前状态”选项，进入“恢复记账前状态”对话框（见图5—25）。3）选择恢复方式：最近一次记账前状态、××××年××月初状态。“最近一次记账前状态”一般用于记账时系统造成的数据错误的恢复。“××××年××月初状态”是恢复到指定的月初未记账时的状态，例如：如果登录时间为2011年12月，则系统提示可恢复到2011年12月初状态。4）选择是否恢复往来两清标志和恢复两清标志的月份，系统根据选择在恢复时，清除恢复月份的两清标志。5）可选择只恢复需要恢复的科目。系统提供灵活的恢复方式，用户可以根据需要不必恢复所有的会计科目，将需要恢复的科目从“不恢复的科目”选入“待恢复的科目”，即可只恢复需要恢复的科目。选择完毕后，单击〖确定〗按钮，系统提示“输入主管口令”。6）输入主管口令后，单击〖确认〗按钮，系统自动恢复记账前状态。7）恢复完毕，显示“恢复记账完毕”信息，单击〖确定〗按钮，退出恢复记账前状态。

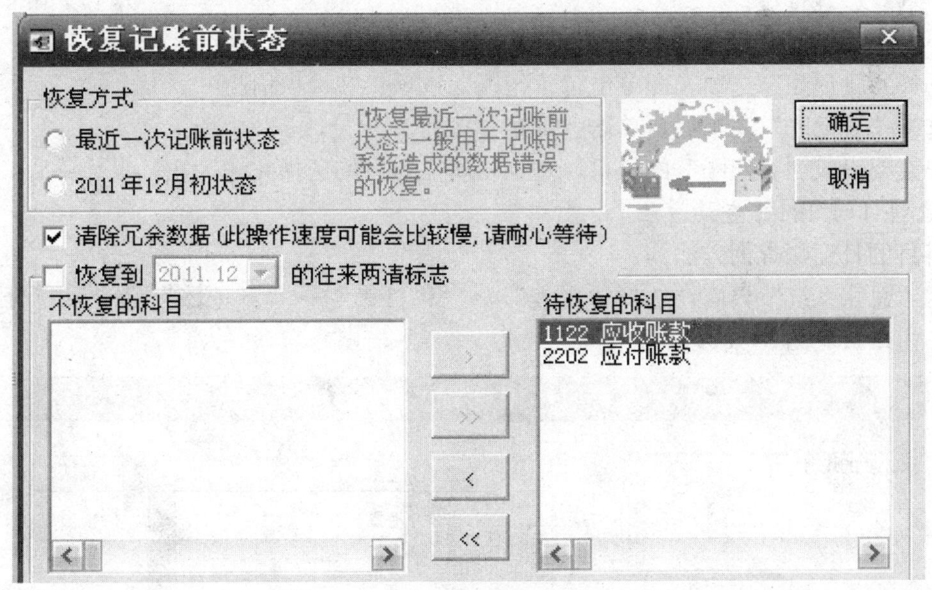

图5—25　“恢复记账前状态”对话框

方法二：使用“引入”（亦即“恢复数据”）功能恢复记账前状态。该方法的使用前提是：记账前状态已“输出”（亦即“备份数据”），年度账数据或账套数据已输出到硬盘或U盘上。使用“引入”功能，即可从已输出到硬盘或U盘上的年度账数据或账套数据中恢复记账前状态。

七、账簿查询

账簿查询是会计工作中的一个重要内容。账簿查询的内容除手工方式下的日记账、明细账和总分类账外，还包括发生额及余额表、过滤查询、即时生成的多栏账查询和辅助账查询。通用会计软件一般都具有专门的账簿查询功能，能方便地实现：总账↔明细账↔凭证联查；有些软件在各个账簿查询结果界面，还提供打印、打印预览和数据输出三项功能。账簿查询，一般应在记账后进行，但有些软件提供包括未记账凭证的模拟记账数据的查询功能，使各单位能随时了解各科目的明细情况和最新余额。有些软件还提供包括未记账凭证的汇总查询功能。

（一）日记账查询

按现行会计制度规定，日记账主要包括现金日记账和银行存款日记账两种。有些会计软件还提供选定科目的日记账查询。用友 ERP－U8 系统的现金日记账和银行存款日记账在“出纳管理”中查询；选定科目的日记账在查询前要在“会计科目”中设成“日记账”。单位可根据管理的需要将一些科目设成“日记账”，然后就可以将这些设成“日记账”的科目作为日记账查询了。

1. 根据管理的需要将一些科目设成“日记账”

将会计科目设成“日记账”的操作方法为：

（1）在“企业门户”的“设置”选项中，选择“基础档案”→“财务”→“会计科目”命令，打开“会计科目”窗口；

（2）将光标移至需设置成“日记账”的会计科目处，双击该科目或单击〖修改〗按钮进入“会计科目—修改”窗口；

（3）单击〖修改〗按钮，进入修改状态；

（4）选择“日记账”选项，即单击“日记账”选项，在选项前打“√”；

（5）选择“日记账”完毕后，单击〖确定〗按钮。

继续修改要设成“日记账”的科目，直至将所需科目均选择完毕为止。

2. 任意科目的日记账查询方法

任意科目的日记账查询方法为：

（1）在“总账系统”界面，选择“账表”→“科目表”→“日记账”命令，打开“日记账查询条件”窗口（见图 5—26）；

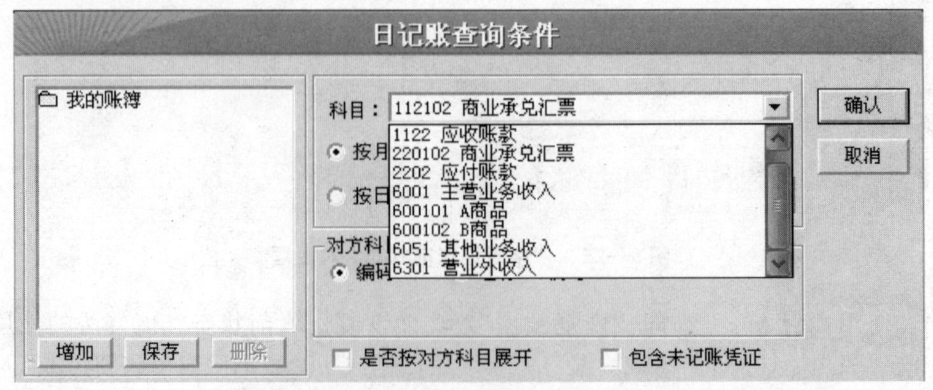

图 5—26 “日记账查询条件”窗口

（2）选择要查询的科目和条件后，单击〖确认〗按钮，即可查询所选科目的日记账。

（二）总账查询

总账的账页格式是三栏式，即借、贷、余三栏。在电算化方式下，通过总账查询功能，一般说来，不仅可以查询各总账科目的年初余额、各月发生额和月末余额，而且可以联查到所有二级及以下各级明细科目的年初余额、各月发生额和月末余额。

不同的会计软件，总账查询的操作步骤有所不同。用友 ERP－U8 系统总账查询的操作步骤为：

（1）在"总账系统"界面，选择"账表"→"科目账"→"总账"命令，打开"总账查询条件"对话框；

（2）在科目框中选择需查询的科目，根据需要选择是否"包含未记账凭证"选项；

（3）单击〖确定〗按钮，即可显示查询结果。

【注意】此处的查询，每次只能查到一个科目的总账，并且每个总账只有本月的期初余额、当前合计和当前累计三项数据。如果需要同时查询多个总账的数据，一般选择余额表查询。

（三）余额表查询

余额表查询界面与总账查询界面基本相似。余额表查询用于查询统计各级科目的本期发生额、累计发生额和余额等内容。可输出某月或连续的某几个月的所有总账科目或明细科目的期初余额、本期发生额、累计发生额、期末余额等。该功能不仅可以查询统计人民币金额，还可以查询统计外币、数量发生额和余额。在实行会计电算化后，可用发生额及余额表代替总账。不同的会计软件，余额表查询的操作步骤有所不同。

用友 ERP－U8 系统余额表查询操作步骤如下：

（1）在"总账系统"界面，选择"账表"→"科目账"→"余额表"命令，打开"发生额及余额查询条件"对话框（见图 5—27）。

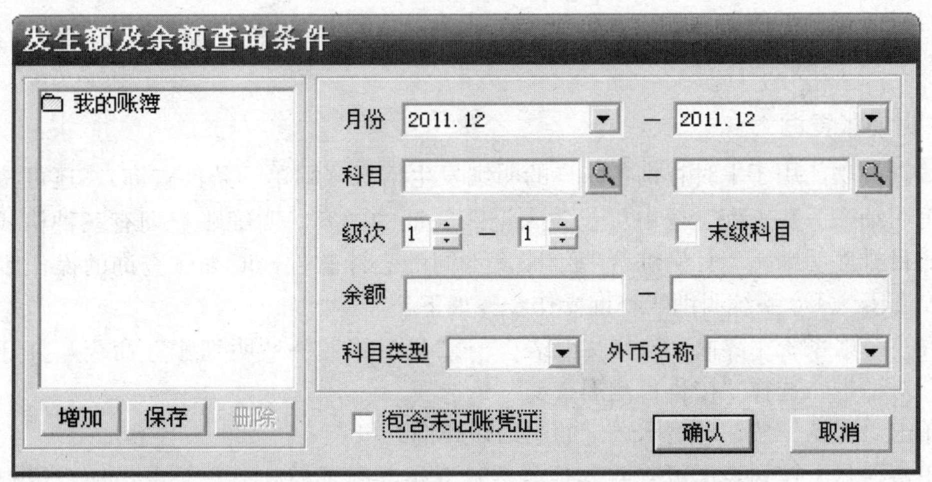

图 5—27　"发生额及余额查询条件"对话框

（2）选择或默认起止月份，选择或不输入科目范围（不输入科目范围，系统默认所有科目），默认或重选科目级次，选择或不输入余额范围（不输余额范围，系统默认所有余额），选择科目类型和外币名称，根据需要选择是否"包含未记账凭证"选项；单击〖确认〗按钮，系统则显示查询统计结果（见图5—28）。

设置 打印 预览 输出 | 查询 定位 过滤 | 转换 还原 | 专项 累计 | 帮助 退出

发生额及余额表

科目编码	科目名称	期初余额		本期发生		期末余额	
		借方	贷方	借方	贷方	借方	贷方
1001	库存现金	1,000.00				1,000.00	
1002	银行存款	12,892,000.00		26,600,340.00	29,292,218.00	10,200,122.00	
100201	工行存款	10,507,000.00		26,435,340.00	26,742,218.00	10,200,122.00	
10020101	结算户	10,507,000.00		26,435,340.00	26,742,218.00	10,200,122.00	
100202	建行存款	2,385,000.00		165,000.00	2,550,000.00		
10020201	专用存款账户	2,385,000.00		165,000.00	2,550,000.00		
1012	其他货币资金	1,170,000.00			1,170,000.00		
101203	银行汇票	1,170,000.00			1,170,000.00		
1101	交易性金融资产	150,000.00		1,050,000.00	150,000.00	1,050,000.00	
110101	股票投资	150,000.00		1,050,000.00	150,000.00	1,050,000.00	
11010101	成本	130,000.00			130,000.00		
11010102	公允价值变动	20,000.00		20,000.00	20,000.00	20,000.00	
11010103	价款			1,030,000.00		1,030,000.00	
1121	应收票据	2,460,000.00		2,925,000.00	5,042,000.00	343,000.00	
112101	银行承兑汇票	2,343,000.00			2,000,000.00	343,000.00	
112102	商业承兑汇票	117,000.00		2,925,000.00	3,042,000.00		
1122	应收账款	3,991,000.00		3,510,000.00	510,000.00	6,991,000.00	

图5—28 “发生额及余额表”统计结果

（3）在查询窗口中可单击右上方账页格式下拉列表，显示所选科目不同账页格式的余额表。

（4）在余额表中，单击〖累计〗按钮，系统将显示或取消借贷方累计发生额；将光标移到具有辅助核算的科目所在行，单击〖专项〗按钮，可联查到相应科目的辅助总账或余额表。

（5）在余额表中单击〖过滤〗按钮，输入要过滤的科目编码或通配符，单击〖确定〗按钮，可以对科目进行过滤。例如：“1??? 01”表示查询一级科目首位为1，且二级科目为01的所有科目，“?”为单个编码通配符。

(四）明细账查询

明细账查询功能用于平时查询各账户的明细发生情况（即单一条件查询），还可按任意条件的组合查询明细账。在查询过程中可包含未记账凭证的内容。明细账查询有三种格式：普通明细账、按科目排序明细账、月份综合明细账。不同的会计软件，明细账查询的操作步骤会有所不同。用友ERP-U8系统明细账查询操作步骤如下：

（1）在“总账系统”界面，选择“账表”→“科目账”→“明细账”命令，打开“明细账查询条件”对话框，选择“按科目范围查询”单选项。

（2）单击〖确认〗按钮，显示选定的明细账查询结果。

（3）单击科目下拉列表框可查看其他科目；双击某行或单击〖凭证〗按钮，可查看相应的凭证；单击〖总账〗按钮可查看此科目的总账；单击〖锁定〗按钮，可锁定摘要列。

（4）查询完毕后，单击〖退出〗按钮返回。

(五）多栏账查询

在总账系统中，多栏账常分为普通多栏账和综合多栏账两种形式。大多数会计软件只提供一种多栏账查询形式，有些软件提供两种多栏账查询形式，还有些软件不提供多栏账查询形式。各种软件的多栏账的定义及查询方法各有不同。

1. 普通多栏账查询

在总账系统中，普通多栏账是由系统将要分析科目的下级科目自动生成的多栏账。一般资产、费用类科目分析其下级科目的借方发生额，负债、收入类科目分析其下级科目的贷方发生额，并允许随时调整。多栏账的栏目内容可自定义，如对科目的分析方向、分析内容、输出内容进行定义，同时可定义多栏账格式，以满足核算管理需要。不同的会计软件，普通多栏账查询的操作步骤有所不同。用友 ERP－U8 系统普通多栏账的查询步骤为：定义多栏账查询格式→查询多栏账。在查询普通多栏账前，应先定义多栏账查询格式。

（1）定义多栏账查询格式。用友 ERP－U8 系统定义多栏账查询格式的操作步骤如下：

1）在“总账系统”界面，选择“账表”→“科目账”→“多栏账”命令，进入“多栏账”窗口。

2）在“多栏账”窗口单击〖增加〗按钮，显示“多栏账定义”窗口（见图 5—29）。

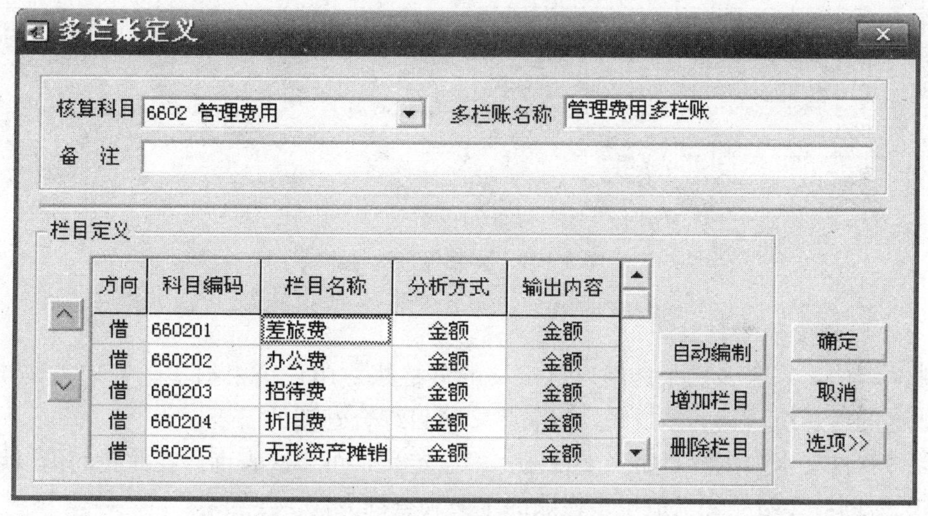

图 5—29　“多栏账定义”窗口

3）在下拉框中选择多栏账“核算科目”，系统自动显示多栏账名称，如果用户需要别的名称，可以在“多栏账名称”处直接修改。

4）定义多栏账分析栏目。系统提供两种定义方式：自动编制栏目、手动编制栏目。建议先定义自动编制栏目再进行手动调整，以提高录入效率。自动编制栏目的操作步骤为：按〖自动编制〗按钮，系统将根据所选核算科目的下级科目自动编制多栏账分析栏目。例如：核算科目为管理费用 6602，若执行自动编制功能，系统将自动把 6602 的下级科目设为多栏账分析栏目，分析方向与科目性质相同。手动编制栏目的操作步骤为：按〖增加栏目〗按钮可自行增加栏目，选择栏目后按〖删除栏目〗按钮可删除该栏目，用鼠标双击表中栏目，或按空格键可编辑修改栏目。按〖∧〗和〖∨〗按钮可调整栏目的排列顺序。

5）点击〖选项〗按钮可对多栏账格式进行设置，在“格式预览”中可看到选择不同选项对多栏账格式的影响。多栏账共有两种输出格式：分析栏目前置式、分析栏目后置式。分析栏目前置，即将分析栏目放在余额列之前进行分析，如增值税多栏账可采用这种方式。分析栏目后置，即将分析栏目放在余额列之后进行分析，与手工多栏账保持一致。

6）如果修改选项后想按新的选项设置栏目，可再按〖自动编制〗按钮，系统将按新的设置重新编制。定义完毕后按〖确定〗按钮即可。

（2）查询多栏账。以用友 ERP－U8 系统为例，查询多栏账的步骤为：

1）在“总账系统”界面，选择“账表”→“科目账”→“多栏账”命令，进入“多栏账”窗口；

2）选择已定义好的需查询的“多栏账”，单击〖查询〗按钮，或双击需查询的多栏账；

3）在多栏账查询条件界面选择所要查询的多栏账及查询月份，按〖确认〗按钮，屏幕显示多栏账查询结果（见图 5—30），按 F8 键可切换科目编码和科目名称。

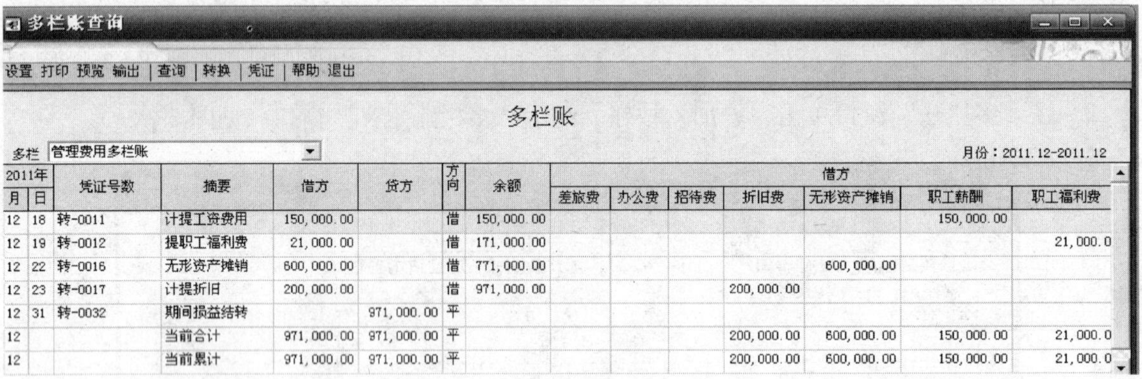

多栏账查询

设置 打印 预览 输出 | 查询 | 转换 | 凭证 | 帮助 退出

多栏账

多栏 管理费用多栏账　　　　月份：2011.12-2011.12

2011年		凭证号数	摘要	借方	贷方	方向	余额	借方						
月	日							差旅费	办公费	招待费	折旧费	无形资产摊销	职工薪酬	职工福利费
12	18	转-0011	计提工资费用	150,000.00		借	150,000.00						150,000.00	
12	19	转-0012	提职工福利费	21,000.00		借	171,000.00							21,000.0
12	22	转-0016	无形资产摊销	600,000.00		借	771,000.00					600,000.00		
12	23	转-0017	计提折旧	200,000.00		借	971,000.00				200,000.00			
12	31	转-0032	期间损益结转		971,000.00	平								
12			当前合计	971,000.00	971,000.00	平					200,000.00	600,000.00	150,000.00	21,000.0
12			当前累计	971,000.00	971,000.00	平					200,000.00	600,000.00	150,000.00	21,000.0

图 5—30　多栏账查询结果

2. 综合多栏账查询

在总账系统中，综合多栏账是用户自定义的多栏账。用户可根据实际管理需要将不同的科目及不同级次的科目组成新的多栏账，以满足多科目综合管理的需要。

有些会计软件要求由用户自定义多栏账，一次定义，可多次查询。在此我们仍以用友 ERP－U8 总账系统为例，介绍应交增值税多栏账的定义和查询方法。

（1）多栏账的定义。其操作步骤为：

1）在“总账系统”界面，选择“账表”→“科目账”→“综合多栏账”命令，进入“多栏账”窗口；

2）单击〖增加〗按钮，打开“综合多栏明细账定义”对话框；

3）输入“多栏账名称”：应交增值税多栏账，单击〖增加〗按钮，打开“综合多栏账栏目定义”对话框；

4）输入“栏目组名”：借贷方多栏，在“核算科目”下拉列表框中选择“应交增值税”科目，选择“输出余额”选项；

5）单击〖增加栏目〗按钮，增加“应交增值税”的下级明细科目为综合多栏账的栏目，其中 22210101～22210104 为借方，其余均为贷方，如图 5—31 所示；

6）单击〖确定〗按钮，返回“查询条件”对话框。

（2）多栏账的查询。其操作步骤为：

1）在“总账系统”界面，选择“账表”→“科目账”→“综合多栏账”命令，进入“多栏账”窗口；

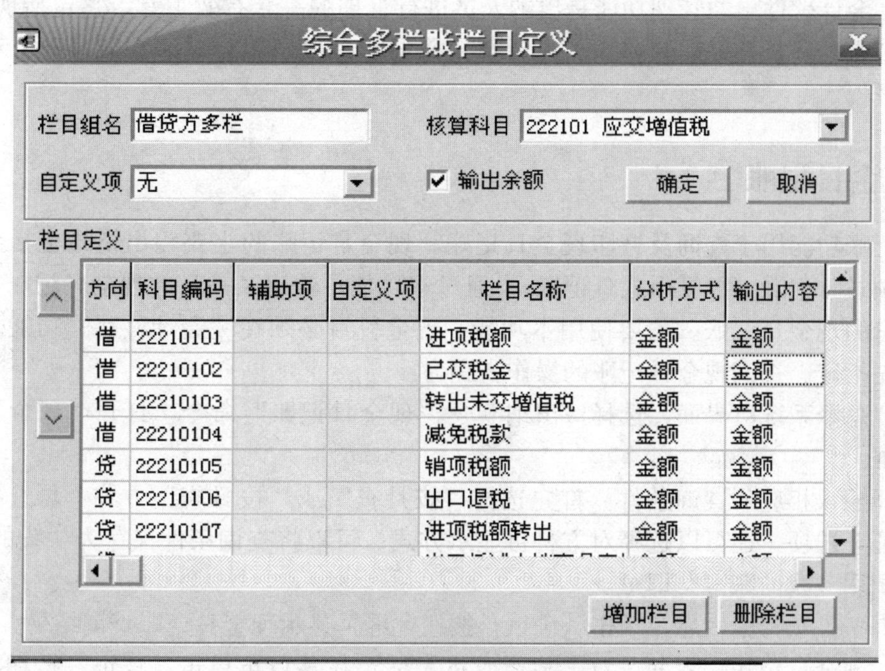

图 5—31　综合多栏账栏目定义

2）选择需查询的综合多栏账名称，单击〖查询〗按钮，或双击需查询的多栏账；

3）输入查询条件后，单击〖确认〗按钮，显示"应交增值税多栏账"查询窗口（见图 5—32）。

应交增值税多栏账

月份：2011.12-2011.12

2011年		凭证号数	摘要	借贷方多栏											方向	余额
				借方				贷方								
月	日			合计	进项税额	已交税金	未交增	合计	减免税款	销项税额	出口退税	项税额转	内销产品应	出多交增值		
			期初余额												贷	366,000.00
12	01	收-0001	用汇票支付材料款	169,660.00	169,660.00										贷	196,340.00
12	01	付-0002	现购材料	255,000.00	255,000.00										借	58,660.00
12	04	转-0003	销售产品					510,000.00		510,000.00					贷	451,340.00
12	13	收-0005	销售产品					1,190,000.00		1,190,000.00					贷	1,641,340.00
12	27	付-0011	交税费	1,000,000.00		1,000,000.00									贷	641,340.00
12	31	转-0022	销售产品					425,000.00		425,000.00					贷	1,066,340.00
12	31	转-0026	用产品抵债	13,600.00	13,600.00										贷	1,052,740.00
12			当前合计	1,438,260.00	438,260.00	1,000,000.00		2,125,000.00		2,125,000.00					贷	1,052,740.00
12			当前累计	1,438,260.00	438,260.00	1,000,000.00		2,125,000.00		2,125,000.00					贷	1,052,740.00

图 5—32　"应交增值税多栏账"查询窗口

（六）辅助账查询

关于辅助账查询的有关内容详见本章第六节往来管理中的内容，此处不再赘述。

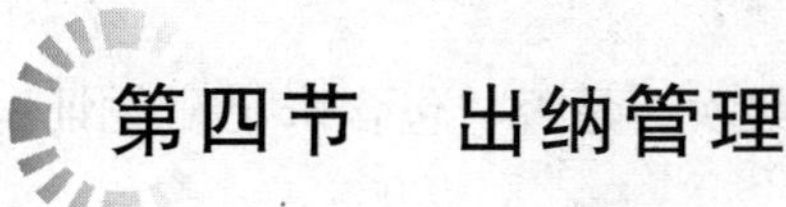

第四节　出纳管理

现金、银行存款是企业的货币资金，管好、用好具有特性的货币资金是现代企业管理的一

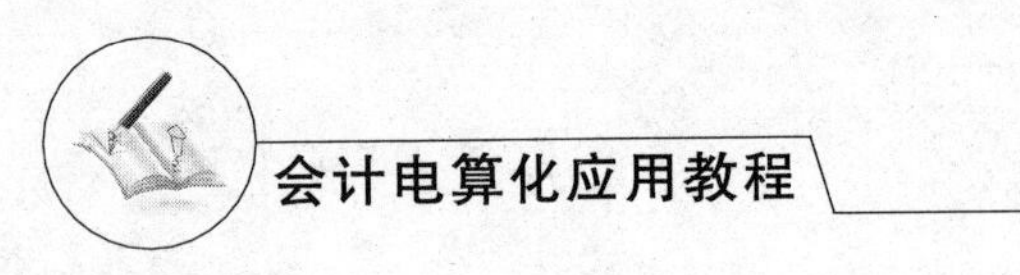

项重要内容。会计软件出纳管理功能是出纳人员进行管理的一套有效工具，它包括现金日记账、银行存款日记账、资金日报表的输出、支票登记簿的管理以及银行对账功能，并可对长期未达账提供审计报告。

一、现金日记账

现金日记账功能用于查询及打印现金日记账。现金日记账的主要输出格式包括金额式日记账和外币金额式日记账（即复币式日记账）。通过本功能可输出某一日的现金日记账，还可输出任意一个月份的现金日记账。若要使用本功能，现金科目必须在“会计科目”功能下的“指定科目”中预先指定。查询现金日记账的操作步骤为：

（1）在“总账系统”界面，选择“出纳”→“现金日记账”命令，打开“现金日记账查询条件”对话框。

（2）选择输入相应的查询条件。首先选择“按月查”或“按日查”方式，再选择是否“包含未记账凭证”选项，还可以选择对方科目显示方式。可以将查询条件保存为“我的账簿”，此后查询直接调用“我的账簿”即可。

（3）查询条件选择输入后，单击〖确认〗按钮，屏幕显示现金日记账查询结果。

（4）在“现金日记账”界面，双击某行或将光标定在某行再单击〖凭证〗按钮，可联查相应的凭证。

（5）在“现金日记账”界面，单击〖总账〗按钮，可查看此科目的三栏式总账，还可进行过滤查询。

二、银行存款日记账

银行存款日记账功能用于查询银行存款日记账，银行存款科目必须在“会计科目”功能下的“指定科目”中预先指定。当需要查询银行存款科目某日或某月的发生额及余额情况时，可调用本功能。其查询方式与现金日记账查询方式基本相同，只是银行存款日记账多一栏“结算号”。

三、资金日报表

资金日报表是反映现金、银行存款某日发生额及余额情况的报表，在企业财务管理中占据重要的位置。在手工条件下，资金日报表由出纳员逐日填写，反映当天营业终了时的现金、银行存款收支情况及余额。会计电算化下的资金日报表功能是查询、输出或打印资金日报表，提供当日借、贷金额合计和余额以及发生的业务量等信息。

查询资金发生情况的操作步骤为：

（1）在“总账系统”界面，选择“出纳”→“资金日报”命令，屏幕显示“资金日报表查询条件”窗口；

（2）选择或输入日期、科目级次、是否“包含未记账凭证”、是否“有余额无发生也显示”选项；

（3）单击〖确认〗按钮，屏幕显示“资金日报表”窗口；

（4）在“资金日报表”窗口，单击〖日报〗按钮可查询并打印光标所在的科目的日报单，单击〖昨日〗按钮可查看现金、银行存款的昨日余额，单击〖退出〗按钮，返回“总账系统”

界面。

四、支票登记

为了加强企业对支票的管理，会计软件提供了支票登记功能。使用此功能出纳员可以建立支票登记簿，详细登记支票领用人、领用日期、是否报销等情况。

（一）使用支票登记簿的设置

使用支票登记簿前应进行以下三个方面的设置，缺一不可：

(1) 在"基础档案"→"财务"→"会计科目"选项的"指定科目"功能中已指定为"银行总账"科目；

(2) 在"基础档案"→"收付结算"→"结算方式"选项中设置了所用的"结算方式"；

(3) 在总账系统的"设置"→"选项"的"凭证"选项卡中，选定了"支票控制"选项。

（二）使用支票登记簿管理支票的过程

使用支票登记簿通常分为两个程序：领用支票、支票支出后的报销。

1. 领用支票

当有人领用支票时，出纳员使用"支票登记"功能登记支票的领用日期、领用部门、领用人、支票号、备注等。

2. 支票支出后的报销

支票支出后，经办人持原始单据（发票）到财务部门报销，会计人员据此填制记账凭证；在系统中录入该凭证时，系统要求录入该支票的结算方式和支票号；在填制完该凭证后，系统自动在支票登记簿中将该支票写上报销日期，该支票即为已报销。支票登记簿中的"报销日期"栏，一般是由系统自动填写的，但对于有些已报销而由于人为原因造成的系统未能自动填写报销日期的支票，单位可进行人工填写。

（三）进行支票登记的操作步骤

当有人领用支票时，出纳员在支票登记簿进行支票登记的操作步骤如下：

(1) 在"总账系统"界面，选择"出纳"→"支票登记簿"命令，打开"银行科目选择"对话框，选择银行科目，如选择"10020101 银行存款——工行存款——结算户"，单击〖确定〗按钮，显示"支票登记"窗口。

(2) 单击〖增加〗按钮，输入支票领用日期、领用部门、领用人、支票号、预计金额等信息。

(3) 单击〖保存〗按钮，保存记录。

(4) 单击〖退出〗按钮，退出"支票登记"窗口。

在进行支票登记时，应注意，领用日期和支票号码必须输入，其他内容可选择输入；报销日期不能在领用日期之前；已报销的支票可成批删除。

五、银行对账

企事业单位的大量收付款业务都要通过银行结算，银行要为每个单位记载这些业务。由于各单位与银行的入账时间可能不一样，往往会发生双方对同一笔银行存款业务的账面记录不一致的情况，即由于双方入账时间的不一致，产生未达账项。为了准确掌握银行存款的实际金额，了解实际可以动用的货币资金数额，防止记账发生差错，各单位必须定期（通常是一个月一次）将本单位的银行存款日记账与银行出具的对账单进行核对，并编制银行存款余额调节表。

在会计电算化方式下，对在科目设置时定义为“银行账”辅助账类的科目，填制凭证时须输入有关数据，系统会自动生成本单位“待核银行存款日记账”，期末就可以由计算机根据对账依据，将待核银行存款日记账与银行对账单进行自动核对、勾销。由于生产经营的连续性和会计工作方法的一致性，每个会计期间都可能存在未达账项，所以首次进行银行对账前，应录入初始未达账项，以保证银行对账工作的正确性。

（一）银行对账初始化

银行对账初始化，又称为初始未达账、录入初始未达账、初始化银行存款余额调节表等。该工作的主要内容是录入进行电算化账务处理前的企业和银行双方的期初余额及未达账项。银行对账初始化只需在系统转换时进行一次即可，使用计算机进行银行对账后便无须再进行此项工作。

如果本月开始使用计算机进行账务处理，那么银行对账初始化工作就是将上月的企业和银行双方的银行对账的期初余额及未达账项全部录入到计算机中。上月的企业和银行双方的银行对账的期初余额及未达账项均可在上月的银行存款余额调节表中找到。在具体录入时，双方的未达账项内容最好统一口径，以方便计算机自动对账。

1. 录入银行对账的期初余额

由具有权限的操作员进入总账系统，选择“出纳”→“银行对账”→“银行对账期初录入”命令，在“银行科目选择”界面选择科目，进入“银行对账期初”窗口（见图5—33）。

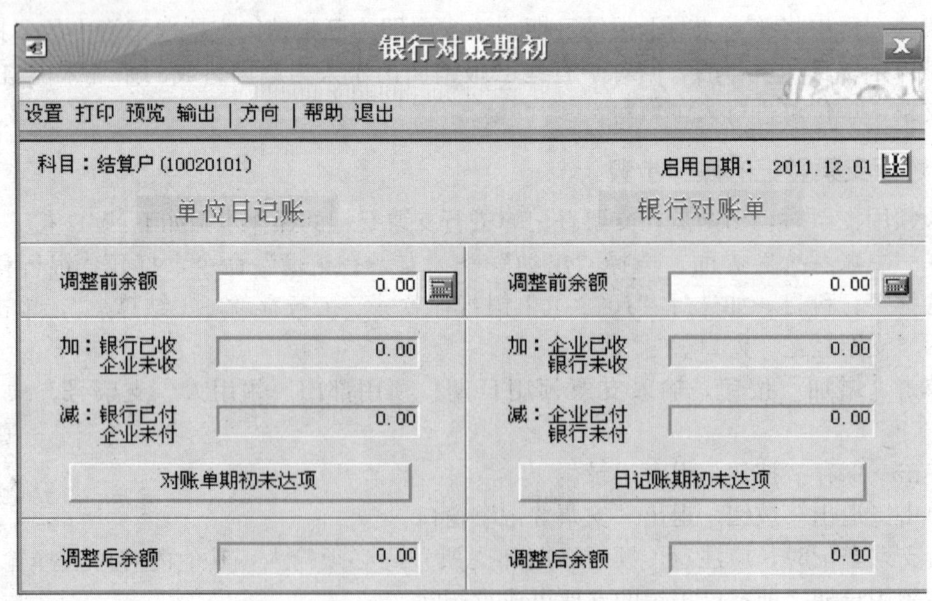

图5—33 “银行对账期初”窗口

在“银行对账期初”窗口，分别录入单位日记账和银行对账单的“调整前余额”选项。

2. 录入企业未达账

企业未达账是指同一笔经济业务，由于时间差造成银行已记账而企业未记账的款项。可细分为两部分：银行已收企业未收、银行已付企业未付。其具体数据通常集中在银行存款余额调节表的左下方（即在“单位日记账”的“调整前余额”下方）。

3. 录入银行未达账

银行未达账是指同一笔经济业务，由于时间差造成银行未记账而企业已记账的款项。可细分为两部分：银行未收企业已收、银行未付企业已付。其具体数据通常集中在银行存款余额调节表的右下方（即在“银行对账单”的“调整前余额”下方）。

（二）每期期末的银行对账工作

每期期末银行对账的主要工作包括录入银行对账单、自动对账、手工对账、输出银行存款余额调节表、查询对账单或日记账的勾对情况、核销已达账。

1. 录入银行对账单

要实现计算机自动进行银行对账，在每月月末对账前，必须将银行提供的纸质银行对账单输入计算机，存入“对账单文件”。在录入银行对账单时，需要特别注意对账单应与其对应账号所定义的银行存款的末级科目一致。银行对账单余额方向为借方时，借方发生表示银行存款增加，贷方发生表示银行存款减少。系统默认银行对账单余额方向为借方，按〖方向〗按钮可调整银行对账单余额方向。已进行过银行对账勾对的银行科目不能调整银行对账单余额。如果银行能提供磁盘或光盘的银行对账单文件，可以使用软件功能或计算机操作知识将其转换为所使用软件的“对账单文件”。

录入银行对账单的操作步骤如下：

（1）在“总账系统”界面，选择“出纳”→“银行对账”→“银行对账单”命令，打开“银行科目选择”对话框，选择银行科目和月份后单击〖确定〗按钮，屏幕显示“银行对账单”窗口。

（2）单击〖增加〗按钮，可增加一笔银行对账单数据记录，录完金额按回车键可继续录入第二笔对账单数据，直至录完所有数据。单击〖删除〗按钮，可删除一笔银行对账单数据记录；单击〖过滤〗按钮，可按条件过滤对账单以供查询。

（3）输入完毕后，单击〖保存〗按钮，再单击〖退出〗按钮返回“总账系统”界面。

2. 自动对账

一般会计软件提供两种银行对账方式：自动对账、手工对账。两种对账方式可以单独使用，也可以结合使用；结合使用时，一般先使用自动对账方式，再使用手工对账方式。自动对账又称为自动银行对账，是指计算机根据对账依据自动将“对账单文件”和“待核银行存款日记账”中相同的经济业务进行核对、勾销，找出已达账项，剩余的即为未达账项。手工对账是操作员依据目测核对、勾销双方相同的经济业务，找出未达账项。

（1）对账依据。将待核银行存款日记账与银行出具的对账单进行对账的对账依据应根据需要选择，其中“方向相同、金额相同”是必选条件，其他可选条件有“结算票号相同”、“结算方式相同”、日期等。对账的依据通常是“方向＋金额”和“结算方式＋结算号＋方向＋金额”。对于已核对上的银行业务，系统将自动在银行存款日记账和银行对账单上写上两清标志“○”。为保证自动对账工作的顺利、圆满完成，输入凭证与录入银行对账单时，相关数据应全部正确录入；对账前，企业应将银行存款的收付款业务全部入账，以减少未达账项。

（2）自动对账的操作步骤：1）在“总账系统”界面，选择“出纳”→“银行对账”→“银行对账”命令，打开“银行科目选择”对话框，选择银行科目和月份后单击〖确定〗按钮，显示“银行对账”窗口；2）单击〖对账〗按钮，显示“自动对账条件”对话框（见图5—34）；3）输入“截止日期”，选择“日期相差 之内”，选中“结算方式相同”、“结算票号相同”复选框，如果取消这三个条件的限制，则以最大条件进行银行对账；4）单击〖确定〗按钮，显示自动对账界面，自动对账两清的记录为“○”标志，已两清的记录背景加重显示；5）单击〖检查〗按钮，检查对账是否正确，如果有错误，应该进行调整；6）单击〖取消〗按钮，可以取消自动勾对的标志。

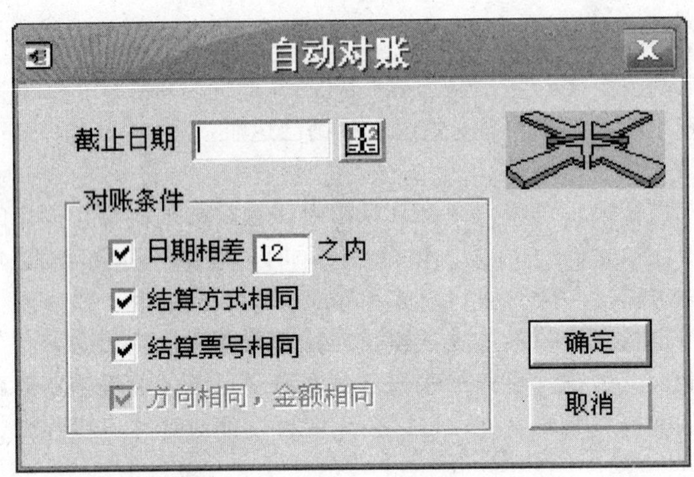

图5—34 “自动对账条件”对话框

3. 手工对账

手工对账又称为手工核销未达账，通常在“自动对账”完成之后进行，是对“自动对账”的补充。如果银行对账单的录入内容和待核银行存款日记账的相同业务，发生录入口径不一致或不规范输入或某项数据录入有误的情况，“自动对账”功能可能会对这些已达账项无法勾对，而将其视为未达账项。为了保证对账更彻底准确，可通过手工对账进行调整勾对。

手工对账的操作步骤如下：

（1）对于一些应勾对而未勾对上的账项，可分别双击“两清”栏，进行手工勾对，显示两清标志“Y”。

（2）对账完毕后，单击〖检查〗按钮，打开“对账平衡检查”对话框，显示银行对账结果；对账如有错误，应进行调整。单击〖确认〗按钮结束检查。

（3）单击〖退出〗按钮返回“总账系统”界面。

4. 输出银行存款余额调节表

自动对账或手工对账完成后，计算机自动整理汇总未达账和已达账，生成银行存款余额调节表。我们通过查询银行存款余额调节表，可了解对账结果。

输出银行存款余额调节表的操作步骤为：

（1）选择“出纳”→“银行对账”→“余额调节表查询”命令，打开“银行存款余额调节表”窗口。

（2）将光标定在选定的银行科目行上，单击〖查看〗按钮或双击该行，即可显示该银行账户的银行存款余额调节表。

（3）单击〖打印〗按钮，可打印银行存款余额调节表；单击〖详细〗按钮，可查看银行存款余额调节表的详细情况；单击〖输出〗按钮，可输出指定格式的调节表文件。

（4）单击〖退出〗按钮，退出银行存款余额调节表状态。

5. 查询对账单或日记账的勾对情况

要想进一步了解对账后双方的已达账项和未达账项，可查询对账勾对情况。如果银行存款余额调节表调整后的余额相等，应重点查询是否有漏勾对的已达账项；如果银行存款余额调节表有错误，则应重点查询有关错误的录入数据或有关错误的勾销数据，提供修改依据。具体操作步骤是：首先进入“银行对账”下的“查询对账勾对情况”界面；然后选择银行科目，屏幕显示“查询银行勾对情况”窗口；用户可以通过单击“银行对账单”和“单位日记账”选项卡切换显示对账情况。

6. 核销已达账

在会计电算化方式下，用于银行对账的银行存款日记账和银行对账单数据是会计核算的辅助数据。通过银行存款余额调节表和对账勾对情况的查询，确定银行对账正确无误后，已达账项数据已无保留价值，可通过“核销已达账”功能核销银行存款日记账和银行对账单的已达账项，让系统内只保留未达账项，以达到方便有关数据的查询和清理计算机硬盘空间的目的。

使用“核销已达账”功能核销后的已达账项会消失，且不能被恢复。如果对账有错误，就不能使用“核销已达账”功能，以免影响以后的对账正确性，因此本功能最好在下月录入银行对账单之前使用。需要说明的是，本功能并不影响银行存款日记账的查询和打印。

第五节　部门管理

为了提高管理水平和经营效率，有些企业将经费使用权限划拨到各职能部门，对部门的收入与费用实行多级核算与管理。财务部门希望及时了解各部门的收支情况，以便考核各部门的经营业绩和管理绩效，各部门也希望随时掌握本部门的各项收支情况，以便进行科学管理和控制。

在总账系统中，如果在定义会计科目时把某科目的账类设置为部门核算，则系统除了对这些科目进行部门核算外，还提供横向和纵向的查询统计功能，为企业管理者提供各种会计信息，满足对部门管理的要求。在处理日常业务时，若遇到要求进行部门核算的业务（部门核算科目），系统将自动提示使用者输入相应的部门；记账时，系统将自动形成部门核算与管理所需的各种数据。部门辅助账查询的主要内容包括部门总账、部门明细账和部门收支分析。

一、部门总账

部门总账功能可根据指定的部门核算科目和会计期间，输出该部门核算科目下指定期间内各部门的期初余额、借贷方发生额及期末余额；也可根据指定的部门和会计期间，输出该部门指定期间内对应各个部门核算科目的期初余额、借贷方发生额及期末余额。系统提供了三种部门管理方式，即部门科目总账、部门总账、部门三栏总账。

（一）部门科目总账

部门科目总账功能用于查询某部门核算科目下各个部门的发生额及余额汇总情况。部门科目总账的查询方法如下：

（1）在“总账系统”界面，选择“账表”→“部门辅助账”→“部门总账”→“部门科目总账”命令，打开“部门科目总账条件”对话框。

（2）在“部门科目总账条件”对话框中选择或输入要查询的科目、起止月份、部门范围等查询条件，根据需要选择是否“包含未记账凭证”选项。单击〖确认〗按钮，系统会显示科目总账的查询结果。

（3）在查询过程中，可以在科目下拉列表中选择需要查看的科目。单击工具栏中的〖明细〗按钮，即可联查到当前科目当前月份各部门的科目明细账；单击工具栏中的〖定位〗按钮，可按所输入条件定位查询辅助账；单击工具栏中的〖累计〗按钮，可查看累计发生额。

（二）部门总账

部门总账功能用于查询某部门的各费用、收入科目的发生额及余额汇总情况。部门总账的查询方法如下：

（1）在“总账系统”界面，选择“账表”→“部门辅助账”→“部门总账”→“部门总账”命令，打开“部门总账条件”对话框。

（2）在“部门总账条件”对话框中选择或输入要查询的部门、起止月份等查询条件。如果需要查看包含未记账凭证的部门总账，选择“包含未记账凭证”复选框。输入条件后，单击〖确认〗按钮。

（3）在查询过程中，可以在部门下拉列表中选择需要查看的部门。单击工具栏中的〖明细〗按钮，即可联查到当前部门的科目明细账；单击工具栏中的〖累计〗按钮，可查看累计发生额。

（三）部门三栏总账

部门三栏总账功能用于查询某部门下某科目各月的发生额及余额汇总情况。其操作步骤与前两项查询基本相同。

二、部门明细账

使用部门明细账功能可以查询各部门核算科目的明细账，也可查询各部门明细账，还可以查询某一科目、某一部门的明细账以及部门多栏账。部门明细账的具体格式有金额式、原币金额式、数量金额式和原币数量式四种，输出明细账时，可根据企业的实际情况选择输出格式。另外，还可以输出多栏式明细账。

部门明细账功能用于查询部门业务发生的明细情况，主要有四种查询方式：按科目查询部门的明细账；按部门查询科目的发生情况；查询某科目某部门各期的明细账；横向和纵向列示查询部门下各科目的发生情况。前三种查询方式与部门总账查询方式基本相同，这里主要介绍第四种查询方式，即部门多栏明细账查询。

部门多栏明细账查询的操作步骤如下：

（1）在“总账系统”界面，选择“账表”→“部门辅助账”→“部门总账”→“部门多栏明细账”命令，打开“部门多栏明细账条件”对话框；

（2）在“部门多栏明细账条件”对话框中选择要查询的部门、月份范围及科目；

（3）单击〖确认〗按钮，显示“部门多栏明细账”的查询结果；

（4）单击“部门”下拉列表按钮，可查询其他部门的多栏明细账；

（5）单击工具栏中的〖凭证〗按钮，可联查到相应的凭证。

三、部门收支分析

部门核算，不仅为财务部门深入核算企业内部各部门的收支情况提供了方便，而且通过部门核算产生的数据，为企业及部门业务的管理和各项费用的控制与管理奠定了基础。为了加强对各部门收支情况的管理，系统提供了部门收支分析功能，可以对所有部门核算科目的发生额及余额按部门进行统计分析，形成部门收支分析表。部门收支分析表即是对各个部门或部分部门指定期间内的收入情况或费用开支情况汇总分析的报表。统计分析数据可以是发生额、余额或同时为发生额和余额。在对发生额及余额进行统计分析时，系统将科目、部门的期初余额、借方发生额、贷方发生额、期末余额一一列出，进行比较分析。

部门收支分析的操作步骤如下：

（1）在“总账系统”界面，选择“账表”→“部门辅助账”→“部门收支分析”命令，打开“部门收支分析条件—选择分析科目”对话框；

（2）在“请选择进行分析的科目”栏中，选择要进行分析的科目后，单击“∨”按钮；

（3）单击〖下一步〗按钮，进入“选择分析部门”对话框，选择要进行分析的部门后，单击“∨”按钮；

（4）单击〖下一步〗按钮，进入“选择分析月份”对话框，选择相应的分析月份；

（5）单击〖完成〗按钮，显示部门收支分析表；

（6）用户可以在分析过程中，单击〖过滤〗按钮及“全部”、“收入科目”、“费用科目”选项卡，查询需要的数据；

（7）单击〖退出〗按钮，返回“总账系统”界面。

第六节　往来管理及人员管理

手工方式下对往来账款的管理主要是通过“应收账款”、“应收票据”、“预付账款”、“其他应收款”、“应付账款”、“应付票据”、“预收账款”、“其他应付款”等会计科目来进行。在电算化系统中，并不一定对以上所有科目进行管理，而是根据企业会计与财务管理的需要对其中的某些科目进行管理，具体地讲，是对科目的辅助核算设置为往来属性（个人往来、客户往来、供应商往来）的会计科目进行管理。

使用往来核算功能，需要在设置会计科目时将其辅助核算属性设置为个人往来、客户往来或供应商往来，然后使用往来核算模块完成往来清理、往来对账、往来正式明细账输出、往来余额统计和打印催款单等工作。总账系统为企业提供清理所有具有往来性质账户的功能，包括客户往来、供应商往来和个人往来的清理。往来账清理主要是对往来账户的勾对，并提供账龄分析表及催款单。

一、往来管理

往来管理的全部内容有：系统初始化（往来客户、供应商、个人代码设置、期初余额）；记账（单独记账或随总账、明细账和日记账一起记账）；显示（查询）、打印催款单；核销（销账）；账龄分析；维护管理。系统的往来管理主要包括客户往来管理、供应商往来管理和个人往来管理三个部分内容。

（一）客户往来管理

客户往来管理的内容主要包括客户往来余额表、客户往来明细账、客户往来两清、客户往来催款单、客户往来账龄分析。

1. 客户往来余额表

客户往来余额表包括客户科目余额表、客户余额表、客户三栏余额表、客户项目余额表、客户部门余额表、客户业务员余额表、客户分类余额表、客户地区分类余额表。

（1）可查询客户往来余额的内容。客户科目余额表用于查询某往来科目下所有客户的发生额和余额情况；客户余额表用于查询某往来客户所有科目下的发生额和余额情况；客户三栏余额表用于查询某客户往来科目下某客户在各月的发生额和余额情况；客户项目余额表用于查询带有客户、项目辅助核算科目的发生额和余额情况；客户部门余额表用于查询某客户往来科目下各部门及其往来客户的发生额和余额情况；客户业务员余额表用于查询某客户往来科目下各业务员及其往来客户的发生额和余额情况；客户分类余额表用于查询某客户往来科目下所有客户分类的发生额和余额情况；客户地区分类余额表用于查询某客户往来科目下所有地区分类的发生额和余额情况。

（2）客户往来科目余额表查询的操作步骤为：1）在“总账系统”界面，选择“账表”→“客户往来辅助账”→“客户往来余额表”→“客户科目余额表”命令，打开“客户科目余额表”对话框（见图5—35）。2）根据实际情况，选择要查询的科目、月份范围、科目余额范围、余额方向、是否包含未记账凭证、是否显示信用额度等内容，输入查询条件后单击〖确定〗按钮，系统显示满足输入查询条件的“客户科目余额表”。3）在“客户科目余额表”窗口中，单击〖查询〗按钮，调出条件输入界面，重新输入查询条件重新查询；单击〖明细〗按钮，可以联查到当前科目、当前月份范围的明细账，也可以在当前的某个客户的记录条上双击，联查到当前科目、当前月份范围的明细账；单击〖详细〗按钮，可以查看明细客户往来的数据，再次单击该按钮，隐去明细信息；单击〖累计〗按钮，可以查看年初至今的累计信息，再次单击该按钮，隐去累计信息。

2. 客户往来明细账

客户往来明细账包括客户科目明细账、客户明细账、客户三栏明细账、客户部门明细账、客户项目明细账、客户业务员明细账、客户分类明细账、客户地区分类明细账、客户多栏明细账。

（1）可查询客户往来明细账的内容。客户科目明细账用于查询指定科目下各往来客户的明细账情况；客户明细账用于查询某个往来客户所有科目的明细账情况；客户三栏明细账用于查询某个往来客户某个科目的明细账情况；客户部门明细账用于查询某客户往来科目下各部门及其往来客户的明细账情况；客户项目明细账用于查询带有客户、项目辅助核算科目的明细账情况；客户业务员明细账用于查询某客户往来科目下各业务员及其往来客户的明细账情况；客户

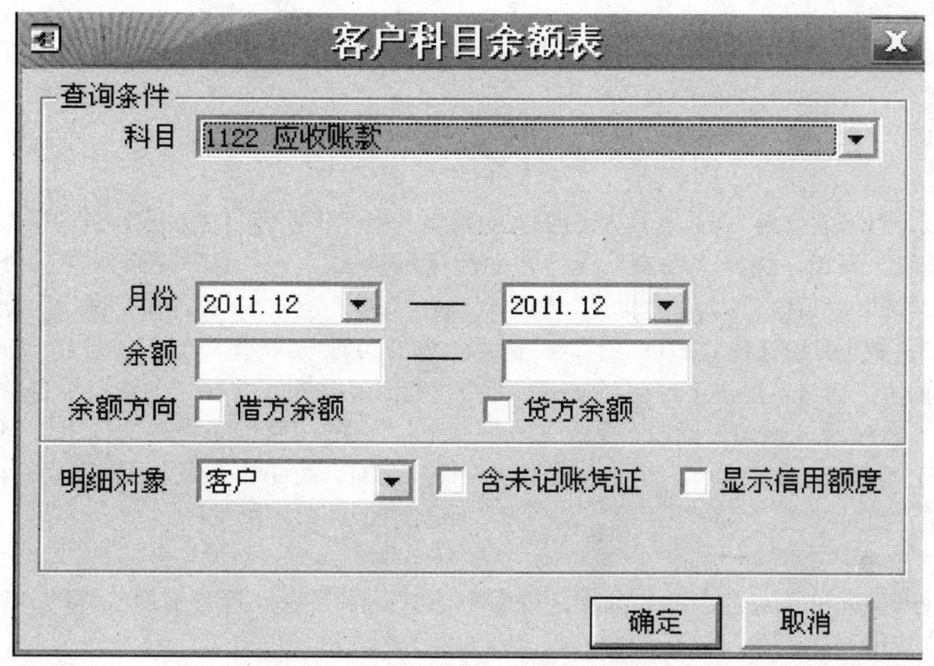

图 5—35 “客户科目余额表”对话框

分类明细账用于查询某客户往来科目下各客户分类及其往来客户的明细账情况；客户地区分类明细账用于查询某客户往来科目下所有地区分类的明细账情况；客户多栏明细账用于查询某个指定的上级科目的多栏明细账情况。

（2）客户往来明细账查询的操作步骤为：1）在“总账系统”界面，选择“账表”→“客户往来辅助账”→“客户往来明细账”→“客户明细账”命令，打开“客户明细账”对话框。2）根据实际情况，选择要查询的科目、分类、月份范围、明细对象、是否包含未记账凭证等内容，单击〖确定〗按钮，打开“客户明细账”窗口。3）在“客户明细账”窗口中，单击〖查询〗按钮，调出条件输入界面，重新输入查询条件查询；单击〖总账〗按钮，可以联查到当前客户、当前月份范围的总账，也可以在当前的记录条上双击鼠标，联查到当前客户、当前月份范围的总账；单击〖凭证〗按钮，联查当前记录所对应的凭证；单击〖摘要〗按钮，可自定义摘要的显示组成。

3. 客户往来两清

对已达往来账应该及时作往来账的两清工作。两清是指将已达账项打上已结清的标志。

（1）客户往来的两清方式。客户往来的两清方式有两种，即自动勾对和手工勾对。

1）自动勾对。自动勾对是指计算机自动将所有已结清的往来业务打上标记。往来自动勾对是按票号、逐笔和总额三种方式进行勾对的，票号勾对就是对同一科目下票号相同、借贷方向相反、金额一致的两笔分录进行自动勾对；逐笔勾对就是在用户未指定票号的情况下，系统按照金额一致、借贷方向相反的原则进行自动勾对；总额勾对是指当某客户的所有未勾对的借方发生额之和等于所有未勾对的贷方发生额之和时，系统则将这几笔业务进行自动勾对，本功能的执行一般可在记完账后或在期末查询或打印往来账前进行。进行自动勾对时，系统自动将所有已结清的往来业务打上“○”标记。

2）手工勾对。手工勾对是指如果某些款项不能自动判断，可以通过手工辅助核对，即按指定键对已达账项打上“Y”标记。

总账系统对往来账分别按票号、逐笔和总额进行自动勾对。若无法使用自动勾对可使用手工勾对方式，勾对后进行平衡检验。一般应在记账完成后或在期末查询、打印往来账前进行往来账两清处理工作。核对应该分科目、分往来客户进行，首先选择往来科目，然后选择往来客户，再选择核对方式。

（2）以勾对华宏公司2011年12月份的应收账款为例，说明客户往来账勾对的操作步骤：1）在“总账系统”界面，选择“账表”→“客户往来辅助账”→“客户往来两清”命令，打开“客户往来两清”对话框。2）在“科目”框中，选择“1122 应收账款”；在“客户”框中，选择“华宏公司”；截止月份选择“2011.12”；并选择相应的勾对方式。3）单击〖确定〗按钮，显示“客户往来两清”窗口，单击〖自动〗按钮，即可进行自动勾对，并在“两清”栏自动打上勾对标志“○”；若发现应该勾对而没有勾对的，可双击其后的“两清”栏，进行手工勾对，并在“两清”栏上显示标志“Y”。4）若要取消勾对或重新勾对，可单击工具栏上的〖取消〗按钮进行自动取消，也可双击“两清”栏手工取消两清标志进行手工取消。

4. 客户往来催款单

客户往来催款单是对客户的欠款催还的管理方式，主要在设置有辅助核算的“应收账款”科目中限制使用。

（1）客户往来催款单的格式及内容。客户往来催款单根据不同的行业预置不同的格式，主要包括两个部分：系统预置的文字性叙述（可修改或自己填写）和由系统自动取数生成的应收账款对账单。客户往来催款单可以显示所有客户的应收账款情况，也可以显示某一个客户的往来情况，还可以按条件显示所有的账款和未核销的账款金额。

（2）客户往来催款单查询的操作步骤为：1）在“总账系统”界面，选择“账表”→“客户往来辅助账”→“客户往来催款单”命令，打开“客户往来催款”对话框（见图5—36）；2）输入查询科目、分析对象、范围、截止日期、是否包含未记账凭证等信息，若对账龄区间不满意，可单击〖账龄区间设置〗按钮进行设置；3）单击〖确定〗按钮，打开“客户往来催款单”窗口（见图5—37）；4）单击工具栏上的〖设置〗按钮，打开“客户催款单设置”对话框，输入函证信息、银行名称和银行账号等；5）输入完毕后，单击〖确定〗按钮；6）设置完成后，可单击工具栏上的〖预览〗按钮，进入“打印预览”窗口，选择“文件”→“页面设置”命令，可对催款单的显示格式进行修改。

5. 客户往来账龄分析

往来账款的账龄分析是往来管理模块的重要功能之一。“账龄”是指某一往来业务从发生之日起到结清之日止的时间期限。通过账龄分析表对往来账款拖欠时间的整理归类和分析，可了解企业管理人员收款工作的效率，以便正确确定今后的销售策略，并能根据各种应收账款过期的时间和历史资料，估计坏账损失。通过账龄分析表，系统将输出“应收账款”科目下所指定的、各个账龄期间内各往来客户应收账款的分布情况，计算出各种账龄应收账款占总应收账款的比例，以帮助财务人员了解分析应收账款的资金占用情况，便于企业及时催收款项。

客户往来账龄分析的操作步骤如下：

（1）在“总账系统”界面，选择“账表”→“客户往来辅助账”→“客户往来账龄分析”命令，打开“客户往来账龄”对话框（见图5—38）；

（2）输入查询科目、分析对象、范围、截止日期、是否包含未记账凭证等信息；

（3）单击〖确定〗按钮，打开“客户往来账龄”窗口；

客户往来催款

查询科目 1122 应收账款
分析对象 客户
=
范围
制单日期分析 发生日期分析
截止日期 2011-12-31
币种 人民币
包含未记账凭证

序号	起止天数	总天数
01	1-30天	30
02	31-60天	60
03	61-90天	90
04	91-120天	120
05	121-365天	365
06	365天以上	

按所有往来明细分析
按未两清往来明细分析
账龄区间设置 确定 取消

图 5—36 “客户往来催款”对话框

客户往来催款单

科目 1122 应收账款
客户 全部
截止日期：2011-12-31

日期	客户		凭证号	摘 要	借方	贷方	两清	账龄区间
	编号	名称			本币	本币		
2011.11.30	HHGS	华宏公司		销售产品_华宏公司	3,991,000.00			31-60天
2011.12.04	HHGS	华宏公司	转-0003	销售产品_华宏公司_2008.12.04	3,510,000.00			1-30天
2011.12.24	HHGS	华宏公司	收-0008	收到账款_华宏公司_2008.12.24		510,000.00		1-30天
			总计		7,501,000.00	510,000.00		
			余额		6,991,000.00			

图 5—37 “客户往来催款单”窗口

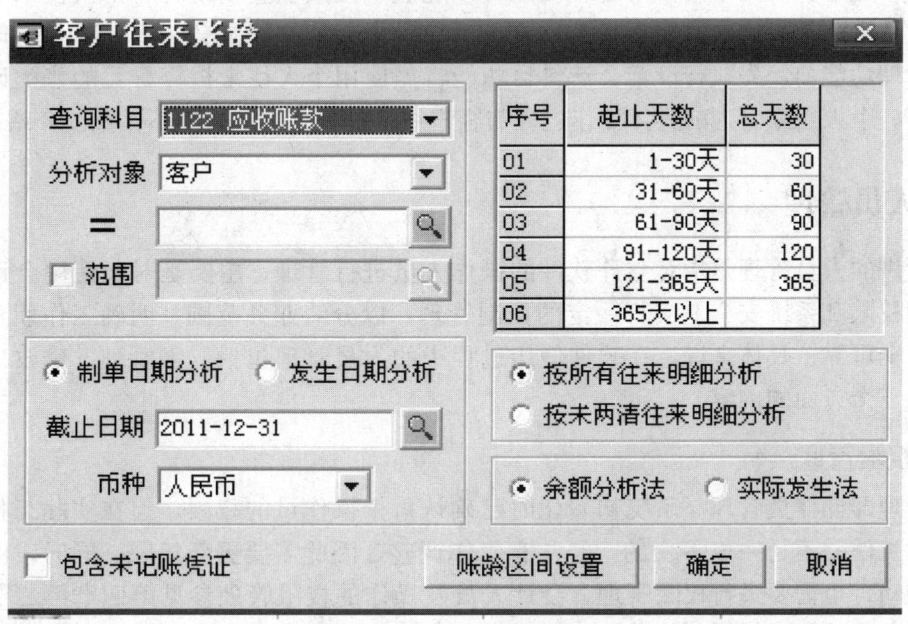

图 5—38 “客户往来账龄”对话框

(4) 单击工具栏上的〖详细〗按钮，可以查询各个客户往来账龄的详细情况；

(5) 单击〖比率〗按钮可查询客户各往来账龄区间的金额占总额的百分比。

(二) 供应商往来管理

由于供应商往来管理与客户管理基本相同，所以，供应商往来管理的相关操作可参照客户往来管理执行。

1. 供应商往来余额表的查询

供应商往来余额表查询功能用于查询供应商往来业务发生的汇总情况。在会计科目建立时设定某科目为供应商往来辅助核算科目，在录入记账凭证时认真填写系统弹出的辅助信息框并经审核记账后，在此可从供应商角度查询其往来发生额及余额情况。

2. 供应商往来明细账的查询

供应商往来明细账的查询功能主要用于查询供应商往来业务发生的详细情况。

3. 供应商往来两清

供应商往来两清功能主要用于对供应商的货款结算情况进行清理，以方便及时地了解供应商的货款结算情况，清理外欠货款。

4. 供应商往来对账单

供应商往来对账单可以显示供应商往来情况。查询科目可显示所有具有供应商科目属性的科目名称，用户可选择查询相关科目的供应商往来情况。查询方法与客户往来催款单相同。

5. 供应商往来账龄分析

通过供应商往来账龄分析表，系统将输出“应付账款”科目下所指定的、各个账龄期间内各供应商往来应付账款的分布情况。查询方法与客户往来账龄分析表相同。

(三) 个人往来管理

个人往来管理功能适用于个人往来业务较多的企业或单位。个人往来是指企业与其内部职工发生的往来业务。使用个人往来管理功能可以完成个人余额查询统计、个人往来明细账查询输出、个人往来清理、往来对账、个人往来催款单、个人往来账龄分析和催款单打印等。使用个人往来管理功能前，先执行设置会计科目功能将需使用个人往来核算科目的账类设为个人往来辅助核算。个人往来管理的具体操作过程与客户往来管理相似，这里不再重复介绍。

二、人员管理

这里所讲的人员管理是指对会计软件的操作人员进行管理，主要是对于使用会计软件的操作员在使用权限和系统安全上实行一定的控制管理，以分清业务范围，明确工作职责，保证系统运行的安全可靠。具体来说，在软件使用过程中的人员管理包括权限管理、修改口令和查看上机日志共三个方面的内容。

(一) 权限管理

权限管理即操作员管理。系统初始化时已确认每个操作员的权限，但在实际工作中，会计人员的具体工作并不是一成不变的，经常有工作调整，因此需要更新权限。同时，由于会计人员的增减变动，也需要进行权限管理。会计人员及操作的权限管理参见第四章第二节系统管理的相关内容。通用会计软件一般要求使用该功能模块的人员是账套主管。

（二）修改口令

口令又称密码，专为系统的安全保密而设。通用会计软件均通过口令验证操作人员的身份，判断该人员能否进入该软件使用有关功能。系统初始化时，每个操作员的口令是由系统管理员设定的，系统管理员常将每个操作员的口令设为一个通用口令，也可不设口令。为了系统的安全运行，明确会计人员的工作职责，每个操作员都应设定只有本人才知道的口令（即将系统管理员设定的口令修改为自己的口令），而且每隔一段时间应修改一次，以防原口令泄露。如果自己的口令已被他人知晓，则应立即更换口令。使用修改口令功能模块的注意事项及操作步骤如下：

（1）修改口令功能用于合法操作员的口令可能被泄露的情况。

（2）使用该功能模块的人员：通用会计软件一般要求是任何合法操作员。

（3）使用该功能模块的时间：在得知口令可能被泄露时。

（4）修改口令的操作步骤为：

1）注册“企业门户”，进入“注册〖企业门户〗”界面（见图5—39）；

2）输入操作员、密码，选定“改密码”选项；

3）选择账套、会计年度、操作日期；

4）单击〖确定〗按钮，系统弹出“设置操作员口令”窗口（见图5—40）；

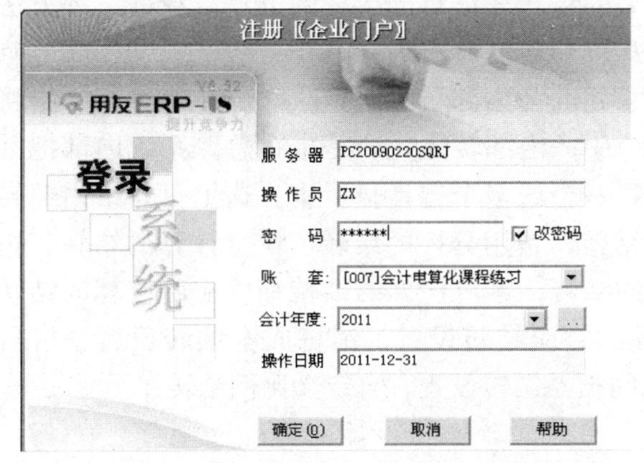

图5—39 “注册〖企业门户〗”界面

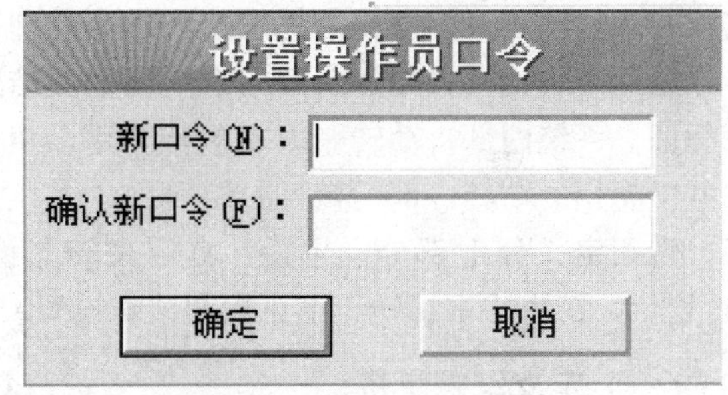

图5—40 “设置操作员口令”窗口

（5）输入新口令并确认，单击〖确定〗按钮，即可完成修改口令工作。

（三）查看上机日志

上机日志又称上机记录，其记录的主要内容是操作员使用会计软件的上机与下机时间及操作的具体功能等情况。查看上机日志功能是为保证系统的安全运行、提供审计线索而设置。大部分通用会计软件都提供自动登记上机操作记录（即上机日志）的功能，并提供给系统管理员显示、打印上机日志的权限。由于上机操作记录日积月累会占用很多磁盘空间，建议定期清理（每月或至少两月清理一次），删除上机日志的部分或全部记录。定期清理既可以减少硬盘占用空间，又可以减少备份数据。

查看上机日志功能是用于查看合法操作员在哪些工作时间使用了哪些软件功能。使用该功能模块的人员为系统管理员；使用该功能模块的时间为在需要查看工作情况时。

第七节 期末处理

期末常指月末或年末。这里的期末处理是指会计人员在每个会计期末都需要完成的一些特定的会计工作，故期末处理常称为期末会计业务的处理，例如银行对账、期末结转业务、试算平衡、对账、结账以及期末会计报表的编制等。期末会计业务与日常业务相比较，数量不多，但业务种类繁杂且时间紧迫。在手工会计工作中，每到会计期末，会计人员非常繁忙。而在会计电算化下，由于各会计期间的许多期末业务具有较强的规律性，由计算机来处理这些有规律的业务，不但可以节省会计人员的工作量，还可以加强财务核算的规范性。

一、期末结转业务

期末结转业务主要包括结转费用、结转成本（生产成本与销售成本）和结转损益三大类。在手工方式下，期末结转业务一般通过特定的方法计算出有关金额后填制记账凭证、审核、记账等。在电算化方式下，期末结转业务既可以采用与手工方式相同的方法，又可以采用常用凭证的方法，还可以采用账务处理系统根据用户定义的结转凭证自动生成的方法。在这三种方法中，自动生成的方法为最优，采用常用凭证的方法次之。

期末结转业务所涉及的转账凭证分为外部转账凭证和内部转账凭证。外部转账凭证是指将其他专项核算子系统生成的凭证转入账务处理系统中；内部转账凭证是指在总账系统内部把某个或某几个会计科目中的余额或本期发生额结转到一个或多个会计科目中。这里只介绍内部转账凭证。系统内部自动转账主要包括费用归集的结转、费用分摊的结转、税金计算的结转、提取各项费用的结转、部门核算的结转、个人核算的结转、客户核算的结转和供应商核算的结转等。转账定义分七部分，包括：自定义转账设置、对应结转设置、销售成本结转设置、售价（计划价）销售成本结转、汇兑损益结转设置、期间损益结转设置、自定义比例结转。

（一）定义结转凭证

定义结转凭证在系统初始化时定义一次即可，只要有关业务没发生变化，其转账凭证的转账公式一般也不会发生变化，就无须再定义。第一次使用会计软件的用户进入系统后，应先执行“转账定义”命令，用户在定义完结转凭证后，在以后的各月只需调用“转账凭证生成”功能即可。但当某结转凭证的转账公式有变化时，需先在“转账定义”中修改转账凭证的内容，然后再进行转账凭证生成。

1. 自定义转账设置

自定义转账功能的运用可以极大地提高总账系统的使用效率，但是，由于其规则复杂，函数多样，不便于理解和掌握，因此，建议在总账系统运行初期，可以不使用或少使用自定义转账功能，随着系统应用的深入，逐步使用自动转账功能。

（1）自定义转账设置实例。以下以结转制造费用为例，说明自定义转账设置的操作步骤：1）在“总账系统”界面，选择“期末”→“转账定义”→“自定义转账”命令，打开“自定义转账设置”对话框，单击〖增加〗按钮，打开“转账目录”对话框；2）在“转账目录”对话框中的“转账序号”文本框中输入“0001”，在“转账说明”文本框中输入“结转制造费用”，在“凭证类别”下拉列表中选择“转 转账凭证”，然后单击〖确定〗按钮；3）在“科目编码”栏下单元格中输入“50010101”，在“方向”栏下单元格中选择“借”；4）在“金额公式”栏下的单元格，按引导输入公式；5）单击〖增行〗按钮，依次按引导输入其他科目公式；6）单击〖保存〗按钮，保存已设置的自定义转账凭证（见图 5—41）。

自定义转账设置

设置 打印 预览 输出 | 增加 保存 修改 删除 放弃 | 插入 增行 删行 | 首张 上张 下张 末张 | 帮助 退出

转账序号 0001　　转账说明 结转制造费用　　凭证类别 转账凭证

摘要	科目编码	部门	个人	客户	供应商	项目	方向	金额公式	外币公式	数量公式
结转制造费用	50010101						借	FS (510105, 月, 借)		
结转制造费用	50010102						借	FS (510103, 月, 借)		
结转制造费用	50010103						借	FS (510104, 月, 借)		
结转制造费用	50010104						借	FS (510101, 月, 借)+FS (510102, 月, 借		
结转制造费用	510101						贷	FS (510101, 月, 借)		
结转制造费用	510102						贷	FS (510102, 月, 借)		
结转制造费用	510103						贷	FS (510103, 月, 借)		
结转制造费用	510104						贷	FS (510104, 月, 借)		
结转制造费用	510105						贷	FS (510105, 月, 借)		

图 5—41　“自定义转账设置”对话框

（2）金额公式中常用函数的基本格式。函数的基本格式为：函数名（科目编码，会计期间，方向，辅助项 1，辅助项 2），如“QM（1001，月）”的执行结果为取 1001 科目结转月份的期末余额，结转月份可在生成转账凭证时选择。

函数定义说明如下：

1）期初余额：QC（科目编码，会计期间，方向，辅助项 1，辅助项 2）；

2）期末余额：QM（科目编码，会计期间，方向，辅助项 1，辅助项 2）；

3）发生净额：JE（科目编码，会计期间，辅助项 1，辅助项 2）；

4）发生额：FS（科目编码，会计期间，方向，辅助项 1，辅助项 2）；

5）累计发生额：LFS（科目编码，会计期间，方向，辅助项 1，辅助项 2）；

6）对方科目数值：JG（科目）或 JG（）；

7）借贷平衡差额函数：CE（）。

2. 对应结转设置

对应结转不仅可进行两个科目一对一结转，还可进行多个科目的一对多结转。对应结转的科目可为上级科目，但其下级科目的科目结构必须一致，即具有相同的明细科目，如有辅助核算，则两个科目的辅助账类别也必须一一对应。对应结转一般针对资产、成本或费用类科目，且只结转期末余额，结转时转出科目方向根据其余额方向确定，即若余额方向为“借”则从贷方转出，否则从借方转出，转入科目方向与转出科目方向相反。

以下以结转本年利润为例，说明对应结转设置的操作步骤：

（1）在“总账系统”界面，选择“期末”→“转账定义”→“对应结转”命令，打开“对应结转设置”对话框，输入编号为“0001”、凭证类别为“转 转账凭证”、摘要为“结转本年利润”、转出科目编码为“4103”。

（2）单击〖增行〗按钮，在“转入科目编码”处输入“410415”，在“结转系数”处输入

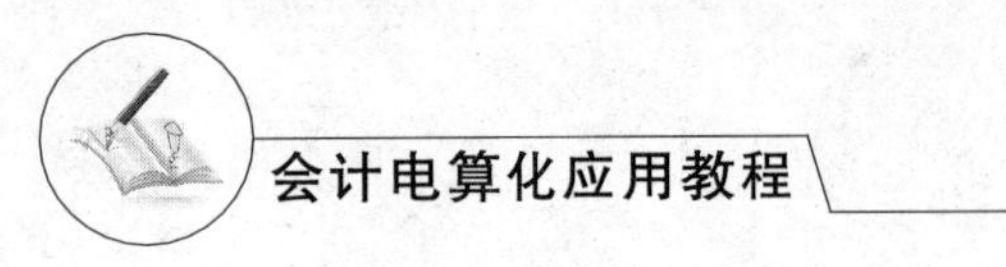

“1.00”，如图 5—42 所示。

对应结转设置

设置 打印 预览 输出 | 增加 删除 保存 放弃 | 增行 删行 | 首张 上张 下张 末张 | 帮助 退出

编号：0001

凭证类别：转 转账凭证

摘要：结转本年利润

转出科目编码：4103　转出科目名称：本年利润

转出辅助项：

转入科目编码	转入科目名称	转入辅助项	结转系数
410415	未分配利润		1.00

图 5—42　“对应结转设置”对话框

（3）单击〖保存〗按钮，保存此笔结转业务。

（4）单击〖增加〗按钮，重复步骤（1）～（3）输入其他对应结转业务。定义完成后，单击〖退出〗按钮退出。

在定义对应结转时，如果同一凭证转入科目有多个，并且同一凭证的结转系数之和为 1，那么最后一笔结转金额为转出科目余额减当前凭证已输出的余额。

3. 销售成本结转设置

销售成本结转是指将月末商品（或产成品）销售数量乘以库存商品（或产成品）的平均单价计算各类商品销售成本并进行结转。在“总账系统”界面，建立会计科目时，如果“库存商品”、“主营业务收入”和“主营业务成本”等科目下的所有明细科目都有数量核算，且这三个科目的下级科目的结构均一一对应，输入完成后，系统自动计算出所有商品的销售成本。定义销售成本结转的操作步骤如下：

（1）在“总账系统”界面，选择“期末”→“转账定义”→“销售成本结转”命令，打开“销售成本结转设置”对话框。

（2）选择凭证类别为“转 转账凭证”，输入库存商品科目、商品销售收入科目、商品销售成本科目。根据核算需要，选择“按商品销售（贷方）数量结转”或“按库存商品数量（金额）结转”方式。

（3）单击〖确定〗按钮，完成销售成本结转的设置。

4. 售价（计划价）销售成本结转

使用售价（计划价）销售成本结转功能可以按售价（计划价）结转销售成本或调整月末成本。售价（计划价）销售成本结转的操作步骤为：

（1）在“总账系统”界面，选择“期末”→“转账定义”→“售价（计划价）销售成本结转设置”命令，打开“售价（计划价）销售成本结转”对话框。

（2）在“差异额计算方法”区域中，选择“售价法”或“计划价法”；在“凭证类别”下拉列表框中选取“转账凭证”；输入“库存商品科目”、“商品销售收入科目”、“商品销售成本科目”；在“差异科目”框中输入“销售成本差异”科目。

（3）在“月末结转方法”区域中，选择“月末结转成本”或“月末调整成本”单选项。有些商业企业月中发生销售业务时不计算成本，在月末按当月销售情况结转成本；有些工业企业平时在发生销售业务时即结转成本，到月末对成本及差异科目进行调整。

（4）在“差异率计算方法”区域中，选择“综合差异率”或“个别差异率”单选项。综合差异率即按当前结转科目的上一级科目取数进行计算得出当前科目的差异率，若当前结转科目为一级科目，则按该科目本身取数计算差异率。若当前结转的是项目，则按其隶属的科目进行计算。个别差异率即按当前结转科目或项目本身取数计算差异率。

（5）在“差异率计算公式”区域中，单击4个科目后面的下拉箭头可选择“期初余额”、“期末余额”、“本期借方”、“本期贷方”、“本期净额”选项，输入科目之间的“+”、“−”运算符号。

（6）单击〖确定〗按钮，完成销售成本结转的设置。

5. 期间损益结转设置

期间损益结转用于在一个会计期间终了将损益类科目的余额结转到“本年利润”科目中，从而及时反映企业的盈亏情况。该功能主要用于“管理费用”、“销售费用”、“财务费用”、“销售收入”、“营业外收入”、“营业外支出”等科目的结转。定义期间损益结转的操作步骤为：

（1）在“总账系统”界面，选择“期末”→“转账定义”→“期间损益”命令，打开“期间损益”结转设置对话框。

（2）在“凭证类别”下拉列表框中选取“转 转账凭证”。

（3）在“本年利润科目”框中选择“4103”科目，如图5—43所示。

期间损益结转设置

凭证类别 转 转账凭证　　本年利润科目 4103

确定　取消　打印　预览

损益科目编号	损益科目名称	本年利润科目编码	本年利润科目名称	本年利
600101	A商品	4103	本年利润	
600102	B商品	4103	本年利润	
6051	其他业务收入	4103	本年利润	
6101	公允价值变动损益	4103	本年利润	
6111	投资收益	4103	本年利润	
630101	处置固定资产净收益	4103	本年利润	
640101	A商品	4103	本年利润	
640102	B商品	4103	本年利润	
6402	其他业务支出	4103	本年利润	
6403	营业税金及附加	4103	本年利润	
660101	展览费	4103	本年利润	
660102	广告费	4103	本年利润	

每个损益科目的期末余额将结转到与其同一行的本年利润科目中

若损益科目与之对应的本年利润科目都有辅助核算，那么两个科目的辅助账类必须相同。
本年利润科目为空的损益科目将不参与期间损益结转

图5—43 期间损益结转设置

（4）单击〖确定〗按钮，结束设置退出。

（二）生成结转凭证

在定义结转凭证后，每月月末执行自动生成结转凭证功能，即可由计算机自动生成手工需填制的结转凭证，经审核记账后便可真正完成结转工作。

计算机自动生成的结转凭证的金额，取自（来源于）已记账的账簿数据。因此每月月末在进行计算机自动生成结转凭证前，应将此前的所有经济业务制单、审核、记账；否则，计算机自动生成的结转凭证的数据可能有错误。对于一组相关结转凭证，必须严格按顺序进行结转凭证的生成、审核、记账，以保证凭证金额正确无误。同一张转账凭证，年度内可根据需要多次生成，但每月一般只能生成一次。

1. 生成自定义转账凭证

自定义转账是企业根据自身业务需要所采取的转账方式。独立自动转账凭证可以在任何时候用于填制机制凭证，通常一个独立自动转账凭证每月只使用一次。相关自动转账凭证只能在某些相关的经济业务入账后使用，否则计算金额时就会发生差错。因此，在生成转账凭证之前，必须将以前的经济业务全部登记入账，方可采用已定义的转账凭证格式生成机制凭证。

按照合理的先后顺序逐一填制机制凭证，自动转账凭证可以单独编号。在产生机制凭证时，自动转账凭证中的摘要、借贷标志、会计科目直接作为凭证的内容存入凭证临时文件；同时，计算机根据金额计算公式自动计算并将结果存入机制凭证的金额栏。转账凭证生成后，并未记账。

根据已设置的转账定义生成自动转账凭证的操作步骤为：

(1) 在“总账系统”界面，选择“期末”→“转账生成”命令，打开“转账生成”对话框（见图 5—44）。

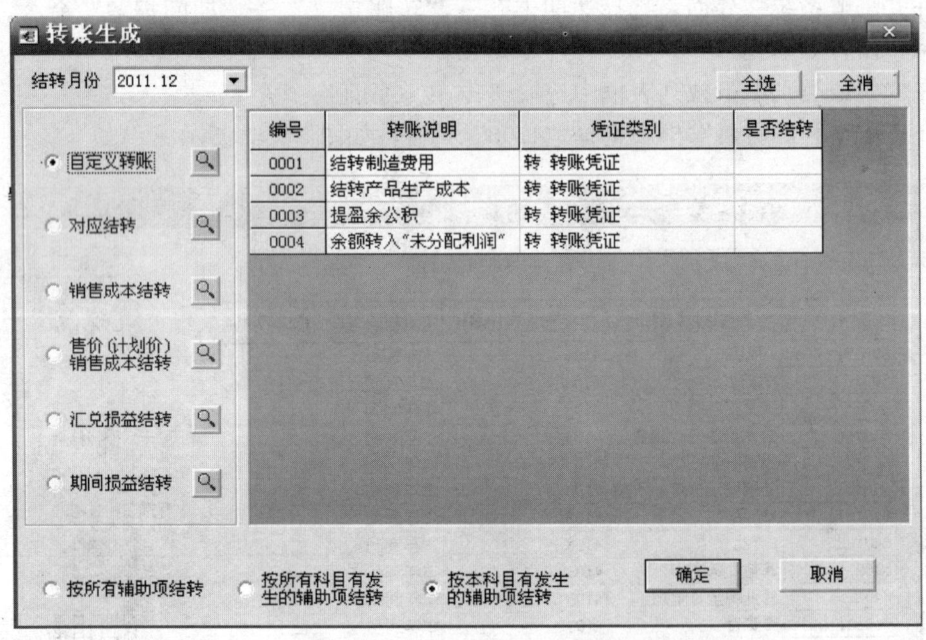

图 5—44 “转账生成”对话框

(2) 默认结转月份，或单击结转月份下拉列表框，重新选择要结转的月份。

(3) 单击“自定义转账”单选项，选择需要结转的自定义转账凭证，在“是否结转”栏下双击鼠标打上“Y”，表示该转账凭证将执行结转；〖全选〗按钮要慎用，因为很可能几个自定义转账凭证之间有数据联系；选错可单击〖全消〗按钮，全部取消选择要结转的凭证。

(4) 单击〖确定〗按钮，系统开始进行结转计算，计算完毕进入凭证生成界面。若凭证类别、制单日期等与实际情况有出入，可直接在当前凭证上进行修改。

(5) 单击〖保存〗按钮，此时凭证上显示“已生成”标志。

2. 生成对应结转凭证

生成对应结转凭证的操作与生成自定义转账凭证的操作基本相同。结转时应视实际情况按照合理的先后顺序逐一生成。其操作方法为：

（1）单击“对应结转”单项选，屏幕显示成本科目信息后选择要结转的转账凭证；

（2）在“是否结转”处双击鼠标打上“√”，表示该转账凭证将执行结转，或点击〖全选〗（全部选择）、〖全消〗（全部取消）按钮选择要结转的凭证；

（3）单击〖确定〗按钮，系统开始结转计算。

3. 生成销售成本结转凭证

生成销售成本结转凭证的操作与生成自定义转账凭证的操作基本相同。销售成本结转可按全月平均法结转，也可按售价（计划价）法结转。按全月平均法结转销售成本的操作步骤是：

（1）单击“全月平均销售成本结转”单选项，则屏幕显示成本科目信息；

（2）按〖确定〗按钮，屏幕显示销售成本试算表，金额栏即为计算出的销售成本；

（3）输入凭证类别、摘要后，按〖确定〗按钮即按计算结果生成结转凭证。

4. 生成售价（计划价）销售成本结转凭证

（1）单击“售价（计划价）销售成本结转”单选项，则屏幕显示成本科目信息；

（2）按〖确定〗按钮，屏幕显示销售成本试算表，金额栏即为计算出的销售成本；

（3）按〖显示/隐藏〗按钮可显示/隐藏详细计算信息。

5. 生成期间损益结转凭证

生成期间损益结转凭证的操作与生成自定义转账凭证的操作基本相同。期间损益结转既可以按科目分别结转，也可以按损益类型结转，还可以按全部类型结转，结转方式应视实际情况而定。生成期间损益结转凭证之前，应先将所有未记账凭证审核记账，否则，生成的凭证数据可能有误。生成期间损益结转凭证的操作步骤为：

（1）在“总账系统”界面，选择“期末”→“转账生成”命令，打开“转账生成”对话框，单击“期间损益结转”单选项；

（2）默认结转月份，或单击“结转月份”下拉列表框，重新选择要结转的月份；

（3）建议不默认“类型”下的“全部”选项，而在“类型”下拉列表框先选择“收入”选项（见图5—45）；

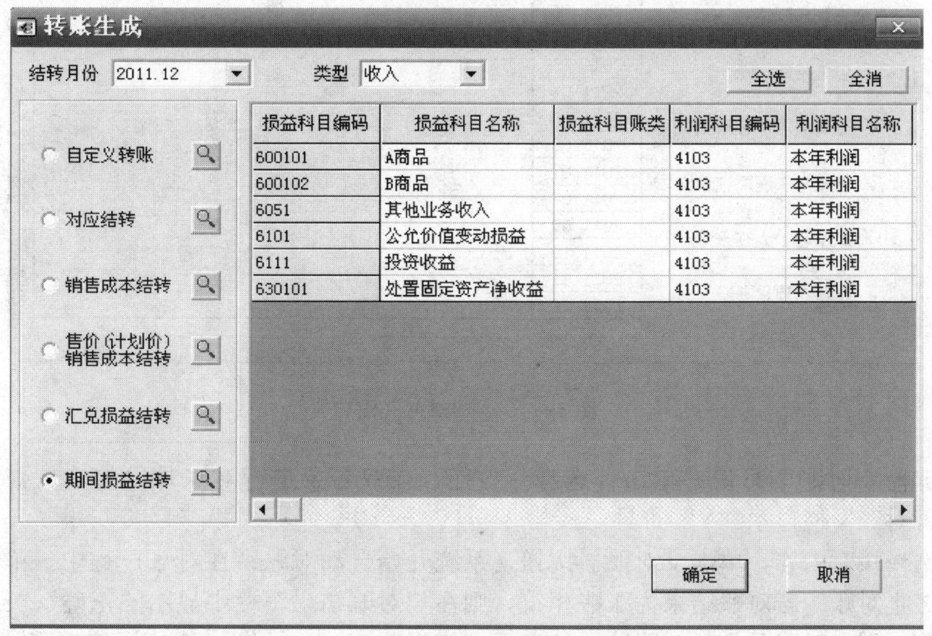

图5—45　“转账生成”期间损益“收入”类

(4) 单击〖全选〗按钮，选择全部要结转的收入类科目，或单击〖全消〗按钮全部取消；

(5) 单击〖确定〗按钮，系统开始进行结转计算，计算完毕进入凭证生成界面，若凭证类别、制单日期等与实际情况有出入，可直接在当前凭证上进行修改；

(6) 单击〖保存〗按钮，此时在结转的收入类期间损益凭证上显示“已生成”标志；

(7) 重新在“类型”下拉列表框选择“支出”项，重复（4）～（6）的操作步骤，系统自动生成结转支出类期间损益凭证；

(8) 单击〖退出〗按钮，返回“转账生成”对话框。

二、对账及试算平衡

在手工方式下，对账是为了保证账证相符和账账相符。在电算化方式下，从理论上讲，只要记账凭证录入正确，计算机自动记账后各种账簿都应正确；但在实际操作中，由于非法操作、计算机病毒或其他原因有时可能会造成某些数据被破坏，因而引起账证不符或账账不符的情况发生。

（一）对账

对账是对账簿数据进行核对，以检查记账是否正确，以及账簿是否平衡。它主要是通过核对总账与明细账、总账与辅助账数据来完成账账核对。在实际工作中，可经常使用本功能进行对账，至少每月一次，一般在月末结账前进行。对账的操作步骤为：

(1) 在“总账系统”界面，选择“期末”→“对账”命令，打开“对账”窗口（见图5—46）。

对账

对账 选择 | 错误 | 试算 | 帮助 退出

选择核对内容

☑ 总账与明细账
☑ 总账与部门账
☑ 总账与客户往来账
☑ 总账与供应商往来账
☑ 总账与个人往来账
☑ 总账与项目账

月份	对账日期	对账结果	是否结账	是否对账
2011.01			Y	
2011.02			Y	
2011.03			Y	
2011.04			Y	
2011.05			Y	
2011.06			Y	
2011.07			Y	
2011.08			Y	
2011.09			Y	
2011.10			Y	
2011.11			Y	
2011.12				

图5—46 “对账”窗口

(2) 选择要对账的月份并单击〖选择〗按钮，或双击要进行对账月份的“是否对账”栏，此时“是否对账”栏显示“Y”符号。

(3) 选择核对内容，单击〖对账〗按钮，系统开始自动对账；在对账过程中，单击〖停止〗按钮，可停止对账。若对账结果为账账相符，则在“对账结果”栏中显示“正确”；若对账结果为账账不符，则在对账月份的对账结果处显示“错误”，单击〖错误〗按钮可查看引起账账不符的原因。

（二）试算平衡

试算平衡的操作步骤为：

（1）在上述“对账”窗口，选择要试算平衡的月份。

（2）单击〖试算〗按钮，可进行试算平衡；单击〖打印〗按钮，可打印试算平衡表。

这里需注意的是：若账簿“选项”中的“往来控制方式”为“客户往来业务由应收系统核算”或“供应商往来业务由应付系统核算”，则在总账系统中，不能对客户往来、供应商往来账进行核对；但可到应收、应付系统中进行核对。

三、结账

在手工方式下，结账实际上是计算和结转各账簿的本期借、贷方发生额与期末余额，并终止本期的账务处理工作。在电算化方式下，由于一般会计软件在记账时都随时计算出各账簿的本期借、贷方发生额和余额，所以电算化方式下的结账实际上就是在有关库（凭证库、账簿库）中作“结账”标记，终止本期的账务处理工作。按会计制度要求，每月只能结一次账，即结账工作每月只能进行一次。结账后就不能再录入本月记账凭证及进行其他有关账务处理工作。

（一）结账前应注意的事项

结账前应注意如下事项：

（1）将当月的会计业务全部入账，结转费用、成本和损益，即要求当月的账务处理工作全部正确完成。

（2）结账只能由有结账权限的操作员进行。

（3）已结账月份不能再填制凭证。

（4）结账前要进行数据备份。结账前可用U盘、移动硬盘或本地硬盘作结账前备份，以防结账过程中断或结账内容有错用于恢复到结账前状态。如果软件本身具有恢复到结账前状态（即取消结账）的功能，就可以不单独作结账前的数据备份。

（二）结账操作步骤

与手工会计处理一样，采用会计电算化方式每月月底也需要进行结账处理。结账的操作顺序是首先选择结账月份，其次是进行账簿核对，最后是进行数据备份。若结账错误，可取消结账。结账的操作步骤如下：

（1）在“总账系统”界面，选择“期末”→“结账”命令，系统显示“结账”对话框，单击要结账的月份。

（2）单击〖下一步〗按钮，显示“核对账簿”对话框，单击〖对账〗按钮，系统对要结账的月份进行账账核对，在对账过程中，可单击〖停止〗按钮中止对账过程，对账完成后，在提示框中显示“对账完毕”的信息。

（3）对账完成后，单击〖下一步〗按钮，显示“月度工作报告”对话框。若需打印，则单击〖打印月度工作报告〗按钮即可打印。

（4）单击〖下一步〗按钮，显示“完成结账”对话框。若符合结账要求，系统将进行结账，否则不予结账。如取消某月的结账状态，可在结账初始界面中，选择要取消结账的月份，按Ctrl＋Shift＋F6组合键后，输入账套主管的口令即可。

(5) 在结账过程中，可以单击〖取消〗按钮，取消正在进行的结账操作。

(三) 不能结账的情形

不能结账的情形包括：

(1) 上月未结账，则本月不能结账。

(2) 上月未结账，则本月不能记账，但可以填制凭证、复核凭证。

(3) 本月还有未记账凭证时，则本月不能结账。

(4) 若对账不符，则不能结账。

四、数据管理

数据管理的主要目的是保证账务处理系统中的账务数据的安全可靠。常用的数据管理主要有四项：备份数据、恢复数据、恢复记账前状态、删除以前年度数据。

(一) 备份数据

备份数据又称为数据备份或数据拷贝，用友 ERP－U8 系统称其为年度账输出。有些软件提供的数据是按年进行的，即每次备份都是从 1 月 1 日一直备份到当前月份。每个月的备份盘都含有年初至本月的数据，可以重复使用，一年只需要作两套备份数据。用友 ERP－U8 系统提供的备份数据就是按年进行的。有些会计软件提供的数据是按月进行的，即每次备份都应指定月份，一年至少要有 12 套备份数据。

1. 备份数据的时间

备份数据的时间为：(1) 每月的账务工作处理完毕（最好在结账前）后；(2) 会计年度终了，进行结账前；(3) 硬盘需要整理前；(4) 更新软件版本前。

2. 备份数据的操作步骤

备份数据应定期进行，至少每月一次，备份两套，要写清数据备份的时间并妥善保存。用友 ERP－U8 系统的年度账输出操作步骤如下：

(1) 以账套主管身份注册进入“系统管理”模块；

(2) 选择“年度账”菜单下的“输出”功能，系统弹出“输出年度数据”界面；

(3) 在“选择年度”处列示出需要输出的当前注册账套年度账的年份（为不可修改项），点击〖确认〗按钮进行输出。在系统输出过程中会显示一个进度条，任务完成后，系统会提示输出的路径（此处系统只允许选择本地的磁盘路径）。

【注意】 如果将“删除当前输出账套”同时选中，在输出完成后系统会确认是否将数据源从当前系统中删除。

(二) 恢复数据

恢复数据又称数据恢复，用友 ERP－U8 系统称其为年度账引入，是指使用已备份到硬盘、U 盘或光盘上的数据，恢复会计软件的硬盘数据文件。恢复数据会将硬盘中会计软件的现有数据覆盖，容易造成错将硬盘上的新数据变为已备份的旧数据。因此，只要软件数据未损坏，就不要进行恢复数据的处理。如果需要恢复往年数据，必须先将硬盘中会计软件的现有数据备份出来，以保存最新的数据，然后再恢复往年数据。

年度账的引入操作与账套的引入操作基本一致，不同之处在于引入的是年度数据备份文件（由系统输出的年度账的备份文件，前缀名统一为“uferpyer”）。引入年度账的数据时，应先准备好数据备份盘，然后再按设定的步骤进行操作：

(1) 以账套主管身份注册进入“系统管理”模块；

(2) 在系统管理界面单击“年度账”的下级菜单“引入”选项；

(3) 选择要引入的年度账套数据备份文件和引入路径，点击〖打开〗按钮表示确认，如想放弃，则点击〖放弃〗按钮。

(三) 恢复记账前状态

恢复记账前状态又称取消记账或反记账，是指将记账内容作废，让系统中的账务数据回到记账操作前的状态，它本身是一个数据恢复过程。恢复记账前状态，既可以使用会计软件具有的自动恢复功能，又可以使用“恢复数据”功能。需要注意的是，使用“恢复数据”功能进行恢复记账前状态的操作后，该次记账后填制的凭证等数据会丢失，应慎用。保险的办法是在恢复数据前做好备份，以防止恢复出错能返回记账后状态。如果会计软件具有自动恢复功能，也可使用该方法进行恢复记账前状态的操作。具体步骤为：

(1) 以账套主管身份注册进入“总账系统”；

(2) 选择“期末”→“对账”，按下 Ctrl+H 键，输入账套主管的口令后显示“凭证”菜单中的“恢复记账前状态”功能；再次按下 Ctrl+H 键隐藏此菜单。

(3) 选择恢复方式：最近一次记账前状态，这种方式一般用于记账时系统造成的数据错误的恢复；××××年××月初状态，恢复到指定月初未记账时的状态，例如登录时间为“2011.12”，则系统提示可恢复到 2011 年 12 月初状态。

(4) 选择是否恢复“往来两清标志”和选择恢复两清标志的月份，系统根据选择在恢复时，清除恢复月份的两清标志。

(5) 可以根据需要不必恢复所有的会计科目，将需要恢复的科目从“不恢复的科目”选入“待恢复的科目”，即可只恢复需要恢复的科目。

(四) 删除以前年度数据

删除以前年度的数据又称为清空以前年度的数据。对业务量大的企事业单位，在计算机硬盘上保留多年的会计数据所占存储空间太大，可能会影响系统的正常运行。建议在计算机硬盘存储容量许可的情况下，在机内保留上一年或近三年的会计数据，以方便查询或作比较分析。当删除的以前年度数据需查询时可作数据恢复。

1. 删除以前年度数据应注意的问题

删除以前年度数据时应注意以下几个问题：(1) 被删除年度的数据已用 U 盘、可移动硬盘或可写光盘做好备份；(2) 被删除年度的账表已被打印出来；(3) 决不能删除当年数据。

2. 删除以前年度的数据的操作步骤

一般的会计软件，删除以前年度数据的操作步骤基本相同，均为单击该功能菜单即可。

第八节　下年年初账务处理

这里所讲的下年年初账务处理工作，是指实现电算化账务处理工作后的第二年年初及以后各年年初的账务处理工作。一般情况下，企业应是持续经营的，其会计工作是一个连续性的工作，只是为了核算方便，才人为地将其进行了会计分期。会计分期主要是将持续经营的时间划分为月份和年度。在会计电算化方式下，每月的各账簿月末余额在执行“结账”功能时已自动结转到下月月初，无须专门进行月末余额的结转；而每到年末，启用新年度账时，就需要结转上年年末余额。

下年年初账务处理工作应在上年底的账务处理工作全部完成后方可进行。其最基本的工作内容是：建立年度账→结转上年数据。其较复杂的工作内容是：建立年度账→调整会计科目及辅助账的设置→调整凭证分类→结转上年数据→调整账簿的年初余额→调整辅助账年初余额→对账。

一、下年年初账务处理最简化的工作步骤

建立年度账即设置账簿，常简称为建账。此时的建立年度账与系统初始化时稍有不同，系统初始化时系统自动建立的年度账只是生成账簿数据库结构，即生成的是空账簿数据库，账簿数据库中无任何账簿数据；而下年年初账务处理工作中的建立年度账，生成的账簿数据库中带有除金额外的有关数据。

（一）建立年度账

1. 使用建立年度账功能模块的人员

一般的通用会计软件要求使用建立年度账功能模块的人员是账套主管。

2. 使用建立年度账功能模块的操作步骤

在已使用总账系统的次年年初及以后各年年初建账的操作步骤是：

（1）以账套主管身份注册并选定账套，进入“系统管理”界面；

（2）在“系统管理”界面中，单击“年度账”的下拉菜单“建立”，系统显示“账套”和“会计年度”两个栏目；

（3）单击〖确认〗按钮，对新建年度账进行确认。

（二）结转上年数据

1. 使用结转上年数据功能模块的人员

一般的通用会计软件要求使用结转上年数据功能模块的人员是账套主管。

2. 使用结转上年数据功能模块的操作步骤

使用软件功能，按提示操作。

二、下年年初需调整科目的账务处理工作步骤

下年年初需调整科目的账务处理工作步骤为：建立年度账→调整会计科目→结转上年数据→调整账簿的年初余额→对账。

三、下年年初需调整多项内容的账务处理工作步骤

下年年初需调整多项内容的账务处理工作步骤为：建立年度账→调整会计科目及辅助账的设置→调整凭证分类→结转上年数据→调整账簿的年初余额→调整辅助账年初余额→对账。

第九节 金蝶账务处理系统简介

总账系统是一切财务数据的收集点，是ERP类软件系统各模块之间联系的交点。由于会计软件都是根据手工会计核算的处理流程原理来设计的，因而金蝶软件与用友软件的总账系统日常业务处理的内容和流程是一样的，包括凭证处理（凭证录入、凭证修改与删除、凭证审核、记账、凭证汇总、常用凭证设置）、账簿管理、财务报表、往来核算、期末处理等。两个软件在使用过程中的不同之处主要在于界面与一些功能处理上的差异。

一、凭证处理

（一）凭证录入

金蝶软件为用户提供了一个仿真的凭证录入环境，主要操作有财务会计、总账、凭证处理、凭证录入。此外，还为用户提供了许多快捷操作方法以提高用户的录入速度，如常用快捷键、模式凭证等。

（二）凭证修改和删除

凭证查询中提供了十分丰富的凭证处理功能，凭证的修改与删除必须在“凭证查询”中进行，点击“财务会计”→“总账”→“凭证处理”→“凭证查询”，进入“会计分录序时簿”窗口，进行修改或删除。如果要修改的凭证已经审核，此凭证只能进行查看，不能修改；只有未审核且未记账的凭证才能修改，删除凭证同理。

金蝶软件在编辑菜单中增加了“凭证整理”功能，对未审核未记账的凭证可以重新填补断号并按照时间顺序进行排序，已打印的凭证可能需要重新打印，此操作不可逆，需要慎重使用。

进入凭证序时簿时系统提供了过滤窗口，提供“条件”、“排序”、“方式”等标签页，用户可以录入适当的过滤条件，过滤出需要查找的凭证，并且可以将某种常用条件做“另存为”，设置为方案，方便以后查找。

（三）凭证审核

凭证审核分为单一凭证审核与成批审核两种。在“会计分录序时簿”中将光标定位于需要审核的凭证上，然后在工具条中单击〖审核〗按钮，系统即进入记账凭证窗口，在此窗口中用户可对记账凭证进行检查，然后点击工具条中的〖审核〗按钮即通过审核。如果需要成批审核，则选择“编辑”菜单中的“成批审核”选项，选择“审核未审核的凭证”即可。如果凭证已经审核，在凭证审核界面下按下〖审核〗按钮后会消除原审核签章，相当于取消审核。

（四）凭证过账

凭证过账即为记账，是一项十分简单的操作，用户可以在过账向导的带领下，轻松地完成过账操作。用户可以在“凭证查询”中的“编辑”菜单中选择“过账”、“全部过账”和“全部反过账”来操作，也可以使用凭证过账向导完成，点击“财务会计”→“总账”→“凭证过账”，点击〖开始过账〗按钮。

过账后的凭证如果有错，可通过“冲销”功能进行红冲（即采用红字冲销法），然后再录入正确的凭证。“冲销”是在“凭证查询”的编辑菜单下冲销，只有已过账的凭证才能使用“冲销”功能。

二、常用账簿

金蝶 K/3 系统提供总分类账、明细分类账、多栏账、核算项目分类总账、数量金额总账、数量金额明细账中的有关数据资料及各类账簿的有关本位币、各种外币以及综合本位币的发生额和余额数据的查询，主要操作为：点击“财务会计”→“总账”→“账簿”。

三、往来业务管理

往来业务管理是财务管理的重要职能之一，金蝶 K/3 系统提供了往来业务管理的功能，通过设置、核销、对账单、账龄分析表等一体的设置和处理，可以实现往来业务的管理。在往来管理这一模块中，分为核销管理、往来对账单查询、账龄分析表三大部分。其中，核销的业务处理是一个非必需的业务流程。如果需要对一些往来业务的账龄按每笔业务进行精确的计算，则需要进行核销的处理；如果只需对账龄进行一个粗略的计算，则可以不进行往来核销的处理。

四、总账系统期末处理

当一个会计期间即将结束时，需要对当期发生的经济业务进行期末结算工作，包括分摊、计提、结转、结账和编制会计报表（本书将报表放到后面章节单独介绍）。为了方便用户，金蝶 K/3 系统提供了能够自动生成可按比例转出指定科目的“发生额”、“余额”、“最新发生额”等项数值，并能相应生成会计凭证的功能，即自动转账功能。要使这一过程得以实现需要完成下述步骤。

（一）编辑公式

转账凭证中生成的数据，计算机是依据公式定义来完成的。编辑公式就是定义公式，就是告诉计算机生成凭证数据的方法，往往是通过设置相应的函数来完成的。不同的软件，由于设计人员的不同，就会用不同的符号来表达相应的函数，但道理是一样的。金蝶 K/3 与用友ERP-U8 的函数公式不一样，但是设计的思路是一样的，用户只需要按照相关软件的要求来设置相应函数就可以了。主要操作为：点击“财务会计”→“总账”→“结账”→“自动转账”→“编辑”→“新增”。

（二）自动转账方案设置

在用户有多个自动转账凭证，尤其是凭证之间还有一些先后的逻辑处理顺序时，需要将其在一个方案中管理。设置自动转账方案可以定时或手工执行方案。

（三）生成凭证

自动转账凭证格式或自动转账方案设置完毕之后，在需要生成相应的转账凭证时，点击设置界面中的〖生成凭证〗按钮就可以了。主要操作是：点击“财务会计”→“总账”→“结账”→“自动转账”→“浏览”，选择某项目自动转账设置，点击〖生成凭证〗按钮。用户使用自动转账的主要目的是设置转账模板，按期结转凭证，很多是每期固定的账务处理，如生产成本结转、制造费用结转等，系统提供了自动转账凭证或转账方案。在设置了多期转账期间后，以后各期可以实现自动结转。系统提供定时自动生成转账凭证的功能。

（四）期末调汇

期末调汇主要用于对外币核算的账户在期末自动计算汇兑损益，生成汇兑损益转账凭证及期末汇率调整表。只有在会计科目中设定了“期末调汇”的科目才会进行期末调汇处理。用户在使用“期末调汇”功能时一定要在所有涉及外币业务的凭证和要调汇的会计科目全部录入完毕并审核过账后才能进行，以免调汇数据不正确。主要操作为：点击“财务会计”→“总账”→“结账”→“期末调汇”，录入期末汇率，即“调整汇率”，点击〖下一步〗按钮，选择一个损益类科目，点击〖完成〗按钮即可生成一张调汇凭证，注意，该凭证仍然需要审核并过账。

（五）结转损益

使用结转损益功能可将所有损益类科目的本期余额全部自动转入“本年利润”科目，自动生成结转损益记账凭证。系统是按照在“会计科目”中选定的科目类别来进行自动结转损益工作的。只有科目类别设定为“损益类”的科目才能进行自动结转。在日常账务处理中，损益类科目的余额在每期的期末都要结转到“本年利润”科目中去。如果要结转本期损益，建议使用系统提供的“结转本期损益”功能，否则在输出有关损益类的会计报表时，会出现不正确的数据。主要操作为：点击“财务会计”→“总账”→“结账”→“结转损益”。

（六）期末结账

金蝶 K/3 系统期末结账的原理与用友 ERP-U8 系统一样，在本期所有的会计业务全部处理完毕后，就可以进行期末结账了。系统的数据处理都是针对本期的，要进行下一期间的处理，必须将本期的账务全部进行结账处理，系统才能进入下一期间。主要操作为：点击“财务会计”→“总账”→“结账”→“期末结账”。

系统在过账前要对账务处理进行常规性检查，必须将本期间的所有会计凭证及业务资料全部输入系统并且过账之后才能结账。对于拥有系统管理员权限的用户，系统还提供了“反结账”的功能。另外，如果有其他系统和总账一起使用，一定要将其他模块结账后再结总账。

思考题

1. 简述会计电算化账务处理系统与手工账务处理系统的相同点和不同点。
2. 简述账务处理系统初始化的操作流程。
3. 简述账务处理系统初始化的工作内容及方法。
4. 简述日常账务处理的主要工作内容。
5. 若记账后发现账簿错误，怎样进行“留痕迹”的修改？
6. 若结账后发现账簿错误，怎样进行“不留痕迹”的修改？
7. 简述出纳管理的主要功能。
8. 简述下年年初账务处理最简化的工作步骤。
9. 简述下年年初需调整科目的账务处理工作步骤。
10. 简述下年年初需调整多项内容的账务处理工作步骤。

第六章　薪资管理系统

【要点提示】

- 薪资管理系统
- 初始设置
- 工资账套
- 工资类别
- 工资分摊
- 金蝶 K/3

第一节　薪资管理系统概述

职工薪资是指企业为获得职工提供的服务而给予职工的各种形式的报酬以及其他相关支出，包括职工工资、奖金、津贴和补贴、职工福利费和各种保险费等。

人力资源管理系统包括薪资管理系统和人事管理系统两大子系统。薪资管理系统的职能是进行职工薪资的核算与管理，向总账系统和成本核算系统提供有关凭证以及人工成本费用信息，为企业管理信息系统和决策支持系统提供有效的数据支持，同时为企业的人力资源管理制定有效的激励政策提供信息支持。人事管理系统的职能是职工录用、确定工资标准和晋升制度、人才培训等。通常，薪资管理系统被视为会计信息系统的一个子系统，而人事管理系统被视为企业管理信息系统的一个子系统。

一、薪资管理系统的特点

职工薪资的核算与管理是财务部门的基本业务之一，薪资管理系统与其他系统比较有下述特点。

（一）职工薪资项目构成复杂，原始数据来源分散

我国大多数企业职工薪资项目较多，不仅包括基本工资，还包括奖励工资、职务工资、各

种补贴、各种社会保险和各种扣款等。计算职工薪资的原始数据不仅来源于人事管理部门，而且还有一部分原始数据来源于其他部门，如考勤记录出自劳动部门、计算计件工资的产量统计出自生产部门等。为了保证及时取得相应的数据，财务部门必须加强与各部门的沟通，同时建立完善的数据采集管理制度。

（二）职工薪资处理的时限性和准确性要求高

职工薪资的计算关系到每个职工的切身利益，企业必须按照规定的时间发放职工薪资，并且要保证职工薪资的计算准确无误。

（三）职工薪资的计算重复性大

职工薪资项目变动很少，每个月计算职工薪资时，只需要调整每一职工有关变动的数据，所以职工薪资的计算重复性大。

二、薪资管理系统的功能

在企业中，人事管理部门向财务部门提供职工薪资发放标准和劳保福利数据，劳动生产部门向财务部门提供职工考评数据等。财务部门进行薪资的计算、汇总、分配和发放，月末编制薪资报表。薪资管理系统的主要功能如图 6—1 所示。

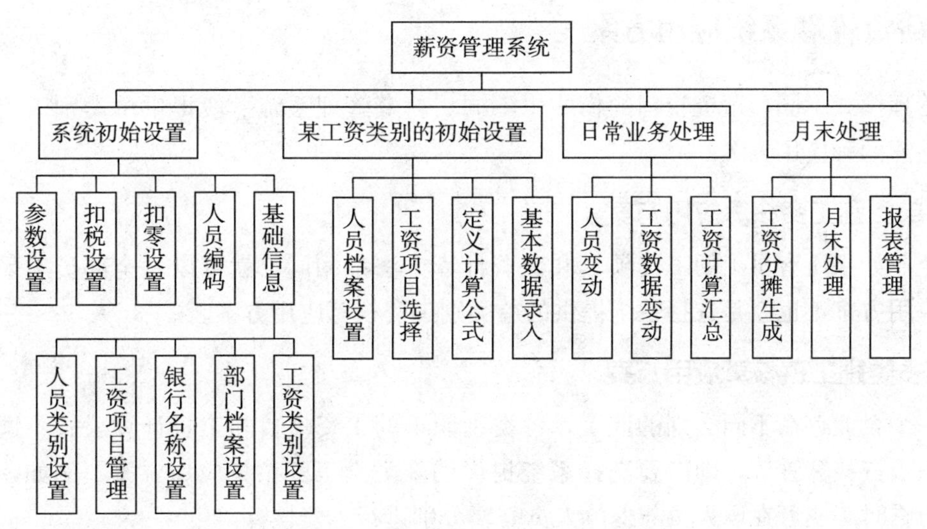

图 6—1　薪资管理系统的主要功能

三、薪资管理系统与其他系统之间的数据传递关系

薪资管理系统与其他系统之间的数据传递关系如图 6—2 所示。

对于薪资管理系统，无论是单独设一个账套处理业务，还是与总账共用一个账套，其均需要与基础设置共享基础数据。例如，需要在系统管理中设置操作员来管理薪资管理系统，需要在基础设置中启用薪资管理系统。

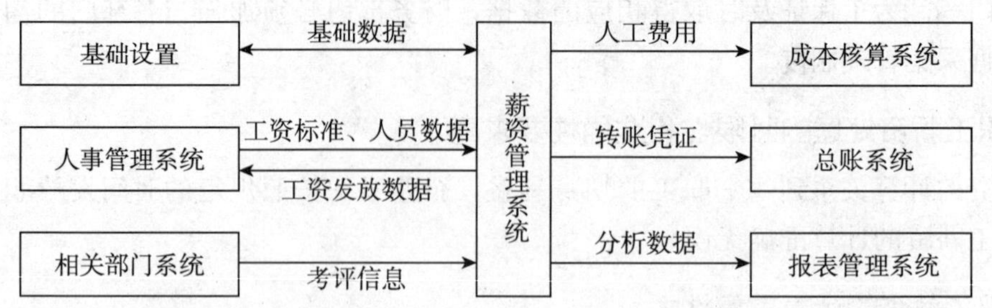

图 6—2 薪资管理系统与其他系统之间的数据传递关系

薪资管理系统与人事管理系统实现人员档案信息以及工资发放标准等数据的共享；薪资管理系统与相关部门系统实现与人员考评相关数据的共享。

薪资管理系统与成本核算系统、总账系统和报表管理系统存在数据传递关系。职工薪资管理系统可以向成本核算系统传送各类人员的薪资费用合计数据，可以将薪资费用分摊的结果生成转账凭证，传递到总账系统进行账务处理，也可以向报表管理系统提供分析数据。

四、薪资管理系统应用方案

企业管理模式不同，薪资管理的模式也不同。薪资管理系统一般提供单类别工资核算和多类别工资核算两种应用方案。

（一）单类别工资核算应用方案

一个企业如果所有员工的工资项目和工资计算方法都相同，就可以对全部员工采用统一的工资核算应用方案，也就是选择系统提供的单类别工资核算应用方案。

（二）多类别工资核算应用方案

如果一个企业存在不同类别的职工，各类别职工的工资项目和工资计算公式不同，但仍需要进行统一工资核算管理，则需要选择系统提供的多类别工资核算应用方案。例如，一个企业的正式工与临时工或者在职人员与退休人员需要分别进行工资核算。

如果一个企业目前只有一个类别的职工，建议也选择多类别工资核算，以便业务模式发生重大变化时，可以轻易而快速地修改软件设置以符合业务流程。

五、薪资管理系统的操作流程

薪资管理系统的操作流程如图 6—3 所示。

图 6—3 薪资管理系统的操作流程

第二节 薪资管理系统的初始设置

薪资管理系统的初始设置主要用于将通用的职工薪资管理系统转换成适合本企业实际需要的职工薪资管理系统，包括系统参数设置、职工薪资类别设置和初始基础资料设置。初始的职工薪资基本信息，由人事管理部门提供，在系统初始化时输入并审核。职工薪资类别和初始基础资料中的职工薪资项目，构成了符合本企业实际需要的职工薪资库的数据结构。

薪资管理系统初始启用之前，人事管理部门需要向财务部门提供详细的人事行政信息，财务部门依据这些资料整理出必要的数据，做好启动薪资管理系统的数据准备工作。例如，设置企业职工的编码方案、划分人员类别、设置所使用的工资项目、整理每个职工薪资的基础数据等。

一、工资账套的建立

薪资管理系统启用后，具有相应操作权限的操作员就可以登录薪资管理系统了。第一次进入薪资管理系统时，系统会自动启动建账向导，进行工资账套的建立。以后启动薪资管理系统时，系统不再提示“启动建账向导”。

工资账套与企业核算账套不同。企业核算账套在系统管理中建立，是针对整个系统的，而工资账套只针对系统中的薪资管理系统。应当首先在系统管理中建立企业核算账套，然后才能在薪资管理系统中建立工资账套，工资账套实质是企业核算账套的一个组成部分。

工资账套的建立分为四个步骤，即参数设置、扣税设置、扣零设置和人员编码设置。

(一) 参数设置

首次启动薪资管理系统，系统将自动启动建账向导，如图 6—4 所示。

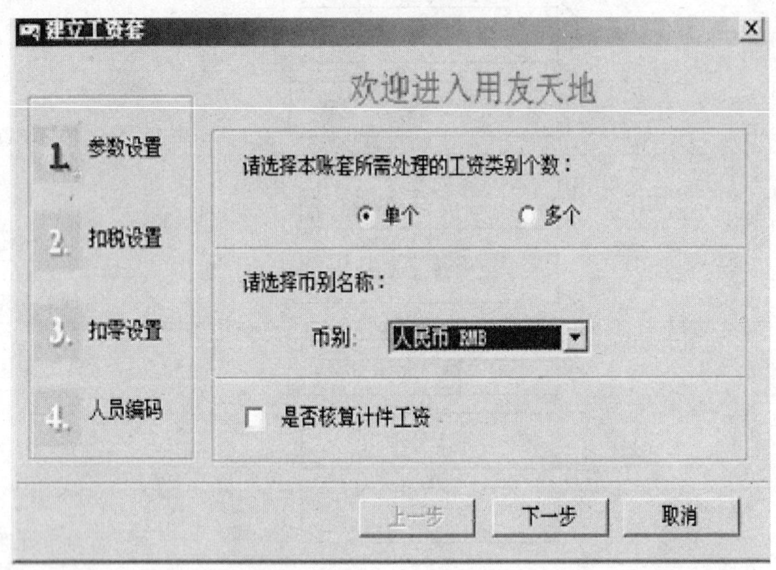

图 6—4　建立工资套：参数设置

1. 工资类别个数

在“请选择本账套所需处理的工资类别个数”中选择“单个”或者“多个”。单个即单类别工资核算，多个即多类别工资核算。

2. 币别名称

“币别名称”选项用来选择薪资管理系统中使用的货币，如果选择账套本位币以外的其他币种，则还需在工资账套参数维护中设置汇率，核算币种经过一次工资数据处理后即不能再修改。

(二) 扣税设置

扣税设置是选择在工资计算中是否由单位进行代扣个人所得税处理。选择后，系统将自动生成工资项目“代扣税”，并自动进行代扣税金的计算。如果在这里不设置，在使用过程中也可以进行设置。

(三) 扣零设置

扣零是指每次发放工资时将零头扣下，积累取整，在下次发放工资时补上。系统在计算工资时将依据扣零类型进行扣零计算。扣零类型包括扣零至元、扣零至角和扣零至分三种。扣零设置通常在发放现金时使用，银行代发工资则无须进行扣零设置。

(四) 人员编码设置

人员编码设置是设置单位人员编码的长度，并以数字作为人员编码。设置了人员档案后，人员编码长度就不能再修改。

二、基础信息设置

基础信息设置包括人员类别、工资项目、银行名称、部门档案、工资类别的设置。其中，前四项设置都在“设置”菜单中进行相关操作。

（一）人员类别设置

人员类别是指按照某种特定的分类方式将企业职工分为若干类别。例如，可以将企业职工分为经理人员、管理人员和经营人员三个类别。人员类别设置有以下作用：

（1）在工资类别的初始设置时，在正式人员和临时人员的人员档案中都要确定人员类别。

（2）可按不同人员类别分配工资费用，进行会计处理。

（3）合理设置人员类别，便于按人员类别进行工资的汇总计算，为企业提供各类人员的工资信息。

【注意】已经使用的人员类别不允许删除；人员类别只剩一个时不允许删除；人员类别名称长度一般不得超过10个汉字。

（二）工资项目设置

工资项目设置是指定义工资核算所涉及的项目名称、类型、宽度、增减项等。薪资管理系统提供了一些固定的工资项目，它们是工资账中不可缺少的工资项目，包括“应发合计”、“扣款合计”、“实发合计”。如果在工资建账时设置了“扣零处理”，则系统在工资项目中自动生成“本月扣零”和“上月扣零”两个项目；如果选择了“扣税处理”，则系统在工资项目中自动生成“代扣税”项目。这些项目不能删除或重命名。其他项目可以根据企业实际情况设置或者参照设置，如图6—5所示。

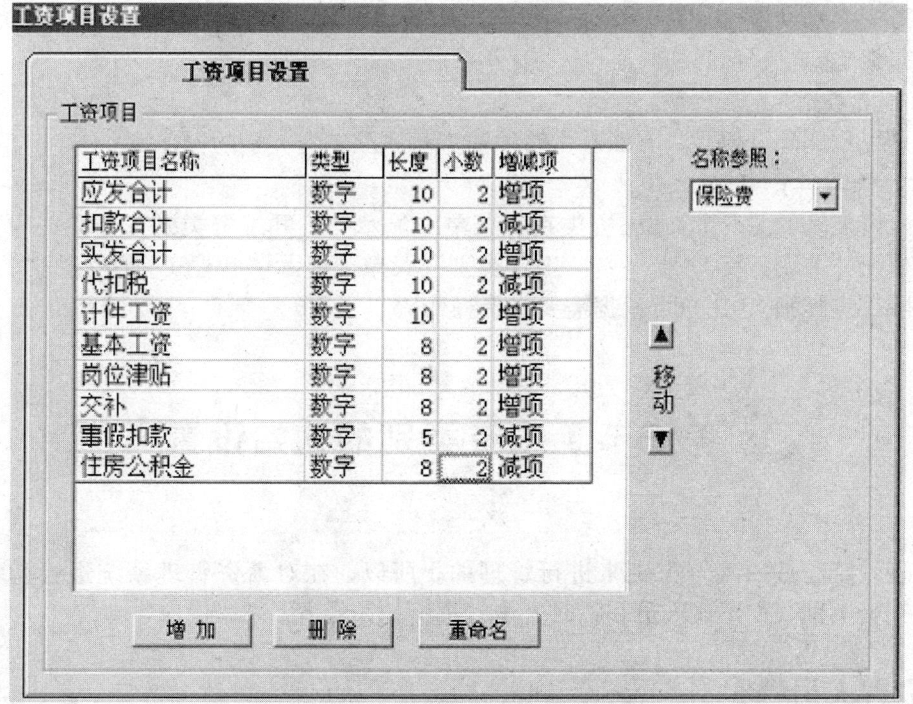

图6—5　“工资项目设置”窗口

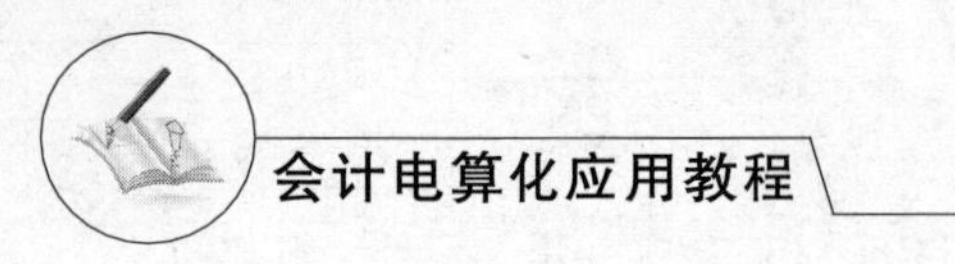

工资项目设置中的“增项”是指直接计入应发合计，“减项”是指直接计入扣款合计，“其他项”是指不直接参与应发合计和扣款合计。

应将所有工资类别涉及的工资项目进行设置，以便于以后进行选择使用。如企业设置了正式人员和临时人员两个工资类别，这两个工资类别所涉及的工资项目在此都要设置。

（三）银行名称设置

企业委托银行代发工资时，需要确定银行名称、银行账号长度和录入时需要自动带出的银行账号长度三项内容。

银行要求所有人员的银行账号长度必须相同，因为银行系统只有在银行账号为定长时，才能对银行账号进行合法检查。录入时指定系统可自动带出的银行账号长度，如果录入 4，在录入“人员档案”的银行账号时，从第二个人开始，系统根据在此定义的长度自动带出银行账号的前 4 位，这样可以提高录入速度。

（四）部门档案设置

企业每个职工都应该有所属部门，部门档案的信息是企业的共享数据，可以在公共平台的基础档案中设置，或者在各个子系统中设置。

通过部门的设置，可以在打开某类工资类别的人员档案中选择输入，以便按部门计算各类人员工资，提供部门的核算资料。

（五）工资类别设置

1. 新建工资类别

工资类别是指在一套工资账中，根据不同情况而设置的工资数据管理类别。具体操作为：在“文件”菜单中，单击“新建工资类别”。企业可以把职工分为正式人员和临时人员两个工资类别，两个工资类别同属于一套工资账。每一个工资类别设置完毕后，要选择这一类别所包含的部门以及是否选定下级部门。

2. 删除工资类别

工资类别可以删除，但是只有账套主管才能进行删除工资类别的操作。

3. 打开、关闭工资类别

在打开工资类别的情况下，“工资类别”菜单下显示“打开工资类别”和“关闭工资类别”两个选项。单击“关闭工资类别”后，“工资类别”菜单下显示“新建工资类别”、“打开工资类别”和“删除工资类别”，用户可根据需要选择操作。

第三节　工资类别的初始设置

薪资管理系统是按照工资类别来进行管理的。所以，在对薪资管理系统进行初始设置后，还要对各个工资类别（如正式人员和临时人员）进行初始设置。

一、设置人员档案

人员档案用于登记工资发放人员的姓名、职工编号、所在部门、人员类别等信息，职工的有关信息发生增减变动后，需要先在本功能中处理。人员档案设置不仅提供了增加人员档案的功能，还提供了人员档案的修改、删除等功能。设置人员档案有利于企业对各部门职工工资进行管理。

人员档案中的不同部门的人员编码不能重复，以便以后进行人员内部调动的操作。人员编号、人员姓名、人员类别来源于公共平台的人员档案信息，薪资管理系统不能修改。如果要进行修改，只能到公共平台中操作，系统会自动将修改的信息传送到薪资管理系统。

二、选择工资项目

在薪资管理系统的初始设置中建立了本单位各种工资类别所需要的全部工资项目。由于企业工资类别不同，各个工资类别的工资项目也不同，因此在进入某个工资类别后，应选择本工资类别所需要的工资项目。这种工资项目的选择，只能在系统初始设置中已设定的工资项目中进行选择，即选择“参照中”的工资项目，而不能设置新的工资项目。

选择工资项目的具体操作为：在“设置”菜单中，单击“工资项目设置”。

【注意】(1) 要修改或增加“参照中”的工资项目，只能回到系统初始设置中进行操作。

(2) 已使用的工资项目，不能修改、删除。

(3) 设置的工资项目的顺序将决定工资表中的项目顺序。

三、定义工资项目计算公式

不仅各个工资类别的工资项目不同，工资项目间的计算公式也不一定相同。因此，为了避免出现差错，在工资项目选择完全正确后，开始定义工资项目的公式。公式中工资项目的顺序，决定着系统执行工资计算的先后顺序，因此要注意工资项目的排列顺序。

例如，将交通补贴计算公式设置为：交补＝iff（人员类别＝"经理"，500，300）。该公式表示：人员类别是经理的，交通补贴是500元；除经理以外其他各类人员的交通补贴是300元。

操作步骤为：

(1) 单击〖增加〗按钮，从工资项目下拉列表中选择“交补”。

(2) 单击“函数公式向导输入”，打开“函数向导——步骤之1”对话框。

(3) 在“函数名”列表中选择“iff”函数，右侧出现对应的函数说明及范例。

(4) 单击〖下一步〗按钮，打开“函数向导——步骤之2”对话框。

(5) 单击“逻辑表达式”右侧的参照按钮，打开“参照”对话框。

(6) 从下拉列表中选择“人员类别”，从人员类别列表中选择“经理”，单击〖确认〗按钮返回“函数向导——步骤之2”界面。

(7) 在“算数表达式1”文本框中输入“500”，在“算术表达式2”文本框中输入“300”，单击〖完成〗按钮，返回“公式设置”界面。

(8) 公式定义完成后，单击〖公式确认〗按钮，系统将对公式进行逻辑合法性检查，不符合逻辑的，系统将给出错误提示。单击〖确认〗按钮进行保存，如图6—6所示。

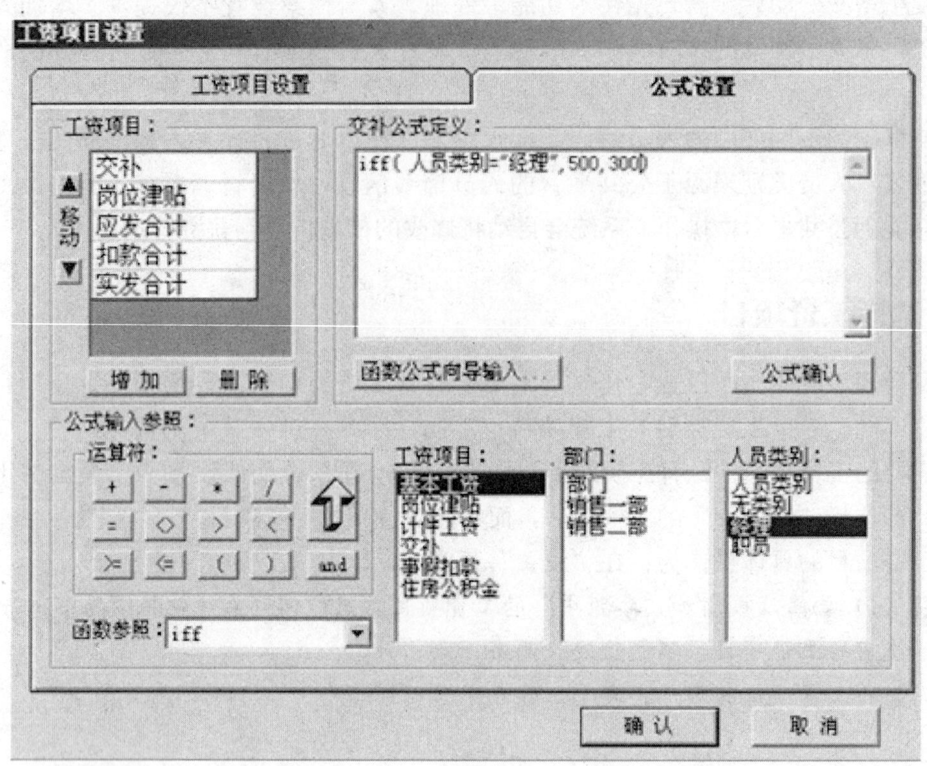

图 6—6　工资项目计算公式设置

四、设置银行代发格式

许多企业把工资直接打入职工的银行卡中，根据银行的要求，企业需要设置提供银行数据中所包含的项目，以及项目的数据类型、长度和取值范围等。确认后，系统将设置进行保存，并生成“银行代发一览表”。

在“银行代发一览表”界面，单击〖方式〗按钮，设置生成磁盘文件的格式。

五、设置所得税参数

“个人所得税扣缴申报表”是个人纳税情况的记录，系统提供对表中栏目的设置功能。系统默认以“实发合计”作为扣税基数。如果用其他工资项目作为扣税标准，则需要在定义工资项目时单独为应税所得设置一个工资项目。

六、录入基本工资数据

第一次使用薪资管理系统时，必须将所有人员的基本工资数据输入计算机。在以后的正常使用中，只需对个别变动性的工资数据进行调整（如奖金的录入、病事假的录入等），即可生成当月的工资数据。工资变动数据处理之前，需要事先设置好工资项目及计算公式。

录入的个人基本工资数据是没有进行公式定义的项目，其余各项由系统根据计算公式自动计算生成。

在“业务处理”菜单中，单击“工资变动”中的“页编辑”功能进行操作。

【注意】在工资类别一初始设置完成后，再进行工资类别二的初始设置，设置方法和工资类别一相同。

第四节　薪资日常业务处理

职工薪资日常核算主要是指工资结算。工资结算是指应付职工工资、代扣款项、个人所得税的计算和实发工资的计算，与各企业的工资计算方法有关。

一、人员变动处理

人员变动处理是指日常核算业务中对人员的增加、减少等情况进行处理，以便于随时调整工资数据。具体操作为：在“设置”功能菜单中，单击“人员档案”进行修改。

（一）人员增加

人员增加时，需要输入新人员的人员档案资料。

（二）人员调转部门

人员调转部门是指有关人员在企业内部各部门之间的调动。人员调转时，要修改人员档案，但是人员编号不能变更。

（三）人员调离

人员调离是指人员离开本企业，将退出本企业的工资核算。

【注意】(1) 标有停发或调出的人员，将不参加工资的发放和汇总。

(2) 当年调出人员，当年不能删除，只能在年末进行处理后，在新的一年开始时，将此人删除。

二、工资数据变动处理

每个月可以根据工资数据变动情况对个人工资数据进行修改或删除。

（一）新增人员档案资料

录入新增加人员的档案资料的具体操作为：在“设置”菜单中，单击“人员档案”中的“修改”功能进行设置。

（二）录入请假天数

录入请假天数的具体操作为：在“业务处理”菜单中，单击“工资变动”功能，把病假天数和事假天数的数据录入到薪资管理系统中。

（三）数据替换

数据替换功能适用于对同一工资项目做统一变动，以提高工作效率。在“业务处理”菜单中，单击“工资变动”中的“替换”功能进行设置。例如，将财务部所有人员的“岗位工资”每人增加200元，可以采用“替换”功能进行统一变动。

三、工资的计算与汇总

在修改了某些数据、重新设置了计算公式，或者进行了数据替代操作后，就要调用“工资变动”中的“重新计算”和“汇总”功能，对全体职工的工资数据重新计算汇总。

工资变动后，若没有进行工资数据的计算和汇总，退出系统时会提示是否进行工资计算和汇总。

四、查看工资分钱清单

查看工资分钱清单是按单位计算的工资发放分钱票面额清单。会计人员根据此表从银行取款并发给各部门。在“业务处理”菜单中，单击“工资分钱清单”功能进行操作。采用银行代发工资的企业，不必进行此项操作。

执行此功能必须在个人数据输入调整完之后，如果个人数据在计算后又做了修改，须重新执行本功能，以保证数据正确。

五、生成银行代发文件

在“银行代发一览表”界面，单击“传输”功能，就可以按照用户设置的格式和设定的文件名，将数据输出到指定的磁盘，生成银行代发文件。

六、查询所得税申报表

个人所得税由企业代税务部门扣缴。所得税参数设置后，系统会自动根据职工的月工资计算应纳税额。如果扣除数和税率有变化，在“个人所得税扣缴申报表”界面单击“税率”功能进行修改。

第五节　薪资月末业务处理

取回现金发放工资，或者把发放工资的数据报送银行由银行代发之后，一个月的工资发放工作基本上就完成了。但是工资是企业的一项重要费用，需要对工资费用进行分摊、计提、计算及分配，编制转账凭证并记账。对当前会计期间的薪资管理系统进行结账后，其他相关系统才能进行期末处理。对不同类别人员的月末处理是分别进行的。

一、工资分摊

工资分摊就是对工资额及根据工资额计提的各项费用确定应归属的费用项目，确定应借、应贷科目，并由系统自动制作转账凭证（即机制结账凭证），传递到总账系统。

（一）分摊类型设置

首次进行工资分摊设置时，所有与工资相关的费用及基金均需建立相应的分摊类型名称及分摊比例，如应付工资、应付福利费、职工教育经费、住房公积金等。

设置分摊类型的操作步骤为：

（1）在“业务处理”菜单中，单击“工资分摊”功能。

（2）在“工资分摊”界面，单击“工资分摊设置”功能。

（3）进入“分摊类型设置”界面，单击〖增加〗按钮。

（4）进入“分摊计提比例设置”界面，在界面中定义“计提类型名称”和“分摊计提比例”，如图 6—7 所示。

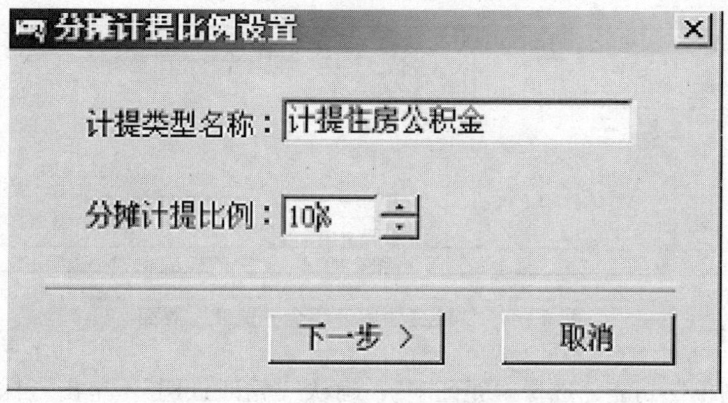

图 6—7　“分摊计提比例设置”界面

（5）单击〖下一步〗按钮，进入“分摊构成设置”界面，所有构成项目均可参照输入，如图 6—8 所示。

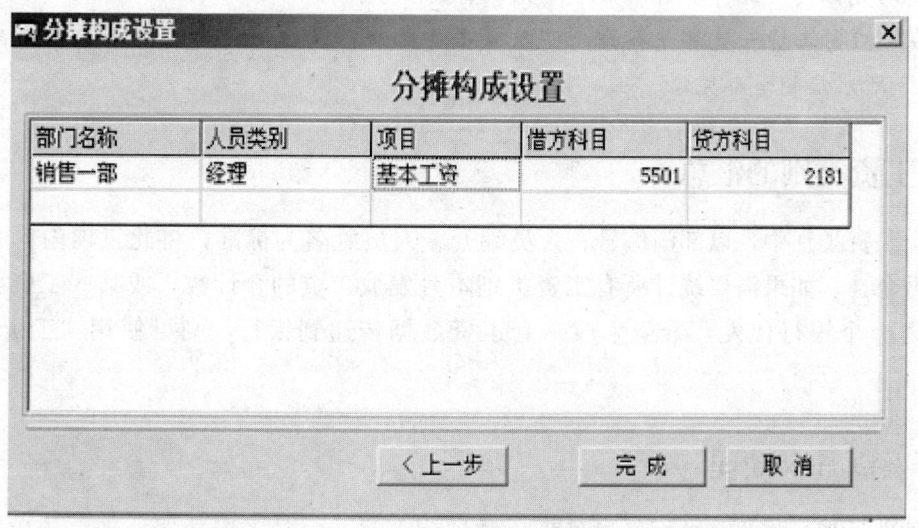

图 6—8　“分摊构成设置”界面

（6）单击〖完成〗按钮，返回“分摊类型设置”界面。

（二）生成转账凭证

对应付工资、应付福利费、职工教育经费、住房公积金等分别生成相应的转账凭证，凭证自动传递到总账系统，避免二次录入。

生成转账凭证的操作步骤为：

（1）在“业务处理”菜单中，单击“工资分摊”功能。

（2）在“工资分摊”界面，选择本次计提费用类型、参与核算部门、月份、计提分配方式和明细到工资项目。

（3）以上设置完成后，进入“应付工资一览表”界面，从“类型”下拉列表中选择不同的分摊类型，系统显示相应的一览表，如图6—9所示。

图6—9 “计提住房公积金一览表”界面

（4）单击“制单”功能，选择“凭证字”，确认“凭证日期”，单击〖保存〗按钮，凭证左上方显示红字“已生成”字样，表明该凭证已传递到总账系统。

【注意】（1）执行生成转账凭证功能的操作员必须是在总账系统有权制单的人。

（2）日期必须大于或等于总账系统会计期的最大凭证日期。

（3）查询凭证到“统计分析”菜单“凭证查询”中操作。

（4）在“应付工资一览表”界面，可以单击〖批制〗按钮，一次生成本次参与分摊的所有“分摊类型”所对应的全部凭证。

二、工资类别的汇总

在多个工资类别中，以部门编号、人员编号、人员姓名为标准，将此三项内容相同人员的工资数据做合计。如果需要统计所有工资类别本月发放工资的合计数，或某些工资类别中的人员工资都由一个银行代发，希望生成一套工资数据传递到银行，则可使用“工资类别汇总”功能。

三、工资月末处理

工资月末处理是将当月数据经过处理后结转到下月。每月工资数据处理完毕后均需进行月末结转。

在工资项目中，有的项目是变动的，即每月的数据均不相同，在每月工资处理时，均需将其数据清零，然后输入当月的数据，此类项目即为清零项目。

第六节　薪资数据统计分析

工资业务处理完成后，相关工资报表数据可以同时生成，这与手工处理不同。薪资管理系统提供了多种形式的报表反映工资核算的结果，其报表格式是工资项目按照一定的格式由系统设定的。如果对报表提供的固定格式不满意，系统同时提供了修改报表和新建报表的功能。

一、我的账表

“我的账表”的主要功能是对薪酬管理系统中所有的报表进行管理，包括工资表和工资分析表。如果系统提供的报表不能满足企业的需要，用户可以启用自定义报表功能，新增账表夹和设置自定义报表。

二、工资表

“工资表”功能用于本月工资的发放和统计，主要完成查询和打印各种工资表的工作。工资表包括以下一些由系统提供的原始表：工资发放签名表、工资发放条、工资卡、部门工资汇总表、人员类别汇总表等。

使用“工资表”功能的操作步骤为：

(1) 在“统计分析”菜单中，单击“工资表”功能。

(2) 在“工资表”界面，选择要查看的表，单击〖查看〗按钮，在弹出对话框中输入查询条件，即可得到相应的查询结果。

三、工资分析表

“工资分析表”的主要功能是以工资数据为基础，对部门、人员类别的工资数据进行分析和比较，产生各种分析表，供管理人员决策使用。

使用“工资分析表”功能的操作步骤为：

(1) 在“统计分析”菜单中，单击“工资分析表”功能。

(2) 在“工资分析表”界面，选择相应的分析表，单击〖确认〗按钮。

(3) 输入条件，单击〖确认〗按钮，即可进入相应的界面。

四、凭证查询

薪资管理系统传输到总账系统的凭证，在薪资管理系统可通过“统计分析”中的“凭证查询”功能来删除和冲销。在总账系统中可以进行查询、审核、记账等操作，但不能修改或删除。

第七节 金蝶 K/3 薪资管理系统操作简介

金蝶 K/3 薪资管理系统用于各类企业、科研单位与集团公司进行工资核算、工资发放、工资费用分配、银行代发等业务。该系统采用了多类别的设置，可进行多工资库的处理，并能及时反映工资动态变化，实现完备而灵活的个人所得税计算与申报功能。

金蝶 K/3 薪资管理系统的业务处理流程为：类别管理→ 系统参数设置→ 基础资料设置→ 工资核算设置→ 人员变动→ 数据录入→ 所得税调整→ 费用分配→工资审核→工资报表。

一、系统初始及基础系统设置

薪资管理系统要进行各种核算和管理，其前提是企业根据自身实际需要设置相应系统参数，同时建立正确的基础资料。有了正确的设置，金蝶 K/3 才能最大限度满足企业的管理需要。

系统初始及基础系统设置流程为：工资类别维护→系统参数设置→基础资料设置→项目设置→公式设置。

（一）工资类别维护

企业在进行薪资核算时，按部门、人员等进行分类，设置不同的核算方案进行工资发放。例如，企业退休职工和在职职工的工资核算方案是不同的，可以将职员定义为两个人员类别，然后分类设置核算公式进行计算。在金蝶 K/3 薪资管理系统中，可以通过工资类别满足企业分类别进行核算的需要，方便了用多套工资方案进行核算的企业和集团。

打开薪资管理系统后，系统自动弹出“打开工资类别”对话框，如果其中已有类别，可以选择类别后按〖选择〗键；如果没有类别，则单击“类别向导”，通过向导来新建工资类别。

（二）系统参数设置

设置系统参数的操作步骤为：单击“系统设置”→“系统设置”→“工资管理”→“系统参数”。系统主要参数及其内容详解见表 6—1

表 6—1　系统主要参数及其内容详解

参数	内容详解
系统	可以设置当前账套的“单位名称”等信息，可以作为后面报表查询中的关键字引用。
会计年度期间等	系统参数设置非常简单，其启用会计期间是连着总账的，如果薪资管理系统是单独使用的，不和总账相连，则不要选择“结账与总账同步”。
工资发放表打印前必须审核	对工资报表的打印、预览进行控制。选择此参数，则在打印预览及打印工资报表之前必须对其进行审核。若未审核，则不能打印预览或打印工资报表，系统提示“工资未全部审核，请先审核工资”。未选择该参数，则对工资报表的打印、预览不作任何控制。
结账与总账期间同步	由于薪资管理系统既可以单独使用，也可与总账系统连用，所以是否需要与总账系统同步可以在此选择。如果选择了同步，当薪资管理系统未进行结账，总账系统在结账时会提示“还有子系统未结账”。

续前表

参数	内容详解
结账前必须先审核	对薪资管理系统结账进行控制。选择该参数，则在薪资管理系统结账前必须对工资进行审核并且进行复审，若未审核且未复审，则不能结账，系统提示“还有工资数据未复审，请先进行工资数据复审后再结账”。未选择该参数，则对薪资管理系统的结账不作复审控制。
我的工资查看数据必须审核	金蝶 K/3 系统包括人力资源系统，即基于 Web 方式的应用，此参数便是为人力资源系统服务的。如果选择此参数，则表示员工通过人力资源系统的“我的工作台”查看个人工资时，显示的工资数据必须是经过审核的。
我的工资查看数据必须复核	与上一项参数相同，该参数也是为人力资源系统服务的。如果选择此参数，则表示员工通过人力资源系统的“我的工作台”查看个人工资时，显示的工资数据必须是经过复核的。

（三）基础资料设置

基础资料设置是薪资管理系统核算的基础，其设置关系到工资类别的分类、费用的分配。主要有“部门”、“币别”、“职员”和“银行”的管理。

设置基础资料的操作步骤为：单击“人力资源”→“工资管理”→“设置”。

（四）项目设置

有了部门及职员等基础数据后，还需要定义薪资管理系统的核算方法，核算方法包括设置工资项目和定义工资计算方法。以下介绍工资项目的定义。

系统已预设了一些基本的工资项目，如应发合计、扣款合计等，还可以增加一些系统中未预设而又需要的工资项目。前面的“部门”和“职员”是分类别设置的，即在一个类别设置好，进入另一类别时需要重新录入或者重新导入。但是工资项目不是分类别设置的，在一个工资类别设置好后，其他的工资类别也是可以看到的。

设置项目的操作步骤为：单击“人力资源”→“工资管理”→“设置”→“项目设置”。

（五）公式设置

公式设置即建立工资计算公式，计算公式建立在工资项目的基础上，可以通过判断条件或者简单的加、减、乘、除运算方法来计算某工资项目。

设置公式的操作步骤为：单击“人力资源”→“工资管理”→“设置”→“公式设置”。

二、薪资日常业务处理

在企业中，工资核算是一项工作量大、准确性要求高、涉及面广的工作。每月计算工资、编制工资报表耗费了会计人员大量的时间和精力。金蝶企业级财务软件提供了多工资库处理功能，可以进行分工操作与集权控制，自动进行工资费用分配，自动计提福利费和工会经费，并自动生成转账凭证，同时自动计提个人所得税，进行银行代发，这大大减轻了会计人员的工作量，提高了工作效率。

薪资日常业务处理流程为：工资数据录入与计算→个人所得税计算→人员变动→费用分配→工资审核。

（一）工资数据录入与计算

在设定完工资项目及工资计算公式这些相对固定的基础数据后，薪资管理系统的日常业务便是工资数据的录入及计算。

工资数据录入的操作步骤为：单击“人力资源”→“工资管理”→“工资业务”→“工资录入”。

工资数据计算的操作步骤为：单击“人力资源”→“工资管理”→“工资业务”→“工资计算”。

（二）个人所得税计算

除了可以通过设置公式来计算个人所得税外，金蝶 K/3 薪资管理系统提供了单独的个人所得税计算与申报功能。通过个人所得税计算设置，对员工的个人所得收入进行所得税的计算。

设置个人所得税计算的操作步骤为：单击“人力资源”→“工资管理”→“工资业务”→“所得税计算”。

（三）人员变动

企业的人员在部门间流动、人员的职称变动、职位异动等人事变动，都会使工资需要重新区分计算。人员变动模块可以处理人员与工资相关的项目发生变动后工资的自动计算，方便财务人员根据人员变动情况制定工资计算标准。

处理人员变动的操作步骤为：单击“人力资源”→“工资管理”→“人员变动”→“人员变动处理”。

（四）费用分配

在完成工资数据录入后，便可以将工资数据进行费用分配。费用分配是把工资数据按部门汇总，生成相应的费用凭证并传递到金蝶的财务系统总账模块中。如果薪资管理系统没有使用财务系统总账模块，可以省略此步骤。

金蝶财务软件提供了强大、灵活的工资费用分配功能，同时可进行各种费用计提。费用分配包括工资费用分配、计提福利费、计提工会经费、自定义计提等内容。单击“费用分配”功能进入费用分配窗口。生成凭证的会计期间有两个选项，选择“按总账会计期间生成凭证”表示分配工资生成的凭证的会计期间为总账系统所在的会计期间；选择“按工资会计期间生成凭证”表示分配工资生成的凭证的会计期间为薪资管理系统所在的会计期间。

进行费用分配的操作步骤为：单击“人力资源”→“工资管理”→“工资业务”→“费用分配”。

（五）工资审核

在企业实际应用中，账套主管具有审核的权限，审核后的工资数据不能进行修改，这不仅保证了工资数据的保密性和正确性，而且便于对工资数据修改的权限进行控制。金蝶 K/3 薪资管理系统自 10.0 版本开始新增了工资复审的功能，将薪资管理系统的审核多加了一层，可以通过人为控制保证工资数据的严密性。

系统在工资录入的窗口中提供了工资审核及复审的功能，同时，金蝶 K/3 主控台“人力资源”→“工资管理”→“工资业务”下的明细功能也提供了单独的“工资审核”功能。

三、薪资管理系统报表查询

薪资管理系统报表的主要功能是提供薪资管理所需要的一些基本报表，通过这些报表，可以全面地掌握企业工资总额、分部门水平构成、人员工龄、年龄结构等，为制定合理的工资管理方案提供详细的报表。

薪资管理系统报表提供了“工资条”、“工资汇总表”、“工资统计表”等报表的查询功能，查询报表的关键在于过滤方案的设置，每张报表根据自身的内容，提供的过滤方案中设有不同的参数，不同的过滤方案决定了报表的显示格式及显示的内容。

查询薪资管理系统报表的操作步骤为：单击“人力资源”→“工资管理”→“工资报表”。

四、薪资管理系统期末处理

薪资管理系统每月都需要进行期末处理，进行上述操作后，其他相关系统（如成本核算系统与薪资管理系统连用时）方能进行期末处理。

薪资管理系统期末处理的操作步骤为：单击“人力资源”→“工资管理”→“工资业务”→“期末结账”。

思考题

1. 简述薪资管理系统的特点以及与其他系统之间的数据传递关系。
2. 设置工资类别有何意义？
3. 工资账套与企业核算账套有何不同？
4. 简述薪资管理系统的处理流程。
5. 为什么要在薪资管理系统的初始设置中设置工资项目？

第七章　固定资产管理系统

【要点提示】

- 数据传递
- 固定资产子账套
- 部门对应折旧科目
- 卡片管理
- 批量制单
- 金蝶 K/3

第一节　固定资产管理系统概述

固定资产是指为生产商品、提供劳务、出租或经营管理而持有的，使用年限超过一年，单位价值较高的劳动资料。固定资产是企业赖以生存的物质基础，在企业的资产总额中占有很大的比重，固定资产的结构、状况、管理水平直接影响企业的竞争力，关系到企业的运营与发展。

一、固定资产管理系统的特点

（一）数据在计算机内保存时间长

企业固定资产种类多，使用时间较长，每一张固定资产卡片的项目也比较多。为了便于企业掌握各部门固定资产的详细情况，系统需要长时间跨年度保留每一项固定资产的详细资料。而企业为了加强对固定资产的管理，也要保留必要的审计线索，即使已经处置的固定资产其资料也必须保留一定时间。

（二）日常数据处理频率较低

固定资产管理系统在初始设置时需要输入大量的详细数据，但在日常业务处理时，一般只需要输入少量的固定资产变动数据、每月计提折旧额以及必要时输出报表和统计分析数据。日常数据处理的频率与购、销、存等其他业务系统相比明显要低。

（三）数据综合查询和统计要求较强

为了满足企业对固定资产管理与核算的多方面要求，固定资产管理系统应该具有较强的查询和统计分析功能。

二、固定资产管理系统的功能

在固定资产管理系统中，要反映和监督固定资产的增加、减少、保管、使用以及清理、报废等情况，保证固定资产的安全和完整，提高固定资产的使用效率。在固定资产的预计使用期间内，其价值将随着固定资产的使用而逐渐转移，形成企业的成本费用，构成产品成本的组成部分。固定资产管理系统的主要功能如图 7—1 所示。

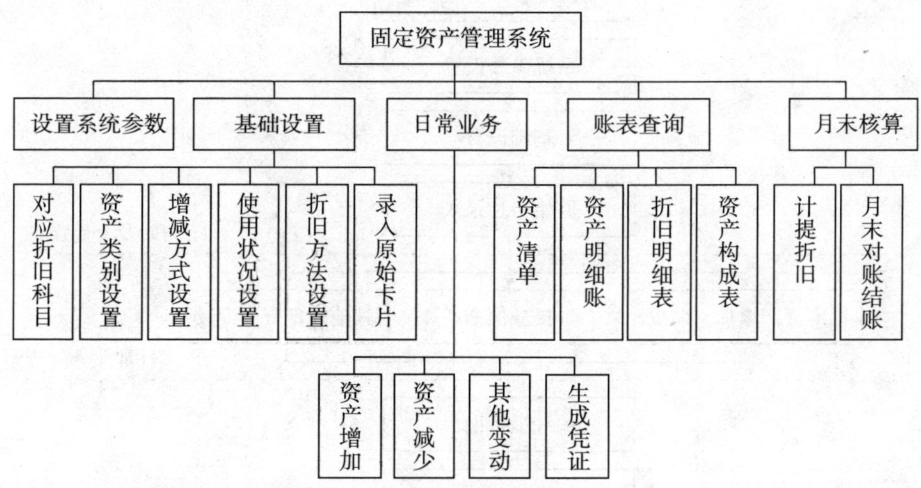

图 7—1 固定资产管理系统的主要功能

三、固定资产管理系统与其他系统之间的数据传递关系

固定资产管理系统与总账系统、成本核算系统和报表管理系统都有数据传递，其具体关系如图 7—2 所示。

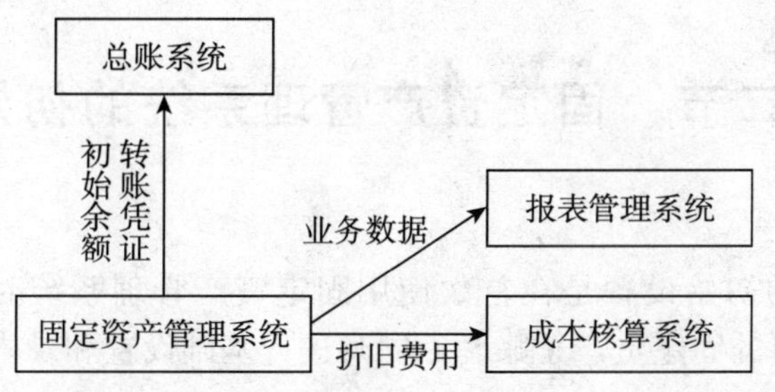

图 7—2 固定资产管理系统与其他系统之间的关系

固定资产管理系统录入的初始余额可以直接传递到总账系统，作为固定资产相关科目的初始余额；固定资产管理系统中资产的增加、减少、原值和累计折旧的调整及折旧计提等业务处理可自动生成记账凭证，并将有关记账凭证传输到总账系统，在总账系统中可以对记账凭证进行查询、审核和记账，同时通过对账保持固定资产账目与总账的平衡。

固定资产管理系统可以为成本核算系统提供折旧费用数据，形成成本对象的折旧费。

报表管理系统可以通过相应的取数函数从固定资产管理系统中提取分析数据，编制用户需要的固定资产统计和分析报表。

四、固定资产管理系统的操作流程

固定资产管理系统的操作流程可划分为系统初始及基础设置、日常业务处理和期末处理三个部分，其操作流程如图 7—3 所示。

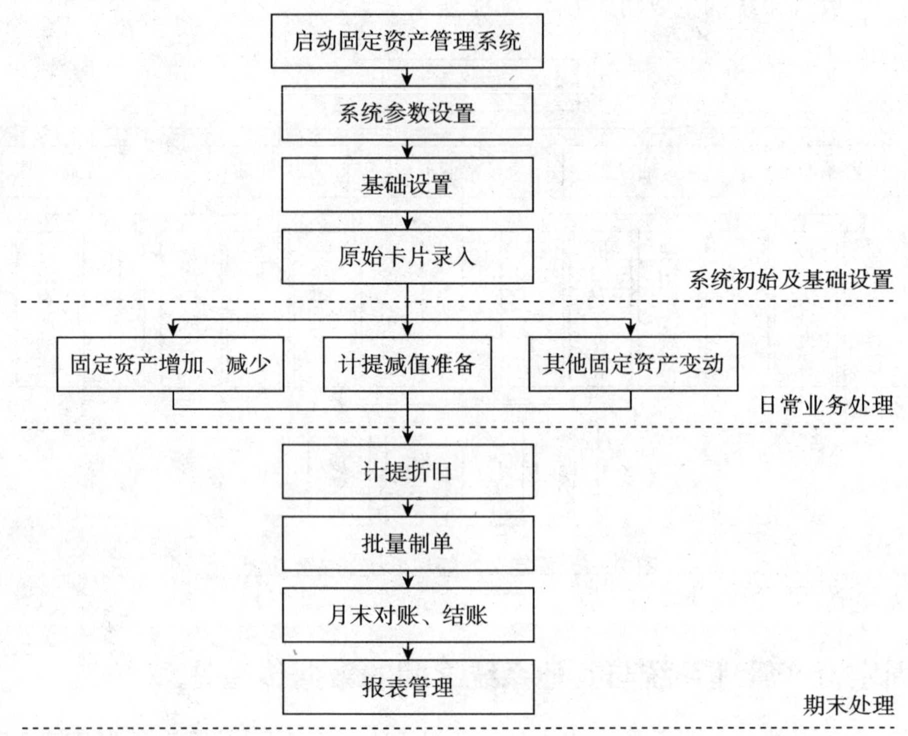

图 7—3　固定资产管理系统操作流程

第二节　固定资产管理系统的初始设置

固定资产管理系统的初始设置是在首次使用固定资产管理系统时，根据单位的具体情况，建立一个适合本单位需要的固定资产子账套，同时进行基础设置和录入原始卡片。

一、建立固定资产子账套

固定资产子账套是在会计核算账套的基础上建立的。因此，在系统管理中建立会计核算账套并启动注册后，才能在固定资产管理系统中建立子账套。建立固定资产子账套，实质是进行系统参数设置，这关系到系统以后的操作流程处理，因此要全面考虑企业的管理制度和要求。

首次使用固定资产管理系统时，打开“固定资产初始化向导——约定及说明”对话框，系统自动引导用户完成固定资产建账过程。

（一）固定资产账套启用月份

启用月份只能查看不能修改。启用月份确定后，启用月份之前的所有固定资产数据都将作为期初数据，从启用月份开始计提折旧。

（二）固定资产折旧信息

根据有关制度规定，行政事业单位的固定资产不计提折旧，企业的固定资产需要计提折旧。如果选择本账套不计提折旧，账套内与折旧有关的功能都不能使用，该选择在初始化完成后不能修改。选择计提折旧后再选择折旧方法，然后根据自身情况选定折旧汇总分配周期，如图7—4所示。

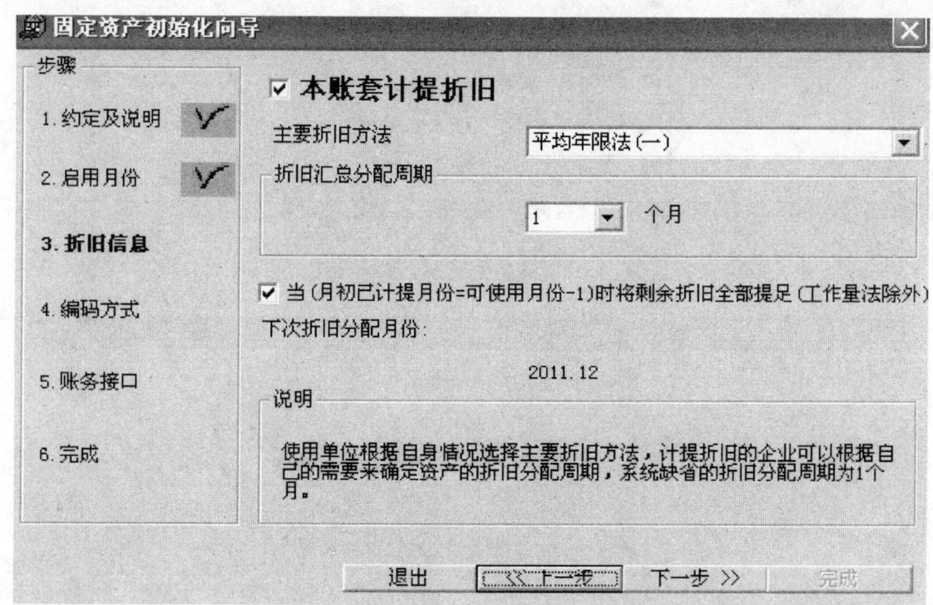

图7—4　设置固定资产折旧信息

（三）固定资产编码方式

资产类别编码是进行固定资产分类管理的基础和依据，各单位可以根据需要对固定资产进行分类。系统提供的资产类别编码最多可设置4级10位，但推荐采用国家规定的4级6位方式，即2-1-1-2，如图7—5所示。

固定资产编码是资产的管理者给固定资产所编的编号，可以采用手工输入和自动编码两种方式。自动编码系统提供了几种形式，一般采用“类别编码+序号”形式。采用自动编码形式可以简化输入固定资产卡片，同时根据编号可以了解固定资产的基本信息，便于对固定资产进行管理。

（四）固定资产与财务接口

只有存在对应的财务系统时才可以选择“与财务系统进行对账”，并要求选择对账科目：固定资产对账科目和累计折旧对账科目。如果希望严格控制系统间的平衡，不能选择“在对账不平情况下允许固定资产月末结账”，如图7—6所示。

建账完成后，如果需要对账套中的某些参数进行修改，可以重新设置。但是有些设置不允许修改，只能通过“重新初始化”功能实现。

固定资产初始化向导

步骤
1. 约定及说明
2. 启用月份
3. 折旧信息
4. 编码方式
5. 账务接口
6. 完成

资产类别编码方式
级别 1 2 3 4 总长度
编码长度 2 1 1 2 6

固定资产编码方式
手工输入 自动编码
序号长度
5

说明
1. 本系统类别编码最长可为4级10位。
2. 系统推荐类别编码使用国家规定的4级6位（2112）方式。

退出 << 上一步 下一步 >> 完成

图 7—5 设置固定资产编码方式

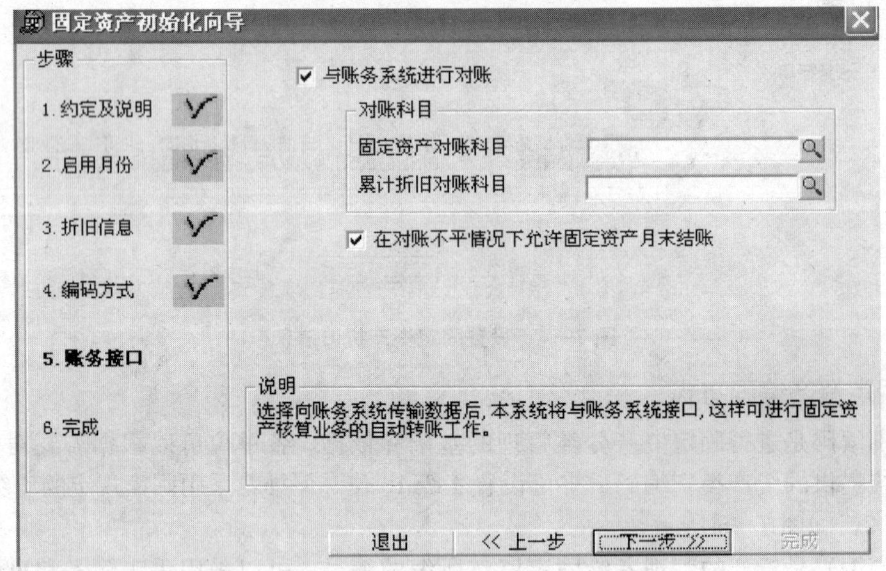

图 7—6 设置固定资产与财务系统接口

二、基础设置

基础设置是系统运行的数据基础，反映了企业根据会计制度并结合自身具体情况，确定固定资产管理的要求。基础设置在“设置”菜单下进行操作。

(一) 选项设置（补充参数设置）

选项包括在账套初始化中设置的参数和其他一些在账套运行中使用的参数或判断。账套初始化中，一些参数在“选项”中可以修改。在“设置”菜单中，单击“选项”功能，界面中有四个页签，单击“编辑”功能修改其中的可修改项，如图 7—7 所示。

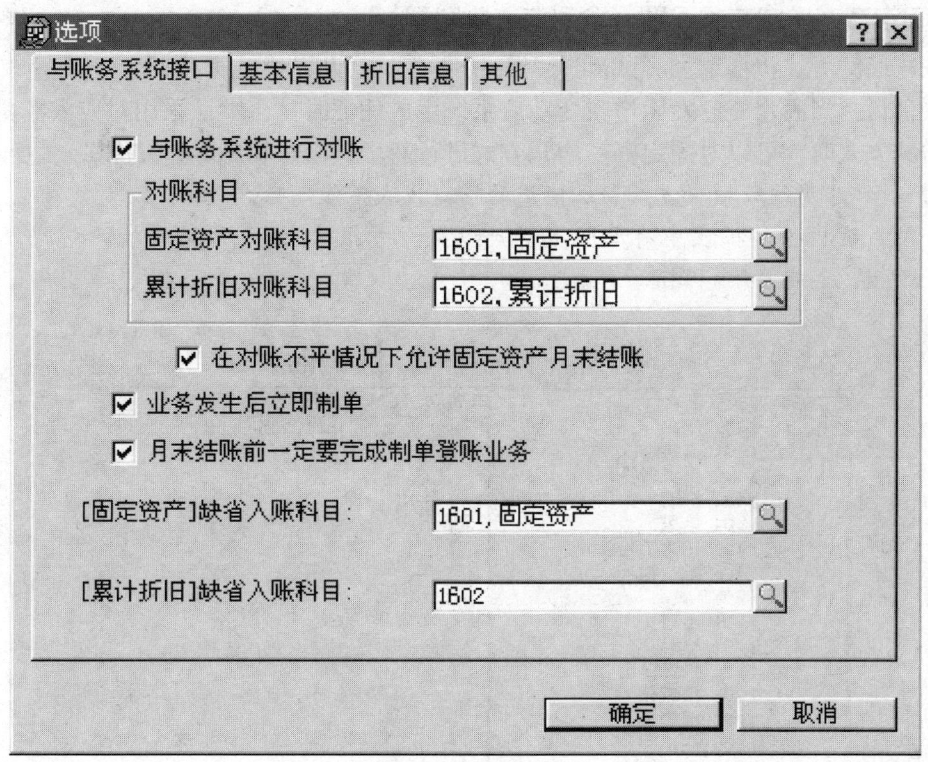

图 7—7 设置选项

(二) 部门档案设置

在部门设置中，可以对企业的各职能部门进行分类和描述，以便确定固定资产的归属。基础信息设置中的部门设置是共享的，具体操作已在前面介绍，此处不再详述。

(三) 部门对应折旧科目设置

部门对应折旧科目是指折旧费用的入账科目。固定资产计提折旧后必须把折旧数据归入成本或费用科目，根据不同使用者的具体情况可以按部门或类别归集。当按部门归集折旧费用时，某一部门内的固定资产折旧费用将归集到一个比较固定的科目。部门对应折旧科目的设置就是给企业每个部门选择一个折旧科目。在录入固定资产卡片时，该科目将自动显示在卡片中，不必逐个输入。另外，在生成记账凭证时系统会自动默认。

(四) 固定资产类别设置

固定资产的种类繁多，规格不一，要及时准确地做好固定资产核算工作，必须科学地对固定资产进行分类，为固定资产的核算和统计管理提供依据。企业可根据自身的特点和管理要求，确定一个较为合理的固定资产分类方法。

设置资产类别时，可以对固定资产类别进行新增、修改和删除。

【注意】(1) 非明细级类别不能修改和删除。

(2) 系统已使用的类别（录入卡片时选用过）不允许增加下级类别和删除。

（五）固定资产增减方式设置（含对应入账科目）

固定资产增减方式包括增加方式和减少方式两类。在设置增减方式时，要设置该增减方式的对应入账科目。当固定资产发生增减变动后系统生成凭证时，会默认采用对应入账科目。

设置增减方式时，可以对固定资产增减方式进行新增、修改和删除，如图7—8所示。

【注意】（1）非明细级增减方式和已使用的增减方式不能删除。

（2）如果系统提供的报表中有“固定资产盘盈盘亏报告表”，系统缺省的增减方式中“盘盈、盘亏、毁损”不能修改和删除。

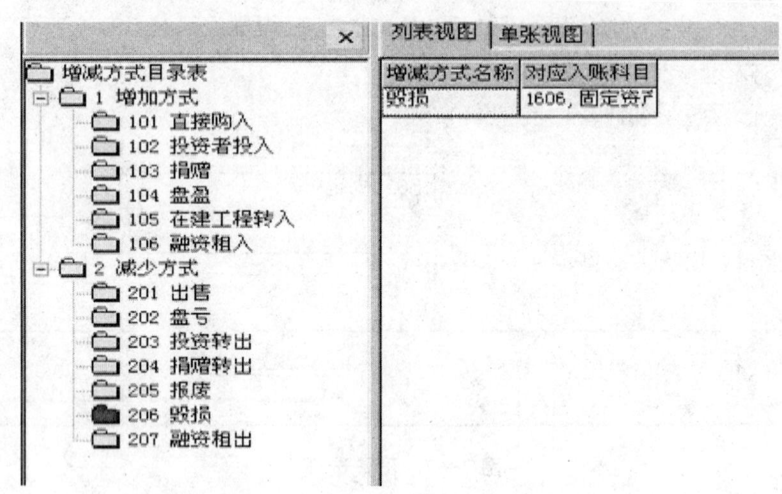

图7—8 设置增减方式

（六）固定资产使用状况设置

从固定资产核算和管理的角度来看，需要明确固定资产的使用状况，一方面可以正确地计算和计提折旧，另一方面便于统计固定资产的使用情况，提高固定资产的使用效率。

系统设置的使用状况可以有三种：使用中（在用、季节性停用、经营性出租、大修理停用）、未使用和不需用。通常，三种一级使用状况不能增加、修改和删除；二级使用状况不能修改和删除，但在一级使用状况下可以增加二级使用状况。

（七）折旧方法设置

折旧方法设置是系统自动计提折旧的基础。系统既可以选择常用的折旧计算方法，也可以自定义折旧方法。应注意，正在使用的折旧方法（包括类别设置中已选用或录入的卡片已选用）不允许删除。

三、原始卡片录入

原始卡片录入是指将建账日期之前的固定资产有关数据录入到系统中。在使用固定资产管理系统进行核算前，必须将原始卡片资料录入系统，以保持历史资料的连续性。凡是设置过代码的项目，既可以使用代码输入，也可以使用选择输入。这样既可以提高输入速度，又可以减少输入错误。原始卡片录入如图7—9所示。

录入原始卡片的操作步骤为：

（1）单击“卡片”中的“录入原始卡片”功能，系统弹出“资产类别参照”对话框，选择录入卡片所属的资产类别，以便确定卡片的样式。

（2）单击〖确定〗按钮，进入“录入原始卡片”窗口。

固定资产卡片［录入原始卡片:00001号卡片］

固定资产卡片 | 附属设备 | 大修理记录 | 资产转移记录 | 停启用记录 | 原值变动 | 减少信息　2011-12-01

固定资产卡片

卡片编号	00001			日期	2011-12-01
固定资产编号	012101001	固定资产名称			轿车
类别编号	012	类别名称			非经营用设备
规格型号		部门名称			总经理办公室
增加方式	直接购入	存放地点			
使用状况	在用	使用年限	6年0月	折旧方法	平均年限法(一)
开始使用日期	2010-10-01	已计提月份	13	币种	人民币
原值	215470.00	净残值率	4%	净残值	8618.80
累计折旧	37254.75	月折旧率	0.0133	月折旧额	2865.75
净值	178215.25	对应折旧科目	660206，折旧费	项目	
录入人	马方			录入日期	2011-12-01

图 7—9　原始卡片录入

第三节　固定资产日常业务处理

初始设置完成后，就可以进行固定资产管理系统的日常业务核算了。日常业务核算的任务是完成与固定资产有关的经济交易或会计事项的确认、计量和记录，主要包括企业平时的固定资产卡片管理、固定资产的增减管理、固定资产的各种变动管理和凭证处理。当企业有新增、减少的固定资产或固定资产发生其他变动时，要填制固定资产卡片，同时系统会自动生成记账凭证，转入总账系统。

一、固定资产卡片管理

固定资产卡片管理是对固定资产管理系统中所有卡片进行综合管理，通过卡片管理可完成卡片修改、卡片删除、卡片打印、卡片查询等，进入“卡片”菜单中的“卡片管理”界面进行操作。

（一）卡片修改

当发现固定资产卡片录入有错误，或使用过程中需要修改卡片内容时，可通过“卡片修改”功能实现。修改前的内容在任何状态下都看不到，这种修改是一种无痕迹修改。

(二) 卡片删除

卡片删除是指把卡片资料彻底从系统内清除，而不是固定资产清理或减少。该功能只有在下列两种情况下才有效：

(1) 当月录入的卡片若发现卡片录入有错误，可以通过“卡片删除”功能删除。删除后如果该卡片不是最后一张，卡片编号保留空号。

(2) 可通过“固定资产减少”功能减少固定资产。《会计档案管理办法》规定，固定资产卡片必须在固定资产报废清理后保管 5 年，本系统在账套“选项”中设定了删除的年限，超过了该年限后，才能使用“卡片删除”功能。在设定的年限内，不允许删除。

【注意】(1) 不是本月录入的卡片，不能删除。

(2) 删除已制作过凭证的卡片时，应该先删除相应凭证，再删除卡片。

(3) 作过一次月末结账的卡片不能删除。

(三) 卡片打印

固定资产卡片可以打印输出，系统提供了三种卡片打印方式：打印单张卡片、打印卡片列表和批量打印卡片。

(四) 卡片查询

在固定资产卡片管理界面，系统提供了卡片分类查询功能。

二、固定资产增减管理

(一) 固定资产增加

固定资产增加是增加固定资产时录入新的固定资产卡片。企业在日常经营过程中，可能会购进或通过其他方式增加企业固定资产，该部分资产通过“卡片”菜单中“资产增加”功能录入到系统中。只有当固定资产开始使用日期的会计期间与录入的会计期间相同时，才能通过“资产增加”功能录入卡片，否则只能使用“原始卡片录入”功能。

举例说明，2012 年 1 月 3 日企业购入一辆汽车，录入系统的时间是 2012 年 1 月 5 日，则该卡片可通过“资产增加”功能录入。

【注意】(1) 卡片中“开始使用日期”栏的年份和月份不能修改。

(2) 新卡片录入的第一个月不计提折旧，折旧额为空或零。

(3) 卡片的查询、修改和删除，可以在有关菜单中完成。

(4) 固定资产增加，该资产需要填制凭证，填制凭证有两种途径：在业务发生后立即制单或者在期末批量制单。

(二) 固定资产减少

固定资产在使用过程中，会出现毁损、出售、盘亏等原因退出企业，需要做固定资产减少处理。系统提供了固定资产减少的批量操作，为同时清理一批固定资产提供了方便。该部分固定资产通过“卡片”菜单中“资产减少”功能进行操作。

【注意】 (1) 当月减少的固定资产当月计提折旧，在计提折旧后才可以进行资产减少的操作。

(2) 固定资产减少，该资产需要填制凭证，填制凭证的途径与固定资产增加相同。

三、固定资产变动管理

固定资产在使用过程中，可能会需要调整卡片上的某些项目，这种变动要求留下原始凭证，制作的原始凭证称为变动单，通过“卡片”菜单中“变动单”功能进行处理。

第四节　固定资产月末业务处理

一、减值准备处理

固定资产减值准备通过“卡片”菜单中“变动单”功能进行处理。

（一）计提减值准备

企业应当在期末或者至少在每年年度终了，对固定资产逐项进行检查。如果由于市价持续下跌或技术陈旧等原因导致固定资产可回收金额低于账面价值，则应当将可回收金额低于账面价值的差额作为固定资产减值准备。固定资产减值准备应当按单项资产计提。

（二）转回减值准备

如果已计提减值准备的固定资产价值又得以恢复，应在原已计提的减值准备范围内转回。

二、折旧处理

（一）计提本月折旧

自动计提折旧是固定资产管理系统的主要功能之一。系统可以根据录入的资料，每期自动计提固定资产折旧，再自动生成折旧分配表，然后自动制作记账凭证，并传递给成本核算系统。执行计提折旧功能后，系统将自动把计提的各项资产当期折旧额累加到月初的累计折旧上。

（二）查看折旧清单

折旧清单把所有应计提折旧的固定资产所计提折旧数额进行列表。可以查看单期的折旧清单和全年的折旧清单，全年的折旧清单中列出了各资产在12个计提期间的月折旧额、本年累计折旧等信息。

查看折旧清单的操作步骤为：

（1）单击“处理”菜单中“计提本月折旧”功能，系统弹出提示“计提折旧后是否要查看折旧清单?”。

（2）单击〖是〗按钮，系统再次提示。

（3）单击〖是〗按钮，稍后，系统计提折旧完毕，自动打开“折旧清单”。

（三）折旧分配表

折旧分配表是编制记账凭证，把计提折旧额分配到成本和费用中的依据。折旧分配表包括部门折旧分配表和类别折旧分配表两种类型，但只能选择一种类型制作记账凭证。

何时生成折旧分配凭证，是根据在初始化或选项中选择的折旧分配汇总周期确定的。如果选定的是一个月，则每期计提折旧后自动生成折旧分配凭证；如果选定的是三个月，则只有在三的倍数的期间计提折旧后才自动生成折旧分配凭证，如图 7—10 所示。

【注意】在“折旧费用分配表”界面，可以单击“制单”功能制单，也可以利用“批量制单”功能进行制单。

打印 预览 输出 凭证 退出　○ 按类别分配　◉ 按部门分配

01 (2011.12-->2011.12)

部门编号	部门名称	项目编号	项目名称	科目编号	科目名称	折 旧 额
101	总经理办公			660206	折旧费	3384.31
3	供应部			510502	折旧费	103.84
401	产品研发			510502	折旧费	103.84
合计						3591.99

图 7—10　分配折旧费用

三、制单处理

(一) 填制记账凭证

固定资产管理系统与总账系统之间存在着数据的自动传输关系，这种传输是通过记账凭证来完成的。当发生固定资产增加和减少、卡片修改涉及原值和累计折旧变动、原值变动、折旧分配等情况时，需要填制记账凭证。

制作记账凭证可以执行“立即制单”或“批量制单”功能。如果在“选项”中设置了“业务发生后立即制单”，则发生需要制单的相关业务后，系统自动调出不完整凭证供修改。如果在“选项”中未设置“业务发生后立即制单”，可以利用系统批量制单来完成制单工作。批量制单是在月末结账前批量完成制单并自动传输到总账系统，避免了多次制单的烦琐。单击“处理”菜单中“批量制单”进行处理。

【注意】如果业务发生时没有制单，该业务自动排列在批量制单表中。

(二) 查询、修改、删除记账凭证

固定资产管理系统所产生凭证的查询、修改和删除操作，可通过“处理”菜单中“凭证查询”功能来完成。

【注意】(1) 记账凭证的修改和删除只能在固定资产管理系统完成，总账系统无权删除和修改。

(2) 在总账系统可进行凭证的审核和记账。

四、对账和结账处理

如果需要严格控制固定资产管理系统和总账系统数据的一致性，可在初始设置时选择“与财务系统对账”功能，可以随时审查两个系统的资产价值平衡情况，对账的操作不限制执行时间。

单击“处理”菜单中“对账”功能，系统自动完成对账工作并给出对账结果。

当固定资产管理系统完成了本月全部制单业务后，可以进行月末结账。系统在执行月末结

账时自动对账一次，以保证固定资产管理系统的资产价值和总账系统中固定资产科目的余额相等。如果对账平衡，则可以进行月末结账。本期不结账就不能处理下期业务。结账后当期数据不能再修改，如有错，只能先进行反结账操作，然后再进行修改。

五、账表管理

在固定资产管理系统中，系统可以向企业财务人员和资产管理人员提供固定资产的各类统计报表和管理报表信息，帮助企业从多角度查询固定资产信息，进行固定资产统计分析及各种折旧费用和成本分析，为企业进行固定资产投资、保养、修理等提供决策依据。账表管理中还提供了联查功能，如在账簿中通过双击固定资产总账中的某类（某部门）记录行可以显示该期间的明细账；通过双击明细账中记录行可以显示固定资产原始卡片；通过双击明细账计提折旧记录行可以显示记账凭证。

单击“账表”菜单中“我的账表”进行查询，如图 7—11 所示。

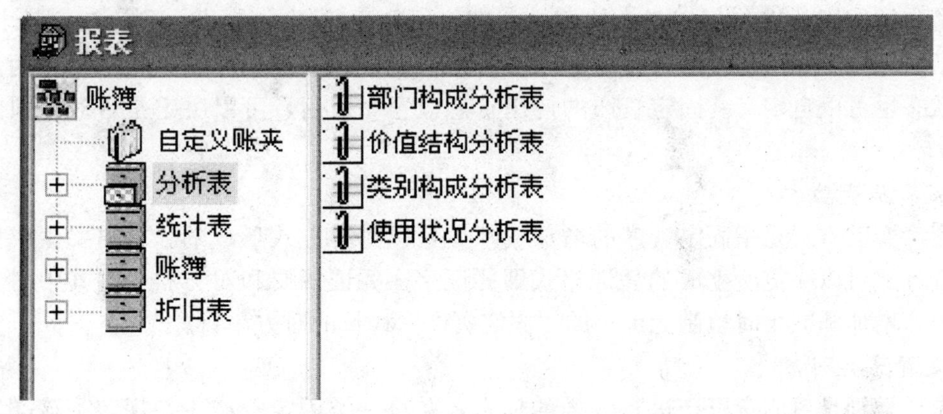

图 7—11　账表管理

第五节　金蝶固定资产管理系统操作简介

一、固定资产管理系统介绍

金蝶 K/3 固定资产管理系统以固定资产卡片管理为基础，对企业固定资产进行全面的管理，使企业全面了解固定资产的数量、价值以及使用状况。具体包括进行固定资产日常新增、减少、变动的记录和账务处理，计提折旧及账务处理，固定资产卡片的查询，固定资产相关报表的查询。固定资产管理系统与总账系统相关联，在固定资产管理系统业务处理后会自动生成凭证并传递到总账系统参与核算。

固定资产管理系统的业务处理流程为：系统参数设置→ 基础资料设置（使用情况、变动方式、类别、折旧方法）→ 初始资料录入→ 结束初始化→ 日常业务处理（固定资产卡片新增和减少、其他变动、凭证处理）→ 期末处理（计提折旧、报表账簿查询、月末对账和结账）。

二、固定资产业务处理过程

（一）系统参数设置

需要对固定资产管理系统是否与总账系统相连、是否计提折旧、固定资产管理系统的启用期间进行设置。

设置系统参数的操作步骤为：在金蝶 K/3 主控台单击“系统设置”→“系统设置”→“固定资产管理”→“系统参数”→进入“系统选项”界面。

（二）基础设置

与固定资产管理系统有关的基础资料设置包括固定资产使用情况、固定资产变动方式、固定资产类别和固定资产折旧方法，基础设置模块是各系统的公用模块，由各系统共享。

1. 固定资产使用状态

固定资产的使用状态包括三类：使用中、未使用和不需用。使用中固定资产需计提折旧，使用中包括五种情况：正常使用、融资租入、经营性租出、季节性停用和大修理停用。固定资产的使用状态也可以自定义。固定资产的使用状态设置完成后，可以决定是否对该项固定资产计提折旧。

2. 固定资产变动方式

固定资产变动方式是指固定资产的增加或减少是以哪种方式形成的。在需要生成凭证的情况下，变动方式可以决定所生成的凭证格式即凭证字、凭证摘要和对方科目。其中对方科目是指当固定资产增加和减少时填制凭证中的“固定资产”科目的对方科目。

3. 固定资产类别

固定资产类别是对固定资产进行分类的标志，在每一类固定资产中，规定了该类固定资产所属的固定资产类别和折旧科目、折旧方法、残值率等。除此之外，可以对每一类固定资产自行定义其属性，该属性可以在录入和打印卡片时显示出来。

4. 固定资产折旧方法

在基础设置模块可以定义固定资产的折旧方法。系统提供预定义和自定义两种方法，预定义方法不可修改，系统特别推荐动态平均法，使用这种方法若发生折旧计算要素变化，不需要再单独改变折旧计算方法。每一种方法都有公式列示和详细说明。

（三）初始资料录入

固定资产管理系统有自己的启用期间和初始数据，在和总账系统同时启用的情况下，固定资产管理系统与总账系统的初始数据可以一致，也可以不一致。因为固定资产管理系统与总账系统的联系只在于凭证的生成，初始数据只是各系统的内部数据，两系统之间是没有影响的。但从核算及核对的角度讲，初始数据应该是一致的。

录入初始数据的操作步骤为：单击“业务处理”→“卡片新增”。

1. 初始数据录入

初始数据表现为一张卡片，与日常处理中新增卡片时所涉及的卡片没有太大的差别，将每个卡片项目录入即可。特别注意的是卡片第三页，需要录入固定资产的开始使用时间、已使用时间、已提折旧等对卡片折旧计算有影响的数据。

2. 年中间建账的初始化数据录入

对于年中间建账，固定资产管理系统会要求录入卡片的第四部分，即需要录入该项固定资产从年初到启用期间为止的这段期间内的变动情况以及折旧计提情况。这实际上是为了取得该项固定资产的累计借贷方发生额以倒挤出年初余额，最终取得该项固定资产本年的较为完整的信息。

3. 固定资产的复制功能

如果连续增加许多相同的固定资产，可以选择复制增加。对同样的卡片另编固定资产号码即可，复制功能可以极大减少相同固定资产输入的工作量，同时保证对固定资产的单项管理。

（四）结束初始化

初始化数据录入完成后，在对账无误的情况下可以选择结束初始化。初始化结束前应先做系统备份。初始化结束后也可以做反初始化，但只能由系统管理员操作。

结束初始化的操作步骤为：在金蝶 K/3 主控台单击“系统设置”→“初始化”→“固定资产”→“初始化”→“结束初始化”界面。

（五）日常业务处理

处理日常业务时，可单击“业务处理”功能进行相关操作。

1. 固定资产卡片新增

固定资产卡片新增与初始化卡片新增的操作相同。需注意的是，卡片的入账日期只能是本期或本期以后，卡片保存后，入账日期便不可以进行修改。另外，固定资产最好不要跨期录入。

2. 固定资产卡片减少

当固定资产减少时，用户只需选择需要减少的固定资产的代码，将减少的日期和减少的方式填入即可。

3. 其他变动

固定资产的其他变动包括固定资产除了增加和减少以外的其他任何变动，包括使用部门变动、使用状态变动、固定资产的原值新增和减少、折旧的新增和减少等。若发生以上固定资产变动，需要注意固定资产的折旧方法是否需要变动。

4. 凭证处理

可以将所有固定资产的处理生成凭证（不包括计提折旧），并进行查看。

（六）期末处理

固定资产管理系统期末处理主要包括计提折旧、报表账簿查询、月末对账和结账。

1. 计提折旧

如果使用工作量法计提固定资产折旧费用，则应该在计提折旧费用之前，先输入本期完成的实际工作量。

计提折旧的操作步骤为：单击“期末处理”→“计提折旧”。

2. 报表账簿查询

金蝶 K/3 固定资产管理系统提供了丰富的统计报表和管理报表，如资产清单、固定资产明细账、折旧明细账和资产构成表等，可以满足企业固定资产管理需要。

查询报表账簿的操作步骤为：单击“统计报表”或“管理报表”功能进行查询。

3. 月末对账和结账

如果固定资产管理系统与总账系统连用，应该选择参数“期末结账前进行自动对账”，与总账系统核对无误后再结账，以保证两个系统数据的一致性。

月末结账的操作步骤为：单击“期末处理”→“期末结账”。

当本期的所有业务处理完毕后，就可以进行月末结账工作了。当发现已结账信息有误时，可以对已结账信息进行逆转操作，恢复到记账前状态，即进行反结账。

思考题

1. 简述固定资产管理系统的特点，以及与其他系统之间的数据传递关系。
2. 固定资产管理系统如何保证与总账系统数据的一致性？
3. 在基础设置中，为什么系统需要设置部门和资产类别档案？
4. 在基础设置中，为什么设置部门对应折旧科目？

第八章　采购与应付款管理系统

【要点提示】

- 供应链管理系统
- 应付款管理系统
- 采购管理系统
- 采购管理
- 存货核算

要了解应付款管理系统和采购管理系统，首先应了解供应链管理系统。供应链管理系统是财务管理软件中重要的组成部分，它是企业财务软件从财务部门延伸到业务部门并实现财务业务一体化管理的最明显的表现形式。财务业务一体化通常是指总账和购销存业务相连。财务业务一体化管理可以做到三流（物流、资金流、信息流）同步，协同运作，快速反应。财务信息可以“见树又见林”，不再是信息“孤岛”。财务业务一体化管理如图8—1所示。

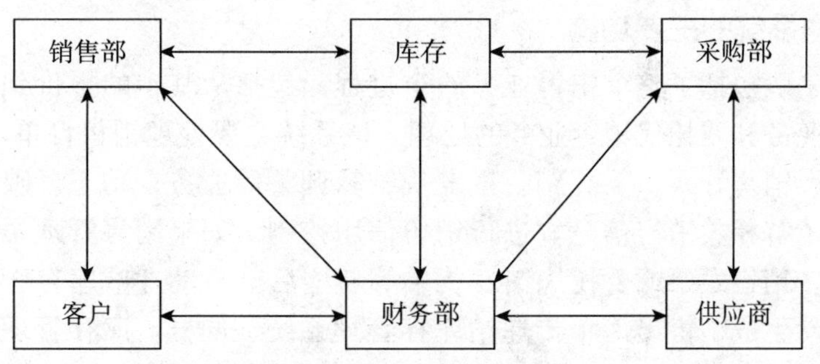

图8—1　财务业务一体化管理

供应链管理系统由6个子系统构成：物料需求计划、采购管理、销售管理、库存管理、存货核算、GSC质量管理。其中，GSC质量管理子系统适用于医药商业企业。一般企业主要应用的是采购管理、销售管理、库存管理和存货核算4个子系统。供应链管理一般还将采购管理系统与应收款管理系统、销售管理系统与应付款管理系统结合起来使用。

第一节　供应链管理系统概述

供应链管理系统的应用，从根本上解决了将财务数据与业务数据分开的做法，使资金流与物流同步，并相互制约，加快了企业对市场的反应速度，提高了决策的有效性。供应链管理的实质是物流、信息流、资金流的优化管理。

一、供应链管理系统的主要功能

供应链管理系统的基本任务是管理采购订单、采购入库单和采购发票，管理销售订单、销售发货单、销售出库单和销售发票，管理各种存货的入库和出库业务；核算应收、应付账款，核算物资采购、销售收入和税金，核算存货入库成本、出库成本和结余成本。

（一）采购管理系统的主要功能

采购管理系统包括了采购全过程的业务处理，包括从基本供应商询价到采购单据处理、采购入库、采购业务跟踪、采购汇总统计、采购分析。该系统主要动态反映了采购订单处理及执行情况；处理各种采购入库业务，开具采购发票，及时反映采购业务情况。企业可根据采购发票确认采购入库成本。采购管理系统如果与应付款管理系统连用，可以掌握采购业务的付款和应付款情况。若与库存管理系统、存货核算系统连用，可以随时掌握存货的信息，减少盲目采购，实现合理库存，为存货核算提供采购入库成本，便于财务部门及时掌握存货的采购成本。

采购管理系统还提供了采购汇总统计、账表输出及采购分析等功能，包括采购成本分析、供应商价格分析、采购资金比重分析、采购类别分析以及采购货龄分析等。

（二）销售管理系统的主要功能

销售管理系统一般包括了整个销售业务的全过程，包括从基本的报价到最后的销售发票管理，进行正常销售业务和委托代销等业务的处理。该系统主要处理销售订单，掌握其执行情况；处理各种销售发货、销售开票、委托销售、发货结算调整等业务；动态反映了各种销售业务数据，便于企业及时了解相关销售信息，进行销售信用控制。如果销售管理系统与库存管理系统连用，销售发货单、销售发票或委托代销发货单等新增后会自动冲减库存管理系统中的存货现存量，经审核后自动生成销售出库单传递给库存管理系统。同样，库存管理系统为销售管理系统提供了可用于销售的存货现存量。如果销售管理系统与存货核算系统连用，存货核算系统将把计算出的存货销售成本传递给销售管理系统。如果销售管理系统与应收款管理系统连用，则应收款管理系统为销售管理系统提供销售发票、销售调拨单的收账结算情况以及代垫费用核算情况。

销售管理系统还提供了销售统计、输出账表和销售分析数据等功能，包括销售增长分析、货物流向分析、销售结构分析、账龄分析和销售毛利分析等。

（三）库存管理和存货核算系统的主要功能

库存管理的主要功能是管好材料存货、半成品和产成品存货，避免材料积压或材料短缺，以利于生产计划的制定和组织销售。库存管理系统处理各种类型的出入库业务，能够支持辅助计量单位、批次、保质期等的管理，并进行库存安全性控制。通过对存货的收、发、存业务的处理，企业可及时动态地掌握库存存货的各种信息。该系统提供了库存汇总统计、输出账表、储备分析、保质期和安全库存预警提示等功能，便于企业进行存货控制。

存货核算系统主要针对存货的收发业务进行核算，反映存货的耗用情况，及时将各类存货成本归集到各种成本项目和成本对象。如果该系统与成本核算系统连用，可为成本核算系统提供材料采购成本，计算出产成品的单位成本。如果与总账系统连用，则该系统可将各种单据生成的凭证传递到总账系统中进行账务处理。

二、供应链管理系统的业务处理流程

供应链管理系统主要包括 3 大部分和 4 个子系统。其中，3 大部分包括采购、销售和库存。4 个子系统包括采购管理、销售管理、库存管理和存货核算。在 4 个子系统同时启用的情况下，要依照一定的次序进行操作。

（一）从物流上看供应链管理系统的业务处理流程

入库业务的入口是入库单，在采购管理中录入采购入库单；在库存管理中录入产成品入库单和其他入库单，形成入库业务，增加库存；入库的各种单据在存货核算中记账，登录存货明细账；再依据记账后的入库单自动生成记账凭证，并将记账凭证传递到总账系统中，审核后登录总账。

出库业务的入口是出库单，在销售管理中录入发货单、委托代销出库单，在库存管理中根据发货单生成销售出库单；在库存管理中录入材料出库单和其他出库单，形成出库业务，减少库存；出库的各种单据在存货核算中记账，登录存货明细账；再依据记账后的出库单自动生成记账凭证，并将记账凭证传递到总账系统中，审核后登录总账。

库存管理对入库单和出库单统一进行管理，并根据盘点表自动生成盘盈入库单或盘亏出库单。

（二）从资金流上看供应链管理系统的业务处理流程

在采购管理系统中录入采购发票，对采购入库单进行结算，形成应付账款；到应付款管理系统中对结算后的采购发票制单，生成应付款凭证；在应付款管理系统中录入付款单并付款，核销应付款，对付款后的付款单制单，生成付款凭证。

在销售管理系统中录入销售发票，审核后形成应收账款；到应收款管理系统中对审核后的销售发票制单，自动生成应收款凭证；在应收款管理系统中录入收款单并收款，核销应收款，对收款后的收款单制单，自动生成收款凭证。

存货核算系统对各种入库单和出库单统一进行记账，登录存货明细账，确定存货的入库成本、出库成本及库存成本；并对记账后的出库单、入库单进行记账，自动生成出入库凭证，并传递到总账系统。

采购管理系统、库存管理系统、存货核算系统和销售管理系统之间的业务流程见图 8—2。

1. 采购管理系统

向库存管理系统传递采购入库单，追踪存货的入库情况，把握存货的畅滞信息，减少盲目采购，避免库存积压；向应付款管理系统传递采购发票，形成企业的应付账款；应付款管理系统为采购管理系统提供采购发票的核销情况。

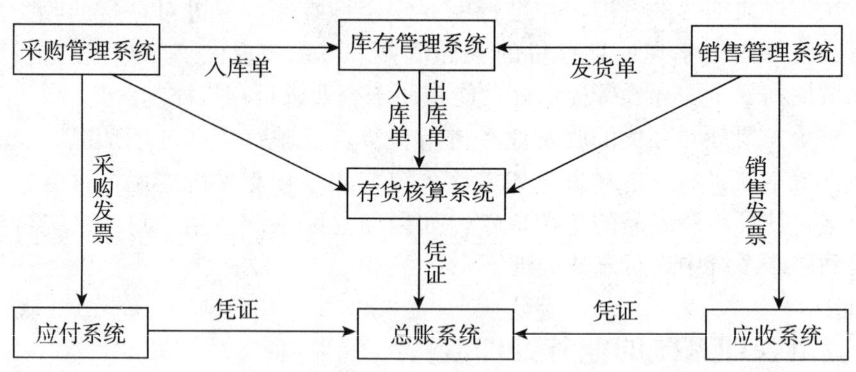

图 8—2　供应链系统业务处理流程

2. 库存管理系统

接收从采购管理系统和销售管理系统中传递的各种出库单和入库单；向存货核算系统传递经审核后的出库单、入库单和盘点数据；接收存货核算系统传递过来的出入库存货的成本。

3. 存货核算系统

接收采购、销售和库存管理系统传递的已审核过的出库单和入库单，进行记账，并生成记账凭证；向库存管理系统传递出入库的存货成本；向采购管理系统和销售管理系统传递存货信息；接收成本管理系统传递过来的产成品单位成本，进行产成品成本的分配。

4. 销售管理系统

向库存管理系统传递销售出库单，冲减库存管理系统的货物现存量，同时库存管理系统为销售管理系统提供可供销售存货的现存量；向应收款管理系统传递销售发票，形成企业的应收账款；应收款管理系统为销售管理系统提供销售发票的核销情况；在总账系统中接收应付款管理系统、存货核算系统及应收款管理系统生成的记账凭证，并审核、记账，形成企业的有关总账信息。

三、供应链管理系统初始化

供应链管理系统涉及多个子系统，各个子系统之间存在复杂的数据传递关系。在初始设置中，不仅要考虑子系统内部的数据联系与提取，还要充分利用系统外部资源，以连接购销系统之间的数据，各部门共享系统数据，从而使信息资源的综合利用更为有效和充分。为此，在供应链管理系统初始化时，必须先设置各个子系统统一的公用参数，按照系统规定的启用顺序依次进行相应的初始设置。

(一) 供应链账套参数设置

供应链的账套参数主要包括各个系统公用的及各自特有的基本信息，这些基本信息确定供应链管理系统的子系统结构、管理组织、业务和财务信息，是各子系统运行的前提。设置时，先手工整理一份资料，为系统设置节省时间并提高准确性，同时要充分考虑本企业业务发展的情况，为今后业务扩展留有余量。

1. 供应链公用参数设置

供应链各个子系统启动时，必须先选择账套选项，设置好账套中的每个参数，其中包括以下七种公用参数选项：

（1）存货有无辅助计量单位。存货有无辅助计量单位是指存货是否可以按两种计量单位进行管理。此项为采购管理、库存管理、存货核算及销售管理的公用参数。

（2）是否允许零出库。是否允许零出库是指输入出库单时，单据上某存货的出库数量大于仓库中的此存货的剩余数量，是否仍然可以出库。此项为库存管理、存货核算和销售管理的公用参数。

（3）有无成套件管理。有无成套件管理是指一种存货是否由其他几种存货组合而成。与此参数有关的子系统有库存管理和存货核算。

（4）有无远程应用。有无远程应用是指总公司和分公司或企业与远程仓库之间有无数据导出、导入功能。此参数选定后，采购管理、库存管理、存货核算、销售管理各个系统必须依此执行，不能修改。

（5）存货是否分类。存货是否分类是指存货是否进行分类核算。如果选中此选项，表明采购管理、库存管理、存货核算、销售管理的存货分类已选定，不能改变，但可以增加。

（6）客户是否分类。客户是否分类是指客户是否按一定的标准进行分类。选定此项后，表明销售管理、应收系统的客户分类已确定，不能改变，但可以增加。

（7）供应商是否分类。供应商是否分类是指供应商是否按一定的标准进行分类。此项的选定，表明采购管理、库存管理、应付系统的供应商分类已确定，不能改变，但可以增加。

以上七个公用参数，如果在基础设置中已设定，在此不允许修改。

2. 供应链业务参数设置

（1）采购管理系统的参数设置。采购子系统在账套参数设置中，其业务选项有以下两种：

1）有无外币采购业务。企业若有外币采购业务，选中此项，可进行相关的外币业务处理。选定后，不能修改。

2）有无受托代销业务。此选项属于商品流通企业的业务范围，在此不作介绍。

（2）销售管理系统的参数设置。销售管理系统在账套选项中的业务选项有两种：业务范围有无外币业务，其与采购管理设置相同；有无零售日报业务，即在相关账表中是否包含零售日报的数据，选定此项，可作为与前台销售收款系统的接口。销售管理系统的参数设置主要有以下 8 种：

1）有无外币业务。企业若有外币销售业务，选中此项，可进行相关的外币业务处理。

2）销售报价是否含税。选中此项，表示货物的售价包含税金。

3）是否有客户信用额度控制。选中此项，表示在销售处理时，若当前客户的应收款余额超过了该客户档案中设定的信用额度值，需输入口令才可以确认相应的操作。

4）是否有最低售价控制。选中此项，在销售处理时，实际销售价格若超过了设定的最低售价，需输入口令才能进行相应的操作。

5）有无委托代销业务。此选项属于商品流通企业业务范围，在此不作介绍。

6）有无销售调拨业务。企业若有此项业务，选中该项，表示系统可以处理企业内部的销售调拨业务。

7）可否超订量发货。选中此项，在处理销售发货业务时，如果货物的数量超过了该货物的订购量，需输入口令才可进行相应的操作。

8）销售计划金额是否含税。选中此项，表明系统销售计划中的计划销售金额和销售定额两项指标均指税后金额。

（3）库存管理系统的参数设置。库存管理系统的业务参数主要包括以下 5 种：

1）有无批次管理。选中此项，可对存货的收发存进行跟踪管理，可统计某一批次所有存货的收发存情况或某一存货所有批次的收发存情况。

2）有无组装拆卸业务。选中此项，表示企业的存货组合在一起销售，选中后不能修改。

3）有无最高最低报警。选中此项后，在单据录入时，如果存货现存量小于最低库存量或大于最高库存量，系统会自动报警，选中后不能修改。

4）有无保质期管理。保质期管理是对存货的失效日期进行监控。选中此项后，系统对过期、到期的存货进行报警，并对即将过期的存货进行预警。

5）有无形态转换业务。如果存货会因自然或其他因素的影响，由一种形态转换成另外一种形态，可选中此项。

（4）存货核算系统的参数设置。存货核算系统的业务参数包括 4 大项：核算方式的选择、零成本出库选择、暂估处理方式、资金占用规划选择。

1）核算方式的选择。核算方式有两种：按部门核算与按仓库核算。按部门核算是按仓库中的所属部门设置存货的计价方式，并且按相同所属部门的各仓库统一核算出库成本；按仓库核算则需按仓库设置存货的计价方式。两种方式只能选择一种，选定后不能修改。

2）零成本出库选择。零成本出库选择是指当根据采用先进先出法或后进先出法（当前的会计制度已取消该方法）核算的出库单据登记明细账时，如果出现账中为零成本或负成本造成出库成本不可计算的情况，则可根据各单位的实际情况选取以下五种方式中的一种：上次出库成本价，即取明细账中此存货的上一次出库的单价，作为本出库单据的出库单价，计算出库成本；参考成本价，即取目录中此存货的参考成本，也就是参考单价，作为本出库单据的出库单价，计算出库成本；结存成本价，即取明细账中此存货的结存单价，作为本出库单据的出库单价，计算出库成本；上次入库成本价，即取明细账中此存货的上一次入库单价，作为本出库单据的出库单价，计算出库成本；手工输入，即以手工输入的单价作为本出库单据的出库单价，计算出库成本。

以上五种方式根据单位实际情况只能选取一种。

3）暂估处理方式。存货核算系统与采购管理系统集成使用时，可以处理暂估业务，并且在此选择暂估入库业务存货成本的回冲方式。暂估处理方式有以下三种，企业根据具体情况可选择一种：

月初回冲：月初时，系统自动生成红字回冲单，并生成采购报销入库单。

单到回冲：报销处理时，系统自动生成红字回冲单，并生成采购报销入库单。

单到补差：报销处理时，系统自动生成一笔调整单，调整金额为实际金额与暂估金额的差额。

4）资金占用规划选择。资金占用规划选择是指用户确定本企业按某种方式输入资金占用规划，并按此种方式进行资金占用的分析。资金占用规划包括 6 项选择：按仓库输入资金占用规划；按存货分类输入资金占用规划；按存货输入资金占用规划；按仓库中存货分类输入资金占用规划；按仓库加存货输入资金占用规划；按存货分类加存货输入资金占用规划。

（二）供应链管理系统期初数据

在供应链管理系统中，期初数据录入是一个非常关键的环节，期初数据的录入内容及顺序见表 8—1。

(三) 供应链管理系统的初始设置

供应链管理系统期初数据设置见表 8—1。

表 8—1　　　　供应链管理系统期初数据设置

系统名称	操作	内容	说明
采购管理	录入	暂估入库期初余额； 在途存货期初余额	暂估入库（货到单未到）； 在途存货（单到货未到）
	记账	采购期初数据	无期初数据也要执行期初记账，否则无法开展日常业务
库存管理、存货核算	录入并记账	存货期初余额及差异	库存和存货共用期初数据
销售管理	录入并审核	委托代销期初余额	本部分不涉及，此处省略

1. 采购管理系统的初始设置

采购管理系统中的基础设置内容包括存货分类、地区分类、供应商分类、供应商档案、存货档案、仓库档案、常用摘要、采购类型、自定义项等。前 7 项内容在前面章节已设置完成，本章仅介绍采购类型的设置。

(1) 采购类型的定义。采购类型不分级次，属于自行设定的项目，一般根据企业实际需要设置。

操作时，进入“企业门户”界面，单击“设置”→“基础档案”→“业务”→“采购类型”功能，单击〖增加〗按钮，在出现的空白记录行输入采购类型的编码、名称、入库类别等内容后按回车键，增加的采购类型即存入系统。

(2) 期初余额的录入。期初暂估入库是在启用采购管理系统之前，还未取得供货单位的采购发票，不能进行采购结算的业务，在此需要输入采购入库单，形成期初数据。

操作时，在“业务”菜单中，选择“入库”选项，单击“入库单”功能，按〖增加〗按钮，输入日期，选择入库类别、仓库、部门等信息，输入数量、单价和存货编码后，单击〖保存〗按钮即可。录入期初在途存货是指在启用日期之前，将在途存货业务的存货余额录入系统。操作时，在“业务”菜单中选择“发票”选项，单击“普通发票”功能，按〖增加〗按钮，以下操作与上述相同。

(3) 期初记账。执行采购管理中的“设置”→“采购期初记账”功能，完成期初记账工作。

2. 销售管理系统初始设置

销售管理系统可以与库存管理、存货核算、应收账款、总账等系统连用，通过销售管理功能，帮助企业的销售部门管理各项销售事务，提供详尽的查询分析信息，帮助销售管理人员及时了解各种销售情况，以便适时调整销售策略，实现利润最大化。

销售管理系统的初始设置内容包括存货分类、存货档案、客户分类、客户档案、部门档案、仓库档案、收发类别、销售类型、结算方式、本企业开户银行、币种、付款条件等项。大多数项目在其他章节已详细介绍过，在此仅对不同的内容加以说明。

(1) 销售类型的定义。销售类型是企业为了按销售类型对销售业务数据进行统计和分析而进行的自定义项目。例如，企业可把销售分成本地销售、外地销售、集中销售、零售销售等类别。

定义销售类型时，在设置界面，选择“基础档案”→“业务”→“销售类型”选项，单击

〖增加〗按钮，在空白行分别输入以下相关内容：销售类型编码；销售类型名称（此两项不能重复，具有唯一性）；出库类别，是指收发类别中的收发标志为“发”的那部分，即输入销售类型所对应的出库类别，在此直接输入出库类别编号或名称，也可以通过参照选择输入；是否默认值，是用于标识销售类型在单据录入或修改被调用时是否作为调用单据的销售类型的默认取值。通过双击销售类型的增加行可修改增加的内容；单击〖删除〗按钮，能实现对该销售类型的删除。

(2) 费用项目的设定。费用项目是指销售业务中的代垫费用、销售支出费用等。

操作时，选取“基础设置”中的“费用项目”选项，单击〖增加〗按钮，输入费用项目编码、名称、备注等内容，完成费用项目的定义，费用项目的内容可以修改和删除。

(3) 初始余额录入。首次使用销售管理系统处理日常销售业务之前，必须把系统启用之前发生而未处理完的单据，通过期初单据录入功能输入系统。

操作时，在“销售管理系统”界面，选取“期初录入”中的“期初发货单”选项，进入“期初发货单”界面，输入发货单号，选择客户名称、销售部门、发运方式、付款条件、销售类型、发货地址等项目，填入仓库、货物名称、规格型号、数量等内容，单击〖增加〗按钮，系统自动填入发货日期，如果有关内容不符，可进行修改，按〖保存〗按钮，初始余额即录入系统。

期初发货单的增加、删除、修改及审核的操作，只能在第一个业务期间月末结账之前进行。

3. 库存管理系统初始设置

库存管理系统的基础设置内容，在前面章节均已讲述，在此仅介绍初始余额的录入操作。

第一次使用库存管理系统，必须输入所有末级存货的期初数据。如果库存管理系统与存货核算系统同时使用，那么，库存管理系统的期初数据是两个系统共用的。在录入期初数据之前，应将库存的结存数与存货核算的结存数核对一致，然后统一录入两个系统的期初结存数量、结存金额，再进行统一期初记账。

(1) 录入期初余额。操作时，选取“设置”菜单下的“期初数据”，单击“期初金额”选项，进入期初余额录入界面，选择要输入期初余额的仓库后，计价方式自动显示在仓库右边，选择存货编码，输入数量、入库日期和批号，按〖保存〗按钮。

(2) 期初记账。期初记账是指将录入各存货的期初数据记入库存台账、批次台账等账簿中，期初数据录入完毕，必须经过期初记账后，才能进行日常业务、账簿查询、统计分析等操作。

操作时，在“期初结存”选项中，单击〖记账〗按钮可完成初始数据记账工作，如果发现期初数据有错，在录入单据之前单击〖恢复〗按钮即可将期初数据恢复到记账前状态，这样就可重新输入或修改期初数据。

4. 存货核算系统初始设置

存货核算系统的初始设置内容，除了存货科目、对方科目、受控科目、存货设置等几项内容外，其他项目与库存管理系统的初始设置内容完全相同，本部分只对其不同的内容加以说明。

(1) 存货科目。存货科目是指在存货核算系统生成的凭证中，所需要的各种存货科目及差异科目。

操作时，选取“初始设置”选项，单击“存货科目”，进入存货科目设置界面，单击〖增加〗按钮，在增加的新记录上输入各个项目：仓库、存货分类、存货科目及差异科目。其中，存货科目只能按已设置的会计科目选择输入，不能输入其他系统的控制科目；在存货核算系统中采用计划成本计价时，差异科目在此只能按已设置的会计科目选择输入，不能输入其他系统的控制科目。

如果存货核算系统与总账系统集成使用，在本系统必须设置存货科目，以利于系统自动生成凭证。

(2) 对方科目。对方科目是指在存货核算系统生成凭证所需要的存货对方科目所对应的会计科目。如果存货核算系统集成使用，为保证系统自动生成凭证，应设置存货对方科目。对方科目应按“收发类别＋存货分类＋部门＋成本对象＋存货”来设置。

操作时，选取“初始设置”选项，选中“对方科目”，进入“对方科目设置”界面，单击〖增加〗按钮，输入收发类别与对方科目信息。输入对方科目时，必须输入科目表中已设置的末级科目，不能输入其他系统的控制科目，输入完毕按回车键，系统自动保存。如果要修改某对方科目，则双击该项即可修改；如果要删除某项设置，则将光标放在该项上按〖删除〗按钮即可。

存货核算系统的初始数据与库存管理系统是共用的，其期初记账也是统一进行的。

(3) 期初差异。若工业企业按计划价核算存货出库成本，在初次使用存货核算系统时，应输入存货的期初差异余额。输入时，存货的核算若按部门核算，其存货的差异额按核算部门输入；若按仓库核算，其存货的差异额按核算仓库输入。期初差异录入界面见图 8—3。

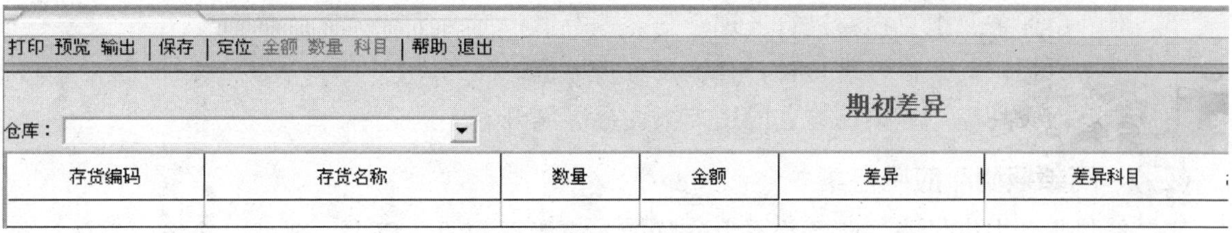

打印 预览 输出 | 保存 | 定位 金额 数量 科目 | 帮助 退出

期初差异

仓库：

存货编码	存货名称	数量	金额	差异	差异科目

图 8—3　期初差异录入界面

第二节　应付款管理系统概述

应付账款是企业负债的一个重要组成部分，是企业在正常经营活动中，由于采购商品或接受劳务，而应向供货单位或提供劳务单位所支付的款项。应付账款是因为赊购业务产生的，因此入账时间的确认与物资采购的时间是一致的；如果赊购业务包括商业折扣、现金折扣等因素，那么应付账款入账价值的确定就变得比较复杂了。企业除了对应付账款进行核算外，还要加强对自身偿债能力的管理、应付票据的管理、预付款及其他业务往来交易记录的管理。

一、应付款管理系统功能概述

应付款管理主要是对企业与供应商业务往来账款进行核算与管理，在应付款管理系统中，以采购发票、其他应付单等原始单据为依据，记录采购业务及其他业务所形成的应付款项，处理应付款项的支付、冲销等情况。应付款管理系统提供票据处理的功能，实现对应付票据的管理。此外，该系统还提供各种分析报表，如账龄分析表、周转分析表、欠款分析表、付款情况分析表以及信用报警单等，通过各种分析报表，企业可以清楚地掌握信用利用情况，据此调整

支付政策，提高财务管理能力。

根据对供应商往来款项核算和管理的程度不同，应付款管理系统提供了“详细核算”和“简单核算”两种供应商往来款项应用方案。不同的应用方案，其系统功能、产品接口、操作流程等均不相同。

（一）“详细核算”应用方案

如果在企业采购业务中应付款核算与管理内容比较复杂，需要追踪每一笔业务的应付款及其支付等情况，并希望对应付款项进行各种分析，或者需要将应付款核算到产品一级，那么可以选择“详细核算”应用方案。该方案的功能主要包括：

（1）若应付款管理系统与采购管理系统集成使用，应付款管理系统根据采购管理系统传递过来的单据，记录应付款的形成，非商品交易形成的应付项目在应付款管理系统中记录；若应付款管理系统不与采购管理系统集成使用，采购发票和应付单据都在应付款管理系统中直接记录。

（2）处理应付项目的付款及转账业务。

（3）对应付票据进行记录和管理。

（4）在应付项目的处理过程中生成凭证，并向总账系统传递。

（5）对外币业务及汇兑损益进行处理。

（6）根据所提供的条件，进行各种查询及分析数据。

本章后续内容均以“详细核算”应用方案为标准展开。

（二）“简单核算”应用方案

如果采购业务中应付账款业务并不十分复杂，或者现购业务很多，则可以选择“简单核算”应用方案。在该方案中，应付款管理系统只是连接总账与采购管理系统的一座桥梁，即只是对采购管理系统生成的发票进行审核并生成凭证传递到总账，而不能对发票进行其他的处理，也不能对往来明细进行实时查询、分析。此时，只能在总账中进行往来明细情况的简单查询。

“简单核算”应用方案的主要功能包括：

（1）接收采购管理系统的发票，对其进行审核。

（2）对采购发票进行制单处理。

具体选择哪一种方案，企业可以在应付款管理系统中通过“选项”中的“应付账款核算模型”来设置。

二、应付款管理系统与其他系统的关系

应用“详细核算”方案时，应付款管理系统与其他系统的关系如图 8—4 所示。

采购管理系统向应付款管理系统传递已结算的采购发票，由应付款管理系统生成凭证，并根据发票进行付款结算处理。应付款管理系统为采购管理系统提供采购发票的付款结算情况。

应付款管理系统向总账系统传递凭证，并能够查询其所生成的凭证。

应付款管理系统与应收款管理系统之间可以进行转账处理，如应付冲应收，对既是客户又是供应商的往来业务对象，可以查询应收和应付往来明细。

应付款管理系统向 UFO 报表系统提供应用函数。

应付款管理系统与网上银行进行付款单的导入和导出。

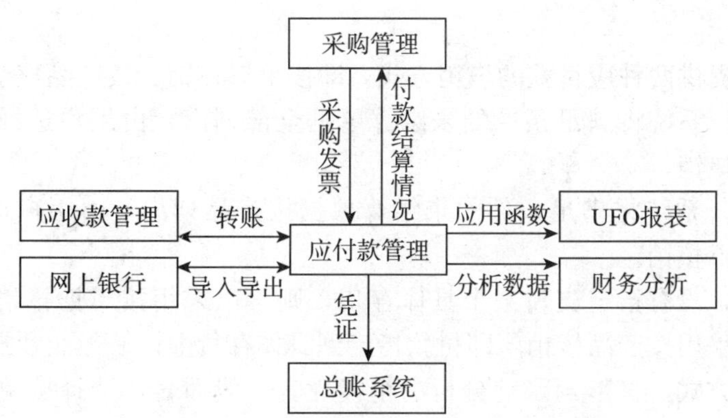

图 8—4　应付款管理系统与其他系统的关系

第三节　应付款管理系统初始设置

一、采购业务处理参数设置

采购业务处理参数设置有多种，这里主要介绍常规选项设置、凭证选项设置、权限与预警设置的主要内容。

（一）常规选项设置

应付款管理系统常规选项设置如图 8—5 所示。

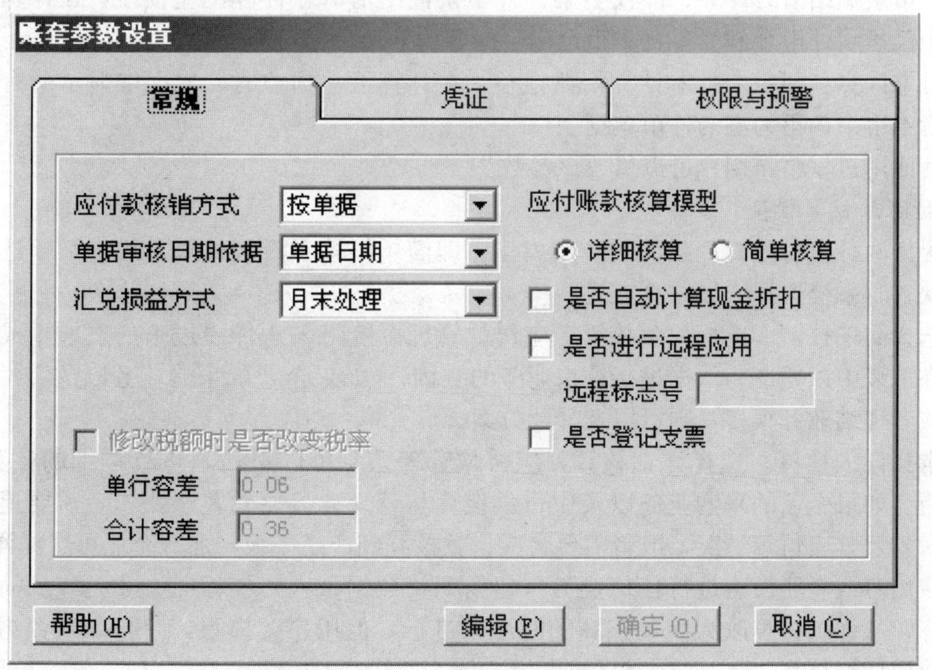

图 8—5　应付款管理系统常规选项设置

1. 应付款核销方式

应付款管理系统提供两种应付款的核销方式，即按单据核销、按产品核销。

(1) 按单据核销。系统将满足条件的未结算单据全部列出，由用户选择要结算的单据，根据所选择的单据进行核销。

(2) 按产品核销。系统将满足条件的未结算单据按产品列出，由用户选择要结算的产品，根据所选择的产品进行核销。

如果企业付款时，没有指定支付某个具体存货，则可以采用按单据核销。对于单位价值较高的存货，企业可以采用按产品核销，即付款指定到具体存货上。一般企业按单据核销即可。

选择不同的核销方式，将影响账龄分析的精确性。一般而言，选择按单据核销或按产品核销能够进行更精确的账龄分析。

在账套使用过程中，用户可以随时修改应付款的核销方式。

2. 单据审核日期依据

系统为用户提供两种确认单据审核日期的依据，即单据日期和业务日期。

(1) 选择单据日期。如果选择单据日期，则在单据处理功能中进行单据审核时，系统自动将单据的审核日期（即入账日期）记为该单据的单据日期。

(2) 选择业务日期。如果选择业务日期，则在单据处理功能中进行单据审核时，系统自动将单据的审核日期（即入账日期）记为当前业务日期（即登录日期）。

因为单据审核后才能记账，故单据审核日期依据单据日期还是业务日期，决定业务总账、业务明细账、余额表等的查询期间取值。在账套使用过程中，可以随时将选项按单据日期改成按业务日期。在账套使用过程中，若需要将选项按业务日期改成按单据日期，则需要判断当前未审核单据中有无单据日期在已结账月份的单据。若有，则不允许修改；否则才允许修改。

3. 汇兑损益方式

系统提供了两种核算汇兑损益的方式，即外币余额结清时计算和月末计算。

(1) 外币余额结清时计算。即仅当某种外币余额结清时才计算汇兑损益，在计算汇兑损益时，界面中仅显示外币余额为零且本币余额不为零的外币单据。

(2) 月末计算。即每个月末计算汇兑损益，在计算汇兑损益时，界面中显示所有外币余额不为零或者本币余额不为零的外币单据。

在账套使用过程中，用户可以修改该参数。

4. 应付账款核算模型

系统提供两种应付款管理系统的应用模型，即简单核算和详细核算。用户必须选择其中一种方式，缺省时系统选择详细核算方式。

(1) 选择简单核算。选择简单核算，应付款管理系统将采购传递过来的发票生成凭证传递给总账（在总账中以凭证为依据进行往来业务的查询）。如果企业的采购业务以及应付账款业务不复杂，或者现结业务很多，则可以选择此方案。

(2) 选择详细核算。选择详细核算，应付款管理系统可以对往来进行详细的核算、控制、查询、分析。如果企业的采购业务以及应付款核算与管理业务比较复杂，或者需要追踪每一笔业务的应付款及其支付等情况，或者需要将应付款核算到产品一级，那么企业可选择详细核算。

系统启用时或者还没有进行任何业务（包括期初数据录入）核算时，才允许从简单核算改为详细核算；从详细核算改为简单核算随时可以进行，但用户要慎重，一旦录入数据，简单核算就不能改回详细核算。

5. 是否自动计算现金折扣

用户可以选择自动计算现金折扣和不自动计算现金折扣两种方式。

（1）选择自动计算现金折扣方式。如果供应商提供了在信用期间内提前付款可以优惠的政策，企业可以选择自动计算现金折扣，系统会在“核销处理”中显示“可享受折扣”和“本次折扣”，并计算可享受的折扣。

（2）选择不自动计算现金折扣方式。如果用户选择了“不显示现金折扣”，则系统既不计算也不显示现金折扣。

在账套使用过程中，用户可以修改该参数。

6. 是否进行远程应用

如果用户选择了进行远程应用，则系统在后续处理中提供远程传输收付款单的功能。但必须在此填上远程标识号，远程标识号必须为两位，即 01～99。

如果选择了不进行远程应用，则系统在后续处理中将不提供远程传输收付款单的功能，也不需要填上远程标识号。

7. 是否登记支票

是否登记支票是系统提供给用户自动登记支票登记簿的功能。

若选择登记支票，则系统自动将具有票据管理结算方式的付款单登记支票登记簿。若不选择登记支票登记簿，则用户也可以通过付款单上的〖登记〗按钮，手工填制支票登记簿。

用户可以在总账系统选项中选择进行支票控制。该选项可以随时修改。

（二）凭证选项设置

应付款管理系统凭证选项设置如图 8—6 所示。

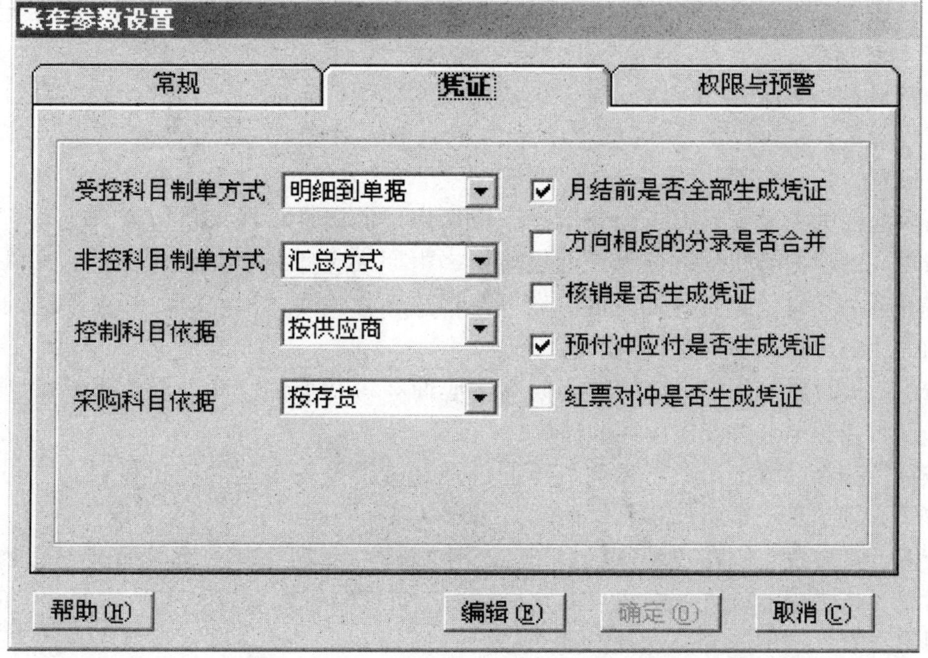

图 8—6　应付款管理系统凭证选项设置

1. 受控科目制单方式

受控科目制单方式有明细到供应商、明细到单据两种方式。在账套使用过程中，可以随时修改该参数的设置。

（1）明细到供应商。当用户将一个供应商的多笔业务合并生成一张凭证时，如果核算多笔业务的控制科目相同，系统将自动将其合并成一条记录。这种方式的目的是使用户在总账系统中能够查看到每一个供应商的详细信息。

（2）明细到单据。当用户将一个供应商的多笔业务合并生成一张凭证时，系统会将每一笔业务制成一条记录。这种方式的目的是让用户在总账系统中也能查看到每个供应商的每笔业务的详细情况。

受控科目在合并分录时若自动取出的科目相同，辅助项为空，则不予合并成一条记录。

2. 非控科目制单方式

非控科目制单方式有三种，即明细到供应商、明细到单据和汇总制单。在账套使用过程中，可以随时修改该参数的设置。

（1）明细到供应商。当将一个供应商的多笔业务合并生成一张凭证时，如果核算多笔业务的控制科目相同，系统将自动将其合并成一条记录。这种方式的目的是在总账系统中能够查看到每一个供应商的详细信息。

（2）明细到单据。当将一个供应商的多笔业务合并生成一张凭证时，系统会将每一笔业务形成一条记录。这种方式的目的是在总账系统中查看到每个供应商的每笔业务的详细情况。

（3）汇总制单。当用户将多个供应商的多笔业务合并生成一张凭证时，如果核算这多笔业务的控制科目相同，系统将自动将其合并成一条记录。这种方式的目的是精简总账中的数据，用户在总账系统中只能查看到该科目的一个总的发生额。

非控科目在合并分录时若自动取出的科目相同，辅助项为空，则不予合并成一条记录。

3. 控制科目依据

应付控制科目是指所有带有供应商往来辅助核算并受控于应付款管理系统的科目，在会计科目中进行设置。系统提供了三种设置控制科目的依据，即按供应商分类设置、按供应商设置、按地区分类设置。

（1）按供应商分类设置。供应商分类是指根据一定的属性将往来供应商分为若干大类。例如，可以将供应商根据时间长短分为长期供应商、中期供应商和短期供应商；也可以根据供应商的行业将其分为零售供应商、批发供应商等。在这种方式下，用户可以针对不同的供应商分类设置不同的应付科目和预付科目。

（2）按供应商设置。用户可以针对不同的供应商在每一种供应商下设置不同的应付科目和预付科目。这种设置适合特殊供应商的需要。

（3）按地区分类设置。用户可以针对不同的地区分类设置不同的应付科目和预付科目。例如，将供应商分为华东、华南、东北等地区，用户可以在不同的地区分类下设置科目。

按供应商分类设置，则在“设置科目”—“控制科目设置”中系统列示供应商分类，进行控制科目设置。按供应商设置，则在“设置科目”—“控制科目设置”中系统列示供应商明细，进行控制科目设置。按地区分类设置，则在“设置科目”—“控制科目设置”中系统列示地区分类，进行控制科目设置。在账套使用过程中，可以随时修改控制科目依据的设置。

4. 采购科目依据

系统提供了两种设置产品采购科目的依据，即按存货分类和按存货设置存货采购科目。账套使用过程中，可以随时修改该参数的设置。

（1）按存货分类设置。存货分类是指根据存货的属性对存货所划分的大类。例如，可以将存货分为原材料、燃料及动力、包装物、自制半成品及产成品等大类。用户可以针对这些存货分类设置不同的科目。

（2）按存货设置。如果存货种类不多，用户可以直接针对不同的存货设置不同的科目。

5. 月结前是否全部制单

用户可选择月末结账前是否需要完全制单。如果选择了“是”，则月末结账时，没有完全制单不可以结账；如果选择了“否”，则月末结账时，没有完全制单也可以结账。

6. 方向相反的分录是否合并

用户可选择科目相同、辅助项相同、方向相反的凭证是否合并，缺省时系统默认为不合并分录，该选项可以随时修改。

选择合并，在制单时若遇到满足合并分录的要求，且分录的科目相同、辅助项相同、方向相反，则系统自动将这些分录合并成一条，根据在哪边显示为正数的原则来显示当前合并后分录的显示方向；选择不合并，在制单时若遇到满足合并分录的要求，且分录的科目相同、辅助项目相同、方向相反，则不能合并这些分录，还是原样显示在凭证中。

7. 核销是否需要生成凭证

核销是否需要生成凭证，用户有否、是两种选择。缺省时系统默认为否，可以随时修改。

选择否时，不管核销双方单据的入账科目是否相同，均不需要对这些记录进行制单；选择是，则需要判断核销双方的单据当时的入账科目是否相同，不相同时，需要生成一张调整凭证。

8. 预付冲应付是否需要生成凭证

预付冲应付是否需要生成凭证，用户有需要、不需要两种选择。缺省时系统默认需要进行制单，该选项可以随时修改。

选择需要，则对于预付冲应付的业务，当预付、应付科目不相同时，需要生成一张转账凭证；选择不需要，则对于预付冲应付的业务，不管预付、应付科目是否相同，均不需要生成凭证。

在选择需要生成凭证的情况下，月末结账时需要对预付冲应付检查有无制单的记录；在选择不需要生成凭证的情况下，月末结账时不需要检查预收冲应收、预付冲应付有无制单记录。

9. 红票对冲是否生成凭证

红票对冲是否需要生成凭证，用户可以选择需要或不需要。缺省时系统默认需要进行制单，该选项可以随时修改。

选择需要，则对于红票对冲处理，当对冲单据所对应的受控科目不相同时，需要生成一张转账凭证；选择不需要，则对于红票对冲处理，不管对冲单据所对应的受控科目是否相同，均不需要生成凭证。

在选择需要生成凭证的情况下，月末结账时需要对红票对冲处理检查有无制单的记录；在选择不需要生成凭证的情况下，月末结账时不需要检查红票对冲处理制单情况。

（三）权限与预警选项设置

应付款管理系统权限与预警选项的设置如图 8—7 所示。

1. 是否启用供应商权限

在应付款管理系统中才有“是否启用供应商权限”选项。只有在账套参数中设置对供应商

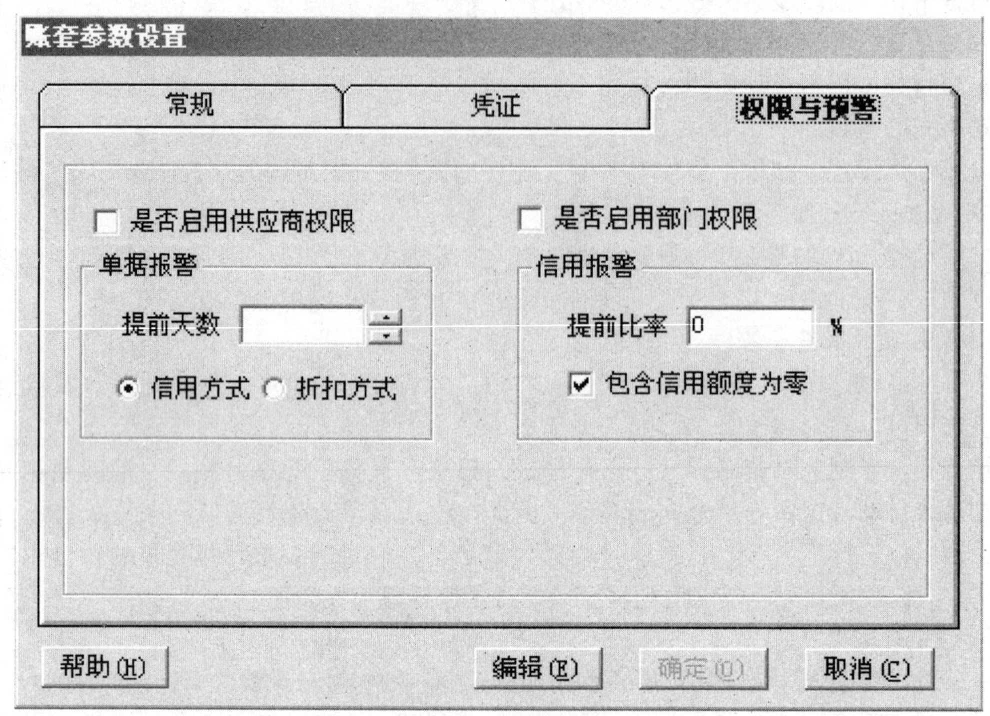

图 8—7　应付款管理系统权限与报警选项的设置

进行记录级数据权限控制时，该选项才可设置；账套参数中对供应商的记录级数据权限不进行控制时，应付款管理系统不对供应商进行数据权限控制。用户有启用、不启用两种选择。缺省时系统默认不需要进行数据权限控制，该选项可以随时修改。

选择启用，则在所有的处理、查询中均需要根据用户的相关供应商数据权限进行限制；选择不启用，则在所有的处理、查询中均不需要根据用户的相关供应商数据权限进行限制。

启用供应商数据权限，且在应付款管理系统中查询包括对应客户数据时，可以不考虑该用户对对应客户是否具有权限，即只要该用户对供应商有权限就可以查询包含其对应客户的数据。

2. 是否启用部门权限

在应付款管理系统中才有“是否启用部门权限”选项。只有在账套参数设置对部门进行记录级数据权限控制时，该选项才可设置；在账套参数中对部门的记录级数据权限不进行控制时，应付款管理系统不对部门进行数据权限控制。

选择启用，则在所有的处理、查询中均需要对该用户的相关部门数据权限进行限制。选择不启用，则在所有的处理、查询中均不需要对该用户的相关部门数据权限进行限制。缺省时系统默认不需要进行数据权限控制，该选项可以随时修改。

3. 是否根据单据自动报警

是否根据单据自动报警有如下三种选择：根据信用期自动报警、根据折扣期自动报警、不进行自动报警。在账套使用过程中，用户可以修改该参数。

（1）根据信用期自动报警。如果选择了根据信用期自动报警，则还需要设置报警的提前天数。每次登录系统时，系统自动将单据到期日－提前天数≤当前注册日期的已经审核的单据显示出来，以提醒用户哪些款项需要支付。根据信用期自动报警，应付款单据到期日根据客户档案中信用期限而定。

(2) 根据折扣期自动报警。如果选择了根据折扣期自动报警，则还需要设置报警的提前天数。每次登录系统时，系统自动将单据最大折扣日期一提前天数≤当前注册日期的已经审核的单据显示出来，以提醒用户哪些采购业务再不付款就不能享受现金折扣待遇。选择按折扣期自动报警，折扣期则根据单据中的付款条件最大折扣日期确定。

(3) 不进行自动报警。如果选择了不进行自动报警，则每次登录系统时不会出现报警信息。

4. 是否根据信用额度自动报警

用户可以选择是否根据供应商的信用额度进行自动预警。缺省时系统默认需要自动预警，该选项可以随时修改。该参数的作用范围仅限于在系统中增加发票和应付单据时。信用额度控制值选自供应商档案的信用额度。相关计算公式为：

信用比率＝信用余额/信用额度

信用余额＝信用额度一应付账款余额

选择根据信用额度进行自动预警时，需要输入预警的提前比率，且可以选择是否包含信用额度为零的供应商。

(1) 选择自动预警。当选择自动预警时，系统根据设置的预警标准显示满足条件的供应商记录，即只要该供应商的信用比率小于等于设置的提前比率就对该供应商进行报警处理。若选择信用额度为零的供应商也预警，则当该供应商的应付账款大于零时即进行预警。若登录的用户没有信用额度、报警单查看权限时，就算设置了自动报警也不显示该报警单信息。选择自动预警的其他条件为：供应商为全部、已经审核过的所有单据、截止日期为登录日期、币种为全部。

(2) 选择不自动预警。当选择不需要自动预警时，任何用户登录时均不显示按信用额度进行预警的信息。

二、初始设置

初始设置的重点是进行科目的设置。应付款管理系统初始设置见图 8—8。

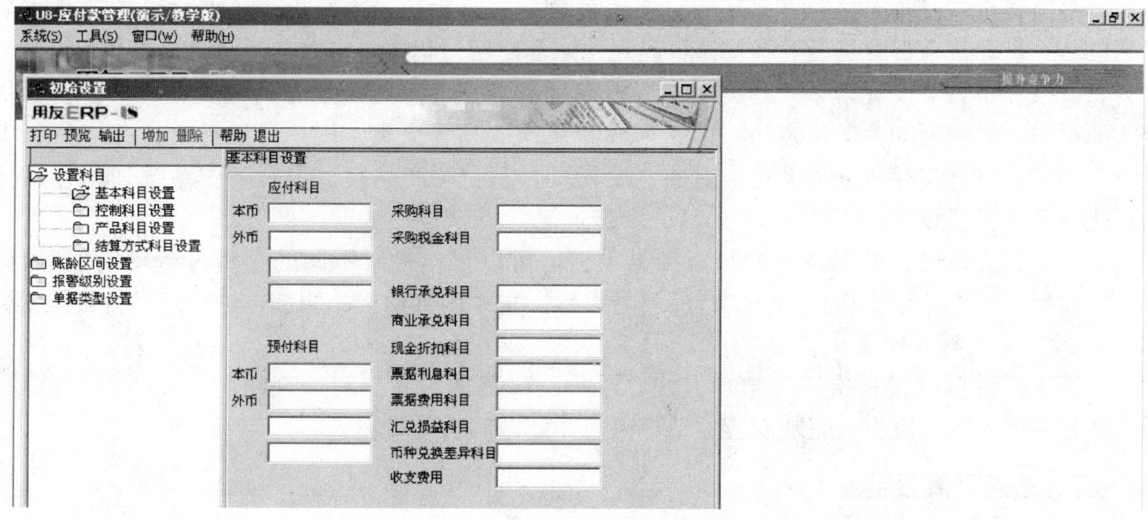

图 8—8　应付款管理系统初始设置

(一)凭证科目设置

由于应付款管理系统业务类型较固定，生成的凭证类型也较固定，因此为了简化凭证生成操作，可以将各业务类型凭证中的常用科目预先设置好。系统依据制单业务规则将设置的科目自动带出。

1. 基本科目设置

用户可以定义应付款管理系统凭证制单所需要的基本科目、应付科目、预付科目、采购科目、税金科目等。若用户未在单据中指定科目，且控制科目设置与产品科目设置中没有明细科目的设置，则系统制单依据制单规则取基本科目设置中的科目设置。

2. 控制科目设置

用户可以进行应付科目、预付科目的设置。应付科目是指所有带有供应商往来辅助核算并受控于应付系统的科目，在会计科目中进行设置。系统提供了三种设置控制科目的依据，即按供应商分类设置、按供应商设置、按地区分类设置。在账套使用过程中，可以随时修改该参数的设置。

(1) 按供应商分类设置。供应商分类是指根据一定的属性将往来供应商分为若干大类。例如，可以将供应商根据时间长短分为长期供应商、中期供应商和短期供应商；也可以根据供应商的行业将其分为零售供应商、批发供应商等。在这种方式下，用户可以针对不同的供应商分类设置不同的应付科目和预付科目。按供应商分类，则在“设置科目”—“控制科目设置”中系统列示供应商分类，进行控制科目设置。

(2) 按供应商设置。用户可以针对不同的供应商在每一种供应商下设置不同的应付科目和预付科目。这种设置适合特殊供应商的需要。按供应商设置，则在“设置科目”—“控制科目设置”中系统列示供应商明细，进行控制科目设置。

(3) 按地区分类设置。用户可以针对不同的地区分类设置不同的应付科目和预付科目。例如，将供应商分为华东、华南、东北等地区，用户可以在不同的地区分类下设置科目。按地区分类设置，则在“设置科目”—“控制科目设置”中系统列示地区分类，进行控制科目设置。

3. 产品科目设置

产品科目设置是指对采购科目、应交增值税科目进行设置。系统提供了两种设置产品采购科目的依据，即按存货分类设置和按存货设置。账套使用过程中，可以随时修改该参数的设置。

(1) 按存货分类设置。存货分类是指根据存货的属性对存货所划分的大类。例如，将存货分为原材料、燃料及动力、包装物、自制半成品及产成品等大类。用户可以针对这些存货分类设置不同的科目。按存货分类设置，则在“设置科目”—“产品科目设置”中系统列示存货分类，进行产品科目设置。

(2) 按存货设置。如果企业的存货种类不多，可以直接针对不同的存货设置不同的科目。按存货设置，则在“设置科目”—“产品科目设置”中系统列示产品明细，进行产品科目设置。

4. 结算方式科目设置

结算方式科目设置是指进行结算方式、币种、科目的设置。对于现结的发票、收付款单，系统依据单据上的结算方式查找对应的结算科目，制单时自动带出。

(二)账龄区间设置

为了对应付账款进行账龄分析，用户应首先设置账龄区间。

设置账龄区间的操作方法为：选择“设置”菜单下的“初始设置”选项，在左边的树型结构列表中单击“账龄区间设置”。

1. 增加账龄区间

增加账龄区间的操作为：单击鼠标右键，选择弹出菜单中的“增加”选项；或者单击工具栏中的〖增加〗按钮，即可在当前区间之前插入一个区间。插入一个区间后，该区间后的各区间起止天数会自动调整。

2. 修改账龄区间

用户可以修改输入的天数，系统会自动修改该区间以及其后的各区间的起止天数。应注意，最后一个区间不能修改。

3. 删除账龄区间

删除账龄区间的操作为：单击鼠标右键，选择弹出菜单中的“删除”选项；或者单击工具栏中的〖删除〗按钮，即可删除当前区间。删除一个区间后，该区间后的各区间起止天数会自动调整。应注意，最后一个区间不能删除。

（三）报警级别设置

报警级别设置的操作为：选择“设置”菜单下的“初始设置”选项，在左边的树型结构列表中单击“报警级别设置”。

1. 增加报警级别

增加报警级别的操作为：单击鼠标右键，选择弹出菜单中的“增加”选项；或者单击工具栏中的〖增加〗按钮，即可在当前级别之前插入一个级别。插入一个级别后，该级别后的各级别比率会自动调整。

2. 修改报警级别

用户可修改输入的比率，系统会自动修改该级别以及其后的各级别的比率。应注意，最后一个区间不能修改。

3. 删除报警级别

删除报警级别的操作为：单击鼠标右键，选择弹出菜单中的“删除”选项；或者单击工具栏中的〖删除〗按钮，删除当前级别。删除一个级别后，该级别后的各级别比率会自动调整。应注意，最后一个区间不能删除。

（四）单据类型设置

单据类型设置是指用户将自己的往来业务与单据类型建立对应关系的工作，以达到快速处理业务以及进行分类汇总、查询、分析的效果。系统提供了发票和应付单两大类型的单据。

如果同时使用应付款管理系统和采购管理系统，则发票的类型包括采购专用发票、普通发票、运费发票和废旧物资收购凭证等。如果单独使用应付款管理系统，则发票类型只包括前两种。发票是系统默认类型，不能修改、删除。

应付单记录采购业务之外的应付款情况。在本功能中，由用户设置应付单的不同类型。用户可以将应付单划分为不同的类型，以区分应付账款之外的其他应付款。例如，可以按应付费用款、应付利息款、应付罚款、其他应付款等项目对应付单进行分类。

单据类型设置的操作为：选择“设置”菜单下的“初始设置”选项，在左边的树型结构列表中单击“单据类型设置”。

（1）增加。单击鼠标右键，选择弹出菜单中的“增加”选项；或者单击工具栏中的〖增加〗按钮，就可以增加一个新的单据类型。

（2）修改。用户可以修改一个单据类型的名称。

（3）删除。单击鼠标右键，选择弹出菜单中的“删除”选项；或者单击工具栏中的〖删除〗按钮，删除当前的单据类型。

应付单中的“其他应付单”为系统默认类型，不能删除、修改。用户只能增加应付单的类型，发票的类型是固定的，不能修改、删除。应注意，不能删除已经使用过的单据类型。

三、期初余额

通过期初余额功能，用户可将正式启用账套前的所有应付业务数据录入到系统中，作为期初建账的数据，系统可对其进行管理，这样既保证了数据的连续性，又保证了数据的完整性。初次使用应付款管理系统时，要将上期未处理完的单据都录入到系统中，以便于以后的处理。进入第二年度处理时，系统自动将上年度未处理完的单据转成为下一年度的期初余额 。在下一年度的第一个会计期间里，用户可以进行期初余额的调整。应付款管理系统期初余额设置如图8—9所示。

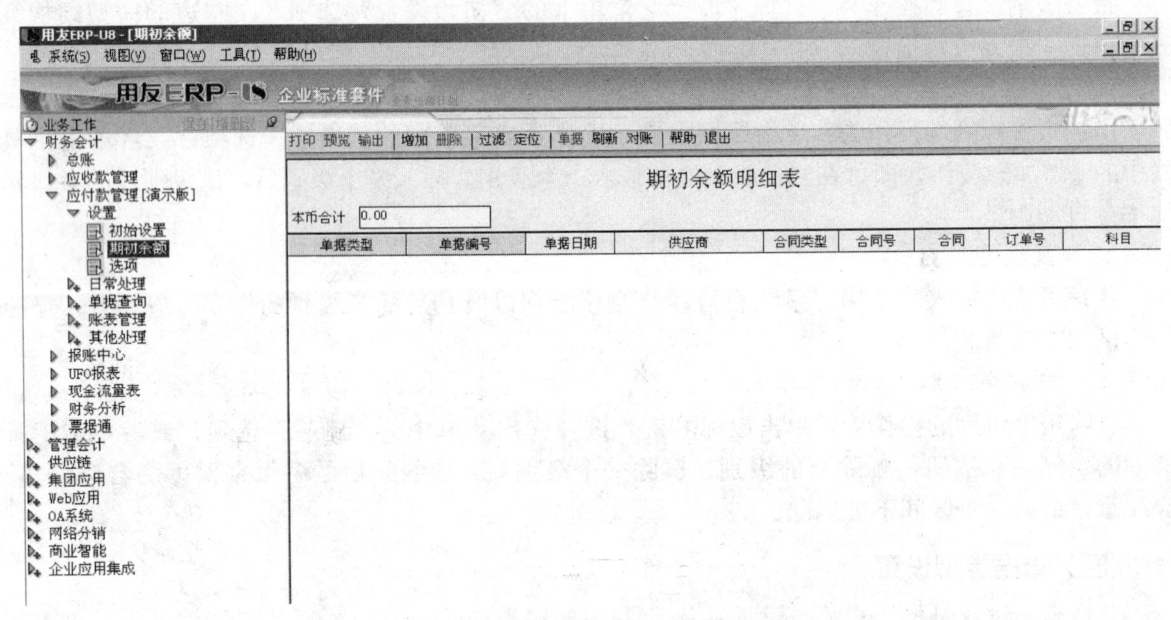

图8—9　应付款管理系统期初余额设置

（一）录入期初余额的要求

录入期初余额的要求包括：

（1）期初余额包括未结算完的发票和应付单、预付款单据、未结算完的应付票据。这些期初数据必须是账套启用会计期间前的数据。

（2）与总账对账、记账。

（3）对期初发票、应付单、预付款、票据进行后续的核销、转账处理。

（4）在应付业务账表中查询期初数据。

（二）期初新增单据业务规则

期初发票是指还未核销的应付账款，在系统中以单据的形式列示，已核销部分金额不显示。

期初应付单是指还未结算的其他应付单，在系统中以应付单的形式列示，已核销部分金额不显示。期初预付单是指提前支付的供应商款项，在系统中以付款单的形式列示。期初票据是指还未结算的票据。

年结时，系统将所有单据的原始单据编码结转到下年，新增的期初单据的编码根据编码方案自动生成。

上年结转下来的期初单据可以删除，但不允许修改，用户可新增期初单据。

期初余额与总账对账时，应根据受控科目进行一一对账。

第四节　采购与应付款管理系统业务处理

用户可根据实际情况进行采购流程的定制。采购与应付款管理系统适用于各类工业企业和商业批发企业，帮助企业对采购业务的全部流程进行管理。

一、采购业务流程

这里介绍的采购业务流程只包括全面的采购业务流程和财务流程处理、采购业务的常用流程和采购业务流程的常用种类。

（一）全面的采购业务流程和财务流程处理

采购管理系统既可以单独使用，又可以与库存管理系统、销售管理系统、存货核算系统、应付款管理系统集成使用，提供完整全面的采购业务流程和财务流程处理，如图 8—10 所示。

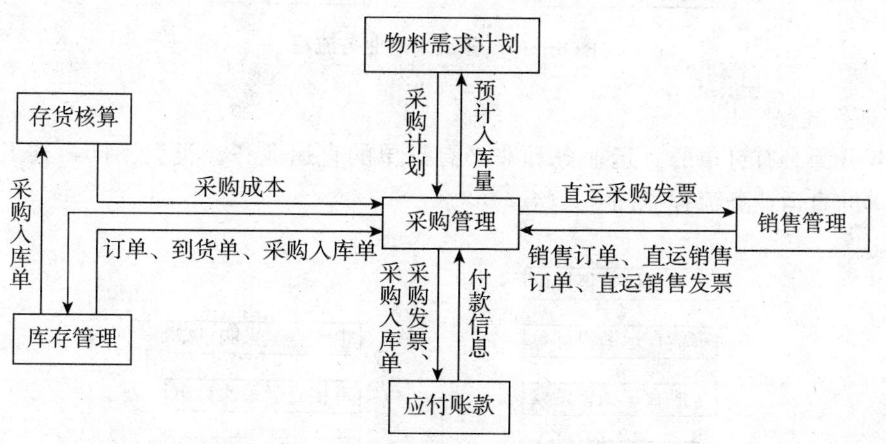

图 8—10　采购业务流程和财务流程处理

（二）采购业务的常用流程

采购业务的常用流程主要包括 6 个项目：请购、订货、到货、入库、开票、采购结算。完整的采购流程如图 8—11 所示。

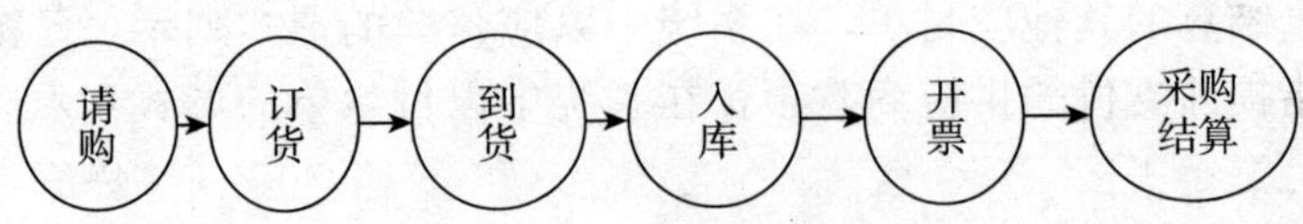

图 8—11　完整的采购流程

(三) 采购业务流程的常用种类

采购业务流程的常用种类有 3 种：普通采购业务流程、直运业务流程和受托代销业务流程。

1. 普通采购业务流程

普通采购业务通常采用必有订单业务模式，其流程见图 8—12。

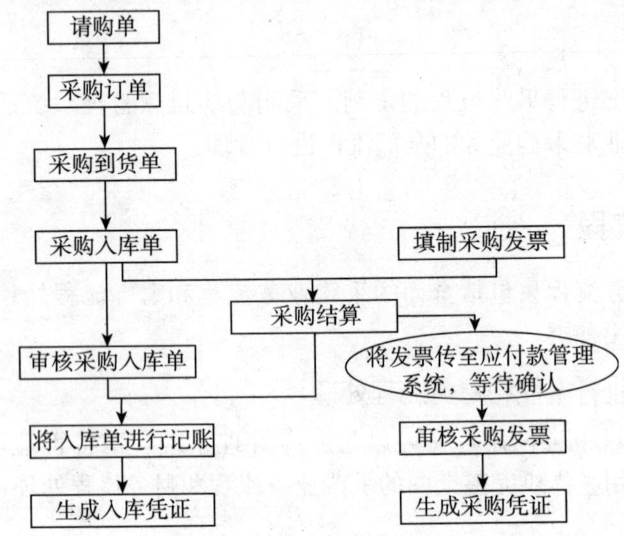

图 8—12　普通采购业务流程

2. 直运业务流程

直运业务分为必有订单的直运业务和非必有订单的直运业务。类型不同，其工作流程也不同。必有订单的直运业务流程见图 8—13。

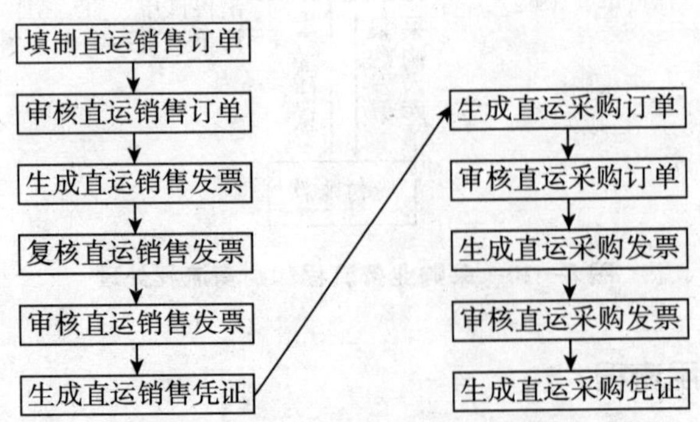

图 8—13　必有订单的直运业务流程

3. 受托代销业务流程

对于受托代销商品，设置时必须选中"是否受托代销"选项，并且把存货属性设置为外购。由于受托代销商品一般用于销售，所以可设置销售属性。设置为受托代销商品的存货不能用于非受托代销商品的采购业务。采购计划、采购请购单、销售订单可参照生成，受托代销订单只能参照受托代销存货填制。

二、采购业务流程的组合

依据采购业务流程的控制和管理要求，在实际运用采购管理系统时，可以采用采购业务流程的不同组合方式，或者说可以在四种采购业务流程的组合中任选其一。

（一）采购业务流程组合一

采购业务流程中，最简单的组合是采购业务流程组合一，其对采购业务流程的控制少，管理要求也低。采购业务流程组合一的操作见图 8—14。

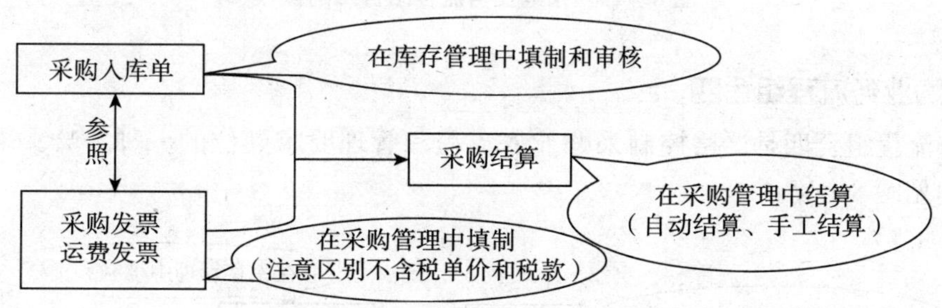

图 8—14 采购业务流程组合一的操作

（二）采购业务流程组合二

采购业务流程组合二相对于采购业务流程组合一而言，增加了到货单的控制。采购业务流程组合二的操作见图 8—15。

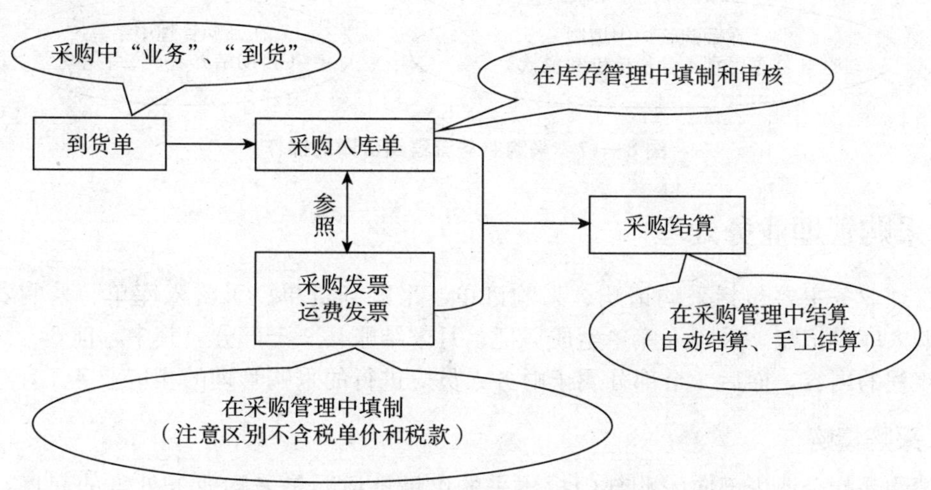

图 8—15 采购业务流程组合二的操作

(三)采购业务流程组合三

采购业务流程组合三相对于采购业务流程组合一而言，增加了订单的控制。采购业务流程组合三的操作见图 8—16。

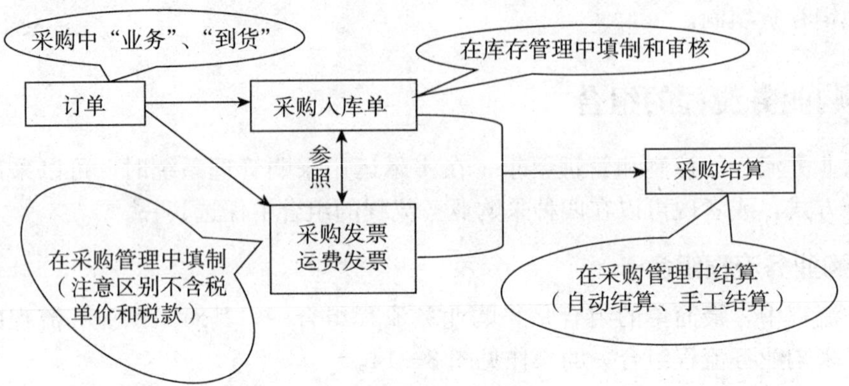

图 8—16　采购业务流程组合三的操作

(四)采购业务流程组合四

采购业务流程组合四是严格控制采购业务流程和管理要求到位的一种组合。采购业务流程组合四的操作见图 8—17。

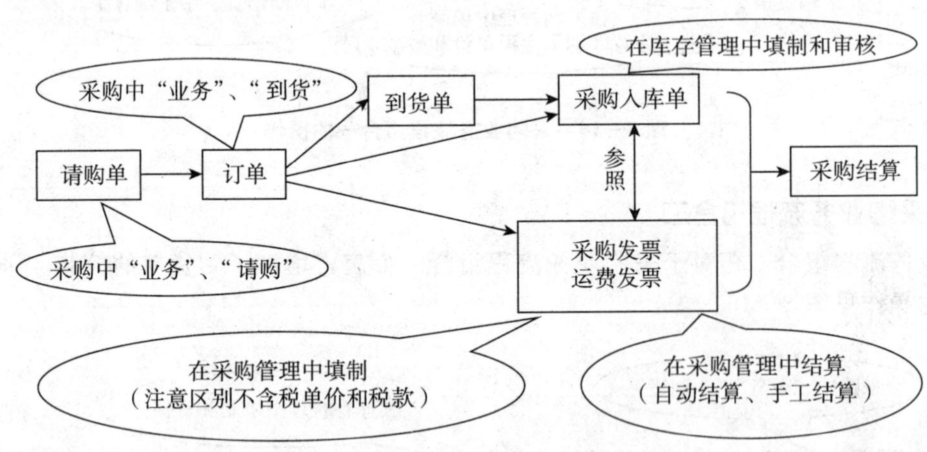

图 8—17　采购业务流程组合四的操作

三、采购管理业务处理

采购管理业务主要包括采购请购、采购订单、采购到货单、采购入库单、采购发票、采购结算、采购入库单记账、采购入库单生成凭证、月末结账共 9 个部分。其中，前 6 个部分属于完整的采购流程的内容，而后 3 个部分属于财务人员应进行的采购管理的相应业务工作。

(一)采购请购

采购请购是指企业内部向采购部门提出采购申请。请购是采购业务处理的起点，在此描述和生成采购的需求，如采购什么货物、采购多少、何时使用、谁用等内容；同时，也可为采购订单提供建议内容，如建议供应商、建议订货日期等。由相关负责人负责审核请购单，采购部门根据审核后的请购单进行采购，已审核或已执行的单据可以关闭。

【例 6—1】 2011 年 1 月 28 日，业务员徐敏利向上海钻石手表厂询问钻石牌男表的价格（120 元/只），觉得价格合适，向上级主管提出请购要求，请购数量为 400 只。

操作流程为：

（1）单击“采购管理”→“业务”→“请购”→“请购单”。

（2）增加一张采购请购单，按照业务情况填制完毕并进行审核，见图 8—18。

打印 预览 输出 | 增加 修改 删除 保存 放弃 审核 弃审 查审 关闭 打开 | 增行 删行 | 定位▼ 首张 上张 下张 末张 | 刷新 帮助 退出

采购请购单　　显示模版：8046 采购请购单显示模版

业务类型 普通采购　　单据号 0000000002　　日期 2011-01-28

部门 采购部　　业 务 员 徐敏利　　采购类型 厂商采购

序号	存货编码	存货名称	规格型号	主计量	数量	含税单价	无税单价	金额	税率
1	013	钻石牌男表		只	400.00	120.00	102.56	48000.00	17.
2									
3									
4									
5									
合计					400.00			48000.00	

制单人 吴明远　　审核人　　关闭人

图 8—18　采购请购单

（二）采购订单

采购订单是企业与供应商之间签订的采购合同、购销协议等，主要内容包括采购什么货物、采购多少、由谁供货、什么时间到货、到货地点、运输方式、价格、运费等。它可以是企业采购合同中关于货物的明细内容，也可以是一种订货的口头协议。企业根据采购需求，与供货单位签订采购合同、购销协议，采购部门根据审核后的请购单和供应商接洽成功后，在系统中填制采购订单（合同），如果有对应的采购请购单或采购计划或销售订单（直运业务），应该参照以上单据生成，由采购主管负责审批。

采购订单可以手工录入，也可以参照采购请购单、销售订单、采购计划、直运销售订单生成。采购订单可以修改、删除、审核、弃审、变更、关闭、打开。已审核未关闭的采购订单可以参照生成采购到货单、入库单、采购发票。

【例 6—2】 承例 6—1，2011 年 1 月 28 日，上级主管同意向上海钻石手表厂订购钻石牌男表 400 只，单价为 120 元/只，要求 2011 年 1 月 31 日到货。

操作流程为：

（1）单击“采购管理”→“业务”→“订购”→“采购订单”。

(2) 增加一张采购订单，按照业务情况可手动填制，也可以通过拷贝采购请购单方式填制(见图 8—19)，填制完毕进行审核。

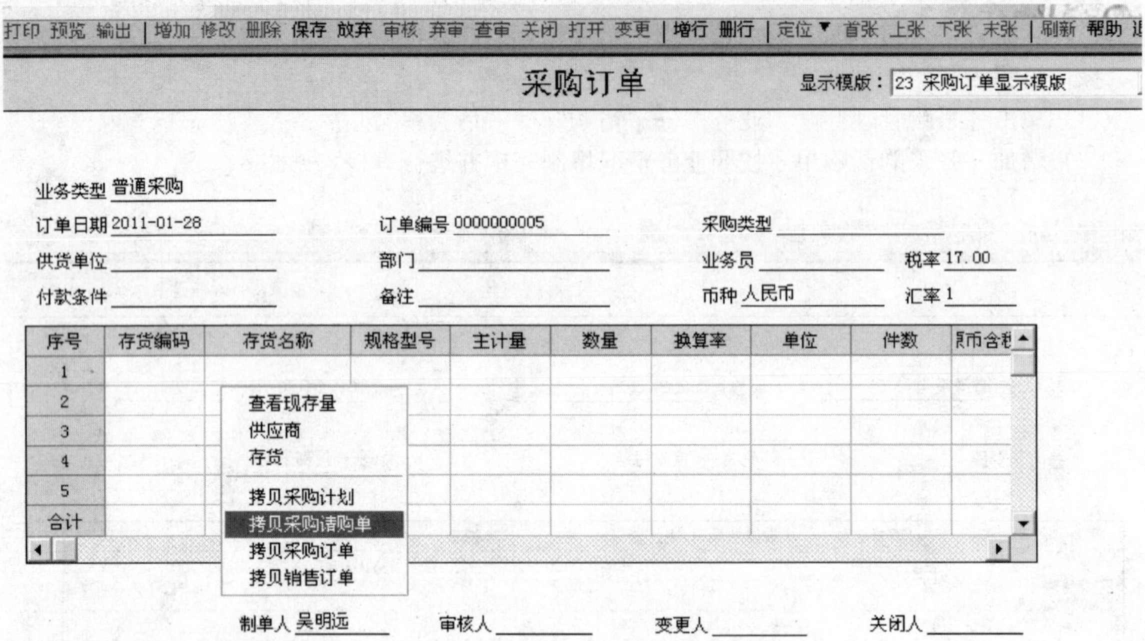

打印 预览 输出 | 增加 修改 删除 保存 放弃 审核 弃审 查审 关闭 打开 变更 | 增行 删行 | 定位 ▼ 首张 上张 下张 末张 | 刷新 帮助 退

采购订单　　显示模版：23 采购订单显示模版

业务类型 普通采购

订单日期 2011-01-28　　订单编号 0000000005　　采购类型

供货单位　　部门　　业务员　　税率 17.00

付款条件　　备注　　币种 人民币　　汇率 1

序号	存货编码	存货名称	规格型号	主计量	数量	换算率	单位	件数	原币含税
1									
2									
3									
4									
5									
合计									

查看现存量
供应商
存货
拷贝采购计划
拷贝采购请购单
拷贝采购订单
拷贝销售订单

制单人 吴明远　　审核人　　变更人　　关闭人

图 8—19　采购订单

(三) 采购到货单

采购到货是采购订货和采购入库的中间环节，一般由采购业务员根据供应商通知或送货单填写，确认对方所送货物的数量、价格等信息，以入库通知单的形式传递到仓库作为保管员收货的依据。

采购到货单是可选单据，用户可以根据业务需要选用；但启用“质量管理”时，对于需要报检的存货，必须使用采购到货单。

【例 6—3】 承例 6—2，2011 年 1 月 31 日，收到订购的 400 只钻石牌男表。

操作流程为：

(1) 单击“采购管理”→“业务”→“到货”→“到货单”。

(2) 增加一张采购到货单，按照业务情况可以手动填制，也可以通过拷贝采购订单方式填制（见图 8—20)，填制完毕进行保存。

(四) 采购入库单

采购入库单是根据采购到货签收的实收数量填制的单据。

对于工业企业，采购入库单一般指采购原材料验收入库时所填制的入库单据。

对于商业企业，采购入库单一般指商品进货入库时所填制的入库单据。

采购入库单按进出仓库方向分为蓝字采购入库单、红字采购入库单；按业务类型分为普通采购入库单、受托代销入库单（商业)。

红字采购入库单是采购入库单的逆向单据。在采购业务活动中，如果已入库的货物因质量

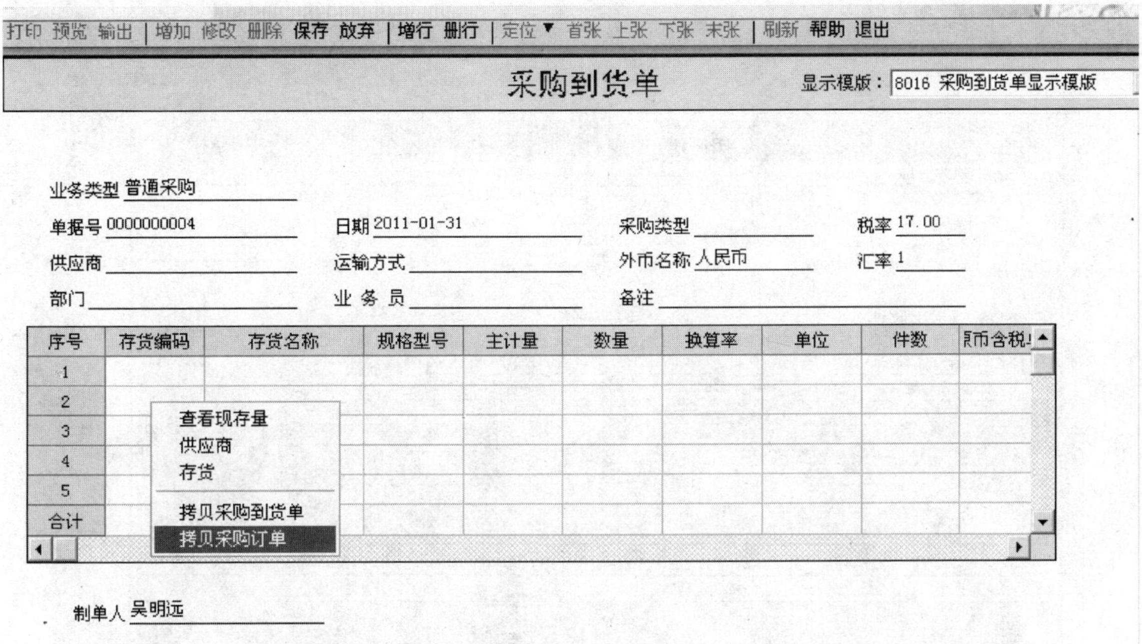

图 8—20　采购到货单

等原因要求退货，则对采购业务进行退货单处理。

如果发现已审核的入库单数据有错误（如多填数量等），可以填制退货单（红字采购入库单）冲抵原入库单数据。原数冲回是将原错误的入库单，以相等的负数量填单。

【例 6—4】承例 6—3，2011 年 1 月 31 日，将收到的 400 只钻石牌男表入手表仓库。

操作流程为：

（1）单击“库存管理”→“日常业务”→“入库”→“采购入库单”。

（2）增加一张采购入库单，在“采购入库单”界面中单击“生单”功能，在过滤条件中选择“采购到货单”，然后单击〖过滤〗按钮，找到前面填制的到货单，填写好仓库，自动生成采购入库单，见图 8—21，填制完毕进行审核。

（五）采购发票

采购发票是供应商开出的销售货物的凭证，系统将根据采购发票确认采购成本，并据以登记应付账款。

企业在收到供货单位的发票后，如果没有收到供货单位的货物，可以对发票压单处理，待货物到达后，再输入系统做报账结算处理；也可以先将发票输入系统，以便实时统计在途货物。

1. 采购发票按业务性质的分类

采购发票按业务性质分为蓝字发票、红字发票。

2. 采购发票按发票类型的分类

采购发票按发票类型分为增值税专用发票、普通发票和运费发票。

（1）增值税专用发票。增值税专用发票的单价为无税单价。

（2）普通发票。普通发票包括增值税普通发票、废旧物资收购凭证、农副产品收购凭证、其他收据，这些发票的单价、金额都是含税的。普通发票的默认税率为零，可修改。

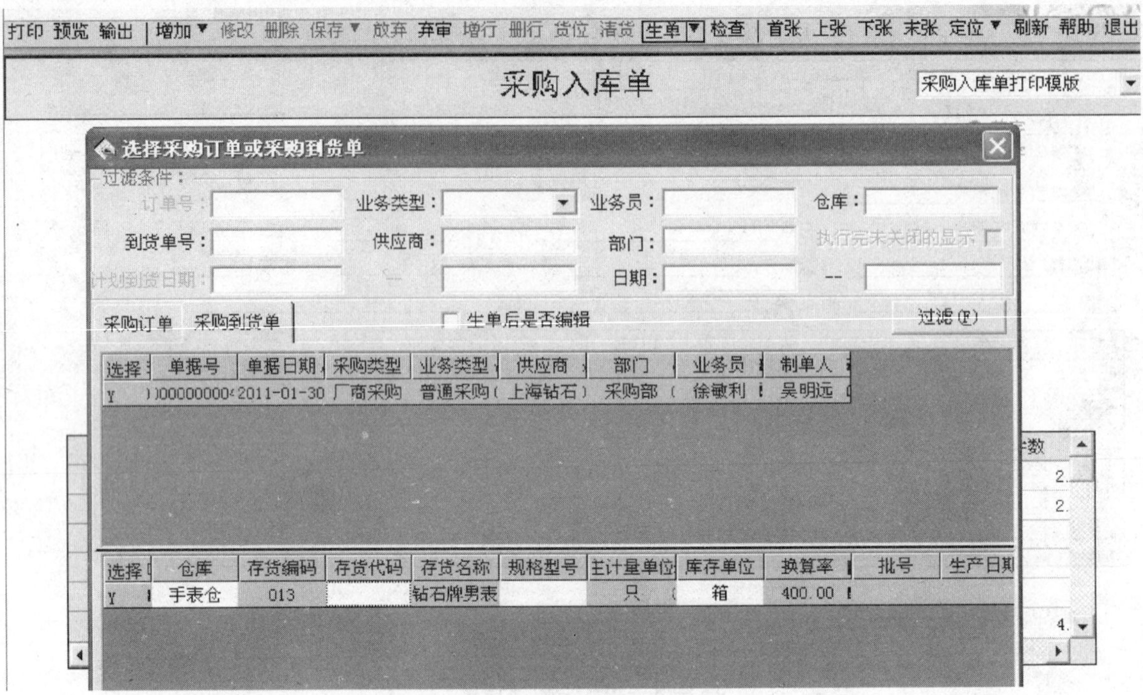

图 8—21 采购入库单

(3) 运费发票。运费主要是指向供货单位或提供劳务单位支付的代垫款项、运输装卸费、手续费、违约金（延期付款利息）、包装费、包装物租金、储备费、进口关税等。运费发票的单价、金额都是含税的。运费发票的默认税率为7%，可修改。

【例 6—5】 承例 6—4，2011 年 1 月 31 日，收到上述业务的专用发票一张。

操作流程为：

(1) 单击"采购管理"→"业务"→"发票"→"专用采购发票"。

(2) 增加一张采购专用发票，按照业务情况可以手动填制，也可以通过拷贝采购入库单方式填制，见图 8—22，填制完毕进行保存。

(六) 采购结算

采购结算也称采购报账，是指采购核算人员根据采购入库单、采购发票核算采购入库成本。采购结算的结果是采购结算单，它是记载采购入库单与采购发票对应关系的结算对照表。

采购结算从操作处理上分为自动结算、手工结算两种方式。另外，运费发票可以单独进行费用折扣结算。

【例 6—6】 承例 6—5，2011 年 1 月 31 日，进行采购结算。

操作流程为：单击"采购管理"→"业务"→"采购结算"→"自动结算"，见图 8—23。

(七) 采购入库单记账

单据记账用于将用户所输入的单据登记存货明细账、差异明细账/差价明细账、受托代销商品明细账、受托代销商品差价账。

先进先出、后进先出（现已取消）、移动平均、个别计价这四种计价方式的存货在单据记账时进行出库成本核算；按全月加权平均法、计划价/售价法计价的存货在期末处理时进行出库成

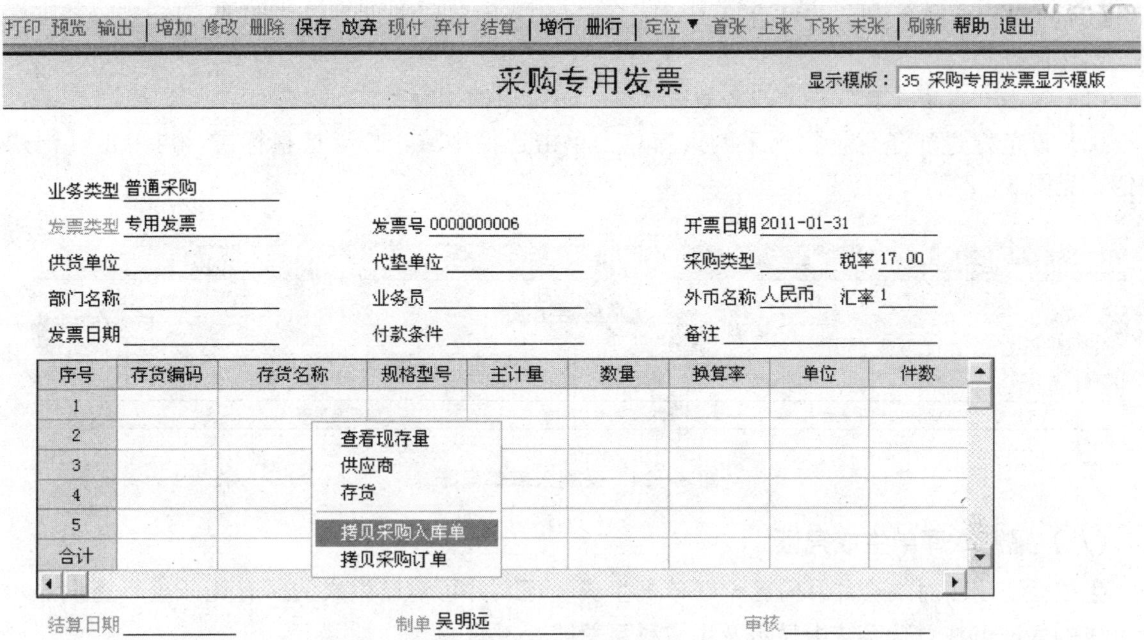

图 8—22　采购专用发票

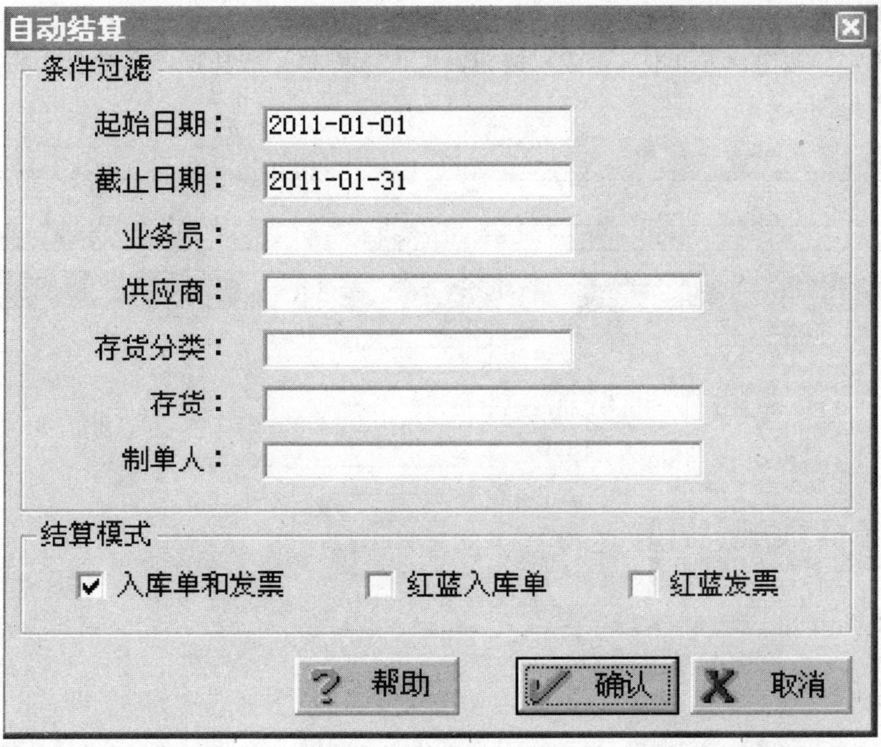

图 8—23　采购自动结算

本核算。

【例 6—7】 承例 6—6，2011 年 1 月 31 日，采购入库单记账。

操作流程为：

(1) 单击“存货核算”→“业务核算”→“正常单据记账”。

(2) 设定好过滤条件，找到采购入库单，单击选择区域，打上选择标志，再单击〖记账〗按钮，见图 8—24。

打印 预览 输出 | 查询 全选 全消 单据 汇总 记账 刷新 | 帮助 退出

正常单据记账

□ 允许记账单据
□ 不许记账单据

选择	日期	单据号	仓库名称	收发类别	存货编码	存货名称	数量
√	2011-01-31	0000000010	手表仓	采购入库	013	钻石牌男表	

图 8—24　采购入库单记账

(八) 采购入库单生成凭证

生成凭证用于对本会计月份已记账单据生成凭证，并可对已生成的所有凭证进行查询显示；所生成的凭证可在总账系统中显示及生成科目总账。

【例 6—8】 承例 6—7，2011 年 1 月 31 日，采购入库单生成凭证。

操作流程为：

(1) 单击“存货核算”→“财务核算”→“生成凭证”。

(2) 单击〖选择〗按钮，设定好过滤条件，找到采购入库单，单击选择区域，打上选择标志，单击〖确定〗按钮，再单击〖生成〗按钮，生成入库单记账凭证，系统自动将本凭证传递到总账系统，见图 8—25。

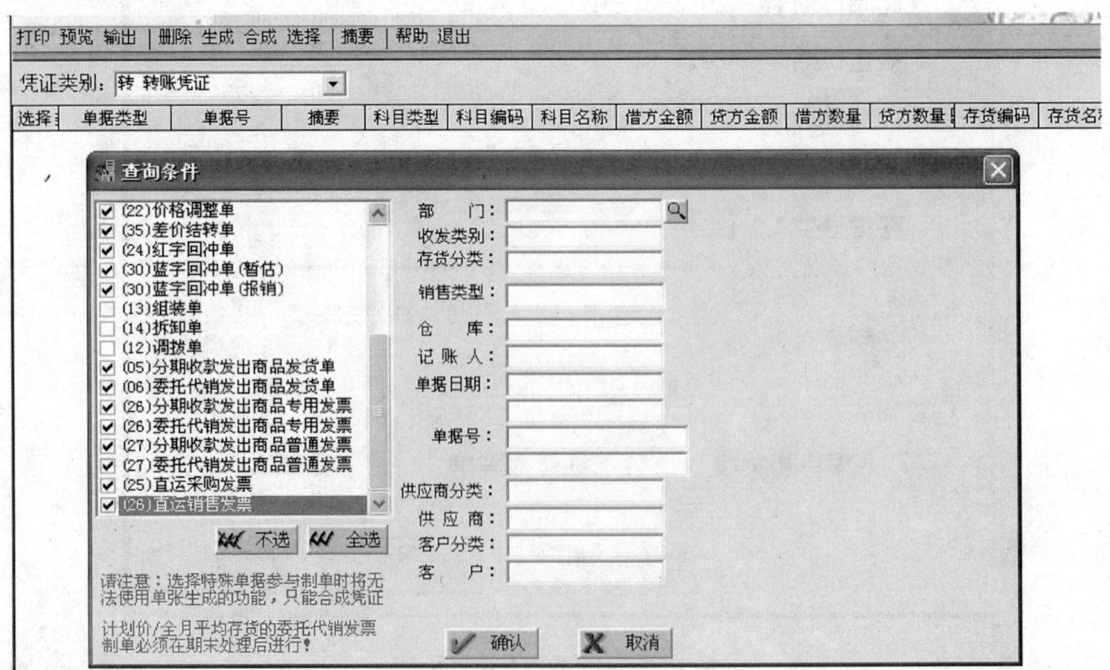

图 8—25　采购入库单生成凭证

（九）月末结账

月末结账是逐月将每月的单据数据封存，并将当月的采购数据记入有关账表中。采购管理系统月末结账可以连续将多个月的单据进行结账，但不允许跨月结账。月末结账后，该月的单据将不能修改、删除。该月未输入的单据只能视为下个月单据处理。

月末结账的操作流程为：

(1) 用鼠标单击“业务”下的“月末结账”选项，屏幕显示月末结账对话框。

(2) 选择结账的月份，必须连续选择，否则不允许结账。

(3) 用鼠标单击〖结账〗按钮，计算机自动进行月末结账，将所选各月采购单据按会计期间分月记入有关账表。

(4) 月末结账后，如果发现已月末结账月份的某单据输入有错误，需要取消结账进行修改，可以选中“月末结账”中的月份，用鼠标单击〖取消结账〗按钮，将该月的月末结账取消。

四、应付款管理业务处理

采购管理系统产生的采购发票等应付单据将转到应付款管理系统，并进行审核、核销和制单，生成凭证后，传递到总账系统。对于采购管理系统生成的应收单据，不需要再录入。

应注意，上述业务继续在应付款管理系统进行处理，从“应付单据审核”开始进行业务处理即可。

（一）应付单据录入

应付单据录入的操作路径为：单击“应付款管理”→“日常处理”→“应付单据处理”→“应付单据录入”。

单击“应付单据录入”选项时，系统弹出“单据类别”选择框，用户需要选择新增单据的单据类别。选择好单据类别及单据，出现单据界面，按照单据项目录入数据，然后保存并审核。

（二）应付单据审核

【例 6—9】承例 6—8，2011 年 1 月 31 日，审核上述业务采购发票。

操作流程为：

(1) 单击“应付款管理”→“日常处理”→“应付单据处理”→“应付单据审核”。

(2) 通过过滤条件的设定，找到已填制的采购发票，在窗口的选择区域双击，打上选定标志“Y”，再单击〖审核〗按钮，完成审核，见图 8—26。

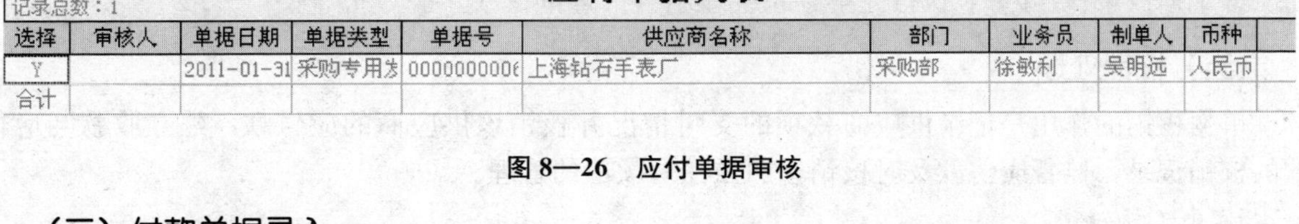

打印 预览 输出 | 增加 删除 | 全选 全消 审核 弃审 | 过滤 定位 | 单据 栏目 刷新 | 帮助 退出

应付单据列表

记录总数：1

选择	审核人	单据日期	单据类型	单据号	供应商名称	部门	业务员	制单人	币种
Y		2011-01-31	采购专用发	000000000(	上海钻石手表厂	采购部	徐敏利	吴明远	人民币
合计									

图 8—26　应付单据审核

（三）付款单据录入

应付款管理系统的付款单据用来记录企业所收到的供应商款项，款项性质包括应付款、预收款、其他费用等。其中，应付款、预收款性质的付款单据将与发票、应付单据、付款单据进行核销勾对。应付款管理系统收款单用来记录发生采购退货时，收到的供应商退回款项。这里的收款单可与应付款、预收款性质的收款单、红字应付单、红字发票进行核销。

付款单据录入的操作流程为：

（1）单击“应付款管理”→“日常处理”→“付款单据处理”→“付款单据录入”。

（2）单击〖增加〗按钮，录入付款单，录入后，对其进行审核。

若用户不进行批量制单，系统在此提供用户及时制单功能，即总账系统启用后，在对结算单进行审核后，系统会询问是否要立即制单。若选择“是”，则立即显示当前结算单的凭证界面；如果不想立即制单，可以在“制单处理”功能中集中处理，则选择“否”，回到当前结算单卡片界面，只是该结算单处于已经审核状态。若希望批量审核付款单，则可在“付款单据审核”处进行批量的手工或自动审核。

如果希望立即指明付款业务付的是哪几笔采购业务的款项，可以对该付款单进行核销处理。核销是指确定付款单与原始的采购发票、应付单之间的对应关系的操作。若在单击〖核销〗按钮之前尚未对付款单进行审核，可直接单击〖核销〗按钮，则系统在后台直接审核该付款单，并提示是否制单。在制单完成或选择不制单后，进入核销界面，进行核销处理。若希望批量处理核销业务，则可不在此进行核销处理，到“核销处理”中进行统一处理。但在“核销处理”中进行的核销处理，不可以处理异币种间的核销。对于单据核销情况，可到“单据查询”中进行明细查询。

在收付款单及原始的发票、应付单都已制单，且核销双方的控制科目不同时，在选项中选择核销制单的前提下，可以在“制单处理”中对核销处理进行制单。

（四）付款单据审核

（1）审核付款单据的操作路径：单击“应付款管理”→“日常处理”→“付款单据处理”→“付款单据审核”。

（2）单张审核。进入单据界面，系统显示所选的单据格式及最后一次操作的单据。用鼠标单击〖上张〗、〖下张〗、〖首张〗、〖末张〗按钮，查找需要审核/弃审的单据；或单击〖定位〗按钮，利用定位功能查找需要审核/弃审的单据。若审核当前单据，单击〖审核〗按钮，系统将当前单据审核，并将当前操作员写入表尾“审核人”处，同时〖审核〗按钮变为〖弃审〗按钮。若弃审当前单据，单击〖弃审〗按钮，系统将当前单据弃审，取消“审核人”，同时〖弃审〗按钮变为〖审核〗按钮。

（3）批量审核。进入批量处理界面，输入过滤条件，按〖批审〗或〖批弃〗按钮，将符合过滤条件的单据带入，如没有则系统提示“没有符合条件的单据”。单击〖选择〗按钮，则选择当前行；再单击，则取消选择；也可单击〖全选〗、〖全消〗按钮。选单完毕，按〖确认〗按钮，则所选单据被审核/弃审，执行完毕，系统显示“批量审核（弃审）完毕”。

（五）核销处理

单据核销的作用是记录供应商款项的支付情况并核销该供应商的应付款，建立收款与应付款的核销记录，监督应付款及时核销，加强往来款项的管理。

1. 手工核销

手工核销是指由用户手工确定付款单与对应的应付单的核销工作。通过手工核销功能可以根据查询条件选择需要核销的单据，然后手工核销，它加强了往来款项核销的灵活性。手工核销的操作步骤为：

（1）单击“核销处理”→“手工核销”，进入核销过滤条件界面。

（2）选择需要进行核销处理的供应商，输入结算单、被核销单据过滤条件，单击〖确认〗按钮，进入单据核销界面，上边列表显示该供应商可以核销的结算单记录，下边列表显示该供应商符合核销条件的对应单据。结算单列表显示结算单表体明细记录，包括款项类型为应付款和预收款的记录，而款项类型为其他费用的记录不允许在此作为核销记录，核销时可以选择其中一条表体记录进行。余额已经为零的表体记录此列表中不显示。

核销时，结算单列表中款项类型为应付款的记录，其缺省的本次结算金额等于该记录的原币余额；款项类型为预收的记录，其缺省的本次结算金额为空。核销时可以修改本次结算金额，但是不能大于该记录的原币余额。

（3）用户手工输入本次结算金额，上下列表中的结算金额合计必须保持一致，单击〖保存〗按钮，即可完成本次核销操作。用户也可在手工输入本次结算金额后，单击〖分摊〗按钮，系统将当前结算单列表中的本次结算金额合计自动分摊到被核销单据列表的本次结算栏中。核销顺序依据被核销单据的排列顺序，用户可更改当前被核销单据的排序，单击〖栏目—单据〗按钮，即可进行单据列表顺序的设置。

（4）以上操作完成后，单击〖保存〗按钮，系统自动保存该结算单核销信息。

（5）在核销界面中单击〖退出〗按钮，则可退出单据核销功能。

2. 自动核销

自动核销是指用户确定收款单与对应的应付单的核销工作。通过自动核销功能可以根据查询条件选择需要核销的单据，然后系统自动核销，这提高了往来款项核销的效率。

自动核销的操作步骤为：

（1）单击“核销处理”→“自动核销”，进入核销过滤条件界面。

（2）输入过滤条件，单击〖确认〗按钮，自动核销时提供进度条，使用户能够知道核销进程。

（3）核销完成后，提交自动核销报告，显示已核销的情况和未核销的原因。

（六）转账处理

1. 应付冲应付

应付冲应付是指将一家供应商的应付款转到另一家供应商中。通过本功能将应付款业务在供应商之间进行转入、转出，实现应付业务的调整，解决应付款业务在不同供应商间入错户或合并户问题。

应付冲应付的操作步骤为：

（1）单击“日常处理”菜单项下“转账”中的“应付冲应付”选项。

（2）在货款、其他应付款和预收款复选框中选择需要处理的单据。输入转出户、转入户等过滤条件，单击〖过滤〗按钮，系统会将该转出户所有满足条件的单据全部列出。可手工输入并账金额，金额应大于零，小于等于余额。

2. 预付冲应付

预付冲应付用以处理供应商的预付款和该供应商应付欠款的转账核销业务。

预付冲应付的操作步骤为：

（1）选择“日常处理”菜单项下“转账”中的“预付冲应付”功能，若进行单个供应商的预付冲应付工作，则在“预付款”页签中输入过滤信息。

（2）输入完成后，单击〖过滤〗按钮，系统会将该供应商所有满足条件的应付款的单据类型、单据编号、单据日期、单据金额、转账金额等项目列出。可以在“转账金额”一栏里输入每一笔应付款的转账金额。

3. 应付冲应收

应付冲应收是指用某供应商的应付账款，冲抵某客户的应收款项。系统通过应付冲应收功能将应付款业务在供应商和客户之间进行转账，实现应付业务的调整，解决应收债权与应付债务的冲抵。

应付冲应收的操作步骤为：

（1）选择“日常处理”菜单项下“转账”中的“应付冲应收”功能。

用应付款冲抵应收款，则须选中“应付冲应收”；用预收款冲抵预付款，则须选中“预收冲预付”。如果需要红字应付单冲销红字应收单，则可以将“负单据”复选框选中。单击“应付”页签，输入过滤条件。

（2）输入完成后，单击〖过滤〗按钮，系统会将该供应商所有满足条件的应付款的单据类型、单据编号、日期、金额等项目全部列出。可以在“转账金额”一栏里输入每一笔应付款的转账金额。

4. 红票对冲

红票对冲是指用某供应商的红字发票与其蓝字发票进行冲抵，分为手工冲销和自动冲销。

（1）手工冲销。选择“日常处理”菜单项下“转账”→“红票对冲”→“手工对冲”功能，输入需要进行红票对冲的供应商、币种、方向。输入红票过滤条件、蓝票过滤条件后，单击〖确认〗按钮，屏幕会显示该供应商所有满足条件的红字及蓝字单据。

系统自动将红票原币余额带入红票的对冲金额中，用户可修改，但对冲金额不能大于原币余额。用户可在冲销单据中输入对冲金额，单击〖保存〗按钮，保存对冲操作；用户也可通过单击〖分摊〗按钮，将红票金额依据蓝字单据顺序分摊到对冲金额中，蓝字单据可通过单击〖栏目—蓝票〗按钮进行列表顺序的设置，单击〖保存〗按钮，保存对冲操作。

（2）自动冲销。选择“日常处理”菜单项下“转账”→“红票对冲”→“自动对冲”功能，输入进行红票对冲的过滤条件，如日期、供应商、币种。输入后，单击〖确认〗按钮，进行自动对冲。自动对冲时提供进度条，显示自动对冲进程，执行完毕后，显示自动对冲报告，显示对冲金额或错误原因。

（七）制单处理

制单即生成凭证，并将凭证传递至总账记账。系统在各个业务处理的过程中都提供了实时制单的功能；除此之外，系统还提供了一个统一制单的平台，可以在此快速、成批生成凭证，并可依据规则进行合并制单等处理。

【例 6—10】 承例 6—9，2011 年 1 月 31 日，根据已审核的采购发票生成记账凭证。

操作流程为：

（1）单击“应付款管理”→“日常处理”→“制单处理”。

（2）通过过滤条件的设定，找到已审核的采购发票，设定好凭证类别，单击〖全选〗按钮，再单击〖制单〗按钮，完成制单，见图 8—27。

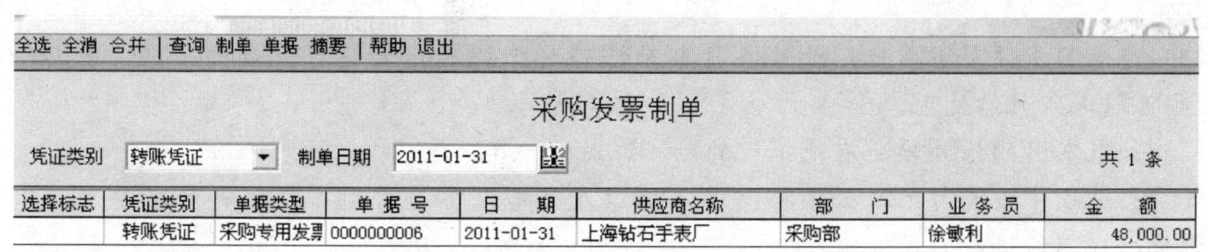

选择标志	凭证类别	单据类型	单据号	日　期	供应商名称	部　门	业务员	金　额
	转账凭证	采购专用发票	0000000006	2011-01-31	上海钻石手表厂	采购部	徐敏利	48,000.00

图 8—27　制单处理

(八) 恢复操作

在对原始单据进行了审核、对收款单进行了核销等操作后，若发现操作失误，可将其恢复到操作前的状态，进行修改。操作步骤为：在菜单条上选取“其他处理”→“取消操作”功能，在“操作类型”下拉框中选择恢复的类型。系统提供了恢复单据核销前状态和恢复其他转账处理前状态两种类型。

1. 恢复单据核销前状态

(1) 输入过滤条件后，系统将满足恢复条件的收款单列出。

(2) 在“恢复标志”一栏里双击鼠标，表示要将此张收款单恢复到核销前的状态。

(3) 选择完成后，单击〖确认〗按钮，保存此次操作，单击〖取消〗按钮，取消此次操作。

【注意】(1) 如果付款单日期在已经结账的月份内，就不能被恢复；

(2) 如果付款单在核销后已经制单，应先删除其对应的凭证，再进行恢复。

2. 恢复其他转账处理前状态

(1) 输入过滤条件后，系统将满足恢复条件的处理列出。

(2) 在“恢复标志”一栏里双击鼠标，表示要将此次业务恢复到处理前的状态，也可以在有标记的一栏里双击鼠标，取消选择。

(3) 选择完成后，单击〖确认〗按钮，保存此次操作，单击〖取消〗按钮，取消此次操作。

【注意】(1) 如果转账处理日期在已经结账的月份内，就不能被恢复。

(2) 如果该处理已经制单，应先删除其对应的凭证，再进行恢复。

(九) 月末结账

当月结束时，于每个自然月最后一天，在采购管理系统月末结账的前提下可以进行应付款管理系统结账，再有新业务则为下月单据。

月末结账的操作步骤为：

(1) 单击“应付款管理”→“其他处理”→“期末处理”→“月末结账”。

(2) 选择结账月份，用鼠标单击〖确认〗按钮，系统开始进行合法性检查。如果检查通过，系统立即进行结账操作，结账后“结账月份已经结账”处显示“是”；如果检查未通过，系统会提示不能结账的原因。

当某月结账发生错误时，可以按〖取消月结〗恢复结账前状态，正确处理后再结账。不允许跳月取消月末结账，只能从最后一个月逐月取消。

【注意】(1) 若应付款管理系统与采购管理系统集成使用，采购管理系统结账后，才能对应付款管理系统进行结账处理。

(2) 当选项中设置审核日期为单据日期时，本月的单据（发票和应付单）在结账前应该全部经过审核。

(3) 当选项中设置审核日期为业务日期时，若截止到本月末还有未审核单据（发票和应付单），仍可以进行月结处理。

(4) 如果本月的结算单还有未审核的，不能结账。

(5) 当选项中设置月结时必须将当月单据以及处理业务全部制单，则月结时若当月有未制单的记录，就不能进行月结处理。

(6) 当选项中设置月结时不用检查是否全部制单，则无论当月有无未制单的记录，均可以进行月结处理。

(7) 如果是本年度最后一个期间结账，建议将本年度进行的所有核销、转账等处理全部制单。

(8) 如果是本年度最后一个期间结账，建议将本年度外币余额为零的单据的本币余额结转为零。

思考题

1. 供应链管理系统有哪些功能？
2. 如何进行供应链管理系统初始化？
3. 采购管理系统结账时要注意哪些问题？
4. 对于采购管理系统传递到应付款管理系统中的应付单据，应如何进行后续的业务处理？

第九章　销售与应收款管理系统

【要点提示】

- 应收款管理系统
- 销售管理系统
- 应收款管理
- 销售管理
- 存货核算
- 库存管理

第一节　应收款管理系统概述

应收款管理系统主要用于核算和管理企业与客户之间的往来款项，一方面，要对销售业务、其他的应收业务产生的应收款项以及对这些应收款项的收回进行处理，及时、准确地提供客户的往来账款余额资料；另一方面，应收款管理系统还提供各种分析报表，如账龄分析表、欠款分析表、周转分析表、回款情况分析表等，通过各种分析数据，为企业制定销售政策提供依据，从而提高企业财务管理能力。本章以用友软件系统为应用环境，对应收款管理系统进行介绍。

一、应收款管理系统功能概述

应收款管理系统主要实现企业与客户业务往来账款的核算与管理。在该系统中，以销售发票、费用单、其他应收单等原始单据为依据，记录销售业务及其他业务所形成的往来款项，处理应收款项的收回、坏账、转账等情况；提供票据处理的功能，实现对应收票据的管理。

根据对客户往来款项核算和管理的程度不同，应收款管理系统提供了“详细核算”和“简单核算”两种应用方案。不同的应用方案，其系统功能、产品接口、操作流程等均不相同。

（一）“详细核算”应用方案

如果在企业销售业务中应收款核算与管理内容比较复杂，需要追踪每一笔业务的应收款及其收取等情况，并希望对应收款项进行各种分析，或者需要将应收款核算到产品一级，那么可以选择“详细核算”应用方案。

采用“详细核算”应用方案，系统能提供以下功能：

（1）记录应收款项的形成，包括由于商品交易和非商品交易所形成的所有应收项目。

（2）处理应收项目的收款及转账情况。

（3）对应收票据进行记录和管理。

（4）随应收项目的处理过程自动生成凭证，并向总账系统进行传递。

（5）对外币业务及汇兑损益进行处理。

（6）提供针对多种条件的各种查询及分析。

本章后续内容均以“详细核算”应用方案为标准展开。

（二）“简单核算”应用方案

如果在企业销售业务中应收账款业务并不十分复杂，或者现销业务很多，则可以选择“简单核算”应用方案。在该方案中，应收款管理系统只是连接总账与业务系统的一座桥梁，即只是对销售管理系统生成的发票进行审核并生成应收款凭证传递到总账，而不能对发票进行其他的处理，也不能对往来明细进行实时查询、分析。此时，往来明细只能在总账中进行简单的查询。

采用“简单核算”应用方案，系统能提供以下功能：

（1）接收销售管理系统的发票，对其进行审核。

（2）对销售发票进行制单处理，并传递给总账。

具体选择哪一种方案，可以在应收款管理系统的选项中通过“应收账款核算模型”来设置。

二、应收款管理系统与其他系统的关系

应用“详细核算”方案时，应收款管理系统与其他系统的关系如图 9—1 所示。

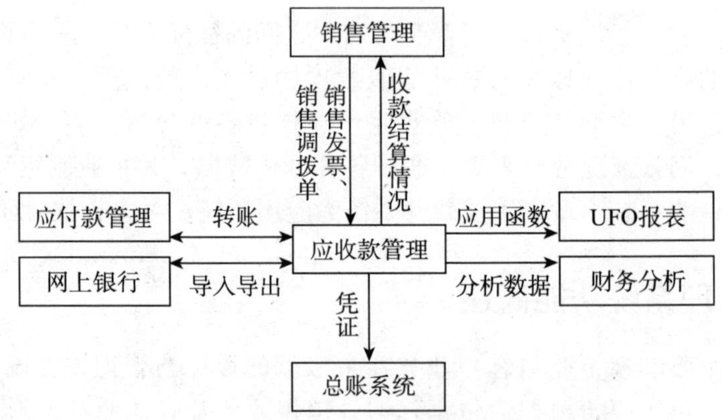

图 9—1　应收款管理系统与其他系统的关系

销售管理系统向应收款管理系统提供已复核的销售发票、销售调拨单以及代垫费用单，在应收款管理系统对发票进行审核并据以进行收款结算处理，生成凭证。应收款管理系统为销售管理系统提供销售发票、销售调拨单的收款结算情况以及代垫费用的核销情况。

应收款管理系统向总账系统传递凭证，并能够查询其所生成的凭证。

应收款管理系统与应付款管理系统之间可以进行转账处理，如应收冲应付；同时对于既是客户又是供应商的往来业务对象，可以查询应收和应付往来明细。

应收款管理系统可以向财务分析系统提供各种分析数据。

应收款管理系统可以向 UFO 报表提供应用函数。

应收款管理系统与网上银行可进行付款单的导入和导出。

第二节　应收款管理系统初始化

初始化的作用是建立应收款管理的基础数据，确定使用哪些单据处理应收业务，确定需要进行账龄管理的账龄区间。

一、应收款业务参数设置

在运行应收款管理系统前，应设置应收款管理系统运行所需要的账套参数，以便系统根据所设定的参数进行相应的处理。参数设置是指对应收业务进行控制的参数设置，它是进入应收款管理系统的首项工作。参数设置的内容主要包括：应收账款核销方式、控制科目的依据、存货销售科目、制单方式、坏账处理方式、汇兑损益计算方式、预收款核销方式和是否自动计算现金折扣等。参数设置是应收款管理系统运行的基础设置，其设置质量直接影响业务处理质量。

（一）常规选项设置

常规选项设置包括应收款核销方式、单据审核日期依据、汇兑损益方式、坏账处理方式、代垫费用类型、应收账款核算模型、是否自动计算现金折扣等，见图 9—2。

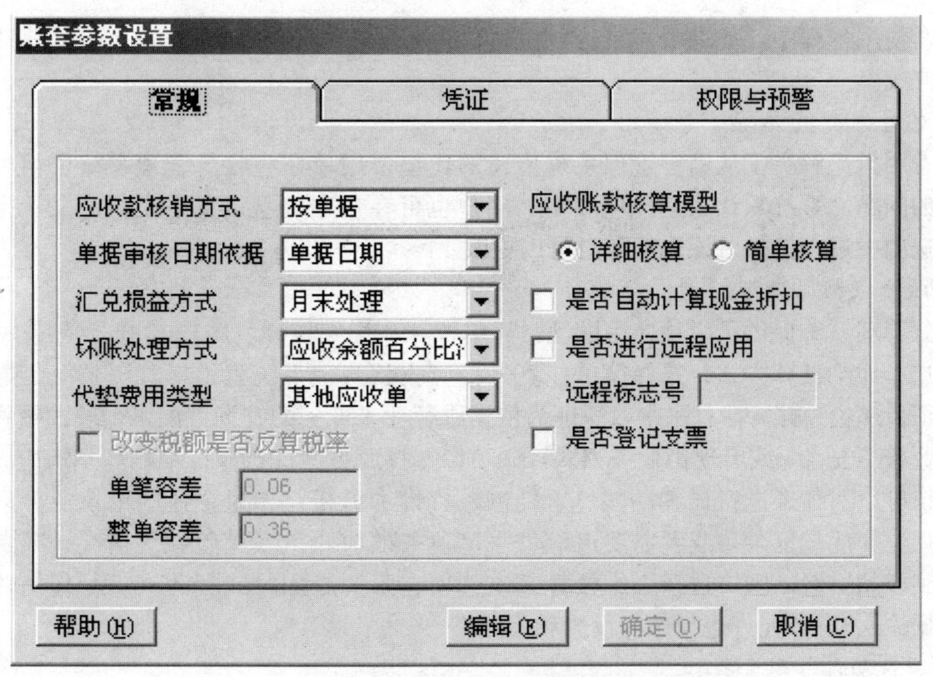

图 9—2　应收款管理系统常规选项设置

1. 应收账款核销方式

应收款管理系统提供了两种应收账款的核销方式，即按单据核销和按产品核销。按单据核销是指系统将满足条件的未结算单据全部列出，由用户选择要结算的单据，根据所选择的单据进行核销；按存货核销是指系统将满足条件的未结算单据按存货列出，由用户选择要结算的存货，根据所选择的存货进行核销。如果企业收款时没有指定具体收取哪种存货的款项，则可以采用按单据核销方式。对于单位价值较高的存货，企业可以采用按产品核销方式，即收款指定到具体存货上。一般情况下，选择按单据核销即可。

2. 单据审核日期依据

应收款管理系统提供了两种确认单据审核日期的依据，即单据日期和业务日期。如果选择单据日期，则在单据处理功能中进行单据审核时，自动将单据的审核日期（即入账日期）记为该单据的单据日期；如果选择业务日期，则在单据处理功能中进行单据审核时，自动将单据的审核日期（即入账日期）记为当前业务日期（即登录日期）。

3. 汇兑损益方式

系统提供了两种汇兑损益的方式，即在外币余额结清时计算和月末计算。在外币余额结清时计算是指仅当某种外币余额结清时才计算汇兑损益；月末计算是指每个月末计算汇兑损益。汇兑损益方式在账套使用过程中可以随时进行修改。

4. 坏账处理方式

坏账处理方式有两种：直接转销法和备抵法。其中，直接转销法是指只在实际发生坏账时，才将坏账损失计入当期损益，同时冲销应收款项；备抵法是指按期估计坏账损失，形成坏账准备，当某一应收款项全部或部分被确认为坏账时，应根据其金额冲减坏账准备，同时转销相应的应收款项金额。

在账套使用过程中，如果当年已经计提过坏账准备，则坏账处理方式不可以修改，只能在下一年度修改。

5. 代垫费用类型

代垫费用类型解决了从销售管理系统传递的代垫费用单在应收款管理系统用何种单据类型进行接收的问题。系统默认为其他应收单，用户也可在单据类型设置中自行定义单据类型，然后在系统选项中进行选择。该选项随时可以更改。

6. 应收账款核算模型

应收款管理系统提供了两种应用模型：简单核算和详细核算。用户必须选择其中一种方式，系统默认选择详细核算方式。选择简单核算是指应收款管理系统将销售管理系统传递过来的发票生成凭证传递给总账，在总账中以凭证为依据进行往来业务的查询。如果企业的销售业务以及应收账款业务不复杂，或者现销业务很多，则可以选择此方案。选择详细核算是指应收款、应付款管理系统可以对往来进行详细的核算、控制、查询和分析。如果企业的销售业务以及应收款核算与管理业务比较复杂，或者需要追踪每一笔业务的应收款及其收款等情况，或者需要将应收款核算到产品一级，则应选择详细核算。该选项在系统启用时或者还未进行任何业务时（包括期初数据输入），才允许进行选择设置和修改。

7. 是否自动计算现金折扣

是否自动计算现金折扣包括显示现金折扣和不显示现金折扣两种方式。如果为了鼓励客户在信用期间内提前付款而采用现金折扣政策，则可以选择“显示现金折扣”，系统会在“核销处理”中显示“可享受折扣”和“本次折扣”，并计算可享受的折扣；如果选择了“不显示现金折扣”，则系统既不计算也不显示现金折扣。在账套使用过程中，该选项可以修改。

（二）凭证选项设置

凭证选项设置包括受控科目制单方式、非控科目制单方式、控制科目依据和销售科目依据等，见图9—3。

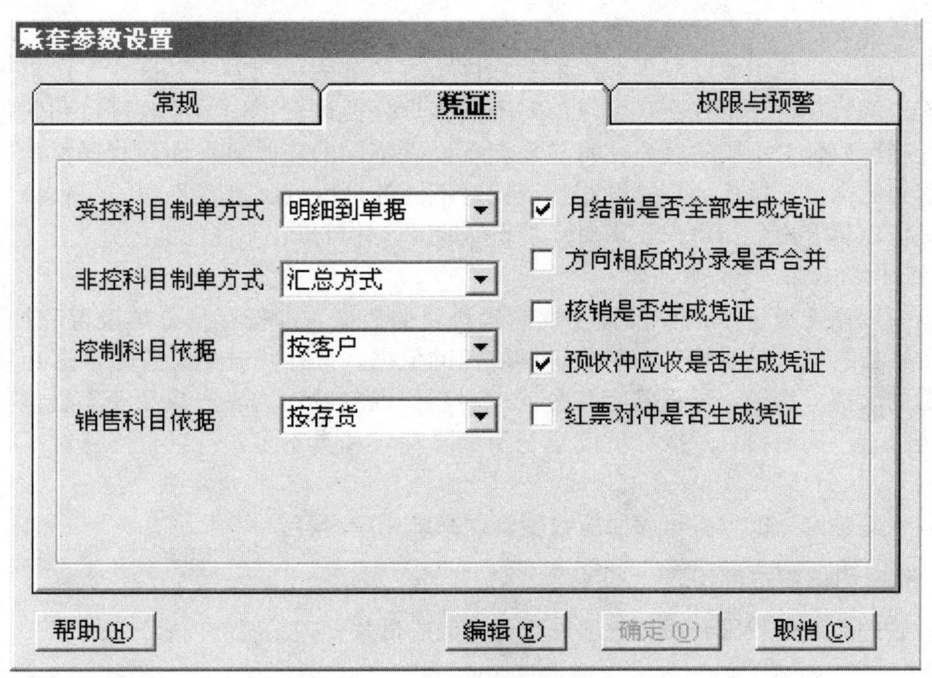

图9—3　应收款管理系统凭证选项设置

1. 受控科目制单方式

受控科目有两种制单方式供选择，即明细到客户方式和明细到单据方式。明细到客户是指当将一个客户的多笔业务合并生成一张凭证时，如果核算多笔业务的控制科目相同，系统将自动将其合并成一条记录。这种方式的目的是在总账系统中能根据客户来查询其详细信息。明细到单据是指当将一个客户的多笔业务合并生成一张凭证时，系统会将每一笔业务形成一条记录。这种方式的目的是在总账系统中查看到每个客户的每笔业务的详细情况。受控科目在合并分录时若自动取出的科目相同、辅助项为空，则不予合并成一条记录。在账套使用过程中，可以随时修改该选项的设置。

2. 非控科目制单方式

非控科目有三种制单方式供选择，即明细到客户方式、明细到单据方式和汇总制单方式。明细到客户是指当将一个客户的多笔业务合并生成一张凭证时，如果核算这些笔业务的非控制科目相同，且其所带辅助核算项目也相同，则系统自动将其合并成一条记录。这种方式的目的是在总账系统中能够根据客户来查询其详细信息。明细到单据是指当将每个客户的多笔业务合并生成一张凭证时，系统会将每一笔业务形成一条记录。这种方式的目的是在总账系统中查看到每个客户的每笔业务的详细情况。汇总制单是指当将客户的多笔业务合并生成一张凭证时，如果核算多笔业务的非控制科目相同，且其辅助核算项目也相同，则系统自动将其合并成一条记录。这种方式的目的是精简总账中的数据，在总账系统中只能查看到该科目的一个总的发生额。非控科目在合并分录时若自动取出的科目相同、辅助项为空，则合并成一条记录。在账套使用过程中可以随时修改该选项的设置。

3. 控制科目依据

控制科目在应收款管理系统中是指所有带有客户往来辅助核算的科目。系统提供了三种设置控制科目的依据，即按客户分类设置、按客户设置和按地区分类设置。按客户分类设置是指根据一定的属性将往来客户分为若干大类。例如，可以将客户根据发展时间长短分为长期客户、中期客户和短期客户；也可以根据客户的信用度将客户分为优质客户、良性客户、一般客户和信用较差客户等。在这种方式下，可以针对不同客户分类设置不同的应收科目和预收科目。按客户设置是指可以针对不同的客户在每一户名下设置不同的应收科目和预收科目，这种设置可满足特殊客户的需要。按地区分类设置是指针对不同的地区分类设置不同的应收科目和预收科目。例如，可以将客户分为华东、华南、东北等地区，并可以在不同的地区分类下设置科目。

4. 销售科目依据

应收款管理系统提供了两种设置存货销售科目的依据，即按存货分类设置和按存货设置。在此设置的销售科目，是系统自动制单科目取值的依据。按存货分类设置是根据存货的属性对存货所划分的大类。例如，可以将存货分为原材料、燃料及动力、产成品等大类，可以针对这些存货分类设置不同的科目。按存货设置是指如果存货种类不多，可以直接针对不同的存货设置不同的科目。

该窗口中其他选项的设置可参照应收款管理系统相应内容。

（三）权限和报警选项设置

应收款管理系统的权限和报警选项设置可参照应付款管理系统的内容。

二、基本信息设置

基本信息设置包括设置科目、设置坏账准备、设置账龄区间、设置报警级别、设置单据类型等。其他公共信息（会计科目、部门档案、职员档案、外币及汇率、结算方式、付款条件、地区分类和客户分类及档案）已在系统管理和总账的初始设置中完成。

（一）设置科目

如果企业应收业务类型较固定，生成的凭证类型也较固定，则为了简化凭证生成操作，可在此处将各业务类型凭证中的常用科目预先设置好。

1. 基本科目设置

用户可以在此定义应收款管理系统凭证制单所需要的基本科目，包括应收科目、预收科目、销售收入科目、税金科目等。若用户未在单据中指定科目，且控制科目设置与产品科目设置中没有明细科目的设置，系统制单则依据制单规则取基本科目设置中的科目设置，见图 9—4。

2. 控制科目设置

用户可在此进行应收科目和预收科目的设置。可依据在系统初始中的控制科目来设置。应收控制科目指所有带有客户往来辅助核算并受控于应收系统的科目，在会计科目中进行设置。应收款管理系统提供了三种设置控制科目的依据，即按客户分类设置、按客户设置和按地区分类设置。

3. 产品科目设置

用户可在此进行销售收入科目、应交增值税科目和销售退回科目的设置，可依据在系统初

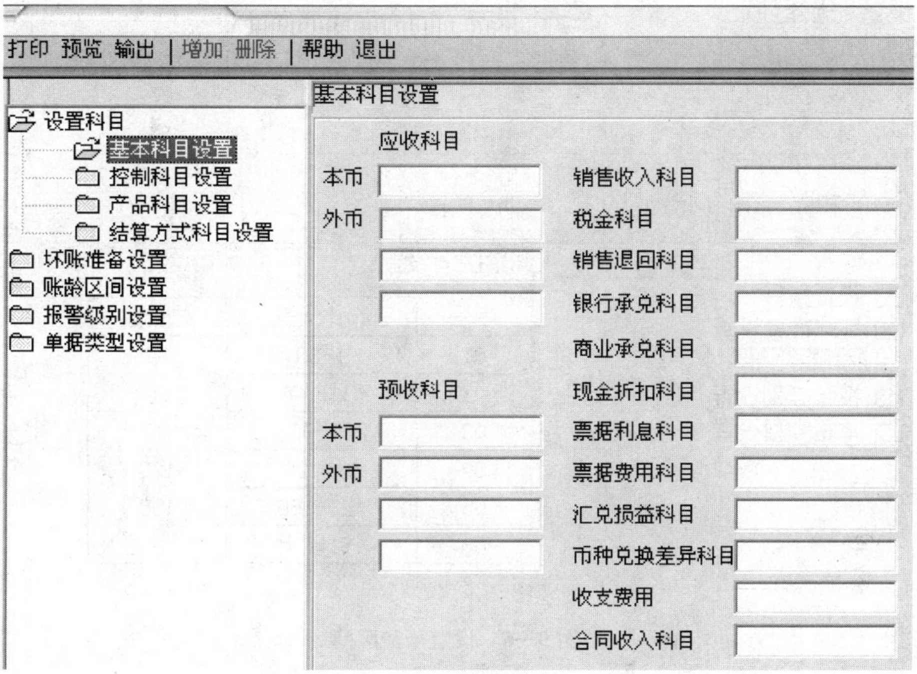

图 9—4　基本科目设置

始化中的销售科目选项来设置。应收款管理系统提供了两种设置存货销售科目的依据，即按存货分类设置和按存货设置。在此设置的销售科目，是系统自动制单科目取值的依据。

4. 结算方式科目设置

用户可在此进行结算方式、币种和科目的设置。对于现结的发票和收付款单，系统依据单据上的结算方式查找对应的结算科目，由系统制单时自动带出。

（二）设置坏账准备

应收款管理系统可以根据发生的应收业务情况，提供自动计提坏账准备的功能。计提坏账处理方式包括应收余额百分比法、销售余额百分比法和账龄分析法。坏账准备设置见图 9—5。

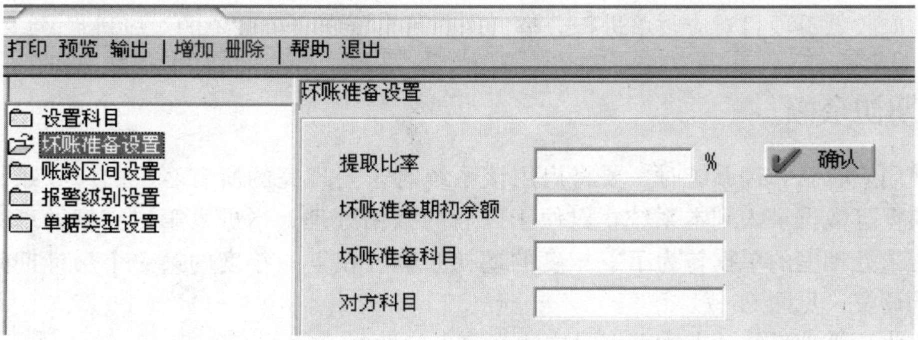

图 9—5　设置坏账准备

（三）设置账龄区间

为了对应收账款进行账龄分析，评估客户信誉，并按一定的比例估计坏账损失，用户应设置账龄区间，见图 9—6。

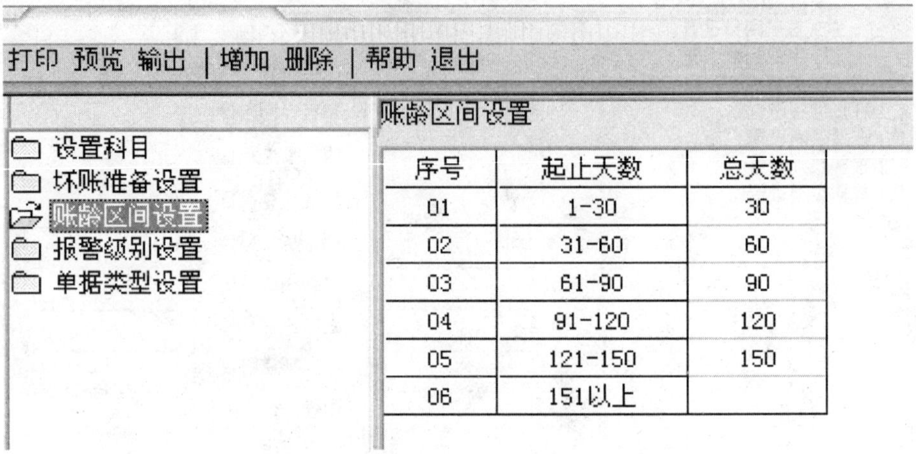

打印 预览 输出 | 增加 删除 | 帮助 退出

设置科目
坏账准备设置
账龄区间设置
报警级别设置
单据类型设置

账龄区间设置

序号	起止天数	总天数
01	1-30	30
02	31-60	60
03	61-90	90
04	91-120	120
05	121-150	150
06	151以上	

图 9—6　设置账龄区间

（四）设置报警级别

通过对报警级别的设置，将客户按照客户欠款余额与其授信额度的比例分为不同的类型，以便于掌握各个客户的信用情况。

（五）设置单据类型

设置单据类型是指用户将自己的往来业务与单据类型建立对应关系，达到快速处理业务以及进行分类汇总、查询和分析的效果。应收款管理系统提供了发票和应收单两大类型的单据。如果同时使用销售管理系统，则发票类型单据包括销售专用发票、普通发票、销售调拨单和销售日报。如果单独使用应收款管理系统，则单据不包括后两种。发票是系统默认类型，不能修改、删除。

应收单记录销售业务之外的应收款情况。在单据类型设置中，可以将应收单划分为不同的类型，以区分应收账款之外的其他应收款。例如，可以按应收代垫费用款、应收利息款、应收罚款、其他应收款等项目对应收单进行分类。用户可自行定义应收单的对应科目。

三、期初余额

初次使用应收款管理系统时，要将启用该系统时未处理完的所有客户的应收账款、预收账款、应收票据等数据录入到本系统，以便于以后的核销处理。当进入第二年度处理时，系统自动将上年度未处理完的单据转为下一年度的期初余额。在下一年度的第一个会计期间，可进行期初余额的调整，见图 9—7。

输入应收款管理系统的期初数据时应注意以下问题：

（1）发票和应收单的方向包括正向和负向，其类型包括系统预置的各种类型以及用户定义的类型。如果是预收款和应收票据，则不用选择方向，系统默认预收款方向为贷，应收票据方向为借。

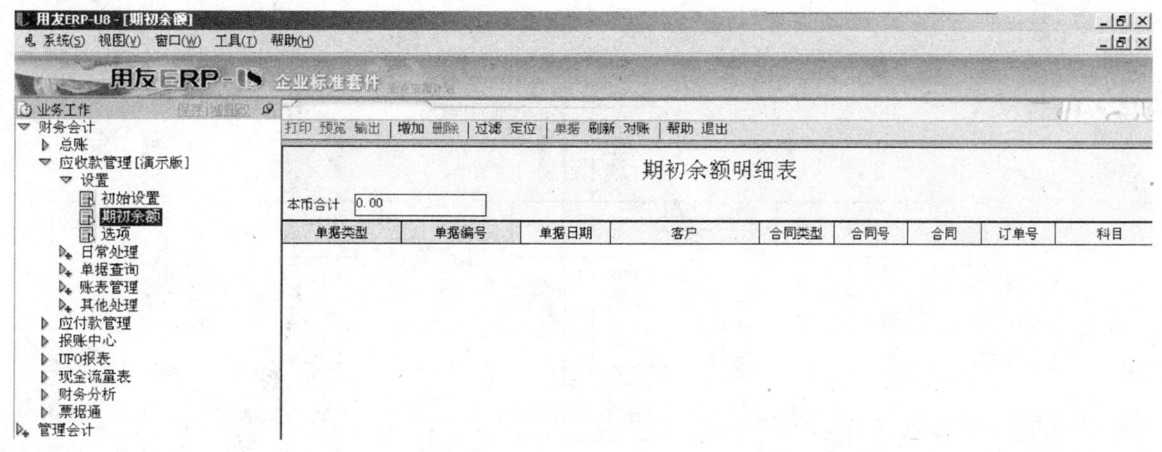

图 9—7 输入期初余额

(2) 单据日期必须小于该账套启用期间（第一年使用）或者该年度会计期初（以后年度使用)。如果在初始设置的基本科目设置中设置了承兑汇票的入账科目，则可以录入该科目下期初应收票据，否则不能录入期初应收票据。单据中的科目栏目，用于输入该笔业务的入账科目，该科目可以为空。建议在录入期初数据时，最好录入科目信息，这样不仅可以执行与总账对账功能，而且可以查询正确的科目明细账和总账。

第三节 销售管理系统概述

销售是企业生产经营活动的最后一个环节，是指企业因向客户出售产品、商品或提供劳务而取得收入的过程。企业只有通过销售获得必要的货币资金才能使企业资金运动持续进行下去，企业的再生产过程才能得以进行。因此，销售核算和管理是企业会计工作的主要内容。

一、销售管理系统与其他系统的关系

销售管理系统主要与系统管理、应收款管理、库存管理和存货核算等系统关系密切。销售管理系统与这些系统的关系如图 9—8 所示。

二、销售管理系统与应收款管理系统的业务处理流程

企业的销售活动一般是从与客户签订合同开始的。合同签订后，或者根据合同收取定金（或预收款)，并由计划部门安排生产，到规定交货期按合同结算并开出提货单供客户提货；或者按合同金额收款并开出收款凭证和提货单。如果是采用延期付款方式进行的销售，则用户需开具商业汇票，并且记录客户的有关信息及合同付款期，以备日后进行结算。在进行业务处理的同时，根据有关单据登记产品销售收入、销售成本、销售费用、营业税金及附加和应收账款等明细账。必要时根据销售记录编制销售收入汇总表、销售费用汇总表、营业税金及附加汇总表和应收账款账龄分析表等。销售管理系统与应收款管理系统的业务处理流程见图 9—9。

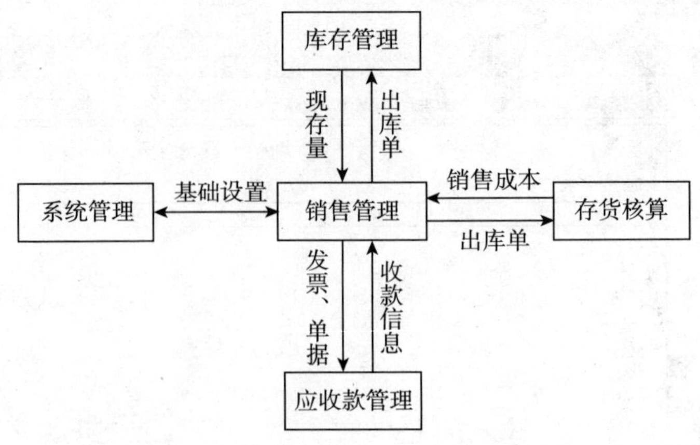

图 9—8 销售管理系统与其他系统的关系

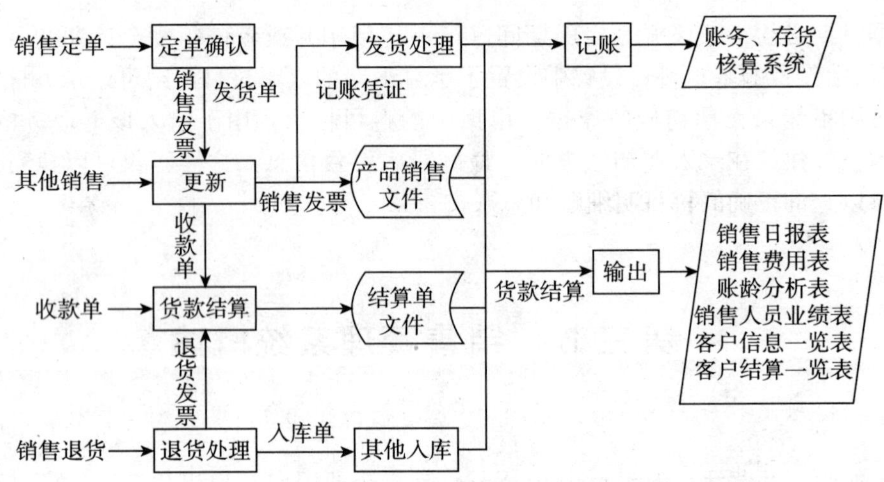

图 9—9 销售管理系统与应收款管理系统的业务处理流程

三、销售管理系统日常业务处理的主要内容

销售管理系统日常业务处理的主要内容包括销售订货管理、销售发货业务、销售退货业务、现收业务、委托代销业务、销售调拨业务、零售业务、其他业务和综合查询。

（一）销售订货管理

销售订货管理的主要内容包括录入销售订单、审核销售订单、关闭销售订单和销售订单查询统计。

（二）销售发货业务

销售发货业务的主要内容包括先发货后开票和开票直接发货。

1. 先发货后开票

先发货后开票的业务处理流程见图 9—10。

2. 开票直接发货

开票直接发货与先发货后开票销售业务模式不同的是：

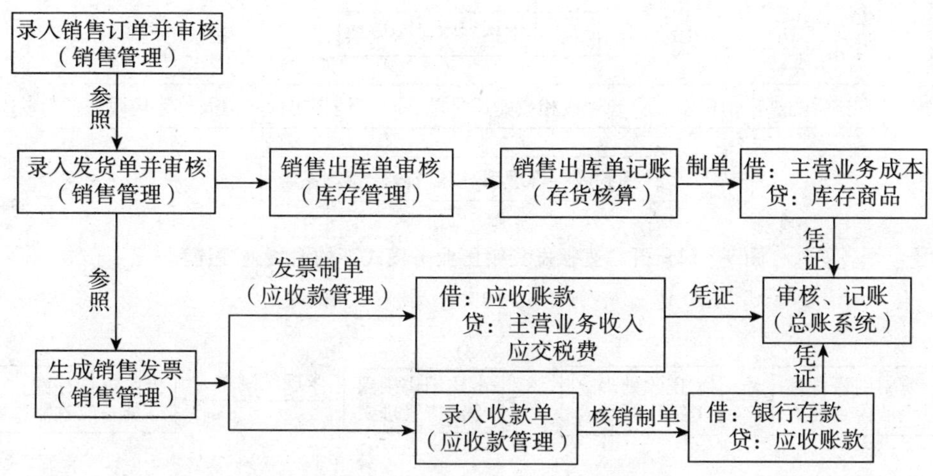

图 9—10 先发货后开票的业务处理流程

（1）根据销售订单填制销售发票并审核。

（2）审核后的销售发票自动生成相应的发货单、销售出库单以及应收账款。

（3）生成的数据直接传递到库存管理系统和应收款管理系统。

（三）销售退货业务

销售退货业务主要包括两个方面的内容：先发货后开票销售业务模式下的退货处理、开票直接发货销售业务模式下的退货处理。

1. 先发货后开票销售业务模式下的退货处理

先发货后开票销售业务模式下的退货处理流程见图 9—11。

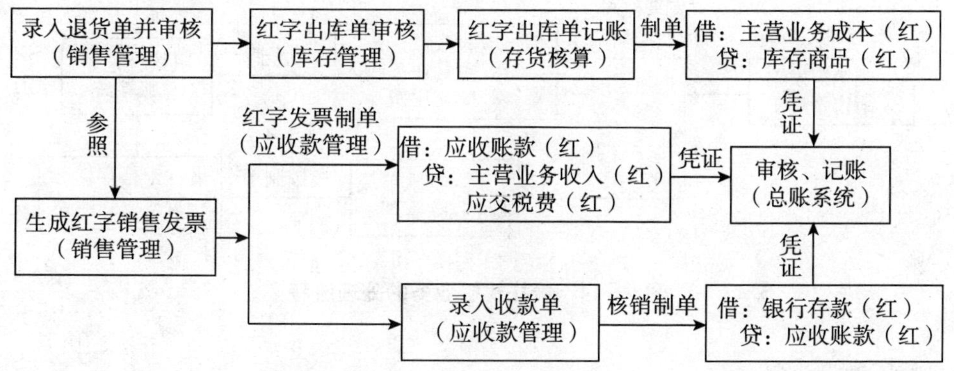

图 9—11 先发货后开票销售业务模式下的退货处理流程

2. 开票直接发货销售业务模式下的退货处理

开票直接发货销售业务模式下的退货处理流程见图 9—12。

（四）现收业务

现收业务的处理流程见图 9—13。

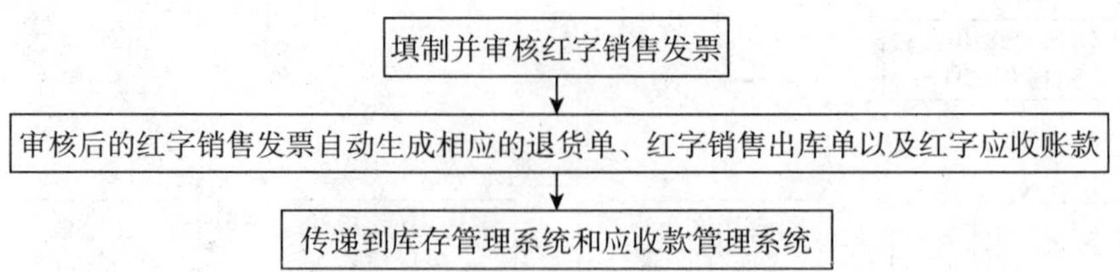

图 9—12　开票直接发货销售业务模式下的退货处理流程

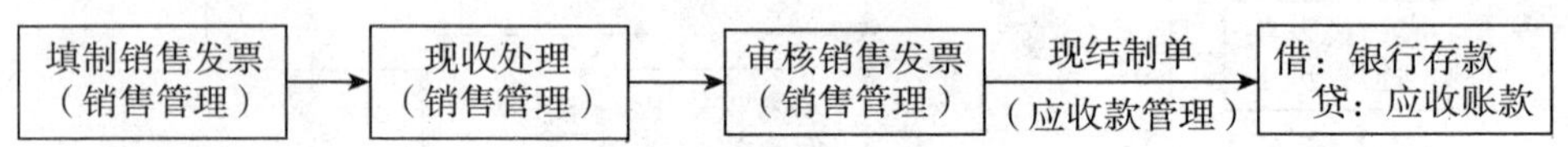

图 9—13　现收业务的处理流程

（五）委托代销业务

委托代销业务的处理流程见图 9—14。

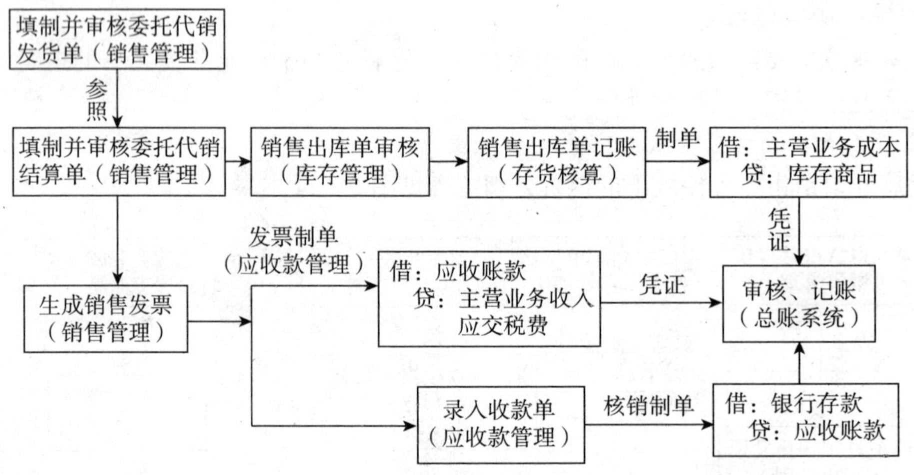

图 9—14　委托代销业务的处理流程

（六）销售调拨业务

销售调拨业务的处理流程如下：

（1）当发生销售调拨业务时，在销售管理系统中填制并审核销售调拨单。

（2）审核后的销售调拨单自动生成发货单，同时分仓库生成销售出库单并传递到库存管理系统进行审核。

（3）审核后的销售调拨单自动生成应收账款并传递到应收款管理系统。

（4）与一般销售业务不同的是，在应收款管理系统中根据销售调拨单生成的凭证不含税金。

（七）零售业务

如果用户有零售业务，可以先将零售业务数据按日汇总，然后通过零售日报进行处理。零售日报记销售收入账，生成发货单和销售出库单，进行销售出库登账处理。

对于零售业务，仓库指的是最终的出货地点，例如零售商场，或是将货物交给客户的柜组。货物从仓库到柜组的过程，属于库存的转库处理，由库存管理系统完成。

（八）其他业务

其他业务的主要内容包括代垫运费、销售支出和包装物租借。

（九）综合查询

综合查询的内容包括单据查询和账表查询。

1. 单据查询

通过“销售订单列表”、“发货单列表”、“委托代销发货单列表”、“销售发票列表”、“销售调拨单列表”、“零售日报列表”可以分别对销售订单、发货单、委托代销发货单、销售发票、销售调拨单、零售日报进行查询。

2. 账表查询

通过查询销售管理系统提供的销售明细表、销售统计表、余额表及销售分析表，实现对销售业务的事中控制、事后分析的管理。

第四节　销售与应收款管理系统业务处理

一、销售管理系统业务处理

（一）销售报价

销售报价是企业向客户提供货品、规格、价格、结算方式等信息，双方达成协议后，销售报价单转为有效力的销售合同或销售订单。企业可以针对不同客户、不同存货、不同批量，提出不同的报价和折扣率。

销售报价单是可选单据，用户可根据业务的实际需要选用。

【例 9—1】2011 年 1 月 31 日，北京王府井百货想购买钻石牌男表 200 只，向批发部林清远了解价格，批发部报价为 140 元/只，填制并审核销售报价单。

操作流程为：

（1）单击“销售管理”→“业务”→“销售报价”→“销售报价单”。

（2）增加一张销售报价单，按照业务内容填写报价单，填制完毕后保存并审核。销售报价单的填制见图 9—15。

（二）销售订货

销售订货是指由购销双方确认客户的要货需求的过程，企业根据销售订单组织货源，并对订单的执行进行管理、控制和追踪。

销售订单是反映由购销双方确认的客户要货需求的单据，它可以是企业销售合同中关于货

打印 预览 输出 增加 修改 删除 复制 | 审核 弃审 查审 关闭 批量 | 首张 上张 下张 末张 定位 刷新 帮助 退出

销售报价单　　打印模版：销售报价单打印模

业务类型 普通销售
销售类型 批发销售　日期 2011-01-31　单据号 0000000001　税率 17.00
客户简称 北京王府井　付款条件 4/10,2/20,n/30　销售部门 批发部　业 务 员 林清远
备　注　　币种 人民币　汇率 1

序号	存货编码	存货名称	规格型号	主计量	数量	报价	含税单价	无税单价	无税金额
1	013	钻石牌男表		只	200.00	140.00	163.80	140.00	2800
2									
3									

图 9—15　销售报价单

物的明细内容，也可以是一种订货的口头协议。

销售订单与企业的销售合同中订货明细部分的内容对应，但不能完全代替销售合同，它没有合同中关于付款内容的描述。

【例 9—2】 承例 9—1，2011 年 1 月 31 日，经询价后，北京王府井百货决定购买钻石牌男表 200 只，每只 140 元，填制并审核销售订单。

操作流程为：

(1) 单击“销售管理”→“业务”→“销售订货”→“销售订单”。

(2) 增加一张销售订单，单击“报价”选项，出现参照报价单窗口，输入过滤条件，单击〖显示〗按钮，找到填写完毕的报价单，单击选择区域，选择完毕后，单击〖确认〗按钮，完成销售订单的录入，填制完毕后保存并审核。销售订单的填制见图 9—16。

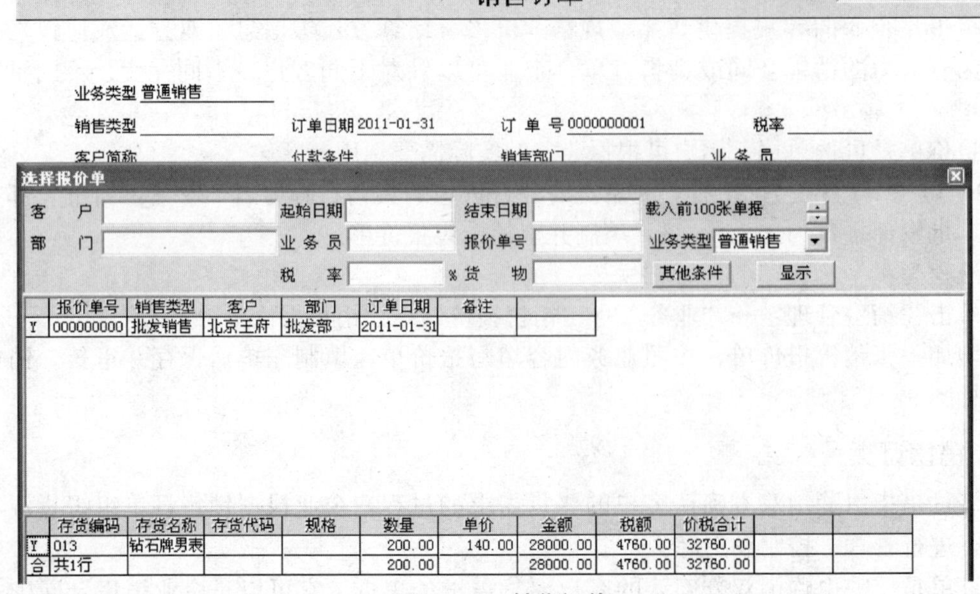

打印 预览 输出 增加 修改 删除 复制 保存 放弃 查审 报价 增行 删行 定位 刷新 帮助 退出

销售订单　　显示模版：销售订单显示模版

业务类型 普通销售
销售类型　订单日期 2011-01-31　订 单 号 0000000001　税率
客户简称　付款条件　销售部门　业 务 员

选择报价单

客　户　起始日期　结束日期　载入前100张单据
部　门　业 务 员　报价单号　业务类型 普通销售
税　率　% 货　物　其他条件　显示

	报价单号	销售类型	客户	部门	订单日期	备注
Y	000000000	批发销售	北京王府	批发部	2011-01-31	

	存货编码	存货名称	存货代码	规格	数量	单价	金额	税额	价税合计
Y	013	钻石牌男表			200.00	140.00	28000.00	4760.00	32760.00
合	共1行				200.00		28000.00	4760.00	32760.00

图 9—16　销售订单

销售订单有三种审核方式：在单据卡片界面进行审核/弃审；在单据列表界面双击单据记录，进入单据卡片界面进行审核/弃审；在单据卡片界面按〖批量〗按钮，或进入相应单据的“批量处理”菜单，进行批量处理。

（三）销售发货单

销售发货是企业执行与客户签订的销售合同或销售订单，将货物发往客户的行为，是销售业务的执行阶段。

销售发货单是销售方给客户发货的凭据，是销售发货业务的执行载体。无论工业企业还是商业企业，销售发货单都是销售管理的核心单据。

【例 9—3】承例 9—2，2011 年 1 月 31 日，批发部从手表仓库向北京王府井百货发出钻石牌男表 200 只，每只 140 元，填制并审核发货单。

操作流程为：

(1) 单击“销售管理”→“业务”→“发货”→“发货单”。

(2) 增加一张发货单，出现选择订单窗口，输入过滤条件，单击〖显示〗按钮，找到填写完毕的订单，单击选择区域，选择完毕后，单击〖确认〗按钮，选择手表仓库，完成发货单的录入，填制完毕后保存并审核。发货单的填制见图 9—17。

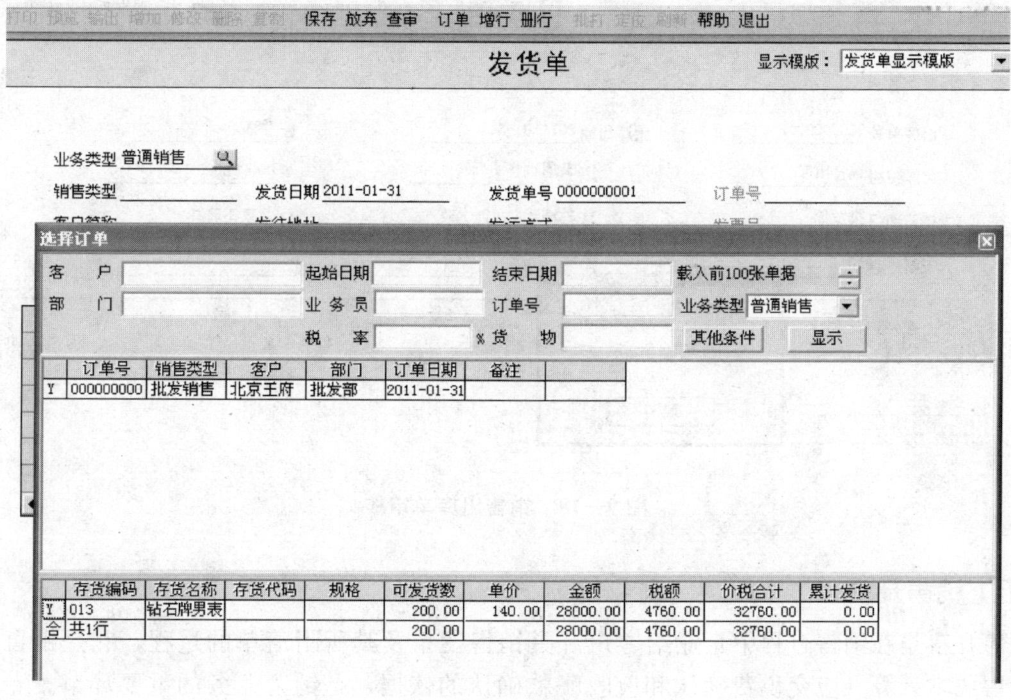

图 9—17　发货单

可以选择多个订单合并发货或拆分处理，具体操作为：双击选择对应的销售订单，按 Ctrl 键可以选择多条记录，进行合并发货。

销售发货单一式五联，由总调部门填制，分别发给仓库、财务部门、客户（代出门证）、总调部门（存根）、销售部门。

(四) 销售出库单

销售出库单是销售出库业务的主要凭据，在库存管理系统中用于存货出库数量的核算，在存货核算系统中用于存货出库成本的核算。

对于工业企业，销售出库单一般指产成品销售出库时所填制的出库单据。

对于商业企业，销售出库单一般指商品销售出库时所填制的出库单。

销售出库单按进出仓库方向分为蓝字销售出库单、红字销售出库单；按业务类型分为普通销售出库单、委托代销出库单和分期收款出库单。每种单据的使用详见普通销售、委托代销业务和分期收款业务。

【例9—4】承例9—3，2011年1月31日，审核生成的销售出库单。

操作流程为：

(1) 单击“库存管理”→“日常业务”→“出库”→“销售出库单”。

(2) 销售出库单会根据发货单由系统自动生成，进入“销售出库单”窗口后，可以找到需要审核的销售出库单，单击〖审核〗按钮，完成审核工作，见图9—18。

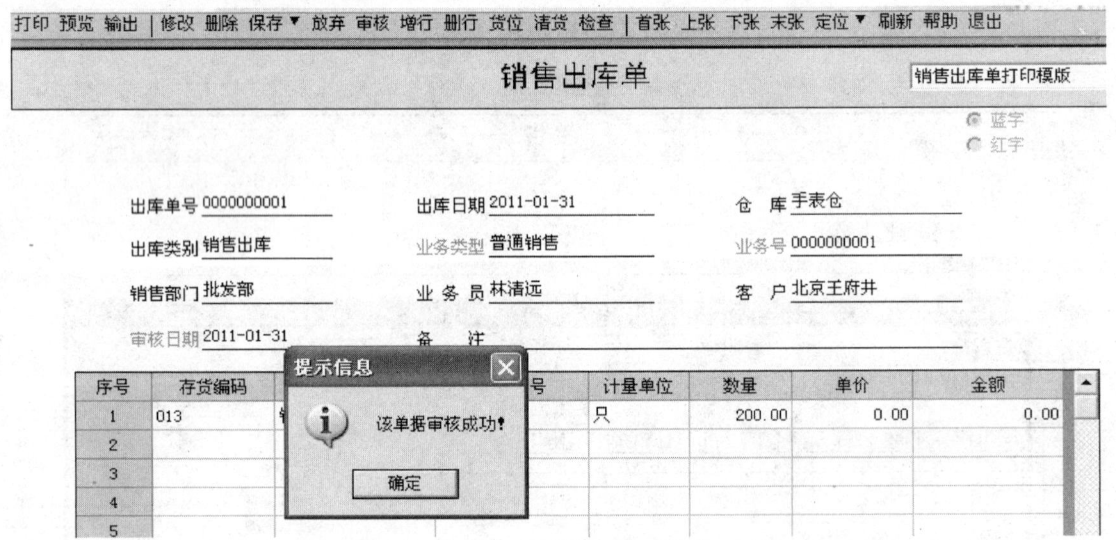

图9—18 销售出库单审核

(五) 销售开票

销售开票是在销售过程中企业给客户开具销售发票及其所附清单的过程，它是销售收入确认、销售成本计算、应交税费确认和应收账款确认的依据，是销售业务的重要环节。专用发票为增值税发票，需要客户的开户银行、税号、法人等相关信息；普通发票则为商业零售发票，二者的操作方式和处理方式相同。

销售开票的增加方式包括手工增加、参照订单和参照发货单。

【例9—5】承例9—4，2011年1月31日，根据发货单向北京王府井百货开出销售专用发票一张。

操作流程为：

(1) 单击“销售管理”→“业务”→“开票”→“销售专用发票”。

（2）增加一张销售专用发票，出现选择订单窗口，单击〖取消〗按钮。单击〖发货〗按钮，出现选择发货单窗口，输入过滤条件，单击〖显示〗按钮，找到填写完毕的发货单，单击选择区域，选择完毕后，单击〖确认〗按钮，完成销售专用发票的录入，填制完毕后保存并复核。销售专用发票的填制见图9—19。

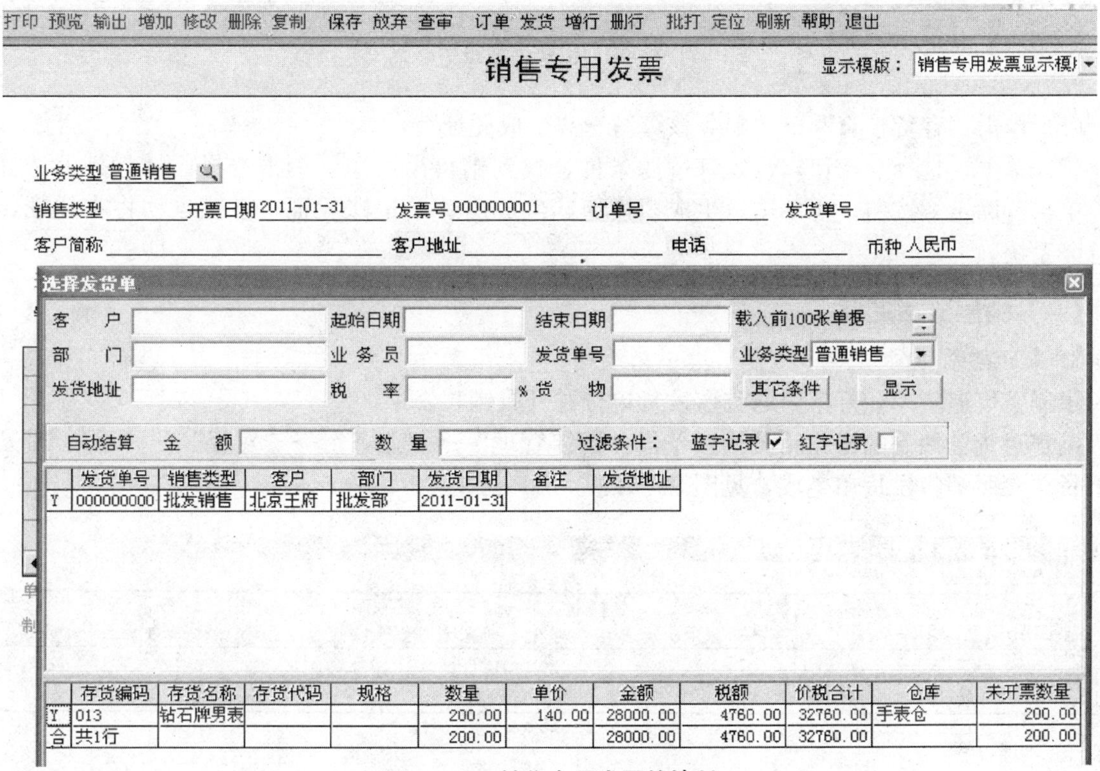

打印 预览 输出 增加 修改 删除 复制 保存 放弃 查审 订单 发货 增行 删行 批打 定位 刷新 帮助 退出

销售专用发票　　显示模版：销售专用发票显示模

业务类型 普通销售

销售类型　开票日期 2011-01-31　发票号 0000000001　订单号　发货单号

客户简称　客户地址　电话　币种 人民币

选择发货单

客　户　起始日期　结束日期　载入前100张单据

部　门　业务员　发货单号　业务类型 普通销售

发货地址　税　率 %　货　物　其它条件　显示

自动结算　金　额　数　量　过滤条件：　蓝字记录 ☑　红字记录 ☐

	发货单号	销售类型	客户	部门	发货日期	备注	发货地址
Y	000000000	批发销售	北京王府	批发部	2011-01-31		

	存货编码	存货名称	存货代码	规格	数量	单价	金额	税额	价税合计	仓库	未开票数量
Y	013	钻石牌男表			200.00	140.00	28000.00	4760.00	32760.00	手表仓	200.00
合	共1行				200.00		28000.00	4760.00	32760.00		200.00

图9—19　销售专用发票的填制

（六）销售出库单记账

销售出库单记账用于将用户所输入的单据登记存货明细账、差异明细账/差价明细账、受托代销商品明细账、受托代销商品差价账。

先进先出、移动平均、个别计价这三种计价方式的存货在单据记账时进行出库成本核算；按全月加权平均法、计划价/售价法计价的存货在期末处理时进行出库成本核算。

【例9—6】承例9—5，2011年1月31日，将销售出库单进行记账。

操作流程为：

（1）单击“存货核算”→“业务核算”→“正常单据记账”。

（2）设置好过滤条件，找到对应王府井百货的销售出库单，单击选择区域，再单击〖记账〗按钮，见图9—20。

（七）销售出库单生成凭证

销售出库单生成凭证用于对本会计月份已记账单据生成凭证，并可对已生成的所有凭证进行查询显示；所生成的凭证可在账务系统中显示及生成科目总账。

【例9—7】承例9—6，2011年1月31日，将销售出库单生成凭证。

操作流程为：

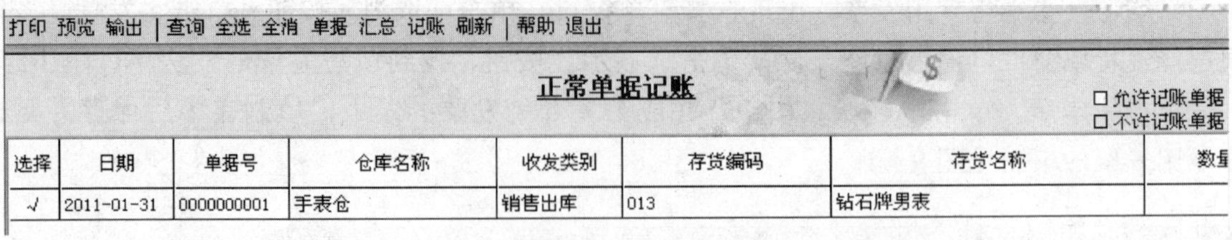

打印 预览 输出 | 查询 全选 全消 单据 汇总 记账 刷新 | 帮助 退出

正常单据记账

□允许记账单据
□不许记账单据

选择	日期	单据号	仓库名称	收发类别	存货编码	存货名称	数量
√	2011-01-31	0000000001	手表仓	销售出库	013	钻石牌男表	

图 9—20 销售出库单记账

（1）单击“存货核算”→“财务核算”→“生成凭证”。

（2）单击〖选择〗按钮，设定好过滤条件，找到销售出库单，单击选择区域，打上选择标志，单击〖确定〗按钮，再单击〖生成〗按钮，生成出库单记账凭证，系统自动将本凭证传递到总账系统。

（八）销售退货处理

1. 未开票前退货

填制销售退货单，开票时与红蓝发货单合并开具销售发票。

销售退货单填制的操作路径为：单击“销售管理”→“业务”→“发货”→“退货单”，销售退货单参照销售发货单生成，见图 9—21。

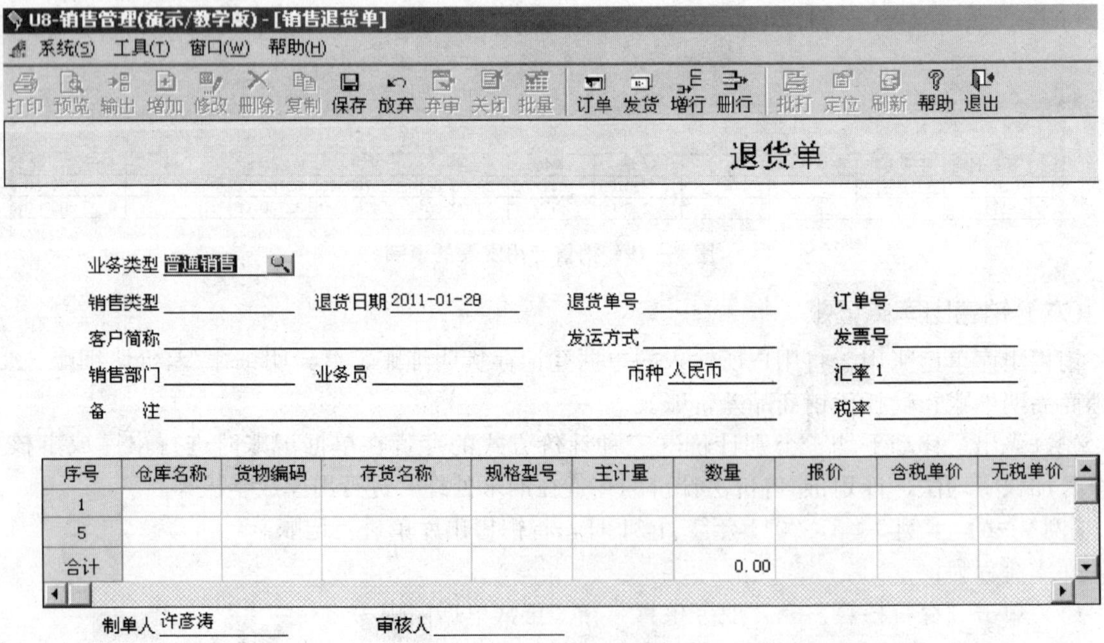

U8-销售管理(演示/教学版) - [销售退货单]

系统(S) 工具(T) 窗口(W) 帮助(H)

打印 预览 输出 增加 修改 删除 复制 保存 放弃 弃审 关闭 批量 订单 发货 增行 删行 批打 定位 刷新 帮助 退出

退货单

业务类型 普通销售

销售类型 退货日期 2011-01-28 退货单号 订单号

客户简称 发运方式 发票号

销售部门 业务员 币种 人民币 汇率 1

备 注 税率

序号	仓库名称	货物编码	存货名称	规格型号	主计量	数量	报价	含税单价	无税单价
1									
5									
合计						0.00			

制单人 许彦涛 审核人

图 9—21 销售退货单

参照销售发货单生成的销售退货单自动冲减发货单的未开票数量。

开票时参照销售发货单即可，开票数量为冲减后的数量。

2. 开票后退货处理

开票后的退货，参照原有合同进行销售退货单录入，根据销售退货单开具红字销售发票，冲销原有应收账款，财务往来会计在应收款管理系统中进行红蓝票对冲。

操作路径：单击“销售管理”→“业务”→“发货”→“退货单”；单击“销售管理”→“业务”→“开票”→“红字专用销售发票”；单击“应收款管理”→“日常业务”→“转账”→“红票对冲”→“自动对冲”。

3. 退货退票退款处理

开票后的退货，参照原有合同进行销售退货单录入，根据销售退货单开具红字销售发票；进行退款时，可以根据红字销售专用发票进行现结处理，也可在应收款管理系统中进行付款处理。

（九）月末结账

当月月底，于每个自然月最后一天进行结账，销售管理系统的月末结账是将每月的销售单据逐月封存，并将当月的销售库数据记入有关账表中，进行系统内业务结账，再有新业务则为下月单据。

1. 销售管理系统月末结账的方法

（1）操作路径：单击“销售管理”→“业务”→“销售月末结账”。

（2）进入“月末结账”窗口，屏幕显示月末结账对话框。

（3）用鼠标单击〖结账〗按钮，系统开始进行合法性检查。如果检查通过，系统立即进行结账操作，结账后，“结账月份已经结账”处显示“是”；如果检查未通过，系统会提示不能结账的原因。

2. 月末恢复结账

当某月结账发生错误时，可以按〖取消结账〗按钮恢复结账前状态，正确处理后再结账。不允许跳月取消月末结账，只能从最后一个月逐月取消。

【注意】（1）销售管理月末处理后，才能进行库存管理、存货核算、应收款管理的月末处理。

（2）如果销售管理要取消月末处理，必须先通知库存管理、存货核算、应收款管理的操作人员，要求他们的系统取消月末结账。

（3）如果库存管理、存货核算、应收款管理中的任何一个系统不能取消月末结账，那么也不能取消销售管理的月末结账。

（4）若应收款管理、库存管理、存货核算已结账，销售管理不能取消结账。

二、应收款管理系统业务处理

销售管理系统产生的销售发票等应收单据将转到应收款管理系统，并进行审核、结算和制单，生成凭证后，传递到总账系统。对于销售管理系统生成的应收单据，不需要再录入，只需在应收款管理系统中从审核开始进行业务处理。

（一）应收单据录入

应收单据录入的操作步骤为：

（1）单击“应收款管理”→“日常处理”→“应收单据处理”→“应收单据录入”。

（2）系统弹出“单据类别”选择框，用户需要输入新增单据的单据类别。

（3）选择完单据的类型、名称和方向后，单击〖确认〗按钮，屏幕即会出现该类型单据新增界面，可以输入有关栏目。单击〖取消〗按钮，系统会取消刚才的操作。

(4) 参照栏目说明，进行单据录入。录入完成后，按〖保存〗按钮，即可保存当前新增单据。

如果当前正处于增加状态，则新增加的单据类型、单据名称和单据方向同上一张单据。若新增加的单据名称、类型或方向与上一张不同，则需要退出单据录入功能，返回单据处理主界面，单击〖增加〗按钮，重新选择单据类别进行单据录入。

(二) 应收单据审核

1. 自动批审

自动批审的操作步骤为：用鼠标单击“日常处理”下的“应收单据处理”下的“应收单据审核”功能，系统显示查询条件框。输入查询条件后，可以单击〖批审〗按钮，系统根据当前的过滤条件将符合条件的未审核单据全部进行后台的一次性审核处理。批审完成后，系统提交单据批审报告，自动批审报告显示成功的张数以及明细审核单据。

2. 手工批审

在输入过滤条件后，进入单据列表界面，进行选择。在“选择标志”一栏，双击鼠标选中，然后单击工具栏中的〖审核〗按钮，表示要将该张单据审核。单击〖全选〗按钮，将所有的单据全部选中；单击〖全消〗按钮，取消所做的选择。

选择单据后，单击〖审核〗按钮，将当前选中的单据全部审核。

批审完成后，系统提交单据批审报告，显示成功的张数以及未成功单据的张数。

3. 批量弃审

用户在输入弃审单据的过滤条件后，单击〖确认〗按钮，进入已审核单据列表界面，通过单击〖全选〗、〖全消〗按钮将列表中的记录全部打上选择标志或取消选择标志。

在需要进行弃审的结算单上打上选择标志，单击〖弃审〗按钮，对当前应收单据进行批量弃审。

批量弃审完成后，系统提交单据批量弃审报告，报告显示弃审成功的张数以及明细单据。

4. 单张审核

在审核列表界面，可双击单据记录或单击〖单据〗按钮，进入单据卡片界面，直接单击〖审核〗按钮即完成单张审核。

若审核的发票已经做过现结处理，则系统在审核过滤时选择“现结”记账的同时，后台还将自动进行相应的核销处理。对于发票有剩余的部分，作应收账款处理。

【例 9—8】承例 9—7，2011 年 1 月 31 日，审核销售发票。

操作流程为：

(1) 单击“应收款管理”→“日常处理”→“应收单据审核”。

(2) 通过过滤条件的设定，找到已填制的销售发票，在窗口的选择区域双击，打上选定标志“Y”，再单击〖审核〗按钮，完成审核，见图 9—22。

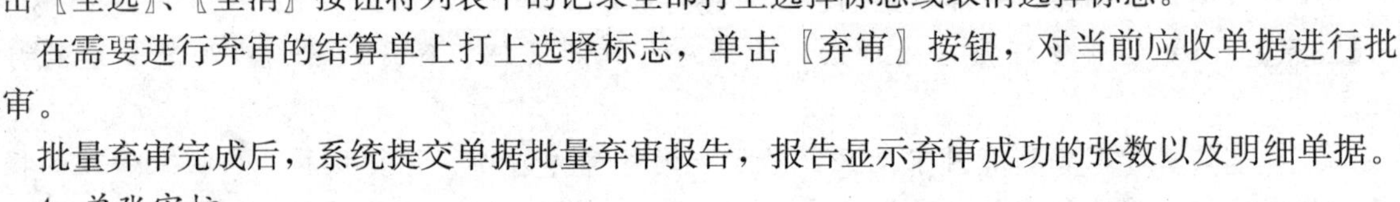

打印 预览 输出 | 增加 删除 | 全选 全消 审核 弃审 | 过滤 定位 | 单据 栏目 刷新 | 帮助 退出

应收单据列表

记录总数：1

选择	审核人	单据日期	单据类型	单据号	客户名称	部门	业务员
Y		2011-01-31	销售专用发	0000000001	北京王府井百货公司	批发部	林清远
合计							

图 9—22 应收单据审核

（三）收款单据填制

操作路径：单击“应收款管理”→“日常处理”→“收款单据处理”→“收款单据录入”。

应收款管理系统的收款单据用来记录企业所收到的客户款项，款项性质包括应收款、预收款、其他费用等。其中，应收、预收性质的收款单将与发票、应收单据、付款单据进行核销勾对。

应收款管理系统的付款单据用来记录发生销售退货时，企业开具的退付给客户的款项。该付款单可与应收、预收性质的收款单据、红字应收单据、红字发票进行核销。

单击〖增加〗按钮，录入收款单据，录入后，单击〖审核〗按钮对其进行审核。

若用户不进行批量制单，系统在此提供用户及时制单功能，即总账系统启用后，在对结算单进行审核后，系统会询问是否要立即制单。若选择“是”，则立即显示当前结算单的凭证界面；如果不想立即制单，可以在“制单处理”处集中处理，选择“否”，回到当前结算单卡片界面，只是该结算单处于已经审核状态。若希望批量审核收付款单，则可在“收款单据审核”处进行批量的手工或自动审核。

此时如果希望立即指明这一次收款是收的哪几笔销售业务的款项，可以对该收付款单据进行核销处理。核销是指确定收款单、付款单与原始的发票、应收单据之间的对应关系的操作。若在单击〖核销〗按钮之前尚未对收付款单进行审核，可直接单击〖核销〗按钮，则系统在后台直接审核该收付款单，并提示是否制单。在制单完成或选择不制单后，进入核销界面，进行核销处理。若希望批量处理核销业务，则不在此进行核销处理，到“核销处理”处进行统一处理。但此处进行的核销处理，不可以处理异币种间的核销。对于单据核销情况，可使用“单据查询”功能进行明细查询。

在收付款单及原始的发票、应收单据都已制单，且核销双方的控制科目不同时，在选项中选择核销制单的前提下，可以在“制单处理”处对核销处理进行制单。

（四）收款单据审核

收款单据审核的操作路径：单击“应收款管理”→“日常处理”→“收款单据处理”→“收款单据审核”。

1. 单张审核

进入单据界面，系统显示所选的单据格式及最后一次操作的单据。用鼠标单击〖上张〗、〖下张〗、〖首张〗、〖末张〗按钮，查找需要审核/弃审的单据；或单击〖定位〗按钮，利用定位功能查找需要审核/弃审的单据。若审核当前单据，单击〖审核〗按钮，系统审核当前单据，并将当前操作员写入表尾“审核人”处，同时〖审核〗按钮变为〖弃审〗按钮。若弃审当前单据，单击〖弃审〗按钮，系统将当前单据弃审，取消“审核人”，同时〖弃审〗按钮变为〖审核〗按钮。

2. 在单据列表界面选择要审核/弃审的单据

进入单据列表界面，输入过滤条件，按〖过滤〗按钮可过滤出符合条件的单据列表记录；用户可以按工具栏〖过滤〗按钮重新查询。将光标移到要审核/弃审的单据的任一行，或单击〖定位〗按钮，利用定位功能查找要审核/弃审的单据，双击单据行进入该单据查询状态，进行单据审核/弃审，操作说明见上。

3. 在批量处理界面进行批审/批弃

进入批量处理界面，输入过滤条件，按〖批审〗或〖批弃〗按钮将符合过滤条件的单据带入，如没有则系统提示“没有符合条件的单据”。单击〖选择〗按钮，则选择当前行；再单击，则取消选择；也可单击〖全选〗按钮、〖全消〗按钮。选单完毕，按〖确认〗按钮，则所选单据被审核/弃审，执行完毕后系统显示“批量审核（弃审）完毕”。

（五）核销处理

单据核销的作用是记录客户款项的收回情况并核销该客户的应收款，建立收款与应收款的核销记录，监督应收款及时核销，加强往来款项的管理。

1. 手工核销

手工核销是指由用户手工确定收款单据与对应的应收单据的核销工作。通过手工核销功能可以根据查询条件选择需要核销的单据，然后手工核销，这加强了往来款项核销的灵活性。具体操作步骤为：

（1）单击“核销处理”→“手工核销”，进入核销过滤条件界面。

（2）选择需要进行核销处理的客户，输入结算单、被核销单据过滤条件，单击〖确认〗按钮，进入单据核销界面，上边列表显示该客户可以核销的结算单记录，下边列表显示该客户符合核销条件的对应单据。

结算单列表显示结算单表体明细记录，包括款项类型为应收款和预收款的记录，而款项类型为其他费用的记录不允许在此作为核销记录，核销时可以选择其中一条表体记录进行。余额已经为零的表体记录不在此列表中显示。

核销时，结算单列表中款项类型为应收款的记录，其缺省的本次结算金额等于该记录的原币余额；款项类型为预收的记录，其缺省的本次结算金额为空。

核销时可以修改本次结算金额，但是不能大于该记录的原币余额。

用户手工输入本次结算金额，其上下列表中的结算金额合计必须保持一致，单击〖保存〗按钮，即可完成本次核销操作。

用户也可手工输入本次结算金额后，单击〖分摊〗按钮，系统将当前结算单列表中的本次结算金额合计自动分摊到被核销单据列表的本次结算栏中。核销顺序依据被核销单据的排序。用户可更改当前被核销单据的排序，单击〖栏目—单据〗按钮，即可进行单据列表顺序的设置。

（3）完成后上述操作后，单击〖保存〗按钮，系统自动保存该结算单核销信息。

（4）在核销界面中单击〖退出〗按钮，则可退出单据核销功能。

2. 自动核销

自动核销是指用户确定收款单据与对应的应收单据的核销工作。通过自动核销功能可以根据查询条件选择需要核销的单据，然后系统进行自动核销，这提高了往来款项核销的效率。具体操作步骤为：

（1）单击“核销处理”→“自动核销”，进入核销过滤条件界面。

（2）输入过滤条件，单击〖确认〗按钮，自动核销时提供进度条，以便用户了解核销进程。

（3）核销完成后，提交自动核销报告，显示已核销的情况和未核销的原因。

（六）其他转账处理

1. 应收冲应收

应收冲应收是指将一位客户的应收款转给另一位客户。通过本功能将应收款业务在客户之间进行转入、转出，实现应收业务的调整，解决应收款业务在不同客户间入错户或合并户问题。应收冲应收的操作步骤为：

(1) 单击“日常处理”菜单项下“转账”中的“应收冲应收”。

(2) 在货款、其他应收款和预收款复选框中选择需要处理的单据。

(3) 输入转出户、转入户等过滤条件，单击〖过滤〗按钮，系统会将该转出户所有满足条件的单据全部列出。可手工输入并账金额，金额应大于零、小于等于余额。

2. 预收冲应收

预收冲应收功能可处理客户的预收款和该客户的应收欠款的转账核销业务。具体操作步骤为：

(1) 选择“日常处理”菜单项下“转账”中的“预收冲应收”。

(2) 若进行单个客户的预收冲抵应收工作，则在“预收款”页签中输入过滤信息。输入完成后，单击〖过滤〗按钮，系统会将该客户所有满足条件的应收款的单据类型、单据编号、单据日期、单据金额、转账金额等项目列出。可以在“转账金额”一栏里输入每一笔应收款的转账金额。

3. 应收冲应付

应收冲应付是指用某客户的应收账款冲抵某供应商的应付款项。系统通过应收冲应付功能将应收款业务在客户和供应商之间进行转账，实现应收业务的调整，解决应收债权与应付债务的冲抵。具体操作步骤为：

(1) 选择“日常处理”菜单项下“转账”中的“应收冲应付”。

(2) 若用应收款冲抵应付款，则须选中“应收冲应付”选项；选择“预收冲预付”选项，则可进行预收款冲抵预付款操作。

4. 红票对冲

红票对冲是用某客户的红字发票与其蓝字发票进行冲抵，分为手工冲销和自动冲销。

(1) 手工冲销。选择“日常处理”菜单项下“转账”→“红票对冲”→“人工红票对冲”。

输入需要进行红票对冲的客户、币种、方向。

输入红票过滤条件、蓝票过滤条件后，单击〖确认〗按钮，屏幕会显示该客户所有满足条件的红字及蓝字单据。系统自动将红票原币余额带入红票的对冲金额中，用户可修改，但对冲金额不能大于原币余额。

用户可在冲销单据中输入对冲金额，单击〖保存〗按钮，保存对冲操作；用户也可单击〖分摊〗按钮，将红票金额依据蓝字单据顺序分摊到对冲金额中，可通过单击〖栏目—蓝票〗按钮进行蓝字单据顺序的设置，单击〖保存〗按钮，保存对冲操作。

(2) 自动冲销。选择“日常处理”菜单项下“转账处理”→“红票对冲”→“自动对冲”。

输入进行红票对冲的过滤条件，如日期、客户、币种。

输入后，单击〖确认〗按钮，进行自动对冲。自动对冲时提供进度条，显示自动对冲进程，执行完毕后，显示自动对冲报告，显示对冲金额或错误原因。

(七) 制单

制单即生成凭证，并将凭证传递至总账记账。应收款管理系统在各个业务处理过程中都提供了实时制单的功能；除此之外，系统提供了一个统一制单的平台，可以在此快速、成批生成凭证，并可依据规则进行合并制单等处理。

【例 9—9】承例 9—8，2011 年 1 月 31 日，根据已审核的销售发票生成记账凭证。

操作流程为：

(1) 单击“应收款管理”→“日常处理”→“制单处理”。

(2) 通过过滤条件的设定，找到已审核的销售发票，设定好凭证类别，单击〖全选〗按钮，再单击〖制单〗按钮，完成制单，见图9—23。

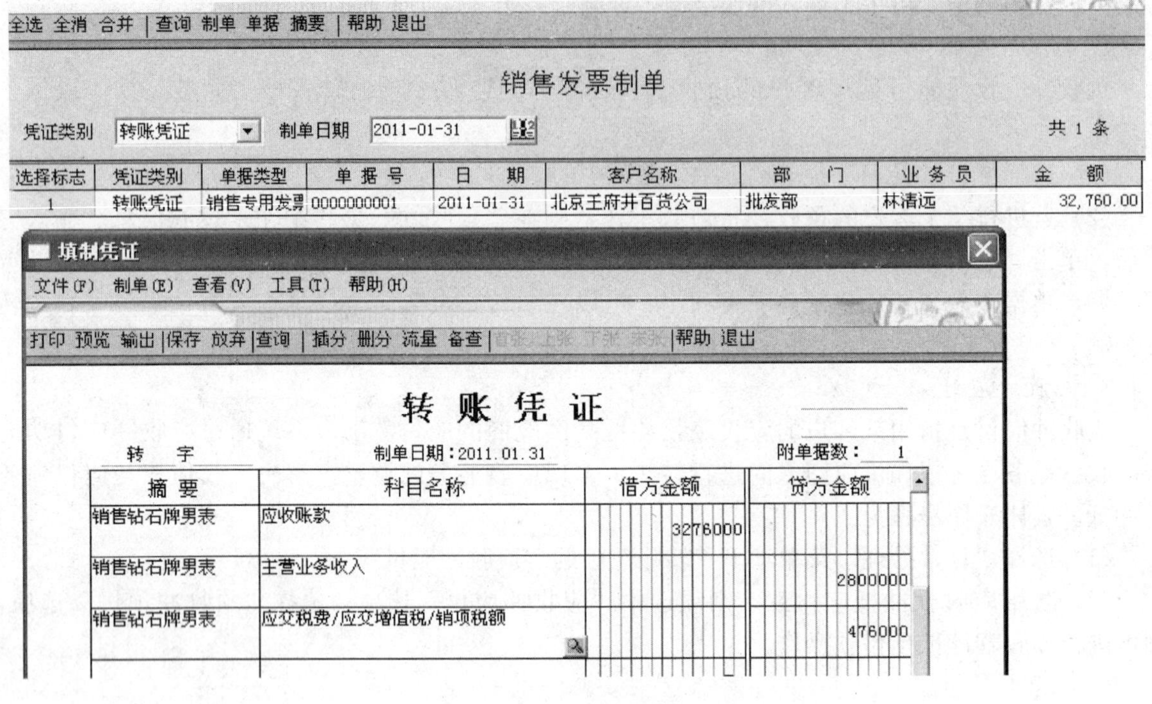

图 9—23 生成凭证

(八) 凭证删除

通过凭证查询来查看、修改、删除、冲销应收款管理系统传递到总账系统中的凭证。

选择“凭证查询”功能，通过时间范围下拉框选择要查询的凭证的日期范围。单击〖查询〗按钮，调出查询条件界面，选择查询条件；单击〖单据〗按钮，联查当前原始单据，原始单据界面中提供打印、预览功能；单击〖凭证〗按钮，联查当前凭证；单击〖修改〗按钮，修改当前凭证；单击〖删除〗按钮，删除当前凭证；单击〖冲销〗按钮，可作红字冲销。若凭证处于已记账状态，不能修改和直接删除凭证，只能红字冲销，即生成一张与该凭证方向、金额相同的红字凭证，原蓝字凭证所涉及的单据或处理回到原未制单状态。但已审核未记账、未审核的凭证不能做凭证红字冲销处理。

(九) 恢复操作

对原始单据进行了审核、对收款单据进行了核销等操作后，发现操作有误，可将其恢复到操作前的状态，进行修改。具体操作步骤为：

(1) 在菜单条上选取“其他处理”→“取消操作”。

(2) 在“操作类型”下拉框中选择恢复的类型。系统提供了如下类型：恢复单据核销前状态：输入过滤条件后，系统将满足恢复条件的收款单列出；在“恢复标志”一栏里双击鼠标，表示要将此张收款单据恢复到核销前的状态。

(3) 选择完成后，单击〖确认〗按钮，保存此次操作；单击〖取消〗按钮，取消此次操作。

（十）月末结账

于每个自然月最后一天进行结账，在销售管理系统已月末结账的前提下可以进行应收款管理系统结账，再有新业务则为下月单据。月末结账的操作步骤如下：

（1）单击“应收账款”→“业务”→“其他处理”→“期末处理”→“月末结账”。

（2）进入“月末结账”界面，屏幕显示月末结账对话框。

（3）用鼠标单击〖结账〗按钮，系统开始进行合法性检查。如果检查通过，系统立即进行结账操作，结账后，“结账月份已经结账”处显示“是”；如果检查未通过，系统会提示不能结账的原因。

【注意】（1）若应收款管理系统与销售管理系统集成使用，应收款管理系统在销售管理系统结账后，才能进行结账处理。

（2）当选项中设置审核日期为单据日期时，本月的单据（发票和应收单据）在结账前应该全部经过审核。

（3）当选项中设置审核日期为业务日期时，截止到本月末还有未审核单据（发票和应收单），照样可以进行月结处理。

（4）如果本月的结算单还有未审核的，不能结账。

（5）当选项中设置月结时必须将当月单据以及处理业务全部制单，则月结时若当月有未制单的记录，则不能进行月结处理。

（6）当选项中设置月结时不用检查是否全部制单，则无论当月有无未制单的记录，均可以进行月结处理。

（7）如果是本年度最后一个期间结账，建议将本年度进行的所有核销、坏账、转账等处理全部制单。

（8）如果是本年度最后一个期间结账，建议将本年度外币余额为零的单据的本币余额结转为零。

思考题

1. 应收款管理系统主要有哪些功能?
2. 如何进行应收款管理系统初始化?
3. 销售管理系统结账时要注意哪些问题?
4. 销售管理系统传递到应收款管理系统中的应收单据应如何进行后续的业务处理?

第十章　报表管理系统

【要点提示】

● 报表管理系统　● 文件管理功能　● 格式管理功能

● 关键字　● 单元公式

第一节　报表管理系统概述

报表管理系统是财务软件的一个独立的子系统，它为企业内部各管理部门及外部相关部门综合反映企业一定时期财务状况、经营成果和现金流量的会计信息。报表管理系统既可编制企业对外报送的各种报表，也可编制企业内部所需要的各种报表。它的任务是设置报表样式、编制报表公式，从总账系统或其他业务系统中提取有关的会计数据，自动生成各种会计报表，对报表的正确性进行审核、汇总，生成各种分析图，并按预定的格式输出各种会计报表。报表管理系统的主要功能有文件管理、格式管理、数据处理、图表功能、打印功能和二次开发功能，提供各行业报表模版。

一、会计报表的分类、报表管理系统的分类

依据有关的分类标准，可对会计报表和报表管理系统进行分类。

（一）会计报表的分类

会计报表是根据日常会计核算资料定期编制的，综合反映企业某一特定日期财务状况和某一会计期间经营成果、现金流量的总结性书面文件。

按照会计报表的服务对象（使用对象）划分，会计报表可分为内部报表和外部报表两大类。

1. 内部报表

内部报表又称为对内会计报表或辅助管理会计报表，是专门提供给本单位内部的经营管理者，为满足他们制定正确的经营管理决策的需要而自行设计格式、自行填制的会计报表。对内会计报表有产品生产成本计算表、主要产品单位成本表、制造费用明细表、管理费用明细表、

销售费用明细表、营业外收支明细表等。

2. 外部报表

外部报表又称为对外会计报表或财务会计报表，是指定期向本单位有经济利害关系的外界各部门（如财政、税务、银行、投资者、股东、债权人、主管部门等）报送的财务会计报表。我国现行制度规定，企业向外提供的会计报表包括资产负债表、利润表、现金流量表、资产减值准备明细表、利润分配表、所有者权益变动表、分部报表和其他有关附表。

（二）报表管理系统的分类

报表管理系统按照软件系统的功能和使用情况，常分为三类：专用会计报表管理系统、通用会计报表管理系统、财经电子表系统。其中，专用会计报表管理系统是专为某企业或某集团开发的会计报表管理系统；通用会计报表管理系统是针对很多企业或很多集团开发的会计报表管理系统，商品化的会计报表软件即为通用会计报表管理系统；财经电子表系统通常是指 Excel，可用该通用的电子表软件编制会计报表。

二、报表管理系统的功能

使用报表管理系统，首先应了解其基本功能。

（一）按手工编制会计报表的思路设置功能

报表管理系统，从手工编制会计报表的工作来看，应具备下述四大功能。

1. 个别（单个）会计报表的编制

个别（单个）会计报表的编制功能包括格式定义，数据来源定义，报表生成，审核查询，打印，报表数据管理（备份、恢复、删除）。

2. 汇总会计报表的编制

汇总会计报表的编制功能包括初始化、数据采集、审核、汇总、查询、打印。

3. 合并会计报表的编制

合并会计报表的编制功能包括建立合并工作底稿、数据采集、输入抵消分录、定义合并公式、合并、查询、打印。

4. 会计报表的分析

会计报表的分析功能包括定义分析指标和数据来源、分析数据生成（报表生成）、分析图形、查询、打印、分析结果。

（二）按报表管理的思路设置功能

用友公司开发的会计报表系统简称为 UFO，有六种功能：文件管理功能、格式管理功能、数据处理功能、图表功能、显示打印功能和二次开发功能。

1. 文件管理功能

UFO 提供了创建新文件、打开已有的文件、保存文件、备份文件等文件管理功能，并且能够进行不同文件格式的转换。UFO 的文件可以转换为 Access 文件、Excel 文件、Lotus1-2-3 文件、文本文件、数据库文件，上述格式的文件也可转换为 UFO 报表文件。该系统支持多个窗口同时显示和处理，可同时打开的文件和图形窗口多达 40 个，提供了标准财务数据的“导入”和“导出”功能，可以和其他财务软件交换数据。

2. 格式管理功能

格式管理功能包括设置报表格式和定义单元公式（取数公式、计算公式、审核公式、舍位平衡公式等）。其中，设计的报表格式和定义的编辑公式都保存在计算机的文件中，供编制会计报表时调用。设置报表格式和定义编辑单元公式通常在会计报表管理系统初始化时进行，无须每月月末及每年年初进行；只有在报表格式发生变化时，才需要修改报表格式和修改单元公式。

UFO 提供了丰富的格式设计功能，如报表尺寸（行数和列数）、画表格线（包括斜线）、调整行高列宽、设置字体和颜色等。该系统可以根据企业要求制作各种具有个性的会计报表，并且内置了 11 种套用格式和 17 个行业的标准财务报表模板，可以实现轻松制表。

3. 数据处理功能

数据处理功能相当于手工方式下的编制会计报表。根据现行会计制度的规定，企业应于每个会计期末编制会计报表。实际操作时，首先应找出该会计报表的格式，然后根据定义的编辑公式，由系统自动产生报表数据。

UFO 以固定的格式管理大量不同的表页，它能将多达 99 999 张具有相同格式的报表资料统一在一个报表文件中管理，并且在每张表页之间建立有机的联系。UFO 还提供了排序、审核、舍位平衡和汇总功能；提供了绝对单元公式和相对单元公式，可以方便、迅速地定义单元公式；还提供了种类丰富的函数，可以直接从账务系统和其他业务模块中提取数据，自动生成财务报表。

4. 图表功能

图表功能是指根据会计报表的数据自动生成有关分析图表的功能。图表与报表存在着紧密的联系，当报表中的源数据发生变化时，图表也会随之发生变化。一个报表文件可以生成多个图表。图表功能常采用“图表混排”的方式，以便用户方便地进行图形数据组织，制作直方图、立体图、圆饼图、折线图等 10 种图式的分析图表，可以编辑图形的位置、大小、标题、字体、颜色等，并打印输出图形。

5. 显示打印功能

显示打印功能是指能根据用户的实际需要随时显示已编制的会计报表及分析图表，采用“所见即所得”的打印方式，会计报表、分析图表及插入对象都可以打印输出，同时提供“打印预览”功能，可以随时观看会计报表及分析图表或图形的打印效果。报表打印时，可以设置表头和表尾，并可以重复打印表头和表尾，也可以人工强行分页；打印格式或数据时，可以在 0.3～3 倍之间缩放打印，还可以横向或纵向打印等。

6. 二次开发功能

UFO 提供批处理命令和功能菜单，可将有规律性的操作过程编制成批处理文件，进一步利用功能菜单开发出适合用户实际情况的专用系统。

三、报表管理系统的工作过程和数据处理流程

编制会计报表是每个会计期末都要完成的工作，而且一般来说编制会计报表也是一个会计期间工作完成的标志。报表管理系统虽然看似电子表格，但功能要比电子表格强大得多，它可以根据定义好的单元公式自动到相关的总账系统及其他子系统中去提取数据以编制会计报表，同时可以根据会计报表进行决策分析。在 UFO 中，会计报表的数据来源有会计账簿、会计凭证、其他会计报表、其他业务子系统及人工直接录入等。

报表管理系统的工作过程通常是指报表管理软件系统本身的操作步骤。而我们通常所说的数据处理流程是指操作软件编制出会计报表的操作步骤，故常将使用软件的数据处理流程称为软件的操作步骤。

（一）报表管理系统的工作流程

报表管理系统的工作流程如图 10—1 所示。

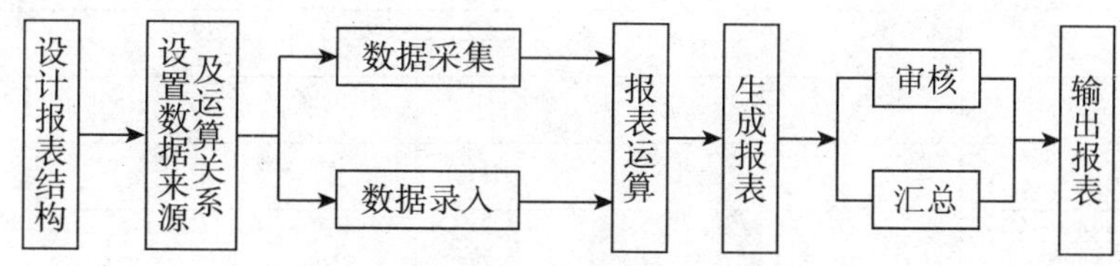

图 10—1　报表管理系统的工作流程

（二）会计报表的数据处理流程

在报表管理系统中，会计报表的数据处理通常有两大类处理流程，这两大类处理流程也称两大类工作流程、两大类数据处理过程、两大类操作步骤。

1. 快速编制会计报表的处理流程

在报表管理系统中，快速编制会计报表的处理流程或工作流程是：利用 UFO 提供的功能（模板或格式）调用报表模板，然后从账簿、凭证、本表或其他报表等文件中自动采集数据，经过自动分析、计算，填列到表格中，即可根据报表模板中定义好的单元公式生成会计报表，再将生成的会计报表输出。

2. 编制会计报表的一般处理流程

在报表管理系统中，编制会计报表的一般处理流程是：设置报表格式、关键字，定义报表单元的取数公式与计算公式，然后从账簿、凭证、本表或其他报表等文件中自动采集数据，经过自动分析、计算，填列到表格中，即可根据定义好的单元公式生成会计报表，再将生成的会计报表输出。

四、报表结构与基本术语

（一）报表结构

按照报表结构的复杂性，可将报表分为简单表和复合表两类。简单表是规则的二维表，由若干行和列组成。复合表是简单表的某种组合。会计报表大多是简单表，如资产负债表、利润表和现金流量表等。

简单表的结构一般由四个基本要素组成：表头、表栏、表体和表尾，见表 10—1。复合表则是三维表，由若干张二维表组成，如一张资产负债表是一张二维表，而把 1 月份到 12 月份的资产负债表放在一个报表文件中就成了复合表。

1. 表头

表头包括大标题和副标题两部分。大标题常简称为标题，通常是指表名（如“利润表”），一般只有一行。副标题有时又称为小标题，可能有两三行（如“会企 02 表”，“编制单位”，“××××年××月”，“单位：元”）。

表 10—1　　利润表

			会企 02 表
编制单位：×××公司		2011 年 1 月	单位：元
项　目	行次	本月数	本年累计数
一、营业收入	1		
减：营业成本	2		
……			
会计主管：		制表人：	

表头　表栏　表体　表尾

2. 表栏

表栏包括表的栏目名称和各栏目的宽度。表栏是报表的重要内容，它决定报表的纵向结构、报表的列数及每一列的宽度。有些报表的表栏比较简单，只有一层，而有的报表的表栏却比较复杂，需分若干层次。例如，利润表的表栏就比较简单，只有一层，见表 10—1。其中："项目"栏的宽度（或称长度）是 22 个汉字或 44 个字符；"行次"栏的宽度（或称长度）是 2 个汉字或 4 个字符；"本月数"栏的宽度（或称长度）是 14 位数字（相当于 7 个汉字或 14 个字符）；"本年累计数"栏的宽度（或称长度）是 18 位数字（相当于 9 个汉字或 18 个字符）。

3. 表体

表体是报表的主体，位于表栏下方，是报表中能填写具体项目和数据的部分。表体是报表的核心，决定了报表的横向组成，是报表数据的表现区域。表体在纵向上由若干行组成，这些行称为表行；在横向上，每个表又由若干个栏目构成，这些栏目称为表列。其中，具体项目（如"一、营业收入……四、净利润"，"1……30"等）属报表格式中的固定内容，而数据属报表格式中的非固定内容，会随各单位各会计期间经营情况的变化而变化，在报表格式设计时留出填写位置即可。

4. 表尾

表尾是指表体以下即报表正文底部后的进行辅助说明的部分，主要是文字型的附注或说明。

（二）基本术语

了解 UFO 的一些主要概念，对我们更好、更快地学习该系统有帮助。

1. UFO 的两种状态

UFO 将报表分为两大状态来处理，即将报表分为格式状态和数据状态。这两种状态在报表管理系统的左下角有红字标示，可通过单击进行转换，区分这两种状态是学习编制报表的关键。

2. 报表

报表也叫表页，它是由若干行和若干列组成的一个二维表，具有相同格式不同数据的每张报表称为一个表页，一般表示为第 1 页、第 2 页……报表是报表管理系统存储数据的基本单位。

3. 报表文件

一个或多个报表以文件的形式保存在存储介质中就称为报表文件。每个报表文件都有一个名字，如“资产负债表”、“利润表”。

每个报表文件可以包含若干张报表。为了便于管理和操作，一般把经济意义相近的报表放在一个报表文件中，例如，各月编制的利润表就可归放在“利润表.rep”（rep是UFO报表文件的扩展名）报表文件中。在报表文件中要查找某项数据，就要知道数据所在的位置（报表文件名和表页号）。由此可见，报表文件是一个三维表（即复合表），如图10—2所示。

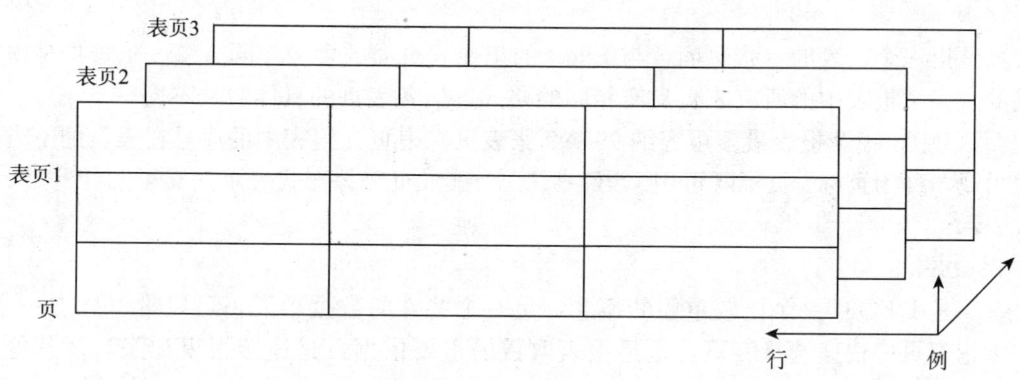

图10—2　报表文件

4. 单元

报表中由行和列确定的方格称为单元，专门用于填制各种数据。它是组成报表的最小单位。每个单元都可用一个名字来标识，称为单元名。单元名可以用所在行和列的坐标来表示，一般采用所在列的字母和行的数字表示，例如，“A3”表示报表中的第1列第3行所对应的单元。

（1）单元属性。单元属性包括单元类型、对齐方式、字体颜色等。其中，对齐方式和字体颜色的设置方法与Excel大同小异。实际使用报表管理软件时需注意其单元类型。

（2）单元类型。单元类型可分为表样型、数值型和字符型三种，具体要在设置报表时进行定义。

表样型单元中存放的是报表的格式，是定义一个没有数据的空表所需的所有文字、符号或数字。表样型单元对所有的表页都有效。表样型单元只能在格式状态下输入和修改，在数据状态下只能显示而不允许修改。

数值型单元存放的是报表的数值数据，可在数据状态下直接从键盘输入，也可由该单元中存放的单元公式运算生成。数值型单元是建立新表时所有单元类型的缺省值，可存放15位有效数字。对于数值型单元，可以定义数字的格式，如分节号、百分号、货币符号和小数位数。

字符型单元要求在这类单元中输入的内容是汉字、字母、数字及用键盘输入的字符串。字符型单元的内容可以直接在数据状态下输入，也可由该单元中存放的单元公式生成。字符型单元中可存放1～31个汉字、1～63位字符或数字及各种键盘可输入的符号组成的一串字符。

5. 区域

区域也叫块，是由一张表页上的一组相邻的单元组成的矩形块；自起点单元至终点单元是一个完整的长方形矩阵。在描述一个区域时，开始单元（左上角单元）与结束单元（右下角单元）之间用冒号“:”连接，用于表示区域的名称。例如，“C4：D9”表示从C列第4行到D列第9行所围成的区域。在UFO中，区域是二维的，最小的区域可只包含一个单元，最大的区域是一个表页的所有单元（即整个表页）。

6. 组合单元

组合单元是指由同行或同列相邻的两个或更多的单元组成的区域。这些可以组合的单元必须是同一种单元类型，报表处理时组合单元被视为一个单元。组合单元的名称既可以用区域名称表示，又可以用该区域中的某一单元的名称来表示。例如，把B2到B4定义为一个组合单元，这个组合单元可以用“B2：B4”或“B2”、“B3”、“B4”来表示。

7. 表页

表页是指一个报表的一张页面，与Excel的工作表页面的含义相同。每一张表页是由许多单元组成的。一个报表中的所有表页具有相同的格式，但各表页的具体数据不同。

在UFO中，一个报表最多可容纳99 999张表页。表页在报表中的序号在表页的下方以标签的形式出现，称为页标。页标既可用“第一页”、“ 第二页”等形式表示，又可用“@1”、“@2”等形式表示。

8. 关键字

关键字是UFO中一个比较重要的概念，是一个特殊的数据单元，可以唯一标志一个表页，用于在大量表页中快速选择表页，也是报表取数的重要依据，是连接报表和账套及其他业务数据的桥梁与纽带。每个报表可以定义多个关键字。关键字一般包括单位名称、单位编号、年、月、日等，关键字可以自定义。关键字在报表格式状态下以红字显示。

9. 报表格式

报表的基本结构称为报表格式（也称表样格式），在报表管理系统中，每一张表只能有一张表样格式，如同购买的一本报表，但可反复使用。

10. 单元公式

单元公式是指报表单元中的各种公式，如单元公式、取数公式、审核公式等，是设计表页成功与否的关键。

第二节　快速编制会计报表

每到会计期末企业都要编制会计报表，这也是手工状态下工作量比较大的一项工作。而在报表管理系统中，编制报表就会显得很轻松，特别是利用报表管理系统中提供的功能（模板或格式）调用报表模板，即能快速编制出会计报表。

在进入用友报表管理系统中，快速编制会计报表的处理流程（或称操作流程、工作流程）是：新建报表→寻找报表模板→选择所需用报表的模板→另存为自己的报表→生成报表数据（录入关键字→表页重算）。

进入用友报表管理系统的基本方法是：在企业应用平台的“业务”选项卡中，选择“财务会计”→“UFO报表”命令，进入UFO，关闭“日积月累”窗口。

一、新建报表

进入用友UFO中，可直接新建报表。如果尚未启动用友UFO，则需先启动。

进入用友UFO后，选择“文件”→“新建”命令，如图10—3所示，将自动创建一个如同电子表格一样的空报表文件，文件名显示在标题栏中，为“report1”。

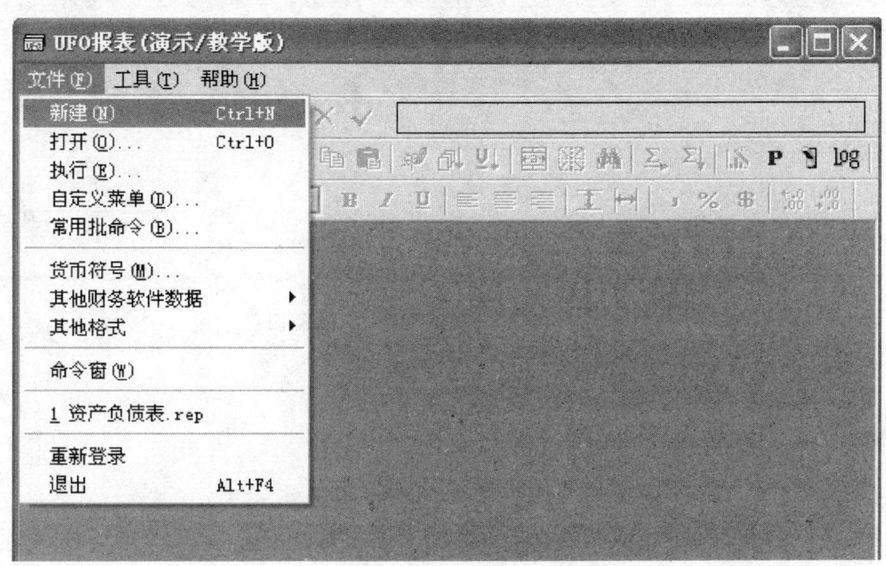

图 10—3　UFO 窗口

二、寻找报表模板

在格式状态下选择“格式”→“报表模板”菜单，如图 10—4 所示。UFO 会弹出如图 10—5 所示的“报表模板”选择窗口。

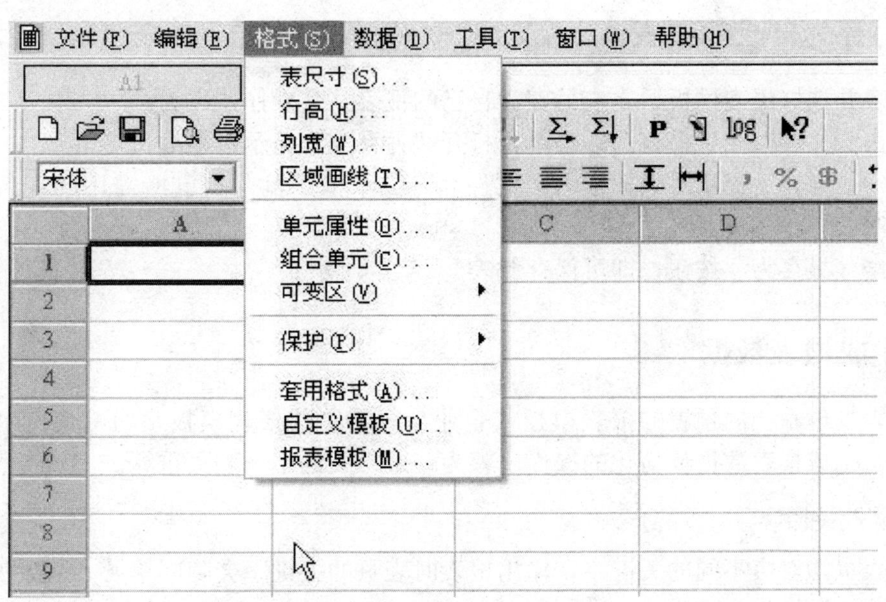

图 10—4　格式菜单选项窗口

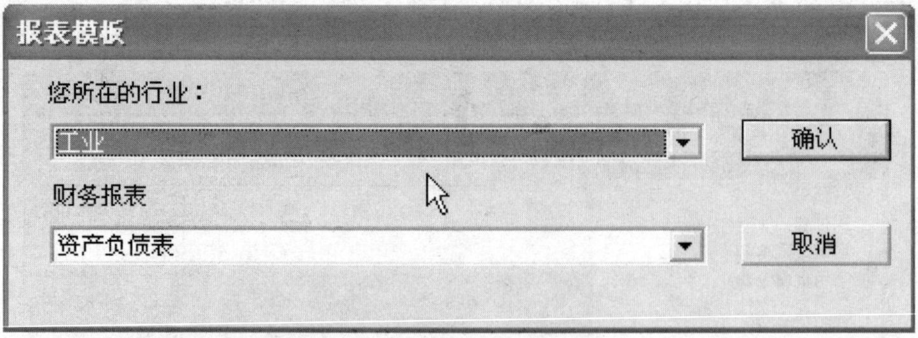

报表模板
您所在的行业：
工业
确认
财务报表
资产负债表
取消

图 10—5 “报表模板”选择窗口

三、选择所需用报表的模板

在“报表模板”选择窗口选择所需用报表的模板，操作步骤为：

（1）在“报表模板”选择窗口的“您所在的行业”选项中，选择所需用的选项，例如选择“新会计制度科目”。

（2）在“报表模板”选择窗口的“财务报表”选项中，选择所需用的选项，例如选择“资产负债表”。

（3）在“报表模板”选择窗口单击“确认”按钮，系统弹出“模板格式将覆盖本表格式！是否继续？”提示对话框。

（4）单击提示对话框中的“确定”按钮，当前报表格式自动被覆盖。

四、另存为自己的报表

新建报表并选好报表模板后，应另存为自己的报表。其操作步骤为：

（1）单击“文件”→“另存为”菜单，打开“另存为”提示对话框。

（2）在“另存为”提示对话框中的“文件名”文本框中输入自己所需用的表名，如“利润表”或“利润表 2010”等。

（3）单击〖另存为〗按钮，即可保存此表。

五、生成报表数据

调用报表管理系统内预置的报表模板或企业自行编制的报表模板，均可很快生成固定格式的会计报表。生成报表数据最简化的操作步骤为：录入关键字→表页重算。

（一）录入关键字

每一张表页均对应不同的关键字，输出报表时表页的关键字会随同单元一起显示。

录入关键字的操作步骤为：

（1）选择“数据”→“关键字”→“录入”命令，打开“录入关键字”对话框。

（2）输入具体的关键字，例如，在“单位名称”文本框中输入具体的单位名称，在“年”文本框中输入“2010”，在“月”文本框中输入“12”，在“日”文本框中输入“31”。

(3) 单击“确认”按钮。

(二) 表页重算

在完成上面第(3)步后系统出现“是否重算表第1页?”提示对话框，单击〖是〗按钮，系统会自动根据公式计算本月份的数据。如果在报表数据采集完成后，认为账套数据有误，可以先行调整总账系统，然后再打开UFO。

表页重算的操作步骤为:

(1) 单击“数据”→“表页重算”命令，打开“是否重算第1页?”对话框。

(2) 单击〖是〗按钮，系统会自动在初始的账套和会计年度范围内根据单元公式计算生成数据。如果编制报表中出现单元公式不正确，可以在“格式”状态下重新进行修改设计，然后再执行上面第(1)、(2)步进行报表重算。整表计算时是计算该表的所有表页，而表页重算仅计算本表页的数据。

第三节 编制会计报表的一般处理流程

在报表管理系统中，调用系统中的报表模板进行会计报表编制既简单又快速，但它可能与企业的具体情况不同，因此有时不能满足企业需要。这时，可使用编制会计报表的一般处理流程，通过初始设置后编制报表能适应个性化需要。

编制会计报表的一般处理流程分为会计报表初始设置(报表系统初始化)和报表数据处理(编制会计报表)两大操作步骤。编制会计报表的较复杂的处理流程分为会计报表初始设置、报表数据处理、汇总报表、合并报表、审核报表、报表舍位平衡共六大操作步骤。

一、会计报表初始设置

报表管理系统把报表编制过程分为格式和数据两种状态。定义报表格式及公式在格式状态下进行，报表数据处理在数据状态下进行，这两种状态在报表系统的左下角有标示，通过单击进行转换。

在进行会计报表初始设置时，首先要分析会计报表的结构。会计报表结构分析是设计各会计报表格式的首要工作。会计报表结构分析，就其表中区域(即内容的多少)是否常有变化而言，可分为固定表(如对外会计报表)和可变表(如对内会计报表中的主要产品单位成本表等)两类；就其报表结构的复杂性而言，可分为简单表和复合表。简单表从数学上来讲，一般是指标准的二维表。而复合表的结构要比简单表复杂，通常是简单表的某种组合。该类初始设置可一次设置，多次使用。如果报表格式出现变化或表中的数据来源发生变化，该类初始设置就需要修改变化的内容，否则就无须再进行该类初始设置。在此我们只介绍固定表(或称简单表)的初始设置，主要有五个操作步骤：创建新表、报表格式设计、定义关键字、报表公式设计、保存报表格式。

(一) 创建新表

选择“文件”→“新建”命令，将自动创建一个如同电子表格一样的空报表文件，文件名显示在标题栏中，为“report1”，如图 10—6 所示。

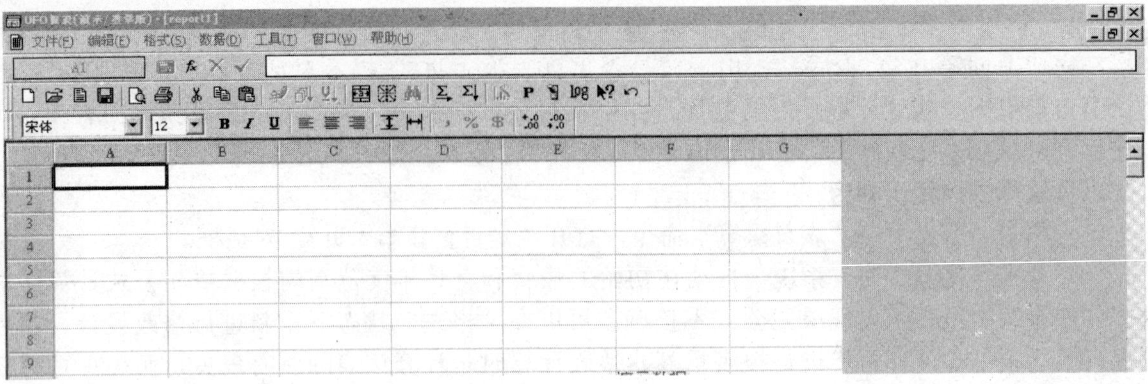

图 10—6　UFO 空白表

报表窗口主要由以下九大部件组成：

（1）标题栏。标题栏显示软件的名称和当前文件名，位于报表窗口的第一行。在标题栏右侧的三个按钮，其形状和含义与 Word、Excel 相同，分别是最小化按钮、最大化按钮或还原按钮、关闭窗口按钮。

（2）菜单栏。菜单栏显示报表的菜单，如“文件”、“编辑”、“格式”、“数据”等，位于报表窗口的第二行。

（3）编辑栏。编辑栏用于编辑单元格的内容，位于报表窗口的第三行，即菜单栏的下方。

编辑栏左侧的显示框为名字框。在格式状态下，用于显示当前选中区域的名称；在数据状态下，用于显示当前选中区域的名称和表页号。当前单元中已有的内容将自动显示在右侧的编辑框中。

（4）工具栏。工具栏显示报表处理常用功能命令的图标。当鼠标移动到图标上并稍作停留时，系统在图标下方会显示该工具的简单提示；在图标左下角的状态栏中，系统显示该图标能够完成的功能；用鼠标拖动工具栏可移动工具栏的显示位置，使用“工具”菜单中的“工具栏”命令，可以隐藏或显示工具栏。

（5）全选钮、行标、列标、当前单元。这部分内容与 Excel 的工作表页面的有关内容基本相同。

1）全选钮。全选钮位于报表的左上角。用鼠标左键单击全选钮，当前表页的所有单元全部被选中。

2）行标。行标位于报表的左侧，是标有“1”、“2”、“3”等数字的按钮。用鼠标左键单击行标，可选中当前表页的整行。在行标按钮上拖动鼠标，可选中当前表页的多行区域。行标与行标之间的暗白线为行高调节区，当鼠标移动到该区时，鼠标指针会变成上下箭头形状，拖动鼠标可调整行高。当行高为零时，该行会被隐藏。把鼠标移动到有隐藏行的行标之间时，拖动鼠标可拉出隐藏行。

3）列标。列标位于报表的正上方，是标有“A”、“ B”、“C”、“D”等字母的按钮。列标的操作方法与行标的操作方法基本相同。

4）当前单元。当前单元是用户选中的、具有输入特性的单元。系统将当前单元用加粗黑方框表示。

（6）格式/数据按钮。格式/数据按钮位于报表的左下方。按钮字面显示是“格式”或“数据”，单击该按钮，可实现格式状态与数据状态的转换。

（7）页标、页标滚动钮。页标位于报表标签显示区，在数据状态时显示。页标是表页在报表中的序号。建立一个新文件时，系统默认只有一张表页，页标为“第 1 页”。页标的显示颜色有白色和灰色两种。白色页标表示该张为当前表页，相应的页号显示在编辑栏中的名字框中。单击某页标，可使其成为当前表页。

页标滚动钮位于报表标签显示区的页标之后，在数据状态时显示。当表页数较多，所有页标无法同时显示出来时，使用页标滚动钮，页标随之移动，可使要找的页标显示出来，但当前表页不变。

（8）水平滚动条、垂直滚动条。水平滚动条位于报表的下方。水平滚动条的两端有两个按钮，按向左按钮可使屏幕显示表页左边的内容，按向右按钮可使屏幕显示表页右边的内容。水平滚动条中有一个滚动块，把鼠标放在滚动块上，按住左键拖动滚动块可左右移动显示表页。垂直滚动条位于报表的右侧，其操作方法与水平滚动条基本相同。

（9）状态栏。状态栏位于水平滚动条的下方，用于动态显示操作的相关信息。

（二）报表格式设计

报表格式设计即设置报表的空表结构。设置报表结构，UFO 提供了选用报表模板和用户自行设计两种方法。

1. 选用报表模板设计报表格式

报表模板是 UFO 保存的多个行业的外部会计报表的格式。报表模板中的大多数报表格式是研制者装入的，用户在设计外部报表时可根据需要选用；也有些是用户自定义的模板（其方法见用户自行设计报表格式），供以后自己调用。选用报表模板设计报表格式的操作方法如下：

（1）在格式状态下，单击“格式”的下拉菜单“报表模板”，系统弹出“报表模板”对话框。

（2）在“报表模板”对话框中，先选行业，再选报表名。

（3）单击〖确认〗按钮，系统弹出“模板格式将覆盖本表格式！是否继续?”对话框。

（4）单击〖确定〗按钮，系统自动根据报表模板生成一张标准的会计报表。

（5）可对系统自动生成的标准会计报表稍作修改，以得到满足用户需求的报表格式。

（6）为安全起见，请及时保存报表结构。其操作方法如下：

1）单击“文件”菜单下的“保存”，系统弹出“另存为”对话框。

2）在“另存为”对话框中，输入文件名“LRB”或“利润表”。

3）单击〖保存〗按钮即可。

2. 用户自行设计报表格式

当用户需设计的报表在报表模板中不存在时，需要采用用户自行设计的方法。用户在设计内部会计报表时一般采用该方法。一般说来，该方法不仅适合于会计报表的设计，而且适合于其他报表的设计。

设置报表的结构时，首先应定义报表的尺寸，然后再确定报表的具体结构。

（1）定义表尺寸。

定义表尺寸相当于定义电子表格的大小，具体来说，表尺寸是指报表长有多少行、宽有多少栏。以“利润表”为例，该表的长为 21 行（包括表头 3 行、表栏 1 行、表体 16 行、表尾 1

行)，宽为 4 栏（即项目、行次、本月数、本年累计数）。为显示美观，可在报表的大标题前空一行，在报表的左侧空一栏，即可将“利润表”的表尺寸设置为长 22 行、宽 5 栏。在 UFO 中，定义表尺寸的操作步骤如下：

1）单击“格式”的下拉菜单“表尺寸”，系统将弹出“表尺寸”对话框。

2）在“表尺寸”对话框中，将系统默认的行数修改为“22”，将系统默认的列数修改为“5”。

3）单击〖确认〗按钮，即定义完表尺寸，此时屏幕上清晰地显示 22 行 5 列的表格，其余的部分都变成了灰色。

（2）在设计过程中发现表尺寸有误的修改。

发现表尺寸有误，可分错误的具体情况采取不同的修改方法：

1）当报表的行列设计都有错误时，可采用重设表尺寸的方法，其操作步骤与定义表尺寸相同。

2）当少设计了报表的行或列时，可通过“编辑”的下拉菜单“插入”或“追加”下的“行”命令增加行数、“列”命令增加数列。

3）当多设计了报表的行或列时，可通过“编辑”的下拉菜单“删除”下的“行”命令删除行数、“列”命令删除数列。

（3）定义行高和列宽。

根据报表的大小和文字及数据的多少来设计行高和列宽，以美观大方且能够放下本栏最宽数据为原则。行高和列宽可以用数值来设定，也可以在表行标识的行分隔线处，当鼠标呈现“”时，用鼠标拖动来设定行高；在表列标识的列分隔线处，当鼠标呈现“”时，用鼠标拖动来设定列宽。

（4）设置报表的具体结构。

虽然报表的具体结构由表头、表栏、表体和表尾四部分组成，但设计时不一定要按此顺序设计。为使表头放在适当的位置，设计时可留下表头所占的行数，先设计表栏和表体，再设计表头，最后设计表尾。在此，我们仍以“利润表”为例说明报表具体结构设置的操作方法。

1）表栏的设计。

表栏包括表的栏目名称和各栏目的宽度。例如，“项目”栏：22 个汉字或 44 个字符；“行次”栏：2 个汉字或 4 个字符；“本月数”栏：14 位数字；.“本年累计数”栏：18 位数字。实际操作中可先不确定各栏的宽度，待表体中各栏最宽的项目输入后，再通过列宽调节区调整各栏的应有宽度，即可以在列宽调节区中的表列标识的列分隔线处，当鼠标呈现“”时，用鼠标拖动来设定列宽。

将鼠标移动到 A 列与 B 列的列标之间，待鼠标指针变为左右箭头时，向左拖动鼠标至 A 列，调为 2～10 个字符。如果该报表前不空栏，则本步骤可省略。

顺序输入“项目”、“行次”、“本月数”、“本年累计数”四个栏次的名称（输入时汉字前及汉字间暂时不留空）。可单击“格式”菜单下的“行高”，将栏目所在行放大。可单击“工具”菜单下的“显示风格”，在“显示风格”对话框中，定义字形、字体、字号和显示颜色。

2）表体的设计。

在“利润表”中，“项目”、“行次”、“本月数”、“本年累计数”四个栏次至表尾间的内容就是我们所讲的表体。其中，“项目”栏中的“一、主营业务收入”～“四、净利润”，“行次”栏中的"1"～"30"属报表格式中的固定内容，应在格式设计时直接填写，这部分固定内容属表样；而每个项目的"本月数"、"本年累计数"属报表格式中的非固定内容，会随各单位经营情况的变化而变化，在报表格式设计时这部分非固定内容属数值型，并需留出相应的填写位置。一般说来，表体的设计可分为以下六大步骤：

第一步：按《企业会计准则》规定的格式，在B列"项目"栏下输入具体内容，将鼠标移动到B列与C列的列标之间，待鼠标指针变为左右箭头时，向右拖动鼠标至B列的文字全部能看见为止。

第二步：先在C列与D列的列标之间向左拖动鼠标至C列能看见"行次"两个汉字（最好在"行次"前后各空一个字符位，以方便在该列上方存放"××××年"）；再按《企业会计准则》规定的格式，在C列"行次"栏下输入具体内容；选中C6：C21区域，单击工具栏中的〖居中〗按钮。

第三步：根据本单位该表的"本月数"、"本年累计数"中的最大数字的位数，同时考虑发展的需要确定"本月数"栏、"本年累计数"栏的宽度。选中D6：E21区域，单击"格式"菜单下的"单元属性"，在"单元属性"对话框中，选中"单元类型"下的"数值"，选中"数字格式"下的"逗号"，单击〖确认〗按钮，确定"本月数"、"本年累计数"两栏的数值类型和数字格式。

第四步：单击报表左上角的全选钮，选中当前表页的所有单元；单击"工具"菜单下的"显示风格"，在"显示风格"对话框中，将"网格颜色"设为白色，系统将不显示网格线。

第五步：选中B5：E21区域，画表格线。方法一：单击"格式"菜单下的"套用格式"，在系统弹出的对话框中选择"标准式"即可。方法二：单击"格式"菜单下的"区域画线"，在系统弹出的对话框中选择"网线"后，单击〖确认〗按钮，系统会自动将"利润表"中的表格线画好。

第六步：将各栏次的汉字间加上适当的空格。选定栏目所在行（用鼠标点中第5行的行标），单击工具栏上的〖居中〗按钮，将各栏目名称设为满意的格式。

3）表头的设计。

表头包括大标题和副标题两部分。大标题为"利润表"，只占一行。副标题即小标题，占两行，"会企02表"占一行，"编制单位："、"年"、"月"、" 单位：元"占一行。

第一步：定义大标题"利润表"。选中B2：E2区域（注：A1：C1为空）；单击"格式"菜单下的"组合单元"，在其弹出的对话框中选取"按行组合"；输入"利润表"（汉字间最好留些空）；单击工具栏上的〖居中〗按钮；单击"格式"菜单下的"行高"，将大标题"利润表"所在行放大；单击"工具"菜单下的"显示风格"，在"显示风格"对话框中，定义字形、字体、字号和显示颜色。其中，最后三项操作可根据需要选用。

第二步：定义副标题。选中E3单元，输入"会企02表"，单击工具栏上的〖右对齐〗按钮；选中B4单元，输入"编制单位："和本单位的名称；选中E4单元，输入" 单位：元"，单击工具栏上的〖右对齐〗按钮；单击"工具"菜单下的"显示风格"，在"显示风格"对话框中，定义字形、字体、字号和显示颜色。

需要说明的是，C4、D4单元留待存放关键字"年"和"月"。

4）表尾的设计。

"利润表"的表尾是报表正文底部后的一段辅表。辅表的格式设计方法与"利润表"的格式设计方法完全相同。

(三) 定义关键字

关键字是可以唯一标识某会计报表中的一张具体数据表的特殊数据单元。关键字有多种，如单位编号、单位名称、年、季、月、日。我们仍以“利润表”为例，需要编制汇总会计报表或合并会计报表的单位，最好选用单位名称、年和月三个关键字。对一般单位而言，只需选择年、月两项关键字。在此我们介绍年、月两项关键字的定义方法。

1. 定义关键字“年”

定义关键字“年”的操作步骤为：

(1) 选中 C4 单元，单击“数据”菜单下的“关键字”中的“设置”命令，在系统弹出的“设置关键字”对话框中选择“年”后，单击〖确定〗按钮。

(2) 单击“数据”菜单下的“关键字”中的“偏移”命令，在系统弹出的“定义关键字偏移”对话框中的“年”后输入偏移量“0”，单击〖确定〗按钮。该步骤可放在定义关键字的最后一步，一起定义各个关键字的偏移量。

2. 定义关键字“月”

定义关键字“月”的操作步骤为：

(1) 选中 D4 单元，单击“数据”菜单下的“关键字”中的“设置”命令，在系统弹出的“设置关键字”对话框中选择“月”后，单击〖确定〗按钮。

(2) 单击“数据”菜单下的“关键字”中的“偏移”命令，在系统弹出的“定义关键字偏移”对话框中的“月”后输入偏移量“2”或“3”，单击〖确定〗按钮。该步骤可放在定义关键字的最后一步，一起定义各个关键字的偏移量。

需特别注意的是，确定关键字显示位置时，各关键字的数据最好存放在同一个单元内，并且不能影响其他字符的正常显示。关键字的值在数据状态下录入。

如果采用选用报表模板设计报表结构的方法，可修改关键字的设置及显示位置。如果关键字定义有误或有变化，也需要修改关键字的设置及显示位置。其方法是：先单击“数据”菜单下的“关键字”中的“取消”命令，将错的关键字取消，然后再按以上方法重新设置。

3. 保存已定义好的报表格式

为安全起见，关键字定义好后，最好先保存起来。其操作方法如下：

(1) 单击“文件”菜单下的“保存”，系统弹出“另存为”对话框；如果此前已保存过该报表的格式，系统就不会弹出“另存为”对话框，此后的操作步骤省略。

(2) 在“另存为”对话框中，输入文件名“LRB”或“利润表”。

(3) 单击〖保存〗按钮即可。

(四) 报表公式设计

会计报表的数据是与编制单位及编制时间相关的，不同单位、不同会计期间的报表的数据是不同的，但其获取数据的来源和计算方法则相对稳定。UFO 就是依据这一特点设计了“报表公式”的功能，为定义报表变动单元的单元公式提供了条件，从而使报表管理系统能够自动、及时、准确地编制会计报表，使会计报表管理系统的通用性得到了极大的提高。会计报表公式主要包括单元公式、审核公式和舍位平衡公式。

1. 单元公式

在 UFO 中，报表公式被称为单元公式，它是指报表或报表单元中的各种公式。单元公式是报表数据来源的一个重要组成部分。单元公式的作用是从账簿、凭证、本表或其他报表等处调用、运算所需要数据，并填入相应的报表单元中。它既可以将数据单元赋为数值，也可以赋为字符。

财务报表中的数据可能有不同的来源：有些数据需要手工输入，例如，资产负债表中的“一年内到期的非流动资产”和“一年内到期的非流动负债”项目可以直接输入数据；有些数据是由其他报表项目运算得到的，例如，“营业利润”、“利润总额”、“净利润”等项目；有些数据是从其他报表中取来的，例如，“期末未分配利润”项目；大量数据则是从总账系统中直接提取的。

除了手工输入的数据，其他数据都需要通过定义单元公式来得到。如果报表的项目没有变化，则通过单元公式来组织报表数据，既经济又省事，把大量重复、复杂的劳动简单化了。合理地设计单元公式能大大地节约劳动时间，提高工作效率。单元公式既是报表管理系统初始化工作中的重要内容之一，又是保证系统自动编制报表的必备条件之一。在报表格式定义好后，应定义单元公式。

为了减少录入公式的失误，报表管理系统提供了参照录入功能和各种取数函数。常用的报表数据一般来源于总账系统或报表系统本身，取自于报表的数据又可以分为从本表取数和从其他报表的表页取数两种。

(1) 从总账系统取数的公式（即账务取数函数)。

从总账系统中取数是会计报表数据的主要来源，账务取数函数架起了报表管理系统和总账等其他系统之间进行数据传递的桥梁。账务取数函数可以使报表系统从账簿、凭证中采集各种会计数据生成报表，实现账表一体化。账务取数函数是报表管理系统中使用最为频繁的一类公式，此类公式中的函数表达式最为复杂，公式中往往使用多种取数函数，每个函数中还要说明如取数的科目编码、取数的会计期间、发生额或余额、方向、账套号等参数。

要编写好从总账系统取数的公式，最重要的是弄清账务取数函数的基本格式。账务取数函数的基本格式为：函数名（科目编码，会计期间，方向，账套号，会计年度，编码 1，编码 2)。

为了快速、准确地编写从总账系统取数的公式，应对格式中的各项内容有一个清楚的认识。

1）格式中的函数名。格式中的函数名即账务取数函数，主要有八种，如表 10—2 所示。

表 10—2　　　账务取数函数

总账函数	金额式	数量式	外币式
期初余额函数	QC ()	SQC ()	WQC ()
期末余额函数	QM ()	SQM ()	WQM ()
发生额函数	FS ()	SFS ()	WFS ()
累计发生额函数	LFS ()	SLFS ()	WLFS ()
条件发生额函数	TFS ()	STFS ()	WTFS ()
对方科目发生额函数	DFS ()	SDFS ()	WDFS ()
净额函数	JE ()	SJE ()	WJE ()
汇率函数	HL ()		

2）科目编码也可以是科目名称，且必须用双引号引起来。

3）会计期间可以是“年”、“季”、“月”等变量，也可以是用具体数字表示的年、季、月。

4）方向即指账簿的“借”或“贷”，可省略。

5）账套号为账套的数字编码，缺省时系统默认为第一套账。

6）会计年度即为数据取数的年度，可省略。

7）编码1和编码2与科目编码的核算账类有关，可以取科目的辅助账，如职员编码、客户编码等，如无辅助核算则可省略。

（2）自本表本页取数的函数。

从本表本页取数，最基本的是直接引用具体单元格即可获取该单元格内的数据。如“D5=E5”表示D5单元格等于E5单元格内的数据。

一张报表中有些项目是通过对本表本页其他单元格进行计算得到的，常见的诸如求和、求平均值、计数、求最大值和最小值等运算。例如，“固定资产净值”等于“固定资产原价”减“累计折旧”，应在“固定资产净值”项目栏单元公式中输入“C11－C12”。也可以通过函数来对本表本页的单元格数据进行计算，例如，用“PTOTAL（A4：D8）”表示求区域A4到D8单元的总和。

从本表本页取数的函数有七种，如表10—3所示。

表10—3　　从本表本页取数函数表

函数名	函　数	函数名	函　数
最大值	PMAX（）	求 和	PTOTAL（）
最小值	PMIN（）	平均值	PAVG（）
方 差	PVAR（）	计 数	PCOUNT（）
偏方差	PSTD（）		

需要说明的是，这些取数函数的“（）”中应注明区域。如果直接提取本表本页某一单元的值，直接使用单元符号即可。

（3）自本表他页取数的函数。

一张报表可由多个表页组成，并且表页之间具有极其密切的联系。如一个表页可能代表同一单位不同会计期间的同一报表。因此，一个表页中的数据可能取自上一会计期间表页的数据，用本月其他页取数公式可完成此类操作。编辑此类公式应注意报表处理软件中的表页选择函数的函数名及参数个数与参数格式。特别是如何描述历史上的会计期间。对于取自本表其他表页的数据，可以利用某个关键字作为表页定位的依据或者直接以页标号作为定位依据，指定取某张表页数据。

方法一：采用某个关键字作为表页定位的依据从本表其他页取数。该方法是使用SELECT（）函数来完成从本表其他页取数工作的。以“利润表”为例，E列“本年累计数”的取数公式为：E6=D6+SELECT（D6，年@=年 and 月@=月+1）。

方法二：直接以页标号作为表页定位的依据，从本表其他页取数。例如，本表D5单元的数据从本表的第三张表页的C5取得，其取数公式为：D5=C5@3。

（4）从其他报表取数的函数。

会计报表中，有些报表需要从其他报表中取数。从其他报表取数的函数用于从另一报表某期间某页中的某个单元中采集数据。在进行报表与报表之间取数时，不仅要考虑数据取自哪一张表的哪一单元，还要了解数据来源于哪一页。

从其他报表取数的函数是：〈报表名〉［.REP］－〉单元。

例如，1月份“资产负债表”（本表表页为1）中的“未分配利润”（假定为H39）需要从1月份“利润表”（本表表页为1）的“净利润”（假定为D21）中取数。其取数公式可写为：H39 = “利润表”—>D21@1。

在了解常用的报表公式后，我们便可定义单元公式（计算公式）。

（5）UFO报表定义“单元公式”的操作步骤。

UFO报表定义“单元公式”的操作必须在格式状态下进行。进入UFO报表，如果报表处于关闭状态，应先打开报表；如果报表在数据状态下，可单击〖格式/数据〗按钮将其转换为格式状态。

在UFO报表中输入“单元公式”的操作有直接输入公式、利用函数向导输入公式两种方法。

1）直接输入公式的操作步骤。

直接输入公式法适用于对UFO报表公式、函数运用了解较深入的用户使用。采用该方法输入公式可提高速度，操作步骤为：

第一步：选中需要定义公式的某一单元。

第二步：单击编辑栏中的〖fx〗按钮或按“＝”键，系统弹出“定义公式”窗口；也可在“数据”菜单中指向“编辑公式”，然后单击“单元公式”项，系统弹出“定义公式”窗口。

第三步：在“定义公式”窗口输入单元公式。需要注意的是，凡是公式中涉及数学符号的，均需输入英文半角字符。

第四步：单击〖确认〗按钮，选中的单元出现“公式单元”字样，该单元公式定义完毕。

2）利用函数向导输入公式的操作步骤。

为了减少学习记忆的时间和录入公式的失误，UFO提供了函数向导（即参照录入）功能。该方法适用于对UFO报表公式、函数运用不太了解的用户使用。利用函数向导输入公式法输入公式简单直观。在此，以设置“资产负债表”的账务取数公式为例介绍采用函数向导进行报表公式设计的具体步骤。

第一步：选定要赋值的单元，如把光标停放在“货币资金”年末数项目的赋值处。

第二步：单击编辑栏中的〖fx〗按钮，打开“定义公式”对话框；也可在“数据”菜单中指向“编辑公式”，然后单击“单元公式”选项，系统弹出“定义公式”窗口，如图10—7所示。

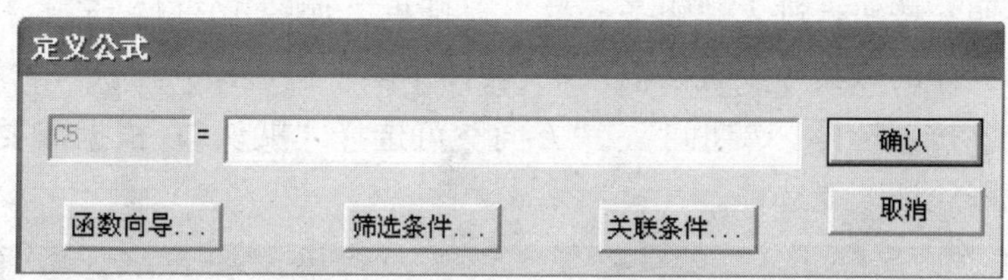

图10—7　“定义公式”窗口

第三步：在“定义公式”窗口单击〖函数向导〗按钮，进入“函数向导”对话框，如图10—8所示。

第四步：在对话框左边的“函数分类”列表框中选择“用友账务函数”选项（账务函数表明该数据取自于总账系统，如果数据取自于其他系统，则使用其他函数）。

第五步：在对话框右边的“函数名”列表框中选择函数，如“期末（QM）”选项（说明该数据取自于总账某个科目的期末数）、“发生（FS）”选项。

第六步：单击〖下一步〗按钮，进入“用友账务函数对话框”，如图10—9所示。此时可以

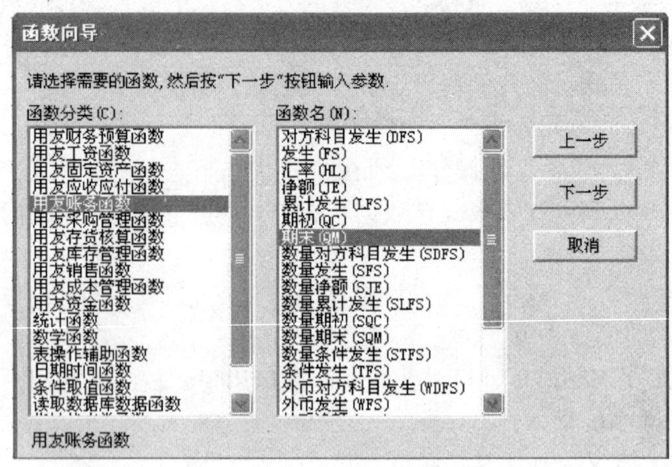

图 10—8 "函数向导"窗口

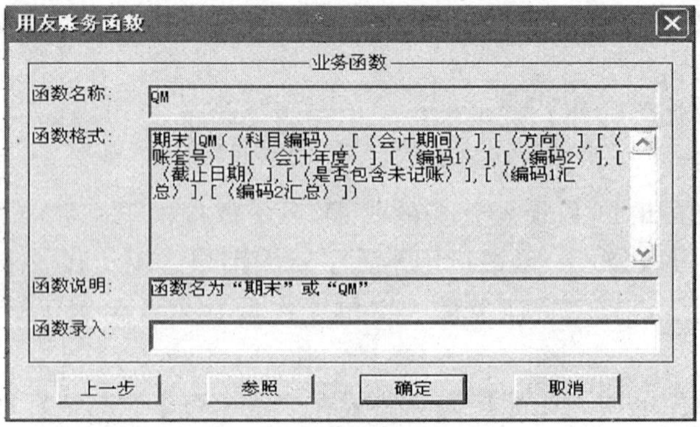

用友账务函数
业务函数
函数名称: QM
函数格式: 期末 |QM(〈科目编码〉,[〈会计期间〉],[〈方向〉],[〈账套号〉],[〈会计年度〉],[〈编码1〉],[〈编码2〉],[〈截止日期〉],[〈是否包含未记账〉],[〈编码1汇总〉],[〈编码2汇总〉])
函数说明: 函数名为"期末"或"QM"
函数录入:
上一步 参照 确定 取消

图 10—9 "用友账务函数"对话框

在"函数录入"文本框中直接录入公式。为了减少差错，常使用系统提供的参照功能进行录入，方法为：单击〖参照〗按钮，进入"账务函数"对话框，如图 10—10 所示，"账套号"可选择"默认"，也可选择具体的账套号或直接输入，"会计年度"应选择"默认"，"科目"可直接输入科目代码或按〖...〗按钮选择、"期间"、"方向"可选择"默认"，根据需要选择"截止日期"及是否"包含未记账凭证"复选框。

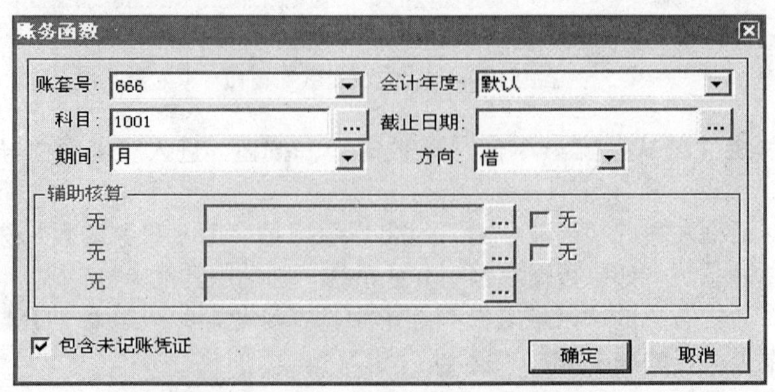

图 10—10 "账务函数"对话框

第七步：单击〖确定〗按钮，返回到“用友账务函数”对话框，此时，“函数录入”文本框中已有所选数据 QM（"1001",月,,,年,,）；在“QM（"1001",月,,,年,,）”后输入“＋”符号，单击〖参照〗按钮，再次进入“账务函数”对话框；根据单元的计算关系分别按上述步骤录入“1002”和“1012”两个科目。

第八步：单击〖确定〗按钮，返回到“定义公式”对话框。“定义公式”编辑栏中显示“QM（"1001",月,,,年,,）＋QM（"1002",月,,,年,,）＋QM（"1012",月,,,年,,）”，如图10—11 所示，表明计算“货币资金”期末数的单元公式录入完成。

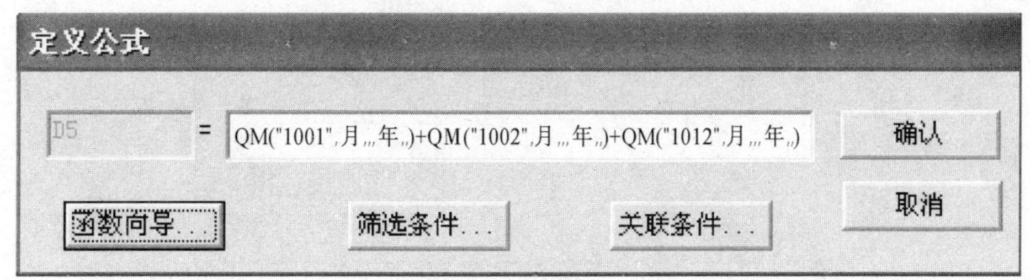

图 10—11　录入完成的单元公式

第九步：单击〖确定〗按钮，完成公式的录入。在报表格式状态下该单元显示“单元公式”字样，表明此单元已经定义了公式。

第十步：依次按各单元的取值要求把所有单元公式编辑完。

3）保存已定义好的单元公式。

为安全起见，单元公式设置好后，应及时保存起来。其操作方法有两种：

方法一：单击〖保存〗按钮；

方法二：单击“文件”菜单下的“保存”命令，系统弹出“另存为”对话框，输入或选择文件名为“ZCFZB”或“资产负债表”，单击〖保存〗按钮即可。

2. 审核公式

报表中的各个数据之间一般都存在某种勾稽关系，利用这种勾稽关系来定义审核公式，可以帮助用户进一步检验报表编制的正确性。审核公式可以验证表页中数据的勾稽关系，也可以验证同表不同表页间的勾稽关系，还可以验证不同报表之间的数据勾稽关系。

审核公式由验证关系公式和提示信息两部分组成。定义报表审核公式，首先要分析报表中各单元之间的关系，以确定审核关系，然后根据确定的审核关系定义审核公式，其中审核关系必须正确，否则审核公式会起到相反的效果，即由于审核关系不正确导致一张数据正确的报表被审核为有错误，而编制报表者又不知错出何处。

审核公式的格式如下：〈算术或单元表达式〉〈逻辑运算符〉〈算术或单元表达式〉〔MESS“说明信息”〕。

其中逻辑运算符有：等于“＝”、大于“〉”、小于“〈”、小于等于“〈＝”、大于等于“〉＝”、不等于“〈〉”等。

例如，在编制“资产负债表”时，要求“期初资产合计数＝期初负债和所有者权益合计数”，如果编制该表时出现错误，导致双方不等，此时审核公式在审核时应报告出错信息：“期初资产总计数〈〉期初负债和所有者权益债合计数”，试进行审核公式设置。

定义审核公式的操作步骤如下：

进入 UFO 报表，如果报表处于关闭状态，应先打开报表；如果报表在数据状态下，可单击〖格式/数据〗按钮将其转换为格式状态，然后进行如下的操作便可定义审核公式：

（1）选择“数据”→“编辑公式”→“审核公式”菜单选项，系统弹出“审核公式”对话框，如图 10—12 所示。

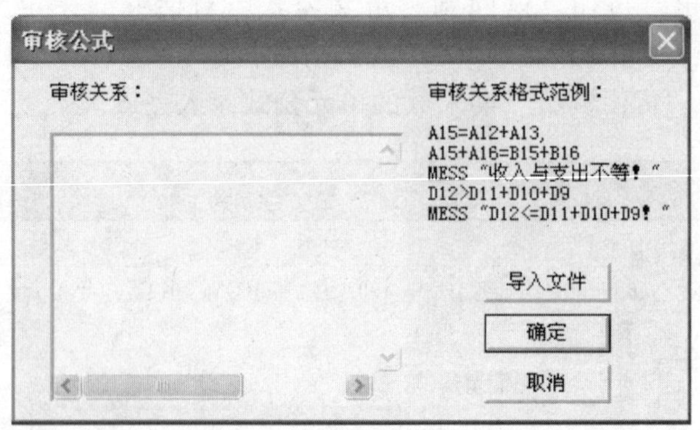

图 10—12 “审核公式”对话框

（2）在“审核公式”对话框中“审核关系”下方的对话框中输入：

C41＝G41 MESS“年初数中资产〈〉负债＋所有者权益”

D41＝H41 MESS“期末数中资产〈〉负债＋所有者权益”

（3）单击〖确定〗按钮，完成审核公式的录入，其他审核公式以同样的方法录入。

3. 舍位平衡公式

定义舍位平衡公式是为了重新调整报表数据进位后小数位的平衡关系。在报表汇总时，各个报表的数据计量单位有可能不统一，有的以“元”为单位，有的以“千元”或“万元”为单位。这时需要对报表的数据进行位数转换，将报表的数据单位由个位转换为百位、千位或万位，如将“元”转换成“千元”，这种操作称为进位操作。进位操作以后，原来的平衡关系可能会因为小数位的四舍五入而被破坏，因此就需要对进位后的数据平衡关系重新调整，使舍位后的数据符合指定的平衡关系。

在 UFO 中的舍位平衡公式应在格式状态下定义，应在数据状态下执行。

（1）定义舍位平衡公式应注意的事项。

为了完整、准确地定义舍位平衡公式，用户应注意以下事项：

1）每条公式占一行，各公式之间用半角的逗号隔开，最后一条公式不能用逗号等各种符号。

2）舍位平衡公式中只能使用半角的“＋”、“－”符号，不能使用其他运算符及函数。

3）公式的左边只能是一个不带页号和表名的单元。

4）一个单元只能在公式的等号右边出现一次。

（2）定义舍位平衡公式的操作步骤。

在 UFO 中定义舍位平衡公式，应按以下操作步骤进行：

1）在“数据”菜单中选择“编辑公式”→“舍位公式”，系统弹出“舍位平衡公式”窗口，如图 10—13 所示。

2）在“舍位平衡公式”窗口中的“舍位表名”编辑框里输入欲舍位的表名，如对各分公司利润表汇总后的表名“LRBHZ”；在“舍位范围”编辑框里输入欲参加舍位的区域范围，如

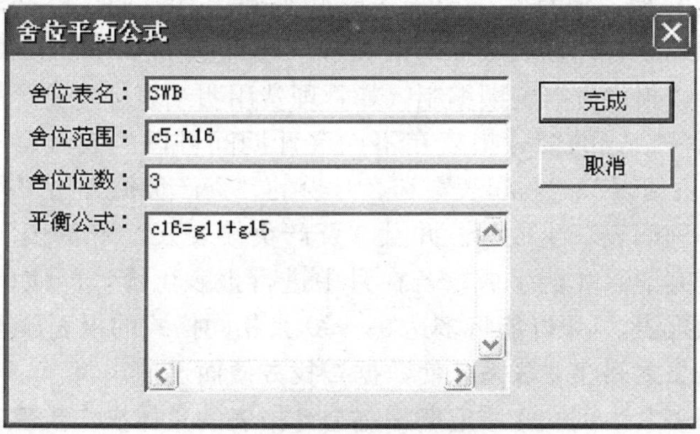

舍位平衡公式

舍位表名： SWB
舍位范围： c5:h16
舍位位数： 3
平衡公式： c16=g11+g15

完成
取消

图 10—13 “舍位平衡公式”对话框

“D6：D21”（表示整个表都进行舍位平衡运算）；在“舍位位数”编辑框里输入欲舍去的位数“3”（表示由元舍位到千元）；在“平衡公式”编辑框里输入平衡公式，例如：D9＝D6－D7－D8，D14＝D9＋D10－D11－D12－D13，D19＝D14＋D15＋D16＋D17－D18，D21＝D19－D20。

如果还有其他平衡关系可以在平衡公式栏继续输入，但要注意每个公式占一行或各公式之间有逗号隔开。

3）单击〖完成〗按钮，舍位平衡公式定义完毕。

（五）保存报表格式

报表格式的所有内容定义好后，必须及时保存。为安全起见，各部分内容设置好后，都应及时保存起来。

最简单的保存方法是单击〖保存〗按钮，该方法适用于报表格式的部分内容已保存过的情况。

如果是第一次保存，则应执行以下步骤：

（1）在“文件”菜单中单击其下拉菜单“保存”，系统弹出“另存为”对话框。

（2）在“另存为”对话框的“保存在”的编辑框内输入报表文件名，如“利润表”，保存文件类型选择系统默认的文件格式“＊.REP”，即报表文件。

（3）单击〖保存〗按钮。

二、报表数据处理

报表管理系统中的报表数据处理即日常会计工作中所称的编制会计报表。报表数据处理是指系统根据已设计好的报表格式和已定义好的报表单元公式自动生成会计报表，所以在会计电算化中编制会计报表又称为生成会计报表。编制会计报表的过程是在人工控制下由计算机自动完成的，报表管理系统利用已经设置好的报表结构文件，运用其中的单元公式从相应的数据源中采集数据，填入相应的单元中从而得到报表数据。在 UFO 中，会计报表的数据包括报表单元的数值和字符，以及游离于单元之外的关键字。数值单元只能生成数字，而字符单元既能生成数字又能生成字符。数值单元和字符单元既可以由公式生成，又可以由键盘输入，但关键字必须由键盘输入。报表数据处理主要包括生成报表数据、审核报表数据和舍位平衡操作等工作。

会计报表是一种时效性很强的文件，因此报表数据与编制日期有着密切的关系，在定义报表结构时可以不用指定日期，但是在生成报表时必须确定其日期。根据现行会计制度的规定，企业应于每个会计期末编制会计报表（外部报表）；根据企业的要求，在需要时应编制内部会计报表，但常用的内部会计报表也需定期编制（如管理费用明细表、主要产品销售情况表等）。

需要注意的是，同一格式的会计报表在不同会计期间可以生成具有不同数据的报表表页，例如，1 月份的“资产负债表”、“利润表”和 2 月份的“资产负债表”、“利润表”都是用同一格式的“资产负债表”、“利润表”生成的。并且“资产负债表”、“利润表”等月报必须在月末本月的经济业务全部处理完毕后才能生成。若在月中进行报表生成，即使所有报表公式都正确也会生成一张数据错误的报表。UFO 能将多达 99 999 张相同格式的报表放置在一个报表格式文件中管理，并且在每张表页之间建立联系，使数据查找方便而迅速。

这里以编制“利润表”为例，介绍定期编制会计报表的具体操作步骤。

（一）转换为数据状态

因为在 UFO 中设置报表和编制报表是两种不同的状态，设置报表是在格式状态进行的，而编制报表必须在数据状态进行，所以当报表编制好以后要从格式状态转化为数据状态。打开前面已编好格式的“利润表”，并将报表状态由“格式”转为“数据”，即单击报表左下角的〖格式〗按钮使之变为〖数据〗按钮，也可以使用 Ctrl＋D 快捷方式将报表状态由“格式”状态转为“数据”状态。

（二）定期编制会计报表的简捷步骤

使用简捷步骤定期编制会计报表的前提条件是：本表的所有数据均能根据有关公式自动取数并已有空白表页。使用简捷步骤定期编制会计报表只有录入关键字和报表计算两个步骤。

1. 录入关键字

关键字是表页定位的特定标识。仅仅在格式中设置关键字还不够，只有在录入关键字后其才能真正成为表页的鉴别标志，并为表页间、表表间的取数提供依据。录入关键字的操作步骤为：

(1) 选择“数据”→“关键字”→“录入”选项，系统弹出“录入关键字”对话框。

(2) 在“录入关键字”对话框中，录入已定义的关键字。例如，在“单位名称”文本框中输入“北京鸿飞电子公司”，在“年”文本框中输入“2010”，在“月”文本框中输入“1”，在“日”文本框中输入“31”。

(3) 在“录入关键字”对话框中，单击〖确认〗按钮。

2. 报表计算

报表计算在 UFO 中采用的是“表页重算”功能。“表页重算”功能根据设置报表时定义的有关公式自动取数，放入会计报表的表页中。

表页重算可在前面录入关键字完毕后执行，单击〖确认〗按钮，系统弹出“是否重算第 1 页?”对话框，点击〖是〗按钮后，由系统自动根据公式生成该页报表。也可按以下操作步骤完成：

(1) 在“数据”菜单中单击“表页重算”，系统弹出“是否重算第 1 页?”对话框。

(2) 在“是否重算第 1 页?”对话框中单击〖是〗按钮，系统会自动在初始的账套和录入关键字范围内根据公式生成该页报表。

如果编制报表中出现单元公式不正确的情况，可以在格式状态下重新设计，然后再执行上面的第 (1)、(2) 步进行报表重算。整表计算是计算该表的所有表页，而表页重算仅计算本表页的数据。

如果在报表数据采集完成后，认为账套数据有误，可以先行调整总账系统，然后再打开UFO进行报表计算。

需要说明的是，如果在格式状态下改动了单元公式，进入数据状态时系统会提示“是否全表重算?”。在UFO中没有单设“显示或打印会计报表”功能，在重计算时即显示出有数据的该张报表。

（三）定期编制会计报表的常用步骤

数据处理工作在数据状态下进行，并且一般是针对某一特定表页进行的，因此在数据处理时还涉及表页的操作，如表页的增加、删除等。使用常用步骤定期编制会计报表有三个步骤：增加表页、录入关键字、报表计算。

1. 增加表页

报表格式设计完毕，首次打开报表时，在数据状态下系统默认只有一张表页，故首次编制会计报表时增加表页的操作可以省略。除首次编制会计报表外，一般说来应在以后每次编制会计报表前增加一张表页。对月报而言，如果首次编制会计报表时是在1月份，除每次编制会计报表前增加一张表页的方法外，还可1年内一次性增加本年度的其他月份的11张表页；在以后年度的1月份增加12张表页，以后年度的其他月份则无须再增加表页。

增加表页可以通过插入表页或通过追加表页方式来实现。插入表页是在当前表页后面插入一张空表页或若干张空表页，追加表页是在已有表页的最后一张表页后再增加一张空表页或若干张空表页。

（1）插入表页的操作步骤。

1）选择“编辑”→“追加”→“表页”选项，系统弹出“插入表页”对话框。

2）在“插入表页”对话框中，选择系统默认的1张表页，也可输入插入表页数量，例如“11”。

3）在“插入表页”对话框中单击〖确认〗按钮。

（2）追加表页的操作步骤。

按会计工作的习惯，常采用追加表页的方法来增加表页。追加表页的操作步骤如下：

1）选择“编辑”→“追加”→“表页”选项，系统弹出“追加表页”对话框。

2）在“追加表页数量”对话框中，可选择系统默认的1张表页，也可在文本框中输入追加表页的数量，例如“11”。

3）在“追加表页”对话框中单击〖确认〗按钮。

2. 录入关键字

录入关键字的操作步骤与前面介绍的“定期编制会计报表的简捷步骤”中的“录入关键字”的操作步骤相同，此处不再详述。

3. 报表计算

报表计算的操作步骤与前面介绍的“定期编制会计报表的简捷步骤”中的“报表计算”的操作步骤相同，此处不再详述。

（四）少数数据不能取数的编表步骤

少数数据不能取数的编表步骤有四个：增加表页、录入关键字、填制报表数据、报表计算。

1. 增加表页

增加表页仍需要插入表页或通过追加表页方式来实现。步骤与前面介绍的“定期编制会计报表的常用步骤”中的“增加表页”的步骤相同，此处不再详述。

2. 录入关键字

录入关键字的操作步骤与前面介绍的“定期编制会计报表的简捷步骤”中的“录入关键字”的操作步骤相同，此处不再详述。

3. 填制报表数据

若报表中少数数据不能取数，有以下两种方法填制：

(1) 将无法自动取得的数据直接填写在单元公式中；

(2) 直接在数据单元中录入无法自动取数的数据（前提条件是本单元未定义公式）。

4. 报表计算

报表计算的操作步骤与前面介绍的“定期编制会计报表的简捷步骤”中的“报表计算”的操作步骤相同，此处不再详述。

(五) 透视数据编制会计报表

透视是指从某一张表或多张表中抽取具有某种特定经济含义的数据，形成一张“虚表”的方法。透视数据的操作步骤如下：

(1) 打开表文件，进入数据状态。

(2) 选定需要透视的第 1 张表页（只能对所选表页及此后的表页数据进行透视）。

(3) 选定透视区域。

(4) 保存报表。

(六) 采集外部数据编制会计报表

采集外部数据的操作步骤如下：

(1) 打开表文件，进入数据状态。

(2) 进行数据采集：选择菜单“数据”下的“数据采集”；在“数据采集”对话框中选定要采集数据的文件名；单击〖采集〗按钮或双击该文件名执行数据采集。

(3) 保存报表。

(七) 表页排序

UFO 提供表页排序功能，可以按照表页关键字的值或者按照报表中的任何一个单元的值重新排列表页。表页排序时需选择的“第一关键值”是指根据什么内容对表页进行排序；“第二关键值”是指当有表页的第一关键值相同时，按照此关键值排列；“第三关键值”是指当有多张表页用第一关键值和第二关键值还不能排列时，按照第三关键值排列。

表页排序的操作步骤如下：

(1) 单击〖数据/格式〗按钮，进入数据状态；如果已在数据状态，该步骤可省略。

(2) 选取“数据”→“排序”→“表页”选项，系统弹出“表页排序”对话框，如图 10—14 所示，也可以单击“常用工具栏”中的表页排序按钮 进行操作。

(3) 在“表页排序”对话框中的“第一关键值”编辑框中，选择一个关键字；再选择“递增”或“递减”顺序。例如，选择“第一关键值”为“年”，表页排序方向选择“递增”。

(4) 依次定义第二和第三关键值。

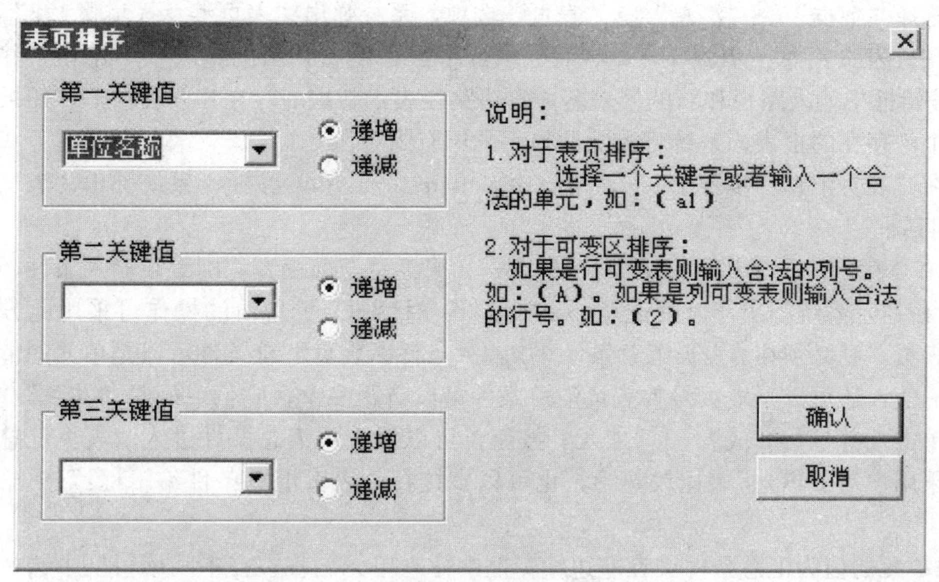

图 10—14　“表页排序”对话框

（5）在“表页排序”对话框中单击〖确认〗按钮，系统将自动对报表的各表页按年份递增顺序排列，如果年份相同，则按月份递增顺序排列。

【注意】以关键字为关键值排序时，空值表页在“递增”时排在最前面，在“递减”时排在最后面。例如，以关键字“单位名称”递增排序，“单位名称”为空的表页排在第1页。以“单元”为关键值排序时，空值作为零处理。

三、汇总会计报表

汇总会计报表主要是指由行政管理部门，根据所属企业报送的会计报表，对其各项目进行加总编制的会计报表。汇总会计报表的编报范围主要是以企业的财务隶属关系作为确定的依据，即以企业是否归其管理，是否其下属企业作为确定编报范围的依据。编制汇总会计报表的目的主要是满足有关行政部门或国家掌握了解整个行业或整个部门所属企业的财务经营情况的需要。汇总会计报表主要采用简单的算术加总方法编制。虽然汇总会计报表主要采用简单的算术加总方法编制，但是仍较烦琐。用户利用UFO提供的表页汇总功能可以简捷地完成汇总会计报表的工作。

UFO的表页汇总功能是把整个报表的数据进行叠加，汇总后的数据可以存放在本报表的最后一张表页或生成一个新的汇总报表。表页汇总时，可以汇总指定报表中的所有表页，也可以只汇总符合指定条件的表页。

假定某行政管理部门有多个隶属企业，该行政管理部门下属企业的报表已装入UFO报表中，各报表的关键字都为“单位名称”、“年”、“月”或“日”。在此我们以“利润表”为例，介绍汇总会计报表的编制方法。假定在软件使用中各企业的“利润表”文件名统称为“LRB. REP”，汇总后的“利润表”文件名为“HZLRB. REP”。其汇总会计报表的操作步骤如下：

（1）打开报表文件“LRB. REP”，单击〖格式/数据〗按钮，进入数据状态。

（2）选择“数据”→“汇总”→“表页”选项，系统弹出“表页汇总—步骤 1/3”对话框。

（3）在“表页汇总—步骤 1/3”对话框中，单击“汇总到新的报表”单选钮，并在“报表名”后的编辑框中输入路径和新的报表名，省略路径表示新报表存在当前目录下。如果输入的报表名是一个已存在的报表，系统将删除此报表的原有内容。

（4）在“表页汇总—步骤 1/3”对话框中，单击〖下一步〗按钮，系统弹出“表页汇总—步骤 2/3”对话框。

（5）在“表页汇总—步骤 2/3”对话框中，如果汇总全部表页，则无须输入条件，直接单击〖下一步〗按钮，系统弹出“表页汇总—步骤 3/3”对话框。1 月份的操作可采用此方法。如果汇总部分表页，则必须在“表页汇总条件”中输入条件。表页汇总条件可以是单元的值，也可以是关键字的值，还可以是表页号。表页汇总条件可以有很多个，它们之间是“并且”或“或者”的关系。单击〖并且〗、〖或者〗、〖加入〗按钮，可以使表页汇总条件进入“表页汇总条件编辑框：”。如果用户对 UFO 报表比较熟悉，也可以直接在“表页汇总条件编辑框：”中输入和修改汇总条件。

1）以单元的值为汇总条件。在左边编辑框中输入单元名称，在中间编辑框中选择关系运算符（如“>=”，“=”，“<=”等），在右边编辑框中输入单元的值（数值型数据直接输入，字符型数据应加上双引号）。

2）以关键字的值为汇总条件。在左边编辑框中选择已定义的关键字，在中间编辑框中选择关系运算符，在右边编辑框中选择关键字的值。例如，“年=2010 AND 月=1”表示汇总 2010 年 1 月的“利润表”。

3）以表页号为汇总条件。在左边编辑框中输入表页号函数“MREC（）”，在中间编辑框中选择关系运算符，在右边编辑框中输入表页号的值。例如，“MREC（）>= 1 AND MREC（）<= 12”表示汇总第 1 页到第 12 页的表页。

（6）在“表页汇总—步骤 3/3”对话框中，选取“按关键值汇总”，在关键值列表框中选择一个关键值。

（7）单击〖完成〗按钮，系统即完成报表汇总工作。

四、审核报表

审核报表是由报表管理系统自动根据报表中已经设置的报表勾稽关系即“审核公式”对已经生成的报表进行审核，验证生成报表数据的正确与否。审核在数据状态下执行。审核完成后，如果生成的报表数据正确，状态栏会显示系统提示“审核完全正确”；否则状态栏会显示用户在定义审核公式时编辑输入的错误信息的提示。

在实际应用中，只要报表中数据发生变化，都必须进行审核。通过审核不仅可以找出一张报表内部的问题，还可以找出不同报表文件中的问题。执行审核功能后，系统将按照审核公式逐条审核表内关系。当报表数据不符合勾稽关系时，会提示错误信息。导致审核时出现错误的原因可能有单元公式出现语法错误、审核公式本身错误、账套数据源错误等。如果出现错误提示，需要对错误进行修改，然后重新计算，并再次进行审核，直到不出现任何错误信息为此。

审核报表的操作有如下三个步骤：

（1）选择“数据”→“审核”选项。

（2）依据已定义的审核公式，系统自动对报表数据进行审核。

（3）系统在状态栏显示审核结果，如“审核完全正确”或“××错误”。

审核报表需要注意的是，如果审核出错误应返回修改。如果关键字数据有错误，应重新录入关键字；如果报表结构有错误，应在格式状态下修改有关错误的结构；如果计算公式有错误，应在格式状态下修改有关错误的计算公式；如果账簿数据有错误，应在总账系统中修改。有关错误修改完毕后，应再进行表页重算、审核报表的操作，检验是否还有错误，如果审核出错误还应返回修改错误；如果审核完全正确，则可进行其他操作。

第四节 分析会计报表

一般说来，分析会计报表采用的方法有文字分析、图表分析、文字图表分析等。这里我们所说的文字分析主要是指采用汉字和数字对会计报表进行分析；图表分析主要是指直接对会计报表进行分析或将会计报表的数据对比、趋势和结构等列成表，并对该表采用直方图、折线图等进行直观的分析；文字图表分析主要是指既使用文字，又采用图表对会计报表进行分析。在此，我们主要介绍文字分析与图表分析的方法。

一、文字分析会计报表

文字分析法是传统会计工作中分析会计报表时广泛使用的一种分析方法。最常见的会计报表文字分析报告，是在文字编辑软件（或称字处理软件）中撰写的，如在 Word 等文字编制软件中撰写会计报表的分析报告。

UFO 没有专设会计报表的文字分析功能，但可以在各个会计报表的后面撰写分析报告。该种情况下，应在格式状态下撰写分析报告，该分析报告最好是一份标准的分析报告，其中的数字最好位于某个单元中，以方便用公式取数或计算。

在 UFO 中，还可以使用“工具”菜单下的“字处理”功能撰写会计报表的分析报告。

二、图表分析会计报表

UFO 为方便用户进行会计报表数据的直观分析，特提供了图表分析功能。

UFO 中的图表是利用报表文件中的数据直接生成的，图表与报表数据存在着密切的联系，当报表数据发生变化时，图表也会随之变化。如果删除报表数据，图表也会随之消失。生成图表的报表文件可以是外部会计报表，也可以是内部会计报表，还可以是在内、外部会计报表的基础上编写的分析报表。UFO 提供了直方图、圆饼图、折线图、面积图 4 大类 10 种格式的图表。

在 UFO 中，一个报表文件可以生成多个图表，最多可以保留 12 个图表。各图表以窗口的形式存在。图表并不是独立的文件，其存在依附于源数据所在的报表文件，只有打开报表文件后，才能打开有关的图表。图表可以命名。在打开报表文件后，可以选择图表名打开图表，可以修改、保存或删除图表。与报表文件一样，图表可以打印输出。

在此我们以“利润表”为例，介绍打开会计报表以后，采用图表分析的方法和步骤。

（一）追加图形显示区域

追加图形显示区域是指在会计报表取数之后，增加若干行或列，作为专门的图形显示区域，以免插入的图形和报表数据重叠在一起，影响阅读。

需要说明的是，追加图形显示区域（即追加若干行或列），应在格式状态下进行。其操作步骤如下：

（1）在“编辑”菜单中选定“追加”，然后单击“行”选项，系统弹出“追加行”对话框。

（2）在“追加行”对话框中，输入需要追加的行数，如“6”，然后单击〖确认〗按钮即可。

（二）选取数据区域

选取数据区域是指确定图表对象反映的数据区域，区域不能少于2行×2列，否则系统会提示出现错误。

系统把选取数据区域的第一行和第一列默认为X、Y轴的标注（即X、Y轴上的注释），其余为数据区。如果选取数据区域的第一行和第一列在每张表页上不一样，系统会以第一页上的第一行和第一列为X、Y轴的标注。选取数据区域的操作步骤如下：

（1）单击〖格式/数据〗按钮，进入数据状态。

（2）在报表文件中用鼠标拖动选取一个数据区域，例如“利润表”的表栏自“项目”至“本月数”，选取“主营业务收入”和“主营业务成本”。

（三）插入图表对象

图表对象可以在报表的任何区域插入，但为了不和报表的数据重叠，一般将图表对象插入到事先已增加的图形显示区域内。在UFO中，允许同时插入多个图表对象。插入图表对象的操作步骤如下：

（1）单击“工具”菜单中的“插入图表对象”选项。

（2）在报表工作区按住鼠标左键拖动至适当大小后放开鼠标，系统弹出“区域作图”对话框（如图10—15所示）。

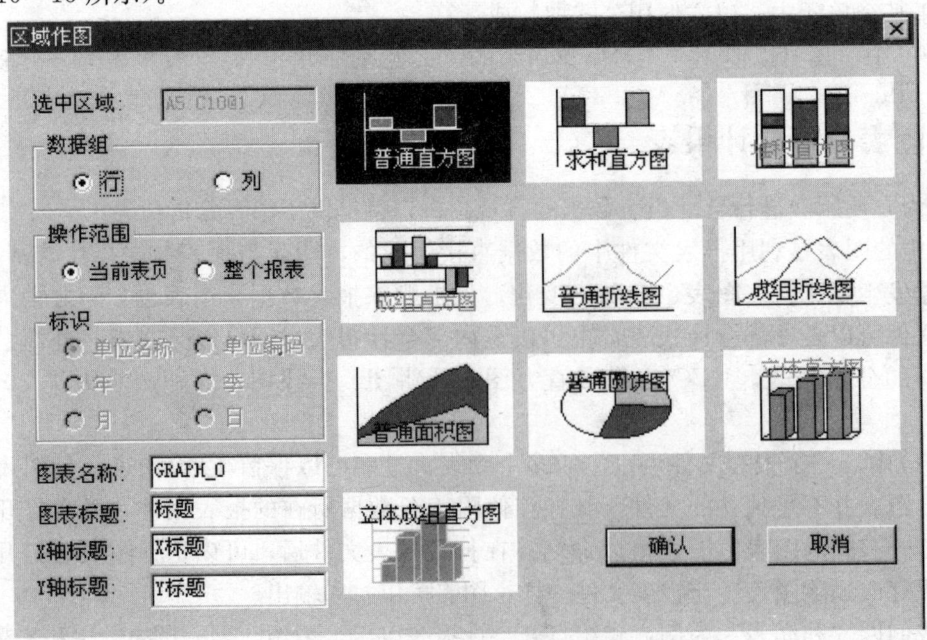

图10—15 “区域作图”对话框

（3）在“区域作图”对话框中，默认“数据组”中的“行”，即系统以行为X轴、列为Y轴作图；也可在“数据组”中选“列”，则系统以列为X轴、行为Y轴作图。

（4）在“操作范围”中默认“当前表页”或选择“整个报表”。默认“当前表页”，系统就利用当前表页中的数据作图；选择“整个报表”，系统会利用所有表页中的数据作图。

（5）在有关编辑框中分别输入“图表名称”、“图表标题”、“Y轴标题”、“X轴标题”。

（6）在列出的图表格式中选择一种图，如“成组直方图”。

（7）单击〖确认〗按钮，系统即显示出指定的图示。

插入图表对象以后，系统自动进入图表对象的编辑窗口，菜单和快捷按钮会发生一些变化，这时可以对图表对象进行编辑。在正常状态下，单击选中图表对象，可以拖动、拉伸图表对象。双击图表对象，可以进入图表对象编辑窗口，在图表编辑窗口可以定义图表对象的图形格式、定义图表的标题及数据组。单击图形区域以外的区域，即可回到正常报表处理状态。

（四）编辑图表对象

编辑图表对象主要用于对插入图表对象输入的有关内容进行修改。

1. 编辑标题

标题可以在插入图表对象时输入，也可以在以后随时编辑输入。具体操作步骤为：

（1）双击图表对象的任意部位，图表即被激活，此时，图表及图形四周均出现8个黑点。

（2）在“编辑”菜单中单击“主标题”，系统弹出“编辑标题”对话框。

（3）在“请输入标题”编辑框中输入标题。

（4）单击〖确认〗按钮。

X轴标题与Y轴标题的编辑方法与主标题相同。

2. 改变主标题的字形、字体

为清晰、美观，可改变主标题的字形、字体。具体操作步骤为：

（1）单击要改变的主标题，使之激活。

（2）在“编辑”菜单中单击“标题字体”，系统弹出“标题字体”对话框。

（3）在“字体”框和“字号”框中进行选择。

（4）选取“加下划线”和“加删除线”可以修饰标题。

（5）单击〖确认〗按钮。

需要说明的是，主标题的字形、字体、字号可以改变，但X轴、Y轴标题的字形、字体、字号是无法改变的。

3. 定义数据组

定义数据组的操作步骤为：

（1）在“编辑”菜单中单击“定义数据组”，系统弹出“定义数据组”对话框。

（2）在对话框中选择“以一列数据为一组进行比较”。

（3）单击〖确认〗按钮，图形将作相应的变化。

需要说明的是，可以通过“定义数据组”功能来改变X轴和Y轴。

4. 改变图表格式

改变图表格式功能用于进行图形格式间的转换。UFO提供了10种图形格式，单击“工具”栏中的图形可以改变图形格式；在“格式”菜单中选取相应的图形格式选项，也可以完成相应图形格式的转换。

需要说明的是，在 UFO 提供的 10 种图形格式中，普通直方图、立体直方图、圆饼图、面积图只能显示第一行或第一列的数据。

5. 对象置前/对象置后

对象置前/对象置后功能用于在一张报表里插入多个图表对象发生相互重叠时，使某图表对象显示在最前端或隐藏在其他图表对象之后。具体操作步骤为：

(1) 选定图表对象。

(2) 单击鼠标右键，系统弹出快捷菜单。

(3) 在快捷菜单中，单击“对象置前/对象置后”选项即可完成操作。

(五) 删除图表

删除图表的操作步骤为：

(1) 选择要删除的图表，使其成为当前图表窗口。

(2) 在“图表”菜单中单击“删除”选项，当前图表即被删除。

(六) 关闭图表

图表操作完成后，应及时关闭图表。关闭图表功能是使系统退出图表窗口，返回到格式/数据窗口。其操作方法为：单击“图表”菜单中的“退出”选项，系统即关闭图表，并且在关闭图表的同时自动保存图表。

第五节　会计报表输出

会计报表输出是报表管理系统的重要功能之一。会计报表输出按输出方式不同，通常分为屏幕查询输出、图形输出、磁盘输出、打印输出和网络传送五种类型。其中，磁盘输出常采用 Windows 等操作系统的复制、发送等方法，也可采用报表管理系统的“另存为”的方法。本节只介绍屏幕查询输出、图形输出、打印输出和网络传送四种输出方法。

一、屏幕查询输出

会计报表屏幕查询输出常简称为查询输出，又称为屏幕输出、屏幕显示、显示输出，它是最为常用的一种输出方式。不同的报表管理系统，其查询输出操作的具体方法有所不同。在此，我们主要介绍 UFO 的会计报表屏幕查询输出的操作方法。

在 UFO 中，编制报表时系统随即显示出会计报表数据，也可以说，在编制报表时系统即时自动提供会计报表的查询输出。查询已编制好的会计报表，通常采用下述操作步骤。

(一) 打开报表

无论对会计报表进行何种操作，都必须首先打开报表。可以说，打开报表是对已存在的会计报表进行操作的第一步骤。如果报表已处于打开状态，则该步骤可以省略。在 UFO 中，打开报表有两种操作方法：简捷操作、正常操作。

1. 采用简捷操作方法打开报表

进入 Windows 操作系统，无须进入 UFO，便可采用简捷操作方法打开报表。具体操作方法是：在资源管理器中双击需打开的报表，计算机会自动调用 UFO 并打开该报表。

2. 采用正常操作方法打开报表

此处我们所讲的正常操作方法是指在进入 Windows 操作系统，并进入 UFO 之后，打开报表的方法。其操作步骤如下：

(1) 选择“文件”→“打开”选项，系统弹出“打开”对话框。

(2) 在“打开”对话框中，选择需要打开的报表文件名，如“利润表”。

(3) 在“打开”对话框中，单击〖打开〗按钮即可打开选定的报表文件。

(二) 表页查找

表页查找是指查找已打开报表的某一表页。通常有逐一翻页查找和快速查找两种方法。表页查找前可先进行表页排序，表页排序的操作步骤参见上节相关内容。

1. 逐一翻页查找

逐一翻页查找主要是指单击某一表页的页标查找表页的方法。该方法适用于报表表页较少，且各表页的页标能在报表下方显示出来，或者用页标滚动钮能很方便地找出需查找表页的页标的情况。其操作方法是：单击需查找表页的页标，或者用页标滚动钮显示出需查找表页的页标之后，再单击需查找表页的页标。

2. 快速查找

快速查找常称为定位查找，是指以某关键字或任意单元为查找依据，直接迅速找到某表页的方法。该方法适用于报表表页较多，且需查找的各表页的页标不能在报表下方显示出来，即使用页标滚动钮也不能很方便地找出需查找表页的页标的情况。或者说，当采用逐一翻页查找方法费时费力时，应采用快速查找方法。

快速查找分为查找表页和查找可变区。查找表页是根据给定的条件，在报表中找到符合条件的表页，并使它成为当前表页；查找可变区是根据给定的条件，在当前表页的可变区中找到符合条件的可变行（列），并使它成为当前可变行（列）。

快速查找表页的操作步骤如下：

(1) 选择“编辑”→“查找”选项，系统弹出“查找”对话框（见图 10—16）。

图 10—16　“查找”对话框

(2) 在“查找”对话框中的“查找内容”选项里选择“表页”。

(3) 在“查找”对话框中的“查找条件”里分别选择或输入有关查找条件，如“月”、“<=”、“2”等。

(4) 单击〖查找〗按钮，系统会将第一个符合条件的表页作为当前表页显示在屏幕上。

(5) 单击〖下一个〗按钮，系统会自动查找下一个符合条件的表页。

需要说明的是，如果没有符合条件的表页或查找到最后一个表页时，系统将在报表左下角状态栏显示“满足条件的记录未找到!”。

(三) 表页透视

表页透视是指把连续的多张表页的某局部内容同时显示在一个平面上。使用表页透视功能可以达到快速查找连续的多张表页同一部分内容的目的。其操作步骤如下：

(1) 单击要透视的第一张表页的页标。

(2) 选择“数据”→“透视”选项，系统会弹出“多区域透视”对话框。

(3) 在“多区域透视”对话框内输入区域范围，如“D6：D21”。

应注意，区域范围可以是单元，也可以是某一区域，还可以是不连续的多个区域。在输入区域范围时，不同的区域之间要用半角状态下的逗号隔开。在“输入列标字串”项中输入对区域数据的含义描述。

(4) 在“多区域透视”对话框内单击〖确认〗按钮，系统自动将透视结果显示在对话框里。

(5) 在“透视”对话框内单击〖保存〗按钮，并填写保存的文件名就可以将透视结果保存下来。

(6) 透视完毕，单击〖确认〗按钮返回。

(四) 外观显示设置

为使查询的表页清晰、方便、美观地显示在屏幕上，我们可以使用外观显示设置功能定义报表的显示风格和显示比例。外观显示设置只改变了报表的屏幕显示外观，而报表的实际内容、颜色、比例并没有改变，即外观显示设置只影响屏幕显示，而不影响报表的真实内容和打印输出。

1. 定义显示风格

定义显示风格主要是定义单元类型的颜色显示。其操作步骤如下：

(1) 选择“工具”→“显示风格”选项，或按F5键，系统弹出“显示风格”对话框。

(2) 在“显示风格”对话框中的“单元类型颜色显示”选择框里，选择“标准颜色：数值—蓝色、字符—紫色、表体—绿色”。

(3) 在“显示风格”对话框中的“网格颜色”线条选择框里，选择颜色，如选择灰色。

(4) 在“显示风格”对话框中单击〖确认〗按钮即可。

2. 定义显示比例

定义显示比例是指为查询方便，将报表放大或缩小一定比例。定义显示比例常用于报表较大的情况。在报表较大的情况下，正常一屏不能完全显示报表的全貌，通过定义显示比例将该报表缩小到能在一屏上纵览全表，方便阅读和进行各行列的数据对比分析。显示比例在30%与300%之间。定义显示比例的操作步骤如下：

(1) 在“工具”菜单中单击“显示比例”选项，系统弹出“显示比例”对话框。

(2) 在“显示比例”对话框中输入具体的显示比例。

（3）在“显示比例”对话框中单击〖确认〗按钮即可。

二、图形输出

会计报表图形输出属于先进的输出方法。不同的报表管理系统，其图形输出操作的具体方法有所不同。在UFO中，根据报表的数据生成图形时系统随即显示出会计报表的有关图形，也可以说，根据报表的数据生成图形时系统即时自动提供会计报表的图形输出。会计报表图形输出既可以随报表数据一起输出，又可以单独输出。

会计报表的图形输出，通常包括下述操作内容。

（一）打开图表窗口

图表窗口是一个特殊的窗口，它与图表对象窗口不同。在图表窗口中看到的仅仅是图表文件，只能对图表文件进行操作，不能观察报表的格式和数据。要在图表窗口中对图表进行操作，首先要打开图表窗口。

打开图表窗口既可以在格式状态下进行，又可以在数据状态下进行。

在报表窗口中，单击“工具”菜单中的“图表窗口”，即可打开图表窗口。

（二）打开图表

打开图表的操作步骤为：

（1）在图表窗口中，单击“图表”菜单中的“打开”选项，系统弹出“打开图表”对话框。

（2）在“打开图表”对话框中，选择本报表文件已有的一个图表名。

（3）单击〖确认〗按钮即可。

（三）显示图表

图表以窗口的形式存在，一个图表窗口只能显示一个图表，当报表文件带有多个图表时，可以利用工具栏上的图标快速查看各个图表。

（四）图表对象预览与打印

图表对象预览与打印功能用于只预览与打印图表对象，不预览与打印报表的数据。如果要将图表和报表一起打印，可以选取“文件”菜单中的“打印”功能。如果一个报表中存在多个图表对象，图表对象预览与打印功能只对最上层的图表对象有效。可以利用对象置前/对象置后功能将需要打印的图表对象放置在最上层。图表对象预览与打印功能的操作步骤如下：

（1）选定图表对象。

（2）单击鼠标右键，系统弹出快捷菜单。

（3）在快捷菜单中，单击“对象预览”或“对象打印”功能。

三、打印输出

会计报表一般都要求打印输出，它是会计报表较常用的一种输出方式。打印报表是指将编制出来的报表以纸介质的形式表现出来，打印输出是将报表进行保存、报送有关部门而不可缺少的一种输出方式。不同的会计报表，打印输出的要求会不同。例如，资产负债表、利润表等月报要求每月打印，而现金流量表只需年末打印。不同的报表管理系统，其打印输出操作的具体方法有所不同。在打印之前必须在报表管理系统中做好打印的有关设置，以及报表打印的格式设置，并确认打印机已经与主机正常连接。打印报表之前可以在预览窗口进行预览。

在 UFO 中，显示的会计报表数据可随时打印，也可以说，在显示会计报表时单击工具栏中的打印按钮即可打印输出会计报表。每个会计报表在首次打印时，最好进行页面设置、打印设置、打印预览和打印四个步骤；而以后打印时，可只进行打印一个步骤。

(一) 页面设置

使用页面设置功能，可以设置报表的页边距、缩放比例、页首和页尾。

1. 页边距

页边距是指起始打印位置、末尾打印位置与打印纸边界的距离。页边距分为上边距、下边距、左边距和右边距四种。上、下边距范围是 4～106 毫米，缺省为 11 毫米；左、右边距范围是 4～88 毫米，缺省为 9 毫米。设置方法同一般文档设置边距方法，这里就不多介绍了。

2. 缩放比例

缩放比例即缩放倍数，系统规定在 0.3 到 3 倍之间。

3. 页首和页尾

一般将表头设置为页首，将表尾设置为页尾。设置的页首和页尾在分开打印的每一张纸上都打印一遍。一般当报表很大、需多页打印时，才设置页首和页尾。但外部会计报表按要求应是一张完整的报表，即使一张纸打印不下，也要采用粘贴的方法将多张纸上的报表数据粘贴为一张完整的报表。

如果一张表页的长度和宽度大于设定纸张的长度和宽度，这张表页将分为几张打印纸打印。报表的表头打印在第一页上，报表的表尾打印在最后一页上，中间的几页只有数据，没有表头和表尾。

为了使分开打印的几页都有相同的表头和表尾，应把表头设为页首，把表尾设为页尾，设定的页首和页尾在分开打印的每一张纸上都打印一遍，使所有纸上都有相同的表头、表尾和不同的报表数据。可以把几行设为页首和页尾，打印时在纸的上端打印页首，在纸的底端打印页尾；也可以把几列设为页首和页尾，打印时在纸的左端打印页首，在纸的右端打印页尾。

4. 页面设置的操作步骤

页面设置的操作步骤为：

(1) 在“文件”菜单中单击“页面设置”选项，系统弹出“页面设置”对话框（见图 10—17)。

(2) 在“页面设置”对话框中，输入或默认相关数据。

(3) 输入完成后，单击〖确认〗按钮。

(二) 打印设置

打印设置功能用于设置用户所使用的打印机类型、纸张大小、纸张来源、打印方向等信息。如果一张表页的长度和宽度大于设定的纸张的长度和宽度，这张表页将分为几张打印纸打印。这种情况就要首先考虑打印的分页及如何分页，如何进行打印的具体设置。

1. 自动分页与强制分页

UFO 提供的自动分页功能是按照表页的自然页进行分页，但是有时自动分页会影响报表的美观或是不能满足用户的需要，因此提供了强制分页功能。由于强制分页功能用于打印输出，并不是从本质上改变报表格式，所以在格式状态和数据状态均可进行此项操作。若只对行或列进行分页，则将光标移到相应行的第 1 列单元或相应列的第 1 行单元中，然后选择“工具”→

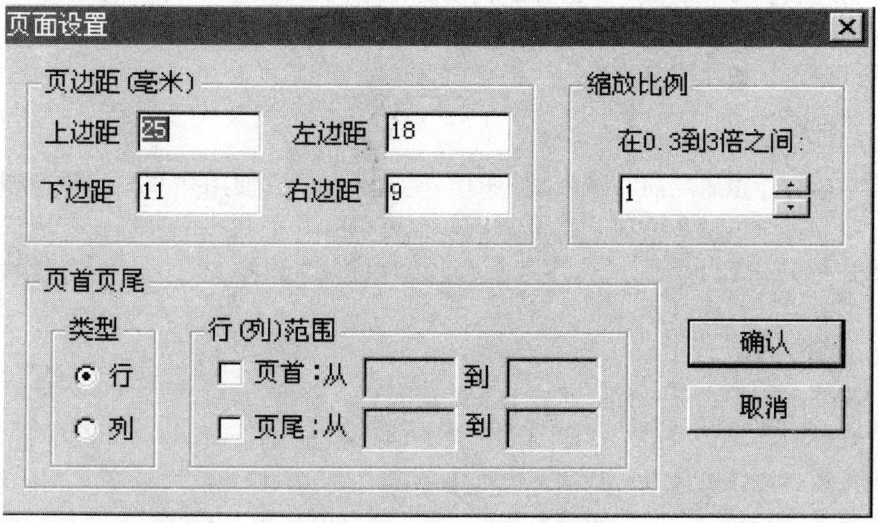

图 10—17　“页面设置”对话框

“强制分页”命令，系统将以该单元的上边线框为分界画出一条横向虚线，或以该单元的左边线框为分界画出一条纵向虚线，即该页将照此虚线按行或列划分为 2 页；若同时对行和列进行分页，则将光标移到相应单元，选择“工具”→“强制分页”命令，系统将以该单元的左上角为分页点画出十字状虚线，即该页将按此虚线划分为 4 页；若想恢复分页前的状态，选择“工具”→“取消全部分页”命令，即可恢复分页前的状态。

2. 打印设置的操作步骤

打印设置的操作步骤为：

(1) 在“文件”菜单中单击“打印设置”选项，系统弹出“打印设置”对话框（见图 10—18）。

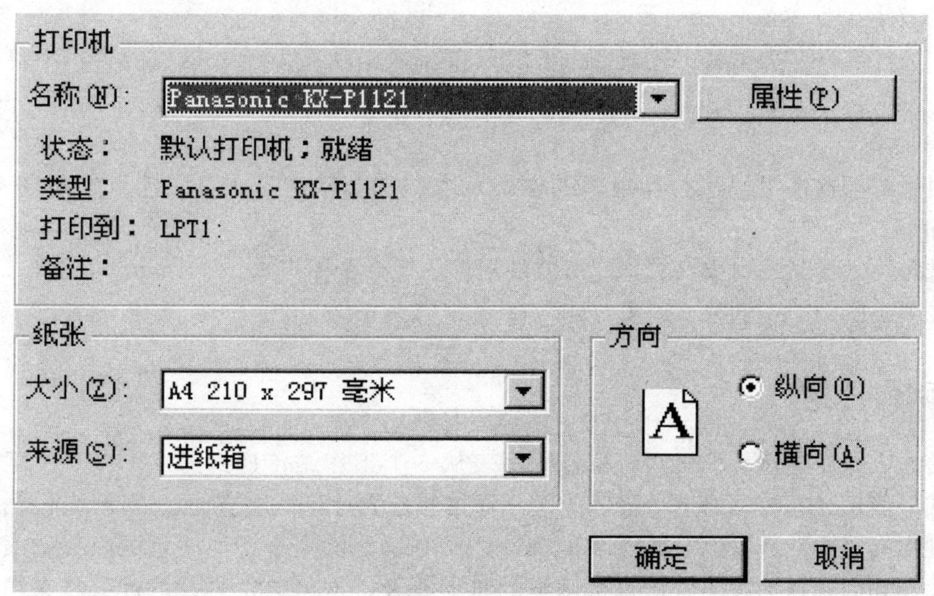

图 10—18　“打印设置”对话框

(2) 在“打印设置”对话框中，选择所使用的打印机名称（即打印机类型）、纸张大小、纸张来源、打印方向。

(3) 单击〖确定〗按钮即可。

(三) 打印预览

打印预览是指打印报表之前对报表进行的屏幕显示，以方便用户及时调整打印输出报表的外观设置。打印预览既可以在格式状态下进行，也可以在数据状态下进行。在格式状态下预览的是空表格，在数据状态下预览的内容包括格式和数据。选择“文件”→“打印预览”命令，可以随时观看报表实际打印效果。

打印预览的操作步骤如下：

(1) 单击需要打印的表页页标，使之成为当前表页。

(2) 在“文件”菜单中单击“打印预览”选项，系统进入打印预览窗口。

(3) 在预览窗口可以直接进行打印，也可以单击〖缩放〗按钮放大或缩小报表文件。

(4) 单击〖关闭〗按钮，关闭预览窗口。

(四) 打印

打印是指由打印机打印输出纸质的会计报表。打印报表既可以在格式状态下进行，又可以在数据状态下进行。在格式状态下打印的是空表格，在数据状态下打印的内容包括格式和数据。

1. 打印报表

会计期末打印输出报表应在数据状态下进行。在打印机、打印纸准备就绪后，打印报表的操作步骤如下：

(1) 在数据状态下单击需要打印的表页页标，使之成为当前表页。

(2) 在“文件”菜单中单击“打印”选项，系统弹出“打印”对话框。

(3) 在“打印”对话框里选择打印机名称、打印范围、打印份数等信息。

(4) 在“打印”对话框里单击〖确定〗按钮，打印机即开始打印报表。

2. 数据套打

选择“文件”→“数据套打”命令，可以只打印数据状态下的数据页内容，不打印格式页的内容。

3. 对象打印

执行对象打印操作可以不打印报表的格式及数据状态的内容，而只打印插入报表的对象。具体步骤如下：

(1) 选定插入的某一对象（被选定对象的边框出现 8 个黑点）。

(2) 在弹出的菜单中选择“对象打印”命令。

四、网络传送

网络传送方式是通过计算机网络将各种报表从一个工作站传递到另一个或几个工作站的报表传送方式。使用计算机网络进行报表传送，可在各自的计算机上方便、快捷地查看相关报表，这样大大地提高了会计数据的时效性和准确性，又有很好的安全性，并且可以节省报表报送部门大量人力、物力和财力。随着计算机网络的日益普及，网络传送方式的优势越来越明显，正在逐步取代其他方式。

将报表生成 HTML 文件，可以把报表发布在企业内部网或互联网上，实现数据共享。网络传送常采用网络软件提供的电子邮件、QQ 即时传送等方法。

第六节　会计报表管理

本节所讲的会计报表管理主要是指会计报表文件的管理，其具体内容主要有用户文件管理、报表格式管理、报表数据管理三个部分。其中，报表格式管理这里只介绍报表格式的加锁和解锁；报表数据管理这里只介绍如何备份报表文件。

一、用户文件管理

在此所讲的用户文件主要是指用户按有关会计制度的规定为本单位建立的外部报表和内部报表文件。各文件的命名也应按有关规定命名。用户文件管理主要包括应建立哪些报表文件、如何存放报表文件、用文件口令限制报表文件的访问权限等问题。

（一）应建立哪些报表文件

应建立哪些报表文件，是各单位按照会计制度的要求及本单位的管理需要决定的。会计报表文件的命名可按有关规定，同时考虑使用时简便、明确来命名，例如利润表月报（LRBYB）、利润表年报（LRBNB）等，又如集团公司利润表（JTLRB）、分公司利润表（FGSLRB）、汇总利润表（HZLRB）、合并利润表（HBLRB）等。

建立报表文件的方法在本章第二节已作介绍，此处不再重复。

（二）如何存放报表文件

报表文件建立好后，就要指定存放路径。存放报表文件主要有两种方法：按系统使用的当前路径存放，指定路径存放。

1. 按系统使用的当前路径存放

按系统使用的当前路径存放所有报表的操作很简单，UFO 报表和 Excel 电子表的有关操作基本相似，只需用“文件”→“保存”选项或工具栏的“保存”功能即可。

2. 指定路径存放

用户自己指定会计报表文件的存放路径并不复杂，无论是 UFO 报表还是 Excel 电子表，都可以先在 Windows 操作系统下建立各子文件夹，再在保存报表时选择“保存在”已建立的子文件夹中即可。

（1）在 Windows 操作系统下建立各子文件夹。

假定在“桌面”上建立的报表文件夹的名称为“所有会计报表”，在该文件夹中再建立两个子文件夹：“外部会计报表”、“内部会计报表”。其简便的操作步骤如下：

1）在“桌面”上单击鼠标右键，系统弹出快捷菜单。

2）鼠标指向快捷菜单中的“新建”命令，系统弹出“新建”的子菜单。

3）单击“新建”子菜单中的“文件夹”命令，系统随即在“桌面”上生成一个名为“新建文件夹”的文件夹。

4）将“新建文件夹”更名为“所有会计报表”。

5）双击“所有会计报表”文件夹，进入“所有会计报表”文件夹窗口。

6）在“所有会计报表”文件夹窗口中重复上列1）～3）的操作步骤，建立“外部会计报表”和“内部会计报表”两个文件夹。

（2）将报表文件“保存在”已建立的子文件夹中。

将报表文件“保存在”已建立的子文件夹中的操作步骤如下：

1）进入UFO。

2）选择“文件”→“新建”菜单项。

3）输入报表的格式等内容。

4）选择“文件”→“另存为”选项（首次用“另存为”选项或工具栏的“另存为”，以后只需用“保存”选项或工具栏的“保存”即可）。

以上操作步骤与按系统使用的当前路径存放所有报表的操作步骤相同。

5）在“另存为”对话框中，单击“保存在”右边的向下箭头，选择“所有会计报表”文件夹中的子文件夹“外部会计报表”或“内部会计报表”。

6）在“另存为”对话框中，输入会计报表的名称。

7）单击〖保存〗按钮。

除上述操作步骤外，通常还需要按报表系统提供的功能限制报表文件的访问权限。

（三）用文件口令限制报表文件的访问权限

报表管理系统提供的限制报表文件访问权限的功能通常采用的是增设文件口令的方法。在实际工作中，一些报表需要限制访问权限，就需要对每一个报表文件单独设置口令。在打开一个有口令的报表时，必须输入正确的口令。口令不区分大小写，如SYSTEM等同于system。口令可以是字母、数字、空格、符号的任意组合，最多为50个字符，但不宜太长，以免遗忘。输入口令时，UFO会将每个键入的字符都显示为“*”。

1. 设置文件口令

用户需对每一个报表文件单独设置口令来保护会计报表的安全，其操作步骤如下：

（1）打开某一报表。

（2）选择“文件”→“文件口令”选项，系统会弹出“设置文件口令”对话框，如图10—19所示。

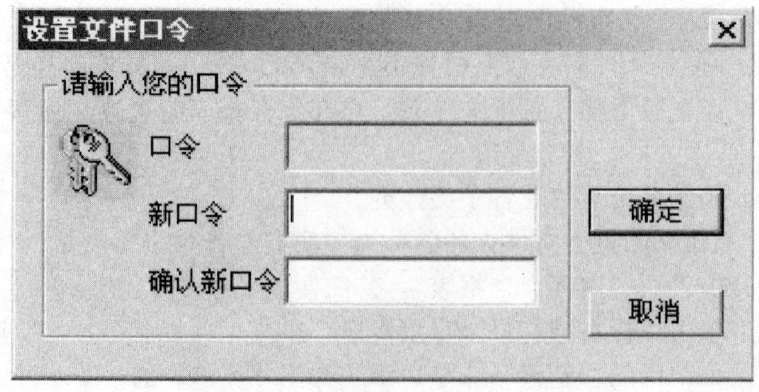

图10—19 “设置文件口令”对话框

（3）输入口令、确认新口令（即输入两次口令），以便用户确定和熟记该口令。如果两次输入不同，系统将弹出“新口令与确认新口令不匹配，请重新输入!”，否则提示“设置文件口令成功!”，如图 10—20 所示。

图 10—20　“设置文件口令成功”提示

（4）单击“设置文件口令”对话框中的〖确定〗按钮。

（5）单击“设置文件口令成功!”对话框中的〖确定〗按钮，完成文件口令的设置。

（6）保存该表。当该报表关闭后，再打开此报表时，系统会弹出“文件口令”对话框，如图 10—21 所示，在“文件口令”编辑栏输入正确的口令，才可以打开此报表。

图 10—21　“文件口令”对话框

2. 更改口令

对已有口令的报表，可以更改口令或取消口令。其操作步骤如下：

（1）如果需要更改口令，打开该报表，选择“文件”菜单，单击“文件口令”后弹出设置文件口令对话框。在口令编辑栏中输入口令，如果口令正确，“新口令”和“确认新口令”编辑栏会变亮，如图 10—22 所示。

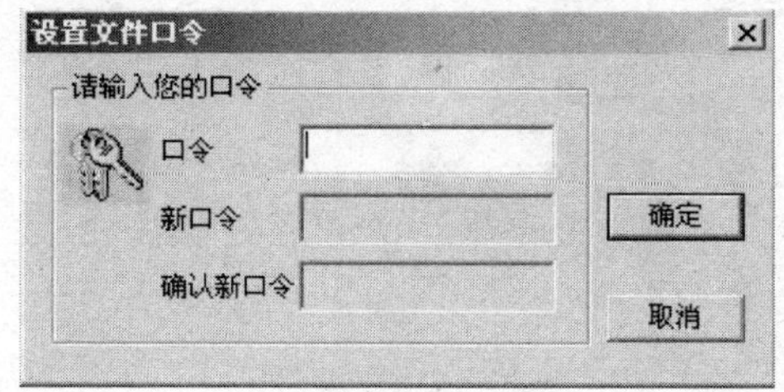

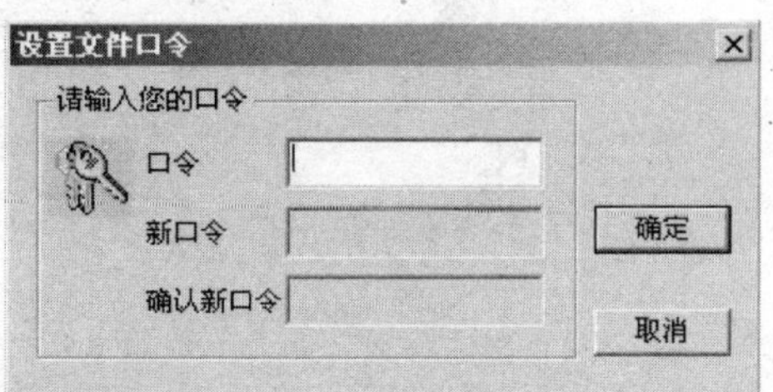

图 10—22　更改口令

（2）在“新口令”和“确认新口令”编辑栏输入相同口令，否则系统会提示“新口令与确认新口令不匹配，请重新输入!”；如果“新口令”和“确认新口令”均为空，系统会提示“警告！文件保护口令已经取消!”，如图 10—23 所示。

图 10—23 “文件口令取消”提示

为保证会计报表文件的安全，报表管理系统还提供了备份会计报表文件的功能。

二、报表格式管理

在实际工作中，对某些文件，特别是会计报表，用户希望其报表格式不被其他人员改动，而系统提供的格式加锁和解锁功能满足了用户这一需求。关于报表格式的管理，我们在本节只介绍报表格式的加锁和解锁。

某些报表格式，一旦设计好后基本不变，对其进行加锁和解锁，可以灵活管理报表格式。

(一) 格式加锁

外部会计报表格式，一旦设计好后基本不变，可对其加锁，以防止非法修改。如果报表格式发生变化，可以先解锁，然后修改格式；格式修改完毕后，应及时再加锁。加锁与解锁在格式状态或数据状态均需可进行，加锁与解锁均需使用口令进行。格式加锁的操作步骤如下：

(1) 在 UFO 中打开报表。

(2) 选择“格式”→“保护”→“格式加锁”选项，系统将弹出“格式加锁”对话框，如图 10—24 所示。

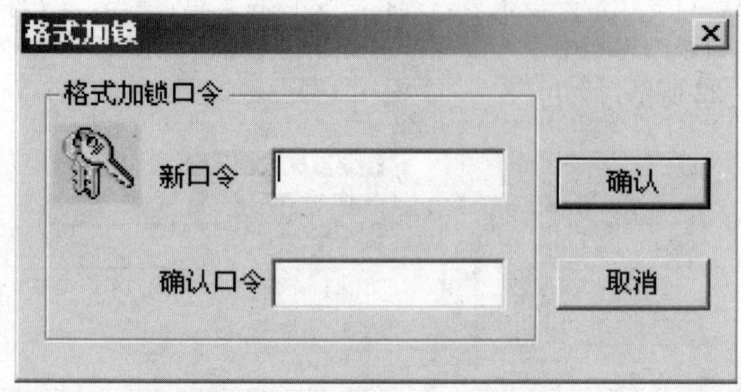

图 10—24 “格式加锁”对话框

（3）输入口令、确认新口令（即输入两次口令），两次输入相同的口令是为了确定并熟记口令，如果两次输入的口令不同，系统将弹出提示框“您两次输入的密码不同，请重新输入”。

（4）单击〖确认〗按钮，或按回车键。

（5）单击〖确认〗按钮，格式加锁成功。

需注意的是，报表格式加锁之后，在进入数据状态之前，可以进行任何操作；进入数据状态之后，想要回到格式状态，系统将弹出“验证格式口令”对话框，如图10—25所示。口令输入正确后，才能进入格式状态修改报表格式。口令不正确将出现提示框“口令错误！不能进入格式设计！”。

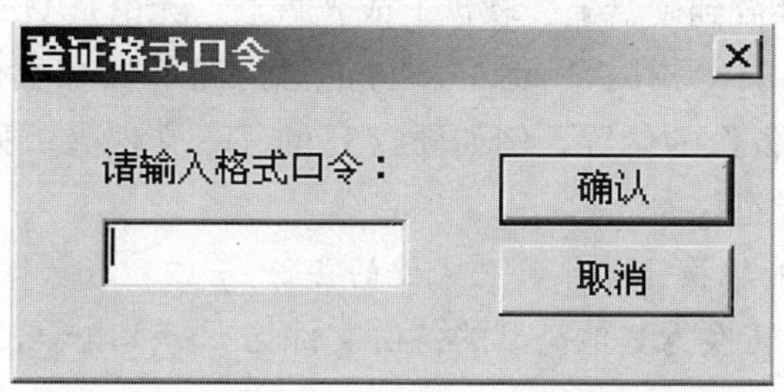

图10—25 “验证格式口令”对话框

（二）格式解锁

报表格式加锁后，想要进入格式状态进行修改必须输入正确口令。如果口令有误，则不能进入格式状态，只能在数据状态下操作。如果要修改报表格式，就需要对报表格式解锁。格式解锁的操作步骤如下：

（1）在UFO中打开报表。

（2）选择“格式”→“保护”→“格式解锁”选项，系统将弹出“验证格式口令”对话框。

（3）在“请输入格式口令”编辑框中输入格式加锁时的正确口令，如果口令输入错误则不能解锁，将弹出提示框“输入口令错误！不能解锁！”。

（4）单击〖确认〗按钮。

（5）单击〖确认〗按钮，解锁成功。

（6）修改该报表格式后，重新加锁。

三、报表数据管理

报表数据管理的内容较多，我们在此只介绍如何备份报表文件这一使用最多的功能。

备份报表文件的方法较多，既可以按源文件备份，又可以将源文件转换为其他类型的文件备份。备份会计报表文件时既可以使用操作系统的功能（例如Windows操作系统的复制、粘贴、拖动、发送等功能），又可以使用报表管理系统本身提供的功能。如果对多个报表文件进行备份，最好使用操作系统提供的功能进行，以保证快捷、方便地备份报表文件。如果只对当前正在使用的报表文件进行备份，可直接使用报表管理系统提供的功能进行备份。下面我们只介绍使用报表管理系统提供的功能备份会计报表文件的方法。

(一) 按源文件备份

按源文件备份是指备份时不改变文件的原有格式，仅以备份的形式将其存放到硬盘上、软盘上或光盘上。无论是UFO报表还是Excel电子表，最常用的方法是使用“另存为”命令。与正常情况下保存文件不同的是，在其“保存位置”编辑框中应选择备份的位置，例如硬盘E的某一文件夹，又如U盘。

(二) 将源文件转换为其他类型文件的备份

将源文件转换为其他类型文件的备份是指备份时不改变源文件的原有格式，仅改变备份文件的格式，并将备份文件存放到硬盘上、软盘上或光盘上。无论是UFO报表还是Excel电子表，所采用的方法基本都是使用“另存为”命令。与正常情况下保存文件不同的是，一方面在其“保存位置”编辑框中选择备份的位置，例如硬盘C的某一文件夹；另一方面在其“保存类型”编辑框中选择备份文件的类型。

1. 使用“另存为”功能转换为其他类型文件的备份

在UFO中，将源文件转换为其他类型的备份文件与Excel电子表采用的方法基本相同，通常按以下操作步骤进行：

(1) 在UFO中打开会计报表。

(2) 选择“文件”→“另存为”选项，系统弹出“另存为”对话框。

(3) 在“保存位置”编辑框中，单击框内向下的箭头或框外右侧的〖上一级〗按钮，选择备份文件存放的位置。

(4) 在“保存类型”编辑框中，单击框内向下的箭头，在系统弹出的下拉列表中选择备份文件的类型。

(5) 单击“另存为”对话框中的〖保存〗按钮。

2. 在UFO中将源文件转换为浏览器文件的备份

在UFO中将源文件转换为其他类型的备份文件，除可采用如上的“另存为”命令外，还可采用“生成HTML”功能，用以生成浏览器文件。浏览器文件是HTML（超文本标记语言）格式的纯文本文件，可在全球广域网上发布。用HTML准备的文档包含引用图形和格式标签，可使用Web（例如Microsoft Internet Explorer）查看这些文档。在UFO中“生成HTML”的操作步骤为：

(1) 在UFO中打开需转换的会计报表文件，进入数据状态。

(2) 选择“文件”→“其他格式”→“生成HTML”选项，系统弹出“××文件转换完成!”的提示框。

(3) 在提示框中单击〖确定〗按钮，完成文件的初步转换工作。

(4) 选择“文件”→“其他格式”→“生成HTML”选项，系统弹出“另存为”对话框，如图10—26所示。

(5) 在“文件名”编辑框中，输入浏览器文件的名称。

(6) 单击“另存为”对话框中的〖保存〗按钮，系统又弹出“××文件转换完成!”的提示框。

(7) 在提示框中单击〖确定〗按钮，完成文件的全部转换工作。

图 10—26　UFO 中“生成 HTML”的“另存为”对话框

第七节　金蝶报表管理系统简介

企业在应用 ERP 系统一段时间后，将会产生大量的日常运营数据。可以说，判断一个 ERP 系统的成熟与否，很大程度上看其信息是否能满足企业的需要。金蝶 K/3 系统的各模块不仅为用户提供了丰富的通用的报表，而且提供了 K/3 报表子系统帮助用户快速、准确地编制各种个性化报表。金蝶 K/3 报表管理系统是一个电子表格系统，类似于 Excel 系统，不同之处在于该系统不仅可以从总账系统取数，还可以从薪资管理系统、固定资产管理系统、应收应付款管理系统、供需链以及人力资源系统、项目管理、会计中心中取数，形成财务数据报表。金蝶 K/3 报表管理系统具有以下特点：(1) 多系统联用；(2) 可跨账套取数；(3) 数据可引入引出；(4) 函数设置多样；(5) 公式设置简便，操作方便。

一、使用报表模板制作报表

金蝶 K/3 报表管理系统提供了 20 多个行业的上百张固定报表模板，便于用户快捷编制企业的基本报表。同时，提供了数百个灵活的取数公式，可以帮助用户快速、准确地编制各种个性化报表，满足各层次用户的不同需要。如果用户是利用系统提供的报表模板来制作报表，其操作的思路与步骤是：打开系统预设的报表模板，选择修改报表公式。

(一) 打开系统预设的报表模板

打开系统预设的报表模板的操作步骤是：单击“财务会计”→“报表”→“行业”→“报表名”，选择“文件”菜单中的“另存为”选项，将模板保存在“报表”子功能中，修改报表名称，按〖保存〗按钮即可。对于系统中的模板资料，一般保留，不做修改，目的是以后再次借鉴使用；对于符合企业报表要求的模板，用户执行“另存为”操作集中保存到“性质—报表”中使用。

(二) 选择修改报表公式

报表的计算是根据公式的设置来进行的，所以，选择好报表模板后要对报表模板的公式进行检查，看其是否符合本企业的要求，对相应的报表模板进行修改，然后才能执行报表计算。此外，还要检查报表公式的正确性，是否还存在类似于“公式设置有问题”或“科目代码错误”等系统提示，或所取得数据不满足用户取数的要求等问题，直到正确为止。

系统的公式设置是以函数的形式来表达的，系统将函数进行了分类，函数类别和函数的名称分别显示，选择不同的函数类别，系统会列出该函数类别下的函数名称。当用户点击到具体的函数名时，在报表函数界面的下方会出现该函数的具体含义。系统设置了全部函数与常用函数，全部函数即全部列出的函数的集合。对用户经常使用的函数，系统将会自动将其放置在“常用函数”类中。在函数设置过程中还会涉及一些参数，用户根据需要填写即可。参数的设置是对函数运用的界定。

二、自定义报表

自定义报表就是用户不再依赖系统提供的模板，而根据自己的需要重新构建报表，这是为了满足用户在除使用报表模板外，制作无固定格式的报表而提供的。当然，如果用户经常性地要使用某一自己设计的报表格式，也可以将此设为一种模板。自定义报表的操作步骤是：新建报表格式，设置报表内容。

（一）新建报表格式

在新建的报表中，设置行列数、编辑页眉页脚、融合单元、定义表格斜线等内容。它按照用户的需求设计报表的格式。主要操作是：单击“财务会计”→“报表”→“新建报表”→“新建报表文件”，系统将显示空表界面（系统预设新建报表为25行、15列），然后利用“格式”菜单中的“表属性”功能完成相应设置。

（二）设置报表内容

设置报表内容主要包括录入文字内容和设置取数公式。选择“视图”菜单下的“显示公式”状态，在此状态下设置报表中的文字内容和公式。当设置的公式较多、内容类似时，可以使用“填充”功能，快速制作报表公式。完成设置后，选择“视图”菜单下的“显示数据”状态，完成报表制作；并在“文件”菜单下，执行“另存为”命令，录入报表名称，“保存”报表即可。保存报表时要注意，“保存位置”可进行选择，一般情况下选择系统提供的路径即可，表名称不能和已有的报表名称重复，包括不能和模板中的报表名称重复。

三、报表管理

（一）批量填充

金蝶K/3报表管理系统提供了批量填充功能，用于进行快速报表的编制，特别是用于按核算项目类别编制报表时的自动公式定义或用于定义一些费用明细表方面，这大大减少了编制报表的工作量。

（二）多账套管理

在目前的集团管理方式中，越来越多的用户采用了一种集中式的管理方式，即各个分支机构分布在全国各地，但账套通过放在总部的一台或多台的中间层服务器来进行管理；或是在同一个城市中，各个营业网点分布在城市的各个角落，每个营业网点设有一个账套，均由存放在总部的一台或多台的中间层服务器进行管理，服务器同各个客户端通过专用的网络进行连接。

在这种集中式的运用方式下，运用多账套的管理，可以实现从其他账套中取数（非当前的登录账套），制作一些相关的业务报表。

（三）表页管理

金蝶 K/3 报表管理系统提供多表页管理功能，在一张报表上可设置多张表页，如资产负债表中设置 12 张表页，方便管理、查看。操作时选择“格式”菜单下的“表页管理”，进入“表页管理”界面，单击“添加”增加表页，表页的张数由用户任意设置。某表页完成后注意执行“表页锁定”功能，这是由于同一个报表中公式相同，报表计算完成后不执行锁定功能，该表页会随同下一张表页的计算而重新计算。

（四）表页汇总

表页汇总功能可自动把一个报表中不同表页的数据项进行汇总。

表页汇总是把数据相加，因而对于序号、文字等项目要先锁定其单元格，再进行汇总。

表页汇总生成的汇总报表可以选择追加到当前报表作为当前报表的最后一张表页，也可以生成新的报表。

（五）报表审核

为了提高报表的准确程度，需要对报表进行审核，用户可以设置若干审核条件对报表进行全方位的审核。其主要操作是：选择“工具”下“报表审核”中的“设置审核条件”进行增加，如遇较复杂的审核条件，可以在“审核条件”的设置中使用“公式向导”来设置勾稽关系，不仅可以设置等于，还可设置大于或小于，不同的表页可以设置不同的审核条件。审核时，单击“工具”下“报表审核”中的“审核报表”，则系统会提示报表是否通过审核。

（六）报表授权管理

金蝶 K/3 报表管理系统提供了报表权限控制功能，这种权限管理是独立于系统的用户管理的，可以针对每张报表设置读取、修改、打印等权限，有效保障企业报表数据的安全性。

另外，金蝶 K/3 报表管理系统还提供了查询“总分类账”、“数量金额总账”、“数量金额明细账”的功能，客户可以进行报表和账簿之间的快速关联查询，对于已保存的报表，系统也可以进行“删除”、“更名”等操作。

思考题

1. UFO 有哪些功能？
2. 什么是 UFO 中的关键字？它有什么作用？
3. 什么是单元公式？它有什么作用？
4. 什么是审核公式？它有什么作用？
5. 什么是舍位平衡公式？它有什么作用？
6. 简述快速编制会计报表的主要操作步骤。
7. 简述报表系统初始化的主要操作步骤。
8. 简述期末编制报表的主要操作步骤。

参考文献

1. 王立彦，徐浩萍，赵熙. 会计控制与信息系统. 大连：东北财经大学出版社，2005.

2. 何平. 用友 ERP 财务软件培训教程（第二版）. 北京：人民邮电出版社，2005.

3. 赖胜才等. 计算机会计. 哈尔滨：哈尔滨工业大学出版社，2008.

4. 欧阳电平. 会计信息系统. 北京：科学出版社，2008.

5. 孙莲香. 财务软件实用教程：用友通标准本 10.2. 北京：清华大学出版社，2008.

6. 孙万军. 财务软件应用技术习题与上机实验：用友 ERP—产 U8 版. 北京：清华大学出版社，2008.

7. 仰华胄，王定迅，李立志. 会计电算化信息系统（第二版）. 北京：首都经济贸易大学出版社，2006.

8. 陈福军. 会计电算化. 大连：东北财经大学出版社，2010.

9. 杨周南，赵纳晖，陈翔. 会计信息系统（第三版）. 大连：东北财经大学出版社，2010.

10. 金蝶软件（中国）有限公司. 金蝶 K/3 标准财务培训教材. 北京：机械工业出版社，2007.

图书在版编目（CIP）数据

会计电算化应用教程/张慧德主编．—北京：中国人民大学出版社，2012.8
21世纪高等继续教育精品教材．会计系列
ISBN 978-7-300-16158-7

Ⅰ.①会…　Ⅱ.①张…　Ⅲ.①会计电算化—成人高等教育—教材　Ⅳ.①F232

中国版本图书馆CIP数据核字（2012）第171946号

21世纪高等继续教育精品教材·会计系列
会计电算化应用教程
主　编　张慧德
副主编　王　钊　黄　旭　陈潇怡

出版发行	中国人民大学出版社		
社　址	北京中关村大街31号	邮政编码	100080
电　话	010－62511242（总编室）		010－62511398（质管部）
	010－82501766（邮购部）		010－62514148（门市部）
	010－62515195（发行公司）		010－62515275（盗版举报）
网　址	http://www.crup.com.cn		
	http://www.ttrnet.com(人大教研网)		
经　销	新华书店		
印　刷	北京市媛明印刷厂		
规　格	185 mm×260 mm　16开本	版　次	2012年8月第1版
印　张	18.75	印　次	2012年8月第1次印刷
字　数	457 000	定　价	35.00元

教师信息反馈表

为了更好地为您服务，提高教学质量，中国人民大学出版社愿意为您提供全面的教学支持，期望与您建立更广泛的合作关系。请您填好下表后以电子邮件或信件的形式反馈给我们。

您使用过或正在使用的我社教材名称		版次		
您希望获得哪些相关教学资料				
您对本书的建议（可附页）				
您的姓名				
您所在的学校、院系				
您所讲授课程的名称				
学生人数				
您的联系地址				
邮政编码		联系电话		
电子邮件（必填）				
您是否为人大社教研网会员	□ 是，会员卡号：__________ □ 不是，现在申请			
您在相关专业是否有主编或参编教材意向	□ 是　　□ 否 □ 不一定			
您所希望参编或主编的教材的基本情况（包括内容、框架结构、特色等，可附页）				

我们的联系方式：北京市海淀区中关村大街 31 号

中国人民大学出版社教育分社

邮政编码：100080

电话：010-62515905

网址：http://www.crup.com.cn/jiaoyu/

E-mail:jyfs_2007@126.com